D1932693

Vererben und Erben

STIFTUNG WARENTEST

Beate Backhaus

Eva Marie v. Münch

Die Deutsche Bibliothek – CIP-Einheitsaufnahme

Backhaus, Beate:
Vererben und erben : [Testament, Erbvertrag, Auflagen, Vermächtnisse ; Rechte und Pflichten der Erben ; die Erbschaft- und Schenkungsteuer] / Beate Backhaus ; Eva Marie v. Münch. Stiftung Warentest. – 5. Aufl. – Berlin : Stiftung Warentest, 2002
(Ein Ratgeber von FINANZtest)
ISBN 3-931908-70-4 (Br)
ISBN 3-931908-69-0 (Gb)

© 2002 by
STIFTUNG WARENTEST, Berlin
5., aktualisierte Auflage
Alle veröffentlichten Beiträge sind urheberrechtlich geschützt. Das gilt auch gegenüber Datenbanken und ähnlichen Einrichtungen. Die Reproduktion – ganz oder in Teilen – durch Nachdruck, fototechnische Vervielfältigung oder andere Verfahren – auch Auszüge, Bearbeitungen sowie Abbildungen – oder Übertragung in eine von Maschinen, insbesondere Datenverarbeitungsanlagen, verwendbare Sprache, oder die Einspeisung in elektronische Systeme bedarf der vorherigen schriftlichen Zustimmung des Verlags. Alle übrigen Rechte bleiben vorbehalten.

Zu diesem Buch

Wir leben in Deutschland in einer Gesellschaft von Erben. Seit fünfzig Jahren hat kein Krieg und keine Inflation Vermögen vernichtet. So wird das, was die Generation des Wirtschaftswunders erspart hat, jetzt auf eine Generation von Erben übergehen. Statistiken sagen, dass im Jahr 2001 mehr als 280 Milliarden DM vererbt worden sind. Und auch in den nächsten Jahren dürften ähnlich hohe Summen an die Erbengeneration weitergegeben werden.

Viele schieben den Gedanken daran, was nach ihrem Tod passiert, von sich. Jeder, der eigene Vorstellungen darüber hat, was dann mit seinem Vermögen geschieht, sollte sich aber gründlich mit dem Erbrecht auseinander setzen. Häufig ist die gesetzliche Erbfolge nicht im Sinne der Erblasser. Offensichtlich ist dies, wenn die gesetzlichen Erben nicht die Wunscherben sind. Sie kann aber auch einfach nur steuerlich ungünstig sein. Oder sie kann Erbengemeinschaften schaffen, und damit Streitigkeiten Vorschub leisten. Wer die gesetzliche Erbfolge verändern möchte, muss ein Testament machen oder einen Erbvertrag schließen. Dies sollte aber nicht ohne Anleitung geschehen: Die gesetzlichen Formvorschriften müssen beachtet werden, damit eine letztwillige Verfügung wirksam ist.

Auch wenn der Erbfall eintritt, gibt es vieles, was bedacht und geregelt werden muss. Erbe zu werden kann sinnvoll und einträglich sein. Es gibt jedoch auch Situationen, in denen sich die Ausschlagung einer Erbschaft „besser rechnet". Und wenn eine Erbengemeinschaft entstanden ist, kann deren Auseinandersetzung so schwierig sein wie die Auflösung eines Industriekonzerns.

Der Ratgeber leistet sowohl Erblassern als auch Erben Hilfestellung, gibt Tipps und weist auf Fallstricke hin sowie auf Fristen, die nicht verstreichen dürfen. Die Ausführungen beruhen auf dem derzeit geltenden Recht (Stand Januar 2002). Die Neuregelungen zu gleichgeschlechtlichen Lebenspartnerschaften sind einbezogen, ebenso die Gleichstellung von Kindern nicht miteinander verheirateter Eltern und die Neuregelungen im Erbschaft- und Schenkungsteuerrecht. Auch alle Änderungen, die sich durch die Euro-Umstellung ergeben, etwa bei den Gebühren und Freibeträgen, sind berücksichtigt.

Zur schnelleren Orientierung ist jedem Kapitel eine Gliederung vorangestellt; zusätzlich können Sie mit Hilfe des Stichwortverzeichnisses einzelne Begriffe nachschlagen und sich über diesen Weg den Zusammenhang erschließen.

Wichtig

Bitte bedenken Sie: Bei komplizierten Sachverhalten müssen Sie auf jeden Fall Rechtsrat einholen. Der Ratgeber gibt Ihnen Hinweise zu den Kosten, die auf Sie zukommen. Des Weiteren finden Sie im Anhang Adressen, die Ihnen die Anwaltssuche erleichtern. Einzelne Anwälte oder Notare dürfen wir nicht empfehlen.

Inhalt

7	**Die gesetzliche Erbfolge**
24	**Pflichtteil**
50	**Testament und Erbvertrag**
65	**Der Inhalt letztwilliger Verfügungen**
95	**Schenken statt vererben?**
106	**Nicht eheliche Lebensgemeinschaft**
116	**Gleichgeschlechtliche Lebenspartnerschaft**
121	**Wann man nichts erbt**
129	**Der Erbfall tritt ein**
149	**Rechte und Pflichten der Erben**
162	**Erbengemeinschaft**
177	**Testamentsvollstreckung**
189	**Erbschein**
195	**Erbschaft- und Schenkungsteuer**
222	**Vermögen von Ausländern**
225	**Vermögen im Ausland**
	Anhang
230	Checkliste zur Aufstellung von Vermögenswerten und Schulden
231	Gebühren und Kosten
239	Adressen
244	Stichwortverzeichnis
247	Impressum

Abkürzungen

Abs.	Absatz
BGB	Bürgerliches Gesetzbuch
BewG	Bewertungsgesetz
BRAGO	Bundesgebührenordnung für Rechtsanwälte
EGBGB	Einführungsgesetz zum Bürgerlichen Gesetzbuch
ErbStG	Erbschaft- und Schenkungsteuergesetz
ff.	folgende
FGB	Familiengesetzbuch der DDR
GG	Grundgesetz
KostO	Kostenordnung
LPartG	Lebenspartnerschaftsgesetz
ZGB	Zivilgesetzbuch der DDR
ZPO	Zivilprozessordnung
§	Paragraf

Die gesetzliche Erbfolge

8 Was heißt gesetzliche Erbfolge?
9 Verwandte
11 Ehegatten
18 Gleichgeschlechtliche Lebenspartner
19 Nicht eheliche Kinder und ihre Väter
19 Adoptivkinder
20 Stiefkinder und Stiefeltern
21 Besonderheit: das Höferecht
21 Zuwendungen zu Lebzeiten

Für jeden, der sich Gedanken darüber macht, was nach seinem Tod mit seinem Vermögen geschehen soll, empfiehlt sich zuerst ein Blick ins Bürgerliche Gesetzbuch (BGB). Das Gesetz hält in den Paragrafen (im Folgenden §§) 1924 bis 1936 BGB Bestimmungen bereit, die immer dann gelten, wenn der oder die Verstorbene nichts anderes verfügt, insbesondere also kein Testament hinterlassen und keinen Erbvertrag geschlossen hat (→ Seite 50 ff.). Wer mit dieser gesetzlichen Regelung zufrieden ist, braucht überhaupt nichts zu tun: Nach seinem Tod gilt die gesetzliche Erbfolge.

Was heißt gesetzliche Erbfolge?

Unser Gesetz geht davon aus, dass der Durchschnittsbürger das, was er oder sie zur Zeit seines oder ihres Todes an Vermögen hat, denjenigen vererben will, die ihm oder ihr am nächsten stehen: den Kindern, dem Ehegatten und anderen Verwandten. Wenn keine Kinder oder Enkelkinder leben und auch kein Ehegatte oder eingetragener gleichgeschlechtlicher Lebenspartner (→ Seite 116) da ist, kommen der Reihe nach die nächsten Verwandten zum Zuge.

Unterhalt für die ersten 30 Tage

Wer mit dem Erblasser bis zu dessen Tod in einem gemeinsamen Haushalt gelebt und von ihm Unterhalt bezogen hat, kann, auch wenn er oder sie nicht Erbe oder Erbin wird, für die ersten 30 Tage nach dem Todesfall von den Erben weiter Unterhalt verlangen.

Er oder sie kann für diese Zeit in der Wohnung bleiben und alle Haushaltsgegenstände weiter benutzen (§ 1969 BGB). Wegen dieser Dreißig-Tage-Frist heißt der Anspruch Dreißigster.

Zum Hausstand gehören auch Pflegekinder und Stiefkinder, nach der neueren Rechtsprechung auch nicht eheliche Lebensgefährten (→ Seite 107) und gleichgeschlechtliche Lebenspartner (→ Seite 118).

Nicht dazu gehören Hausangestellte, auch wenn sie im Haushalt gelebt haben, denn sie beziehen Arbeitslohn und nicht Unterhalt.

Der Erblasser kann diesen Dreißigsten durch ein Testament ändern: ihn erhöhen, verringern oder ausschließen.

Fortsetzung des Mietverhältnisses

Familienangehörige – dazu gehören seit dem 1. August 2001 auch gleichgeschlechtliche Lebenspartner –, die mit der oder dem Verstorbenen in einer von ihr oder ihm gemieteten Wohnung gelebt haben, können das Mietverhältnis mit dem Vermieter fortsetzen, und zwar nicht nur für einen Monat, sondern auf Dauer.

Wollen sie das nicht – etwa, weil die Wohnung ihnen zu teuer wird –, so können sie innerhalb eines Monats nach dem Tod des Erblassers dem Vermieter gegenüber erklären, dass sie ausziehen wollen (§ 563 BGB). Dieses Recht gilt auch für nicht eheliche Lebensgefährten (→ Seite 144).

Verwandte

Für die Erbfolge unterteilt das Gesetz die Verwandten in vier Ordnungen. Dabei gilt der Grundsatz, dass nähere Verwandte entferntere ausschließen (§ 1930 BGB).

Erben der ersten Ordnung

Erben der ersten Ordnung sind die Abkömmlinge des Erblassers: in erster Linie seine Kinder; wenn ein Kind nicht mehr lebt, dessen Abkömmlinge, also die Enkel und Urenkel des oder der Verstorbenen.

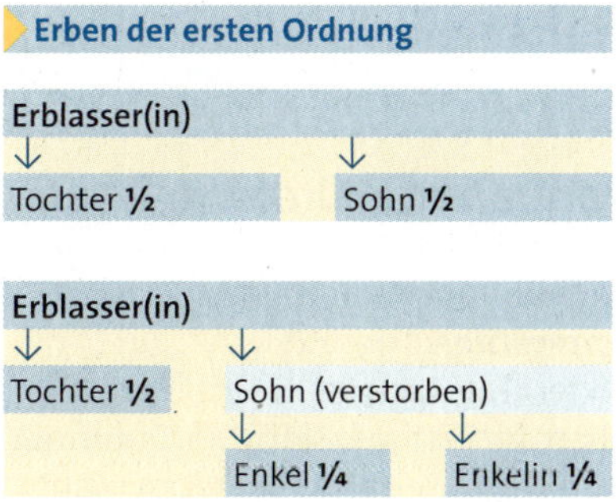

Herr Meier (Erblasser) hinterlässt eine Tochter und einen Sohn. Nach seinem Tod werden sie zu gleichen Teilen Erben.

Ist der Sohn vor seinem Vater gestorben und hinterlässt er ebenfalls eine Tochter und einen Sohn, so treten seine Kinder, also die Enkel des Erblassers, an seine Stelle. Die Tochter von Herrn Meier erbt dann die Hälfte, die beiden Enkelkinder je ein Viertel.

Stiefkinder gehören nicht zu den gesetzlichen Erben der Stiefmutter oder des Stiefvaters. Stiefeltern erben auch nicht von ihren Stiefkindern.

Erben der zweiten Ordnung

Erben der zweiten Ordnung sind die Eltern des oder der Verstorbenen und ihre Abkömmlinge, also Mutter, Vater, Bruder, Schwester des oder der Verstorbenen. Sie kommen nur zum Zuge, wenn keine Erben der ersten Ordnung vorhanden sind.

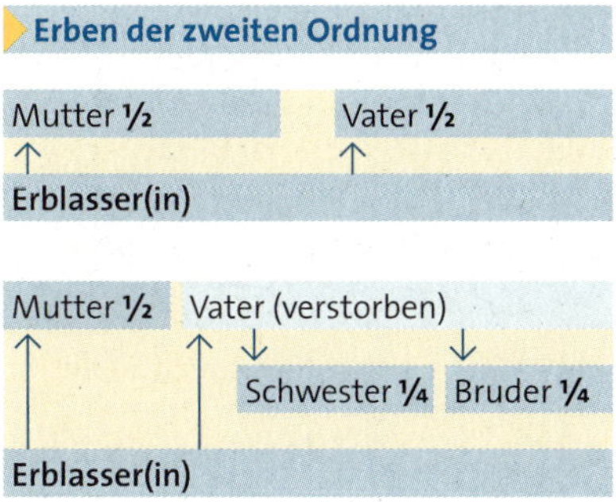

Stirbt also Frau Müller unverheiratet und ohne Kinder, fällt ihr Vermögen an ihre Eltern und, falls diese nicht mehr leben, an ihre Geschwister. Wenn auch diese nicht mehr leben, an ihre Neffen und Nichten oder deren Abkömmlinge.

Lebt nur noch ein Elternteil, der andere aber nicht mehr, erbt der lebende Elternteil den ihm zustehenden Anteil; an die Stelle des verstorbenen Elternteils treten seine Abkömmlinge (§ 1925 BGB), also Bruder und Schwester des oder der Verstorbenen und deren Abkömmlinge.

Erben der dritten Ordnung

Erben der dritten Ordnung sind die Großeltern des oder der Verstorbenen und deren Abkömmlinge. Leben nur noch die Großeltern, erben sie allein und zu gleichen Teilen. Lebt ein

Großelternteil nicht mehr, so treten an seine Stelle seine Abkömmlinge, also Onkel und Tanten und deren Abkömmlinge, also Vettern und Kusinen des oder der Verstorbenen.

Erben der dritten Ordnung

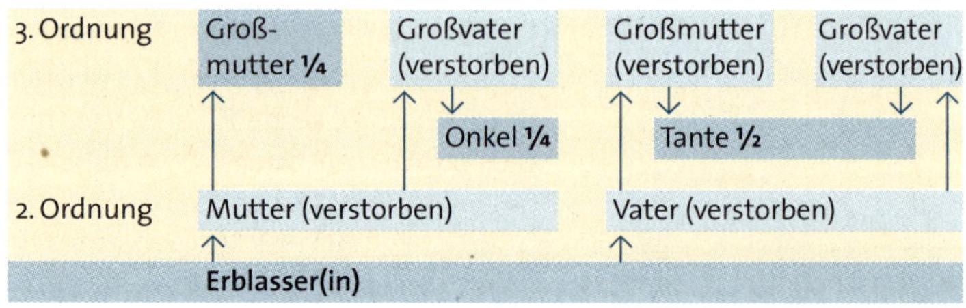

Erben der vierten und weiterer Ordnungen

Erben der vierten Ordnung sind die Urgroßeltern des oder der Verstorbenen und deren Abkömmlinge.

Ab der vierten Ordnung hat der Gesetzgeber die Erbfolge anders gestaltet als bei den Erben der ersten bis dritten Ordnung: An die Stelle eines verstorbenen Urgroßelternteils treten nicht automatisch dessen Abkömmlinge, sondern es erhöhen sich die Erbquoten der lebenden Urgroßelternteile anteilig, ohne dass es auf die Zugehörigkeit zu einer bestimmten Linie ankommen würde.

Wenn nur noch ein Urgroßelternteil lebt, wird dieser folglich Alleinerbe. Leben beispielsweise drei Urgroßelternteile, erbt jeder ein Drittel. Wenn kein Urgroßelternteil mehr lebt, erben diejenigen, die dem Verstorbenen am nächsten verwandt sind, zu gleichen Teilen. Lebt also nur ein einziges Kind eines Urgroßelternteils, schließt es Enkel und Urenkel aller Urgroßelternteile aus.

Mehrfach verwandt

Ein Erbe kann mit dem Erblasser durchaus mehrfach verwandt sein, etwa dann, wenn die Eltern Vetter und Kusine zweiten Grades waren. Dann bekommt der Erbe auch mehrere Erbteile, wobei jeder Anteil als besonderer Erbteil gilt.

Erben der vierten Ordnung

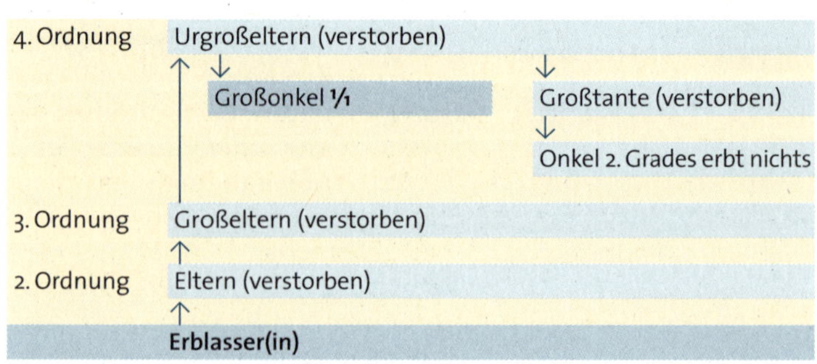

Wichtig

- Erben einer früheren Ordnung schließen alle Erben späterer Ordnungen aus.
- Innerhalb einer Erbenordnung erben zuerst die am nächsten verwandten Überlebenden: Kinder vor Enkeln (1. Ordnung), Eltern vor Geschwistern (2. Ordnung), Großeltern vor Onkeln und Tanten.
- Lebt die Ehefrau oder der Ehemann des Erblassers noch, erbt auch sie oder er. Das Erbrecht des Ehegatten besteht selbstständig neben dem der Verwandten. Das Gleiche gilt für eingetragene Lebenspartner (→ Seite 116).

Gesetzliche Erbfolge

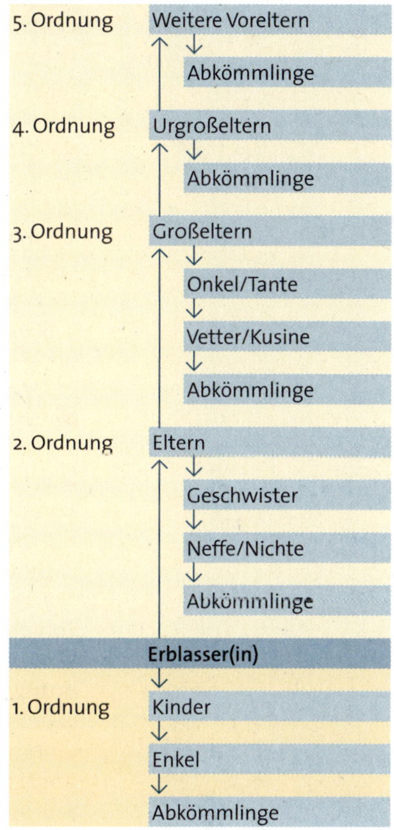

Ehegatten

Wenn der Ehegatte noch lebt, ändert sich die Höhe des gesetzlichen Erbrechts von Verwandten.

„Voraus" – ein Sonderrecht

Jeder überlebende Ehegatte, der gesetzlicher Erbe wird – also nicht in einer letztwilligen Verfügung bedacht wurde (→ Seite 50, 65) –, erhält vorab und zusätzlich zu seinem Erbteil den so genannten Voraus (§ 1932 BGB). Das sind die zum Haushalt gehörenden Gegenstände wie zum Beispiel Möbel, Teppiche, Haushaltsgeräte, Bücher, Bilder (soweit sie nicht Teil einer Kunstsammlung sind) und auch das gemeinsam genutzte Familienauto. Nicht zum Voraus gehören Gegenstände, die dem persönlichen Gebrauch des Verstorbenen dienten, wie etwa Schmuck oder ein rein beruflich genutztes Auto. Zum Voraus gehören auch die Hochzeitsgeschenke.

Voraussetzung ist aber immer, dass der überlebende Ehegatte gesetzlicher Erbe ist. Der Voraus entfällt also, wenn dieser in einem Testament oder einem Erbvertrag bedacht ist und auch, wenn er die Erbschaft ausschlägt. Gegenüber Abkömmlingen – auch solchen aus anderen Ehen – ist der Voraus eingeschränkt auf diejenigen Gegenstände, die der Ehegatte „zur Führung eines angemessenen Haushalts benötigt" (§ 1932 BGB). Was zum Voraus gehört, hängt also auch von den bisherigen Lebensverhältnissen der Eheleute ab.

Ein sehr teures Auto kann zum Voraus gehören, wenn es sich bei dem Verstorbenen um einen gutverdienenden Arzt handelte. War das gleiche Auto praktisch der einzige Wertgegenstand eines verstorbenen Facharbeiters, gehört es nicht zum Voraus .

Geschieden – auch vom Nachlass

Das Erbrecht des Ehegatten setzt immer eine rechtsgültige Ehe voraus. Es gilt also nicht für Geschiedene. Wer geschieden ist, hat am Nachlass des verstorbenen Ex-Ehepartners keinen Anteil mehr.

Tod des Ehepartners während des Scheidungsverfahrens
Schwieriger ist die Rechtslage während eines laufenden Scheidungsverfahrens, also dann, wenn der Todesfall noch vor der Scheidung eingetreten ist. Hatte nur der überlebende Ehegatte einen Scheidungsantrag gestellt, der oder die Verstorbene aber nicht und hatte der oder die Verstorbene dem Scheidungsantrag auch nicht zugestimmt, so gilt das volle Erbrecht des überlebenden Ehegatten fort, ganz so, als hätte die Ehe weiter bestanden.

Hatte aber der Verstorbene selbst die Scheidung beantragt oder dem Scheidungsantrag des Ehegatten zugestimmt und lagen auch die Voraussetzungen für eine Scheidung vor, so ist der überlebende Ehegatte vom Erbrecht ausgeschlossen (§ 1933 BGB). In solchen Fällen muss geprüft werden, ob die Ehe tatsächlich geschieden worden wäre, wenn der Erblasser noch lebte.

Die Einzelheiten des Scheidungsrechts können also bei der Frage, ob in solchen Fällen ein Erbrecht des überlebenden Ehegatten besteht, eine entscheidende Rolle spielen. Sie können hier nicht im Detail dargestellt werden.

Erbrecht Geschiedener nach Kindern
Zu beachten ist auch, dass nach einer Scheidung zwar das gesetzliche Erbrecht des Ehegatten entfällt, das Erbrecht nach gemeinsamen Kindern als Erbe oder Erbin zweiter Ordnung aber bestehen bleibt.

Wichtig

Nach einer Scheidung kann das Sorgerecht für gemeinsame minderjährige Kinder bei einem Elternteil allein liegen. Kraft des Sorgerechts hat dieser dann auch das Vermögen des Kindes zu verwalten.

Wenn Sie verhindern wollen, dass Ihr/e Ex-Ehepartner/in nach Ihrem Tod das Vermögen verwaltet, das Sie dem Kind hinterlassen, sollten Sie im Testament eine Testamentsvollstreckung anordnen (→ Seite 177 ff.).

Sie können Ihren geschiedenen Ehegatten in einer letztwilligen Verfügung auch ausdrücklich von der Verwaltung Ihres Nachlasses ausschließen (§ 1638 BGB). In diesem Fall muss dann ein Pfleger bestellt werden, der das Vermögen des Kindes bis zu dessen Volljährigkeit verwaltet.

Herr Schmitz ist geschieden. Mit seiner geschiedenen Frau hat er zwei Kinder. Herr Schmitz stirbt und wird von seinen beiden Kindern beerbt. Kurz darauf stirbt auch eines der Kinder bei einem Verkehrsunfall. Die geschiedene Frau Schmitz erbt jetzt als Mutter des verstorbenen Kindes zusammen mit dem überlebenden Kind je zur Hälfte das Vermögen des verstorbenen Kindes.

Wenn Sie dies nach einer Scheidung verhindern wollen, müssen Sie das in einer letztwilligen Verfügung tun (→ Seite 50). Sie können Ihre Kinder zu Vorerben und Ihre Enkel oder andere Mitglieder Ihrer Familie zu Nacherben einsetzen (→ Seite 79). Damit ist das Erbrecht Ihres geschiedenen Ehegatten nach Ihren Kindern ausgeschlossen.

Höhe des Erbteils

Die Höhe des Erbteils, also die Erbquote, des überlebenden Ehegatten kann unterschiedlich ausfallen. Sie richtet sich zum einen danach, ob Verwandte des Verstorbenen ebenfalls erben, und welche Verwandten das sind. Zum anderen ist sie abhängig davon, in welchem Güterstand Eheleute gelebt haben.

Wichtig

Kinderlose Ehepaare sind häufig der Meinung, nach dem Tod eines Ehepartners sei der oder die Überlebende automatisch Alleinerbe.
Das ist aber nicht so: Eltern, Geschwister, Neffen und Nichten des oder der Verstorbenen erben mit.

Wenn weder Eltern noch Geschwister noch Abkömmlinge von Geschwistern vorhanden sind, erben sogar die Großeltern, sofern sie noch leben. Wenn Sie das nicht wollen, müssen Sie ein Testament machen oder einen Erbvertrag schließen.

Gesetzliche Regelung für Eheleute

Nach dem Gesetz erbt der Ehegatte neben Verwandten der ersten Ordnung ein Viertel des Nachlasses (§ 1931 BGB). Erben der ersten Ordnung sind die Abkömmlinge des oder der Verstorbenen, also Kinder, Enkel, Urenkel und so weiter. Dazu gehören auch Abkömmlinge aus früheren Ehen des oder der Verstorbenen sowie nicht eheliche Kinder und – innerhalb gewisser Grenzen – Adoptivkinder.

Neben Verwandten der zweiten Ordnung (das sind Eltern, Geschwister, Neffen und Nichten) und neben Großeltern erbt der überlebende Ehegatte die Hälfte. Wenn ein Großelternteil nicht mehr lebt oder aus einem anderen Grund nicht Erbe wird (zum Beispiel weil er die Erbschaft ausgeschlagen hat), also an sich die Abkömmlinge dieses Großelternteils erbberechtigt wären (Onkel, Tanten, Vettern, Kusinen usw.), so erhält der überlebende Ehegatte zusätzlich deren Anteil.

Sind weder Verwandte der ersten noch der zweiten Ordnung noch Großeltern vorhanden, erbt der überlebende Ehegatte allein.

Bedeutung des Güterstands

Die Erbquote des überlebenden Ehegatten (→ Seite 11) ist ferner abhängig davon, in welchem Güterstand die Eheleute im Zeitpunkt des Todes des Erblassers gelebt haben.

Gesetzlicher Güterstand für Eheleute ist nach geltendem Recht die Zugewinngemeinschaft. Sie besteht immer dann, wenn sie nichts anderes bestimmt haben. Eine solche Vereinbarung muss vor einem Notar in einem Ehevertrag getroffen worden sein. Sie ist auch noch während der Ehe möglich. Dann gilt der vereinbarte Güterstand.

> **Wichtig**
>
> Haben Eheleute keinen anderen Güterstand gewählt, so ist gesetzlicher Güterstand die Zugewinngemeinschaft.

Dabei sind für so genannte Altehen Abweichungen zu beachten. In der früheren Bundesrepublik (in den alten Bundesländern also) war bis zum 30. Juni 1958 der Ausschluss der Zugewinngemeinschaft durch einseitige Erklärung eines Ehegatten vor dem Amtsgericht möglich. Ist dies geschehen, so gilt für solche Ehen die Gütertrennung. In den neuen Bundesländern war bis zum 3. Oktober 1990 gesetzlicher Güterstand die Eigentums- und Vermögensgemeinschaft der Eheleute nach dem Familiengesetzbuch der DDR. Auch hier konnte jeder Ehegatte bis zum 3. Oktober 1992 gegenüber dem Kreisgericht erklären, dass er die Zugewinngemeinschaft nicht wolle. Für diese Ehen gilt dann weiter der Güterstand des DDR-FGB.

Zugewinngemeinschaft

Lebten die Eheleute beim Tod des Verstorbenen in Zugewinngemeinschaft, gelten für das gesetzliche Erbrecht des überlebenden Ehegatten eine Reihe von Besonderheiten. Um sie zu verstehen, muss man wissen, was die Zugewinngemeinschaft eigentlich ist. Sie bedeutet, dass die Vermögen der Eheleute grundsätzlich getrennt bleiben. Nur was während der Ehe erarbeitet worden ist, wird nach Auflösung der Ehe – also auch beim Tod eines Ehegatten – geteilt.

Das wiederum heißt: Das Vermögen jedes einzelnen Ehegatten wird selbstständig vererbt. Die Zugewinngemeinschaft zielt also auf die Teilung dessen ab, was während der Ehe gemeinsam erarbeitet worden ist. Nach einer Scheidung wird das genau ausgerechnet. Beim Tod eines Ehegatten hingegen hat das Gesetz eine sehr viel einfachere Lösung vorgesehen, sofern der oder die Überlebende gesetzlicher Erbe oder Erbin wird. In diesem Fall erfolgt der Zugewinnausgleich dadurch, dass sich der gesetzliche Erbteil des Ehegatten um ein Viertel erhöht (§ 1371 BGB).

Das bedeutet: Ein Ehegatte, der neben Kindern und Enkeln des Verstorbenen ohnehin ein Viertel als gesetzlicher Erbe bekommt (→ Seite 13), bekommt als Zugewinnausgleich noch ein weiteres Viertel dazu, sein Erbteil beträgt also die Hälfte der Erbschaft. War die Ehe kinderlos, erhält er neben Erben der zweiten Ordnung (den Eltern und deren Abkömmlingen) und neben Großeltern drei Viertel, neben entfernteren Verwandten erbt er allein.

Herr Meier ist verwitwet und hat mit seiner verstorbenen Frau zwei Kinder. Er heiratet zum zweiten Mal eine jüngere Frau, die ebenfalls ein Kind mit in die Ehe bringt. Bei seinem Tod hinterlässt er ein Vermögen von 200 000 €. Erbin wird seine zweite Frau zur Hälfte (ein Viertel bekommt sie als gesetzliche Erbin, ein weiteres Viertel aus dem Zugewinnausgleich). Die beiden Kinder von Herrn Meier aus erster Ehe erben je ein Viertel. Die zweite Frau Meier erbt also 100 000 €, jedes der Kinder 50 000 €. Das Stiefkind, das Frau Meier mit in die Ehe gebracht hat, hat kein eigenes gesetzliches Erbrecht. Herr Meier kann es – wenn er das will – in einem Testament oder Erbvertrag bedenken.

Diese pauschalierte Aufstockung des gesetzlichen Erbteils des überlebenden Ehegatten um ein Viertel ist unabhängig davon, ob während der Ehe wirklich ein Zugewinn und ob er beim Verstorbenen entstanden ist. Das ist für den Durchschnittsfall einer langjährigen Ehe oftmals auch richtig und dürfte wohl dem mutmaßlichen Willen des oder der Verstorbenen entsprechen.

Tipp

Wenn Sie die pauschalierte Aufstockung des gesetzlichen Erbteils nicht wollen, müssen Sie in einem Testament oder Erbvertrag etwas anderes bestimmen.

Im Beispiel oben könnte Herr Meier seine beiden Kinder aus erster Ehe zu seinen alleinigen Erben einsetzen. Dann bekäme seine zweite Frau nur den Pflichtteil. In diesem Fall wären das 25 000 €. Zusätzlich könnte sie von ihren Stiefkindern den konkret errechneten Zugewinnausgleich verlangen, soweit überhaupt ein Zugewinn vorhanden ist (zu den Einzelheiten → Seite 30).

Problematisch ist diese Pauschalierung aber, wenn die Ehe nur kurz gedauert und der oder die Verstorbene ein größeres Vermögen mit in die Ehe gebracht hat. Problematisch ist sie auch dann, wenn der oder die Überlebende den größeren Zugewinn erwirtschaftet hat. In diesen Fällen erhält der Überlebende den pauschalierten erbrechtlichen Zugewinn für etwas, wofür er selbst praktisch keine Leistung erbracht hat.

Zudem beeinträchtigt der erbrechtliche Zugewinnausgleich die Interessen der Kinder aus einer früheren Ehe und von nicht ehelichen Kindern. Denn ein Teil der Erbschaft geht an den (neuen) überlebenden Ehegatten und wird damit Kindern aus früheren Ehen entzogen.

So wird im obigen Beispiel den beiden Kindern aus erster Ehe die Hälfte der Erbschaft nach ihrem Vater entzogen. Die Stiefmutter erbt als Ehefrau 100 000 €, und dieses Vermögen geht nach ihrem Tod auf ihre Erben über. In diesem Fall erbt dann das Kind, das Frau Meier mit in die Ehe gebracht hat, aber nicht als Stiefkind von Herrn Meier, sondern als leibliches Kind seiner Mutter (der zweiten Frau Meier).

Ausbildungsanspruch der Kinder aus früheren Ehen

Die Interessen der Kinder des Erblassers, die nicht aus der Ehe mit dem überlebenden Ehegatten stammen, werden aber auch vom Gesetz selbst geschützt: Der überlebende Ehegatte muss diesen Stiefkindern aus seinem zusätzlichen Viertel eine Ausbildung bezahlen (§ 1371 Abs. 4 BGB). Der Anspruch ist begrenzt auf das zusätzliche erbrechtliche Zugewinnausgleichsviertel und besteht nur dann, wenn das Stiefkind bedürftig ist, die

Ausbildung also nicht aus seinem (reduzierten) Erbteil oder seinem sonstigen Vermögen bezahlen kann.

Frau Müller war in zweiter Ehe verheiratet. Sie stirbt und hinterlässt ihren zweiten Ehemann sowie fünf Kinder aus erster Ehe. Das hinterlassene Vermögen beträgt 100 000 €. Der Ehemann erbt die Hälfte, also 50 000 €, (ein Viertel als gesetzlicher Erbe, ein weiteres Viertel als Zugewinnausgleich), die Kinder erben jeweils 10 000 €. Wenn einem der Kinder (oder mehreren Kindern) dieser Betrag zur Ausbildung nicht reicht, muss Herr Müller einspringen. Das muss er aber nur bis zum Gesamtbetrag von 25 000 €, seinem zusätzlichen Viertel aus dem Zugewinnausgleich.

Nachteile des erbrechtlichen Zugewinnausgleichs

Der pauschalierte erbrechtliche Zugewinnausgleich kann unter Umständen für den überlebenden Ehegatten unter dem Strich auch weniger bringen: Wenn nach einer langjährigen Ehe praktisch das ganze Vermögen Zugewinn des Verstorbenen ist, beträgt der konkret errechnete Zugewinn ohnehin die Hälfte des hinterlassenen Vermögens, also genau das, was dem überlebenden Ehegatten neben Kindern als gesetzliches Erbteil zusteht.

Herr und Frau Wagner haben gemeinsam eine Arztpraxis aufgebaut. Sie haben eine Tochter. Herr Wagner stirbt. Wert der Praxis: 200 000 €. Frau Wagner erbt als gesetzliche Erbin neben ihrer Tochter die Hälfte (ein Viertel als gesetzliche Erbin, ein weiteres Viertel als pauschalierten erbrechtlichen Zugewinnausgleich), also 100 000 €. Da das Vermögen von Herrn Wagner vollständig während der Ehe erworben worden ist, beträgt der errechnete Zugewinnausgleich ebenfalls 100 000 €.

Frau Wagner kann – wenn sie die Erbschaft ausschlägt – Zugewinnausgleich fordern und von dem restlichen Vermögen noch ihren Pflichtteil verlangen. In diesem Fall wird dieser Pflichtteil nicht nach dem durch die Zugewinngemeinschaft erhöhten gesetzlichen Erbteil berechnet, sondern nach dem normalen gesetzlichen Erbteil von einem Viertel (so genannter kleiner Pflichtteil, → Seite 29). Der Pflichtteil beträgt demnach ein Achtel. Dieses Achtel wird berechnet von dem Vermögen, das nach Abzug des Zugewinnausgleichs übrig bleibt. Hier wären das 100 000 €.

Frau Wagner bekäme also, wenn sie diese Lösung wählt, neben ihrer Tochter außer ihrem Zugewinnausgleich von 100 000 € noch ein Achtel von den restlichen 100 000 € dazu: Das sind immerhin noch einmal 12 500 €.

Wichtig

Ausschlagen oder nicht?

Es kann sich durchaus lohnen, darüber nachzudenken, ob man beim Güterstand der Zugewinngemeinschaft die Erbschaft annimmt oder ausschlägt.

Für die Ausschlagung einer Erbschaft besteht allerdings eine Frist von nur sechs Wochen (§ 1944 BGB; → Seite 135 ff.), gerechnet von dem Zeitpunkt an, in dem der Erbe vom Tod des Erblassers erfährt.

Gütertrennung

Bei Gütertrennung (→ Seite 14) findet kein Zugewinnausgleich statt. Auch die pauschale Erhöhung des Erbteils des überlebenden Ehegatten um ein Viertel gibt es dann nicht.

Dafür gilt eine andere Besonderheit. Wenn neben dem überlebenden Ehegatten ein oder zwei Kinder des Erblassers erbberechtigt sind, erben alle zu gleichen Teilen. Neben einem Kind erbt die Witwe oder der Witwer also die Hälfte, neben zwei Kindern jeder ein Drittel. Neben drei und mehr Kindern erbt der überlebende Ehegatte immer ein Viertel, die Kinder teilen sich den Rest. Lebt ein Kind nicht mehr, so treten an seine Stelle – falls vorhanden – seine Abkömmlinge. Zu den Kindern des Erblassers zählen auch seine Kinder aus früheren Ehen und seine nicht ehelichen Kinder. Neben anderen Verwandten bleibt es bei der normalen gesetzlichen Erbfolge.

Tipp

Berücksichtigen Sie auch die Erschaftsteuer. Der Zugewinnausgleich ist immer erbschaftsteuerfrei (§ 5 ErbStG). Bei Gütertrennung gibt es aber keinen Zugewinnausgleich. Der überlebende Ehegatte muss deshalb bei größeren Vermögen mehr Erbschaftsteuer zahlen (→ Seite 209 ff.).

Gütergemeinschaft

Auch die Gütergemeinschaft muss durch einen Ehevertrag vereinbart worden sein. Das geschieht heute nur noch selten. Erbrechtlich bestehen keine Besonderheiten. Es bleibt beim normalen gesetzlichen Erbrecht des überlebenden Ehegatten ohne Zugewinnausgleich, also auch ohne erhöhtes gesetzliches Erbrecht.

Meist wird in diesen Fällen im Ehevertrag zusätzlich vereinbart, dass die Gütergemeinschaft auch nach dem Tod eines Ehegatten zwischen der oder dem Überlebenden und den gemeinschaftlichen Kindern fortgesetzt werden soll (fortgesetzte Gütergemeinschaft). Dann wird das gesamte Vermögen, das die Eheleute gemeinsam besessen haben (das so genannte Gesamtgut), nicht vererbt, sondern bleibt gemeinschaftliches Eigentum des überlebenden Ehegatten und der gemeinsamen Kinder. Nur diejenigen Vermögenswerte, die dem Verstorbenen allein gehörten (sein Vorbehalts- und sein Sondergut), fallen in den Nachlass und werden vererbt.

Die fortgesetzte Gütergemeinschaft hat Vorteile für den überlebenden Ehegatten: Er braucht das bisher gemeinschaftliche Vermögen nicht mit seinen Kindern zu teilen und verwaltet es allein. Die Kinder erben erst, wenn auch der überlebende Ehegatte stirbt.

Eines ist aber auf jeden Fall zu beachten: Wird Gütergemeinschaft zwischen Eheleuten vereinbart – gleich ob bei der Heirat oder später –, gilt dies als Schenkung desjenigen Ehegatten, der mehr Vermögen hat, an denjenigen, der weniger besitzt. Das kostet Schenkungsteuer in den üblichen Grenzen (→ Seite 218).

Tipp

Wenn Sie darüber nachdenken, ob Sie durch Vereinbarung der Gütergemeinschaft Ihre Ehefrau oder Ihren Ehemann schon zu Lebzeiten an Ihrem Vermögen beteiligen wollen, sollten Sie sich unbedingt notariell beraten lassen.

Die Gütergemeinschaft ist kompliziert und recht unübersichtlich, kann aber je nach Vermögensverhältnissen auch sehr sinnvoll sein.

Was Ehegatten erben

Güterstand	neben Erben 1. Ordnung (Kinder, Enkel)	neben Erben 2. Ordnung (Eltern, Geschwister)	neben Erben 3. Ordnung (Großeltern)	neben Erben weiterer Ordnungen
Zugewinngemeinschaft	½	¾	¾ **)	1/1
Gütertrennung	½ bei einem Kind ⅓ bei zwei Kindern ¼ bei drei und mehr Kindern	½	½ **)	1/1
Gütergemeinschaft	¼	½	½ **)	1/1
Eigentums- und Vermögensgemeinschaft der früheren DDR *)	¼	½	½ **)	1/1

*) Gilt nur für Bürger der früheren DDR, die vor dem 3. Oktober 1992 für diesen Güterstand votiert haben, und nur für Erbfälle nach dem 3. Oktober 1990.

**) Ist ein Großelternteil verstorben, erbt der überlebende Ehegatte auch dessen Teil.

Eigentums- und Vermögensgemeinschaft in den neuen Bundesländern

Haben Eheleute in den neuen Bundesländern bis zum 3. Oktober 1990 im gesetzlichen Güterstand der früheren DDR, der Eigentums- und Vermögensgemeinschaft, gelebt, so gilt für sie von diesem Zeitpunkt an der gesetzliche Güterstand der Zugewinngemeinschaft mit allen dargestellten erbrechtlichen Folgen. Aber: Jeder Ehegatte konnte nach der deutsch-deutschen Einigung innerhalb von zwei Jahren – also bis zum 3. Oktober 1992 – einseitig gegenüber dem Kreisgericht erklären, dass es für seine Ehe beim bisherigen DDR-Güterstand bleiben solle. Dann leben die Eheleute, wenn ein Ehevertrag nichts anderes bestimmt, weiter im Güterstand der Eigentums- und Vermögensgemeinschaft. Die Erhöhung des gesetzlichen Erbteils des Überlebenden (das zusätzliche Zugewinnausgleichsviertel) gibt es also nicht.

Gleichgeschlechtliche Lebenspartner

Seit dem Inkrafttreten des Lebenspartnerschaftsgesetzes am 1. August 2001 gilt das gesetzliche Erbrecht auch für eingetragene gleichgeschlechtliche Lebenspartner. Ihr Erbrecht entspricht dem von Ehegatten (→ Seite 11 ff.). Es gibt allerdings ein paar Besonderheiten (→ Seite 118 ff.). Sie haben auch – wie Ehegatten und nicht eheliche Lebenspartner – ein Recht auf den so genannten Dreißigsten (→ Seite 8) und die Fortsetzung des Mietverhältnisses (→ Seite 144).

Nicht eheliche Kinder und ihre Väter

Seit dem 1. April 1998 gilt zwischen nicht ehelichen Kindern und ihren Vätern das gleiche gesetzliche Erbrecht wie zwischen ehelichen Kindern und ihren Vätern, vorausgesetzt der Erblasser ist nach dem 31. März 1998 gestorben. Das heißt, nicht eheliche Kinder haben jetzt einen direkten Anspruch auf alle Teile des Nachlasses, beispielsweise auch auf Immobilien, und nicht mehr nur einen Erbersatzanspruch in Form von Geld. Sie werden jetzt auch Mitglied der Erbengemeinschaft (→ Seite 162), und sie können für Schulden des Erblassers in Anspruch genommen werden. Davon gibt es nur eine Ausnahme, und sie betrifft nur die alten Bundesländer: „Kinder, die vor dem 1. Juli 1949 geboren sind, erben nichts“. Wer also solchen nicht ehelichen Nachkommen etwas zukommen lassen möchte, muss dies in einer letztwilligen Verfügung tun oder ihnen etwas schenken (→ Seite 65, 95).

Voraussetzung für das Erbrecht zwischen nicht ehelichen Kindern und ihren Vätern ist immer, dass die Abstammung geklärt ist, das heißt, es muss rechtlich verbindlich klargestellt sein, dass der nicht eheliche Vater wirklich der Vater des Kindes ist. Das kann durch Anerkennung oder auch durch gerichtliche Vaterschaftsfeststellung geschehen. Nur dann besteht ein Verwandtschaftsverhältnis zwischen Vater und Kind und damit auch ein gegenseitiges Erbrecht.

Stichtag 1. April 1998

Ist der Erblasser vor dem 1. April 1998 gestorben, so ist das bis dahin geltende besondere Erbrecht für nicht eheliche Kinder und ihre Eltern weiter maßgebend. Hier gibt es Unterschiede zwischen den alten und den neuen Bundesländern.

Vor dem 1. April 1998 war es für nicht eheliche Kinder möglich, einen vorzeitigen Erbausgleich zu verlangen, durch den dann alle weiteren erbrechtlichen Ansprüche abgegolten waren. Solche Vereinbarungen und rechtsgültige Urteile darüber haben auch nach dem 31. März 1998 Bestand.

Adoptivkinder

Für das Erbrecht von Adoptivkindern muss unterschieden werden zwischen der Adoption Minderjähriger und Volljähriger. Für beide Adoptionsformen gibt es seit der Neuordnung des Adoptionsrechts im Jahre 1977 unterschiedliche amtliche Verfahren.

Adoption Minderjähriger

Normalerweise wird ein minderjähriges Kind, häufig ein Baby, adoptiert. Durch die Adoption erlangt das Kind die volle rechtliche Stellung eines ehelichen Kindes. Auf das Erbrecht bezogen, bedeutet das: Ein Adoptivkind erbt wie ein eheliches Kind.

Die Wirkung der Adoption Minderjähriger erstreckt sich auch auf die Abkömmlinge des Adoptivkindes und auf die Verwandten der Adoptiveltern. Ebenso erben diese (Adoptiv-)Verwandten vom angenommenen Kind. Bisherige Verwandtschaftsverhältnisse erlöschen. Das adoptierte Kind erbt also nicht von seinen „richtigen“, blutsverwandten Eltern und diese auch nicht von ihm.

Stichtag 1. Januar 1977

Das Adoptionsrecht des BGB ist seit dem 1. Januar 1977 in Kraft. Für davor abgeschlossene Adoptionsverträge gelten für Adoptivkinder, die zu diesem Zeitpunkt volljährig waren, die Bestimmungen über die Annahme Volljähriger.

War das Adoptivkind am 1. Januar 1977 minderjährig, konnten die Adoptiveltern bis zum 31. Dezember 1977 gegenüber dem Amtsgericht Berlin-Schöneberg erklären, dass auch für diese Fälle die Vorschriften über die Volljährigenadoption angewendet werden sollen.

Wer solche erbrechtlichen Ansprüche verändern will, kann und muss dies in einer letztwilligen Verfügung tun (→ Seite 65), ist aber dabei eingeschränkt durch das Pflichtteilsrecht, das einem Adoptivkind ebenfalls zusteht (→ Seite 24).

Adoption Volljähriger

Die Adoption Volljähriger kommt heute relativ selten vor. Ihre Wirkung ist nicht so weitreichend wie die Adoption von Minderjährigen. Vor allem erstreckt sich das Annahmeverhältnis nicht auf die Verwandten des Annehmenden, ist also beschränkt auf Adoptivkind und Adoptiveltern. Es gibt kein Erbrecht des angenommenen Kindes gegenüber den Verwandten seiner Adoptiveltern; es besteht aber ein Erbrecht des Adoptivkindes und seiner Abkömmlinge nach den Adoptiveltern und auch ein Erbrecht der Adoptiveltern nach dem Kind. In Ausnahmefällen können auch für die Adoption Volljähriger die vollen Rechtsfolgen der Adoption von Minderjährigen gelten (§ 1772 BGB). Das setzt aber immer eine Entscheidung des Vormundschaftsgerichts voraus.

Stiefkinder und Stiefeltern

Stiefkinder gehören nicht zu den gesetzlichen Erben des Stiefelternteils. Sie erben nur von ihrem leiblichen Elternteil. Ebenso werden Stiefeltern nicht gesetzliche Erben ihrer Stiefkinder, auch sie erben nur nach ihren leiblichen Kindern.

Herr Hansen ist geschieden. Seine beiden Kinder aus der geschiedenen Ehe leben bei der Mutter. Er heiratet wieder, und seine zweite Frau bringt zwei Kinder mit in die Ehe. Nach dem Tod von Herrn Hansen erben die zweite Ehefrau und die beiden Kinder aus erster Ehe. Die beiden Stiefkinder, die seine zweite Frau mit in die Ehe brachte, erben nichts. Auch das Erbrecht der ersten Ehefrau von Herrn Hansen ist mit der Scheidung entfallen.

Stiefeltern, die ihren Stiefkindern nach ihrem Tod etwas zukommen lassen wollen, können sie in einem Testament oder Erbvertrag bedenken, sie als Erben einsetzen oder ihnen ein Vermächtnis zuwenden.

Es ist auch möglich, dass Stiefeltern ihr Stiefkind adoptieren. Dann erbt es als Adoptivkind wie ein leibliches Kind.

Besonderheit: das Höferecht

In den meisten alten Bundesländern hat sich regional zum Teil recht unterschiedliches Erbrecht für bäuerliche Höfe erhalten. Die Absicht solcher Sondervorschriften war und ist es, einen Hof und sein Zubehör als Ganzes zu erhalten. Der Hof soll nur auf einen Erben übergehen, die anderen erhalten Ausgleichsansprüche, werden aber nicht Miterben des Hofes. Solche Sonderregelungen gibt es in Bremen, Hessen, Rheinland-Pfalz und Baden-Württemberg; in der ehemals britischen Zone der alten Bundesrepublik (Hamburg, Niedersachsen, Nordrhein-Westfalen und Schleswig-Holstein) gilt die Höfeordnung. All diese Sonderregelungen gelten anstelle der gesetzlichen Erbfolge des BGB. Sie schließen aber nicht aus, dass der Erblasser und Hofeigentümer durch letztwillige Verfügung anderes bestimmt. Eine anwaltliche Beratung ist in solchen Fällen dringend zu empfehlen.

Erbrecht des Staates

Kann kein Erbe ermittelt werden, erbt der Staat (das Gesetz spricht von Fiskus, § 1964 BGB). Das heißt, das Nachlassgericht stellt dann fest, dass kein anderer Erbe als der Staat vorhanden ist.

Wer dennoch glaubt, erbberechtigt zu sein, kann diesen Beschluss des Gerichts anfechten. Er oder sie muss dann das Verwandtschaftsverhältnis zum Verstorbenen oder die Existenz eines ihn oder sie begünstigenden Testaments nachweisen können.

Wer keine gesetzlichen Erben hat und das Erbrecht des Staates für sein Vermögen ausschließen will, kann dies in einem Testament oder Erbvertrag tun (→ Seite 50 ff.).

Zuwendungen zu Lebzeiten

Es kommt häufig vor, dass Eltern ihren Kindern oder Großeltern ihren Enkeln schon zu Lebzeiten Zuwendungen machen. Sie helfen bei der Finanzierung eines Hauses, sie beteiligen sich beim Kauf einer Praxis oder finanzieren die Grundausstattung einer Wohnung. Das kann zu Ungerechtigkeiten führen, wenn dies nicht bei allen Kindern der Fall war. Das Gesetz sieht deshalb in § 2050 BGB vor, dass solche Zuwendungen, die vor dem Tod des Erblassers erfolgten, ausgeglichen werden. Dadurch kann sich der Erbteil eines Abkömmlings verändern.

Voraussetzungen für den Ausgleich

Diese Ausgleichspflicht besteht aber nur unter bestimmten Voraussetzungen. Zunächst einmal gilt sie nur für Abkömmlinge, also für Kinder, Enkel, Urenkel und andere Abkömmlinge. Andere Erben – Verwandte des Erblassers und der überlebende Ehe- oder Lebenspartner – sind davon nicht betroffen, sie sind nicht ausgleichspflichtig.

Wichtig

Die Ausgleichspflicht gilt immer für gesetzliche Erben, also nur dann, wenn der oder die Verstorbene keine letztwillige Verfügung (Testament oder Erbvertrag) hinterlassen hat. Ausnahmsweise besteht die Ausgleichspflicht auch bei einer Erbeinsetzung durch Testament oder Erbvertrag, wenn der Verstorbene seine Abkömmlinge in der letztwilligen Verfügung genau mit dem bedacht hat, was ihr gesetzlicher Erbteil wäre (§ 2052 BGB; → Seite 7 ff.).

Hat also eine vermögende Mutter einzelnen Kindern oder Enkeln zu Lebzeiten größere Beträge zukommen lassen, so sind diese untereinander ausgleichspflichtig. Hat sie ihrem Ehemann ein Haus oder eine wertvolle Kunstsammlung geschenkt, so ist dieser nicht ausgleichspflichtig.

Was ausgleichspflichtig ist

Ausgleichspflichtig sind aber nicht alle Zuwendungen, die der Verstorbene zu Lebzeiten gemacht hat. Zunächst unterliegt der Ausgleichspflicht das, was der Abkömmling als Ausstattung erhalten hat, also das, was einem Kind mit Rücksicht auf seine Heirat oder auf eine selbstständige Lebensstellung von einem Elternteil zugewendet worden ist (§ 1624 BGB). Dazu gehört die Finanzierung einer Wohnung oder auch die traditionell übliche Aussteuer der Tochter. Ferner sind ausgleichspflichtig Zuschüsse zum Lebensunterhalt und Aufwendungen für die Berufsausbildung, soweit sie über das Maß hinausgegangen sind, das nach den Lebensverhältnissen des Verstorbenen üblich ist.

Ausschluss der Ausgleichspflicht

Wollen Eltern diese Ausgleichspflicht ausschließen und damit ein Kind stärker begünstigen als die Geschwister, dann können sie diesen Ausschluss bei der Zuwendung bestimmen.

Was nicht ausgleichspflichtig ist

Zuwendungen, die weder Ausstattung sind, noch der üblichen Berufsausbildung dienen, sind normalerweise nicht ausgleichspflichtig. Schenken also Eltern einem Kind einen Teil ihres Vermögens schon zu Lebzeiten, dann wird diese Schenkung später nicht auf den Erbteil angerechnet, es sei denn, die Eltern haben dies bei der Schenkung ausdrücklich bestimmt. Grenzen setzt hier allerdings das Pflichtteilsrecht (→ Seite 24).

Diese etwas verwirrende gesetzliche Regelung hat zwei Gründe. Zum einen haben Kinder (und andere Abkömmlinge) im Rahmen der Unterhaltspflicht einen gleichen Anspruch auf eine Ausstattung und eine Berufsausbildung. Wurde ein Kind bevorzugt, so soll dies im Zweifel beim Erbfall ausgeglichen werden. Zum anderen aber kann jeder mit seinem Vermögen machen, was er will. Ist die Bevorzugung eines Kindes wirklich gewollt, so akzeptiert das der Gesetzgeber auch.

Tipp

Es ist nicht immer leicht festzustellen, ob eine bestimmte Zuwendung als Ausstattung anzusehen ist oder nicht, und es kann auch zweifelhaft sein, ob ein bestimmter Geldbetrag die Vermögensverhältnisse übersteigt. Bei größeren Zuwendungen sollten Eltern und Großeltern deshalb von vornherein festlegen, ob diese Zuwendung später ausgeglichen werden soll oder nicht. Dadurch lässt sich mancher Erbschaftsstreit vermeiden.

Berechnung des Ausgleichs

Maßgebend ist der Wert des Zugewendeten zur Zeit der Zuwendung. Spätere Wertsteigerungen und -minderungen bleiben außer Betracht (§ 2055 Abs. 2 BGB). Berücksichtigt wird aber nach der Rechtsprechung der Kaufkraftschwund des Geldes. Gerechnet wird folgendermaßen: Zunächst wird der Wert des Zugewendeten dem gemeinsamen Erbteil aller Abkömmlinge hinzuaddiert, dann wird nach den Regeln der gesetzlichen Erbfolge geteilt, und danach wird der Wert des Zugewendeten beim Empfänger abgezogen.

Herr Bauer hinterlässt seine Frau und zwei Kinder. Die Erbschaft beträgt 800 000 €. Die Witwe bekommt (bei Zugewinngemeinschaft) die Hälfte, also 400 000 €. Die Tochter hat bei ihrer Heirat 200 000 € zum Erwerb einer Eigentumswohnung bekommen. Der Sohn hat für ein Auslandsstudium 40 000 € erhalten.

Für die Teilung werden dem gemeinsamen Erbteil der Kinder von 400 000 € die Vorausempfänge hinzugerechnet:

gemeinsamer Erbteil der Kinder	400 000 €
+ Eigentumswohnung der Tochter	200 000 €
+ Auslandsstudium des Sohnes	40 000 €
= gemeinsame Erbquote	640 000 €

Erbquote für jedes Kind ist die Hälfte, also 320 000 €.

Die Tochter erhält 120 000 € (320 000 € – 200 000 €), der Sohn 280 000 € (320 000 € – 40 000 €).

Mitarbeit im Beruf und in der Pflege

Ausgeglichen wird auch die Mitarbeit im Haushalt, Beruf oder Geschäft des Verstorbenen und die Pflege unter Verzicht auf eigenes Einkommen (§ 2057 a BGB). Typischerweise sind dies Leistungen, die Kinder ihren Eltern gegenüber erbringen, wenn sie im Haushalt ihrer Eltern leben oder die Eltern pflegen. Die Vorschrift gilt aber auch für mitarbeitende Töchter und Söhne in handwerklichen und mittelständischen Betrieben.

Für die Berechnung des Ausgleichs wird zunächst der Nachlasswert für alle Abkömmlinge errechnet. Davon wird der Ausgleichsbetrag abgezogen, dann wird geteilt und beim Ausgleichsberechtigten der ihm zustehende Ausgleichsbetrag zum Erbteil hinzugerechnet.

Herr Peters hinterlässt seine Ehefrau, einen Sohn und eine Tochter. Der Wert des Nachlasses beträgt 20 000 €. Die Witwe erhält – bei Zugewinngemeinschaft – die Hälfte, also 10 000 €. Die Erbquote für beide Kinder zusammen beträgt ebenfalls 10 000 € (je ein Viertel). Die Tochter hat den Vater während der letzten Lebensmonate gepflegt und deshalb nur halbtags gearbeitet. Das Gericht setzt den Wert der Pflege auf 3 000 € fest. Dieser Betrag wird vom Erbteil der Kinder abgezogen und nach der Teilung bei der Tochter später wieder hinzugerechnet.

Also: 10 000 € – 3 000 € = 7 000 €. Der Erbteil beträgt für jedes Kind 3 500 €. Die Tochter bekommt als Ausgleich für die Pflege 3 000 € dazu. Im Ergebnis erhält also der Sohn 3 500 €, die Tochter 6 500 € vom Nachlass des Vaters.

Wichtig

Maßgebend für die Höhe des Ausgleichs sind Dauer und Umfang der Leistungen. Langjährige Pflege eines alten, kranken oder behinderten Erblassers oder langjährige Mitarbeit in einem Betrieb kann deshalb zu erheblichen Ausgleichsansprüchen führen.

Der Ausgleich ist ausgeschlossen, wenn der Abkömmling für seine Tätigkeit angemessen bezahlt wurde. War ein Entgelt versprochen, wurde es aber nicht gezahlt, besteht keine Ausgleichspflicht, wohl aber ein Anspruch gegenüber Miterben auf Nachzahlung.

Pflichtteil

25 Kreis der Pflichtteilsberechtigten
26 Voraussetzungen für den Anspruch
28 Höhe des Pflichtteils
32 Bewertung des Nachlasses
35 Stundung des Pflichtteilsanspruchs
36 Restpflichtteil
38 Pflichtteilsergänzung nach Schenkungen
43 Anrechnung und Ausgleichung von Geschenken
45 Auskunftspflicht des Erben
46 Verjährung des Pflichtteilsanspruchs
46 Entziehung des Pflichtteils
48 Verzicht auf den Pflichtteil

Sie haben gesehen, wie sich der Gesetzgeber die gesetzliche Erbfolge vorstellt: Das vererbte Vermögen soll an die nächsten Familienangehörigen fallen. Zugleich bleibt es aber jedem überlassen, dies in einem Testament oder einem Erbvertrag anders zu regeln (→ Seite 50).

Was geschieht aber, wenn der oder die Verstorbene einen Teil oder auch das gesamte Vermögen einem Dritten zuwendet und damit den Erbteil seiner Familienangehörigen vermindert oder einen seiner nächsten Angehörigen besonders begünstigt und dadurch die anderen benachteiligt?

In der Praxis ist es häufig so, dass der zweite Ehegatte begünstigt wird und dies zu Lasten der Kinder aus der früheren Ehe geht, was zu erbitterten Streitigkeiten vor Gericht führen kann. Es kommt aber auch nicht selten vor, dass der Erblasser eine Person, die ihn bis zum Tode gepflegt hat, zum Alleinerben einsetzt, etwa einen nicht ehelichen Lebensgefährten.

Das Pflichtteilsrecht sucht in einer solchen Konfliktsituation nach einem Ausgleich. Es setzt der Verfügungsfreiheit des Erblassers Grenzen und sichert den allernächsten Familienangehörigen ein Mindesterbrecht – eben ihren Pflichtteil –, das der Erblasser nur in besonderen Ausnahmefällen entziehen kann (→ Seite 46 f.).

Pflichtteilsberechtigte sind nicht am Nachlass beteiligt, werden also nicht Miterben mit den anderen Erben. Sie haben lediglich einen Geldanspruch gegen den oder die Erben in Höhe der Hälfte des Wertes ihres gesetzlichen Erbteils.

Kreis der Pflichtteilsberechtigten

Pflichtteilsberechtigt sind nur die nächsten Familienangehörigen des Erblassers: seine Abkömmlinge (Kinder, Enkel, Urenkel und so weiter), seine Eltern, sein überlebender Ehegatte (§ 2303 BGB) oder sein eingetragener gleichgeschlechtlicher Lebenspartner (§ 10 Abs. 6 LPartG, → Seite 116). Dazu zählen ebenfalls nicht eheliche und adoptierte Kinder, soweit sie erbberechtigt sind (→ Seite 19), und ein zur Zeit des Todes noch nicht geborenes, aber bereits gezeugtes Kind. Nicht dazu gehören Stiefkinder und Stiefeltern.

Nicht pflichtteilsberechtigt sind entferntere Verwandte wie Geschwister, Onkel, Tanten, Neffen und Nichten und auch nicht der nicht eheliche Lebensgefährte.

Voraussetzung für den Pflichtteilsanspruch ist immer, dass der- oder diejenige auch erbberechtigt wäre. Wenn Abkömmlinge des Erblassers leben und erben, haben seine Eltern keinen Pflichtteilsanspruch. Sie sind Erben der zweiten Ordnung und werden durch Erben der ersten Ordnung (wozu Kinder und andere Abkömmlinge gehören) von ihrem Erbrecht ausgeschlossen (→ Seite 9 ff.).

Wer kann einen Pflichtteil verlangen?

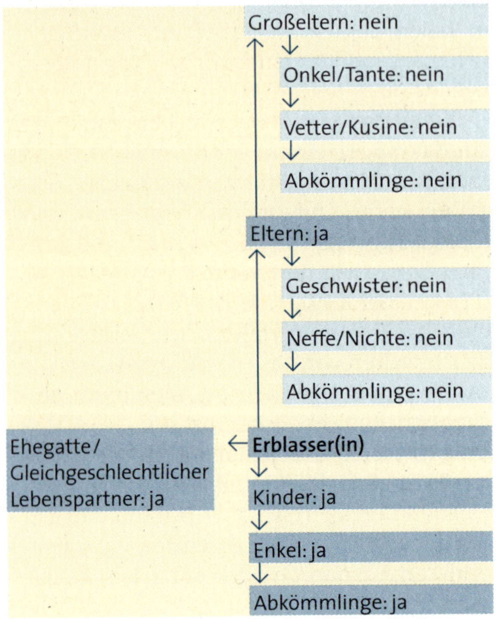

Bei laufenden Scheidungsverfahren hat der überlebende Ehegatte nur dann einen Pflichtteilsanspruch, wenn er auch ein Erbrecht hätte (→ Seite 12).

Nicht eheliche Kinder, die in den alten Bundesländern vor dem 1. Juli 1949 geboren wurden, haben nach ihrem Vater kein Erbrecht und deshalb auch kein Pflichtteilsrecht. Nach ihrer Mutter sind sie voll erb- und deshalb auch pflichtteilsberechtigt. Nicht eheliche Kinder, die vorzeitigen Erbausgleich erhalten haben, sind für ihr Erbrecht abgefunden worden und haben auch keinen Pflichtteilsanspruch mehr (→ Seite 19).

Jürgen Müller ist geschieden und hat wieder geheiratet. Er stirbt und hinterlässt seine (zweite) Ehefrau und zwei Kinder aus erster Ehe. In seinem Testament setzt er seine zweite Frau als Alleinerbin ein.

Darin liegt zugleich eine Zurücksetzung seiner Kinder. Sie sind pflichtteilsberechtigt und haben deshalb einen Pflichtteilsanspruch gegen die Stiefmutter.

Katharina Zeller zieht die Konsequenzen aus ihrer gescheiterten Ehe. Sie stellt einen Scheidungsantrag und macht ihr Testament: Erben sollen ihre drei Kinder sein.

Ihr Ehemann ist nicht pflichtteilsberechtigt und hat keinen Pflichtteilsanspruch, die Kinder erben allein. Auch die Eltern von Frau Zeller haben keinen Pflichtteilsanspruch, weil die Kinder (ihre Enkel) sie von der Erbfolge ausschließen.

Voraussetzungen für den Anspruch

Enterbung

Ein Pflichtteilsanspruch entsteht, wenn der- oder diejenige, der oder die den Anspruch geltend macht, durch Testament oder Erbvertrag von der gesetzlichen Erbfolge ausgeschlossen ist (§ 2303 BGB). Das kann direkt oder indirekt geschehen. Der Erblasser kann bestimmen: „Mein Sohn Stefan soll nicht Erbe werden". Oder er setzt einfach andere Personen als seine Erben ein – das Ergebnis ist dasselbe: Stefan wird nicht Erbe. Als Sohn (Abkömmling) hat er dann einen Pflichtteilsanspruch.

Sehr oft geschieht dies, wenn Eheleute, die gemeinsame Kinder oder Kinder aus früheren Ehen haben, sich in einem gemeinschaftlichen Testament gegenseitig zu Erben einsetzen (→ Seite 56). Damit sind die Kinder nach dem Tod des zuerst versterbenden Ehegatten von der gesetzlichen Erbfolge ausgeschlossen, sind also pflichtteilsberechtigt.

Ausschlagung der Erbschaft

Ein in einem Testament oder Erbvertrag bedachter Erbe kann den Pflichtteilsanspruch auch dadurch herstellen, dass er die Erbschaft ausschlägt und den Pflichtteil verlangt. Dies kann für ihn von Vorteil sein: Entweder, weil er bestimmte Anordnungen und Einschränkungen, die der Erblasser verfügt hat – etwa eine Testamentsvollstreckung –, nicht gegen sich gelten lassen muss, oder weil er sofort zu Geld kommt und im Fall einer Anordnung der Vor- und Nacherbfolge den Nacherbfall – also den Tod des zuletzt Versterbenden – nicht abwarten muss.

Voraussetzungen

Sich durch Ausschlagung der Erbschaft selbst zum Pflichtteilsberechtigten zu machen, ist aber nur unter bestimmten Voraussetzungen möglich: Der durch Testament oder Erbvertrag zugewendete Erbteil muss durch eine Beschränkung oder Beschwerung belastet sein. Solche Beschränkungen und Beschwerungen sind die Anordnung

- der Vor- und Nacherbfolge
- einer Testamentsvollstreckung
- einer Teilungsanordnung
- eines Vermächtnisses
- einer Auflage.

Liegen solche Anordnungen vor und ist das hinterlassene Vermögen höher als der Pflichtteil, kann der Pflichtteilsberechtigte die Erbschaft ausschlagen und seinen Pflichtteil verlangen. Die Beschränkungen und Beschwerungen fallen weg. Der Pflichtteilsberechtigte erhält jedoch wertmäßig weniger, als ihm nach dem Testament zustünde – nämlich nur den Pflichtteil (die Hälfte des gesetzlichen Erbteils).

Maria Weber hinterlässt zwei Töchter, Brigitte und Petra. In ihrem Testament setzt sie beide zu gleichen Teilen als Erbinnen ein. Für Brigitte setzt sie einen Testamentsvollstrecker ein. Brigitte hat nun die Wahl: Entweder sie akzeptiert das Testament so, wie es ist und bekommt neben ihrer Schwester die Hälfte des Nachlasses (den dann der Testamentsvollstrecker verwaltet), oder sie schlägt die Erbschaft aus und bekommt nur ein Viertel, über das sie dann aber selbst verfügen kann.

Ist der im Testament oder Erbvertrag zugewendete Erbteil genauso hoch wie der Pflichtteilsanspruch, fallen die Beschränkungen und Beschwerungen automatisch weg. Der Pflichtteilsberechtigte wird testamentarischer Erbe ohne die Beschränkungen und Mitglied der Erbengemeinschaft. Schlägt er die Erbschaft aus, bekommt er nichts.

Ruth Windt setzt Tochter Vera zu drei Vierteln und Tochter Anette zu einem Viertel zu Erben ein und ordnet für Anette Testamentsvollstreckung an. Diese Anordnung der Testamentsvollstreckung gilt als nicht erfolgt, weil Anettes Pflichtteil ohnehin ein Viertel beträgt.

Nicht belasteter Erbteil

Wenn ein im Testament oder Erbvertrag bedachter Erbe durch keine der oben genannten Beschwerungen belastet ist, kann er ausschlagen, aber nicht zugleich seinen Pflichtteil verlangen. Er erbt dann also überhaupt nichts.

Ist der testamentarisch zugewendete Erbteil niedriger als der Pflichtteil, fallen die angeordneten Beschränkungen und Beschwerungen ebenfalls weg, der Pflichtteilsberechtigte wird in Höhe des ihm Zugewendeten testamentarischer Erbe und Mitglied der Erbengemeinschaft. Er oder sie kann jedoch von den Miterben den zum vollen Pflichtteil fehlenden Betrag verlangen, hat also einen Restpflichtteilsanspruch. Wer die Erbschaft ausschlägt, dem bleibt nur der Anspruch auf den Restpflichtteil (§ 2305 BGB; → Seite 36).

Max Müller hinterlässt drei Kinder: eine Tochter und zwei Söhne. Zum Nachlass gehört ein Unternehmen mit einem Wert von 1 000 000 € und eine Eigentumswohnung im Wert von 200 000 €. In seinem Testament vermacht er den beiden Söhnen das Unternehmen. Die Tochter soll die Eigentumswohnung bekommen. Der Nachlass hat insgesamt einen Wert von 1 200 000 €.

Der gesetzliche Erbteil jedes der drei Kinder beträgt ein Drittel, also 400 000 €, der Pflichtteil die Hälfte, also 200 000 €. Die Tochter hat demnach, obwohl sie gegenüber ihren Brüdern deutlich zurückgesetzt ist, keine weiteren Ansprüche. Schlägt sie die Erbschaft aus, bekommt sie nichts.

Hätte die Eigentumswohnung nur einen Wert von 80 000 €, betrüge der Nachlass insgesamt 1 080 000 €, der gesetzliche Erbteil für jedes der drei Kinder mithin 360 000 €, der Pflichtteil die Hälfte davon, also 180 000 €. Die Tochter bekommt dann das Appartement und kann von ihren Brüdern einen Restpflichtteil in Geld in Höhe von 100 000 € verlangen.

Wichtig

Bei Zugewinngemeinschaft gibt es eine Besonderheit: Der Ehegatte kann das, was ihm der verstorbene Ehepartner durch Testament oder Erbvertrag zugewendet hat, ausschlagen und den konkret errechneten Zugewinn sowie den „kleinen" Pflichtteil verlangen. Dieser berechnet sich in diesem Fall nach dem nicht erhöhten gesetzlichen Erbteil. Er kann dies auch, wenn ihm nach den erbrechtlichen Bestimmungen nach einer Ausschlagung kein Pflichtteil zustünde (§ 1371 Abs. 3 BGB).

Höhe des Pflichtteils

Der Pflichtteilsanspruch ist – wie bereits erwähnt – ein Geldanspruch, der sich gegen die Erben des oder der Verstorbenen richtet. Er beträgt die Hälfte des gesetzlichen Erbteils. Es muss also immer erst festgestellt werden, wie hoch der gesetzliche Erbteil wäre. Dieser ist wiederum abhängig davon, wie viele Erbberechtigte es gibt und welche das sind (→ Seite 9 ff.). Das Gesetz legt das für die Berechnung des Pflichtteils im Einzelnen fest.

Bei der Berechnung wird mitgezählt, wer wegen Enterbung, Ausschlagung der Erbschaft oder Erbunwürdigkeit nicht Erbe geworden ist (§ 2310 BGB; zur Ausschlagung → Seite 27 f.; zur Erbunwürdigkeit → Seite 124). Mitgezählt wird auch, wer nur auf seinen Pflichtteil (nicht aber auf sein Erbrecht) verzichtet hat. Das hat zur Folge, dass die Pflichtteilsquote jedes Pflichtteilsberechtigten geringer wird. Denn: Je mehr Erben es gibt, umso geringer ist der gesetzliche Erbteil und damit auch der Pflichtteil des Einzelnen.

Nicht mitgezählt wird hingegen, wer auf sein Erbteil verzichtet hat. Der Grund dafür ist, dass ein Erbverzicht in aller Regel gegen eine finanzielle Abfindung erfolgt (→ Seite 126), das hinterlassene

Erbe also schon zu Lebzeiten des Erblassers vermindert worden ist. Bei einer Enterbung, bei der Ausschlagung der Erbschaft oder bei Erbunwürdigkeit eines Erben ist dies gerade nicht der Fall. Nicht eheliche Kinder und Väter, die durch vorzeitigen Erbausgleich (Geldzahlung oder Übertragung von Vermögen) für ihr künftiges Erbrecht abgefunden wurden (→ Seite 19), werden deshalb ebenfalls nicht mitgezählt.

Herr Hansen hinterlässt vier Kinder. In seinem Testament setzt er seinen ältesten Sohn zum Alleinerben ein. Tochter Petra hat ein Haus geschenkt bekommen und deshalb vertraglich auf ihren Erbteil verzichtet. Die zweite Tochter Vera ist für erbunwürdig erklärt worden. Der zweite Sohn soll nach dem Willen des Vaters nichts bekommen.

Die Pflichtteilsquote jedes der vier Kinder beträgt an sich ein Achtel (die Hälfte des gesetzlichen Erbteils von einem Viertel). Bei der Berechnung zählt Vera (Erbunwürdigkeit) mit, Petra (Erbverzicht) hingegen nicht. Für die Berechnung des Pflichtteils des enterbten Sohnes werden also drei Kinder gezählt. Sein Pflichtteilsanspruch gegen den älteren Bruder, der Alleinerbe wird, beträgt ein Sechstel (die Hälfte des gesetzlichen Erbteils von einem Drittel).

Bei Ehepaaren mit Zugewinngemeinschaft

Für die Höhe des Pflichtteils des überlebenden Ehegatten kommt es darauf an, in welchem Güterstand die Eheleute beim Tod des Partners oder der Partnerin gelebt haben. Denn: Das gesetzliche Erbrecht des Ehegatten ist abhängig vom Güterstand (→ Seite 11 ff.), und der Pflichtteilsanspruch richtet sich wiederum nach dem gesetzlichen Erbrecht. Bei der Zugewinngemeinschaft erhöht sich der gesetzliche Erbteil des Ehegatten durch den pauschalierten erbrechtlichen Zugewinnausgleich um ein Viertel (→ Seite 14 ff.).

Großer Pflichtteil – kleiner Pflichtteil

Es gibt – bei der Zugewinngemeinschaft – einen „großen" und einen „kleinen" Pflichtteil. Der große Pflichtteil wird unter Einbeziehung des zusätzlichen Viertels aus dem Zugewinnausgleich berechnet, der kleine Pflichtteil beträgt die Hälfte des gesetzlichen Erbteils des Ehegatten ohne dieses zusätzliche Viertel.

Herr Schulte hinterlässt seine Ehefrau und zwei Kinder sowie ein Vermögen von 200 000 €. Kein Testament, kein Ehevertrag, also gesetzliches Erbrecht mit Zugewinnausgleich.

Die Witwe erhält ein Viertel als gesetzliche Erbin und ein weiteres Viertel als Zugewinnausgleich, insgesamt also die Hälfte, mithin 100 000 €. Ihr kleiner Pflichtteil beträgt ein Achtel – die Hälfte des gesetzlichen Erbteils –, also 25 000 €, ihr großer Pflichtteil ein Viertel, also 50 000 €.

Je nachdem, wie hoch der Zugewinn in der Ehe im konkreten Fall ist, kann die pauschalierte erbrechtliche Lösung für den überlebenden Ehegatten vorteilhaft sein oder auch nicht. Er hat immer auch die Möglichkeit, statt seines gesetzlichen Erbteils oder dessen, was der verstorbene Ehegatte ihm im Testament vermacht hat, den konkret errechneten Zugewinnausgleich und daneben den kleinen Pflichtteil zu verlangen. Um dies zu entscheiden, muss der Ehegatte ausrechnen, wie hoch sein Zugewinn ist.

Berechnung des Zugewinnausgleichs

Die Höhe des Zugewinns muss durch einen Vergleich der Vermögen beider Ehegatten zu Anfang und am Ende der Ehe berechnet werden. Wer weniger erwirtschaftet hat, hat nach Auflösung der Ehe (in diesem Fall durch den Tod seines Ehepartners) einen Anspruch auf die Hälfte des Überschusses als Zugewinn. Besteht der gesamte Erbteil des verstorbenen Ehegatten aus Zugewinn, weil zu Beginn der Ehe kein Vermögen vorhanden war, kann der pauschalierte Erbausgleich durch das zusätzliche erbrechtliche Viertel für den überlebenden Ehegatten ungünstiger sein als der errechnete (echte) Zugewinn plus kleinem Pflichtteil.

Frau Albers hinterlässt ihren Ehemann und drei gemeinsame Kinder. Der Nachlass beträgt 200 000 €. Kein Ehevertrag, kein Testament, also gesetzliche Erbfolge mit Zugewinnausgleich. Der Erbteil des Ehemannes beträgt die Hälfte (ein Viertel als gesetzliches Erbrecht, ein weiteres Viertel als pauschalierten Zugewinnausgleich), also 100 000 €. Der Ehemann hat selbst keinen Zugewinn. Für ihn ist die erbrechtliche Lösung ungünstig. Seine Zugewinnausgleichsforderung beträgt ohnehin die Hälfte, dazu kann er ein weiteres Achtel (den kleinen Pflichtteil) vom restlichen Erbteil verlangen. In diesem Fall wären das 12 500 €.

Wahlmöglichkeiten von Witwe oder Witwer

Lebten die Eheleute bis zum Tod des Erblassers oder der Erblasserin im Güterstand der Zugewinngemeinschaft, hat die oder der Überlebende eine Reihe von Wahlmöglichkeiten:

Wenn der Ehegatte Alleinerbe ist

Wird der Ehegatte Alleinerbe – gleich ob durch gesetzliche Erbfolge oder als testamentarischer Erbe –, wird es meistens keine Probleme geben. Er bekommt ohnehin erst einmal alles.

Es kann aber sein, dass der Erblasser im Testament Vermächtnisse und Auflagen oder auch Vor- und Nacherbfolge angeordnet hat, die den Ehegatten in seinem Erbrecht erheblich einschränken (→ Seite 79). Dann kann er die Erbschaft ausschlagen, den konkret errechneten Zugewinn fordern und dazu den kleinen Pflichtteil verlangen (der dann ohne das erbrechtliche Zusatzviertel berechnet wird).

Wenn der Ehegatte gesetzlicher Erbe wird

Wird der Ehegatte gesetzlicher Erbe (→ Seite 7) und gibt es Kinder, Enkel oder Urenkel des Verstorbenen aus einer anderen Ehe, werden diese durch das erhöhte Erbrecht mit dem pauschalierten Zugewinnausgleich von einem Viertel benachteiligt. Das Gesetz gibt ihnen deshalb gegen den Stiefvater oder die Stiefmutter einen Anspruch auf eine „angemessene Ausbildung" (→ Seite 15).

Es kann durchaus vorkommen, dass dieses Zusatzviertel durch die Ausbildungskosten für die Stiefkinder völlig aufgezehrt wird. Der überlebende Ehegatte muss sich also überlegen, ob er diese Verpflichtung, die letztlich auch auf eine Belastung seines Erbes hinausläuft, übernehmen oder lieber den konkret berechneten echten Zugewinnausgleich plus kleinen Pflichtteil wählen will.

Wenn der Ehegatte Miterbe neben anderen wird

Wird der Ehegatte Miterbe neben anderen – sei es als gesetzlicher Erbe oder durch Erbeinsetzung durch den Verstorbenen –, kann er sein Erbe entweder so annehmen, wie es ist, oder er kann die Erbschaft ausschlagen und den konkret errechneten Zugewinn plus kleinen Pflichtteil verlangen.

Wenn der Ehegatte in einem Testament bedacht ist

Ist der Ehegatte in einem Testament bedacht, hat er noch eine dritte Möglichkeit: Soweit das ihm Zugewendete weniger ist als der nach dem erhöhten gesetzlichen Erbteil errechnete Pflichtteil – der große Pflichtteil –, kann er eine Aufstockung bis zur Höhe dieses Pflichtteils verlangen.

Wenn der Ehegatte im Testament übergangen wurde

Ist der Ehegatte in einem Testament des Partners völlig übergangen worden, hat er nach der derzeitigen Rechtsprechung keinen Anspruch auf den großen Pflichtteil, kann jedoch den konkret errechneten Zugewinn und den kleinen Pflichtteil verlangen.

Herr Müller setzt in seinem Testament seine beiden Kinder als Alleinerben ein. Seine Ehefrau erwähnt er nicht.

Nach seinem Tod werden die beiden Kinder Alleinerben. Frau Müller kann – falls vorhanden – Zugewinnausgleich und den kleinen Pflichtteil (ein Achtel) fordern. Einen Anspruch auf den großen Pflichtteil (der ein Viertel betragen würde) hat sie nicht.

Für den überlebenden Ehegatten ergibt sich also beim Güterstand der Zugewinngemeinschaft eine komplizierte Situation. Er muss sehr genau rechnen und vergleichen: Was ist günstiger? gesetzliche oder testamentarische Erbfolge oder Pflichtteil plus Zugewinnausgleich?

Für die Berechnung des Zugewinns muss festgestellt werden, welches Vermögen jeder der Ehegatten zu Beginn der Ehe hatte, was dazugekommen ist und wie hoch die Schulden sind. Die Geldentwertung ist abzurechnen. Erbschaften und Schenkungen gehören nicht zum Zugewinn. Vor allem bei langjährigen Ehen ist deshalb häufig nicht leicht festzustellen, wie hoch der konkrete Zugewinnausgleich nun eigentlich ist. Dies muss der überlebende Ehegatte aber wissen, um die richtige Entscheidung zu treffen.

> **Tipp**
>
> Bei mittleren und größeren Vermögen empfiehlt es sich dringend, möglichst bald nach dem Tod des Erblassers oder der Erblasserin fachkundigen Rat eines Notars oder Anwalts einzuholen. Das komplizierte Geflecht der erb- und güterrechtlichen Bestimmungen ist nur schwer zu durchschauen.

Fristen für die Entscheidung

Dabei besteht auch noch Zeitdruck: Wer eine Erbschaft ausschlagen will, muss dies innerhalb von sechs Wochen tun, nachdem er oder sie vom Tod des Erblassers oder von der Existenz einer letztwilligen Verfügung erfahren hat (§ 1944 BGB). Danach ist eine Ausschlagung nicht mehr möglich. Wer im Testament nicht zum Erben eingesetzt wurde, aber mit einem – möglicherweise recht hohen – Vermächtnis bedacht ist, braucht meist nicht so schnell zu reagieren. Der Erbe kann den Bedachten aber auffordern, innerhalb einer angemessenen Frist (in der Regel ebenfalls mindestens sechs Wochen) zu erklären, ob er das Vermächtnis annehmen oder ausschlagen will (§ 2307 BGB). Antwortet der mit dem Vermächtnis bedachte Ehegatte innerhalb dieser Frist nicht, gilt das Vermächtnis als ausgeschlagen. Dann ist Zugewinnausgleich plus kleiner Pflichtteil seine einzige Alternative.

Bewertung des Nachlasses

Die Höhe des Pflichtteilsanspruchs ist einerseits abhängig davon, wie viele Personen erbberechtigt sind, und andererseits davon, wie hoch der Nachlass ist. Für diese Berechnung müssen zunächst alle Vermögenswerte, die zum Nachlass gehören, bewertet werden. Danach werden die Schulden, die der Verstorbene hinterlassen hat, abgezogen. Das Gesetz hält dafür eine ganze Reihe von Einzelvorschriften bereit.

Bewertung des Vermögens

Immobilien

Grundstücke werden grundsätzlich mit dem Verkehrswert angesetzt (also mit dem auf dem freien Markt erzielbaren Geldwert).

Für das selbst genutzte Einfamilienhaus oder die selbst genutzte Eigentumswohnung wird nach dem Sachwertverfahren vorgegangen, das sich an den Herstellungskosten orientiert. Es muss also gefragt werden, was es heute kosten würde, dieses Haus oder diese Wohnung zu bauen. Danach ist dann das Alter des Hauses oder der Eigentumswohnung wertmindernd zu berücksichtigen.

Ein Mietshaus, das als Vermögensanlage zum Nachlass gehört, wird nach dem Ertragswertverfahren bewertet, das auf die erzielte Rendite (die eingehenden Mieten) abstellt. In besonderen Fällen legt die Rechtsprechung auch einen Mischwert zugrunde.

Bei unbebauten Grundstücken wird der Wert durch Vergleich der Kaufpreise für benachbarte Grundstücke ermittelt (Bodenrichtwert).

> **Tipp**
>
> Häufig wird es notwendig sein, den Wert des Vermögens durch Schätzung zu ermitteln. Dafür werden in aller Regel Sachverständigengutachten eingeholt, die in ihren Ergebnissen durchaus unterschiedlich ausfallen können, was wiederum zu jahrelangen Streitigkeiten vor Gericht führen kann.
>
> Wenn irgend möglich, sollten die Erben solche kostspieligen Streitigkeiten vermeiden und sich über die Bewertung einigen.

Wertpapiere

Wertpapiere werden mit dem Kurswert am Todestag des Erblassers angesetzt. Gab es an diesem Tag größere Kursschwankungen, ist ein mittlerer Tageskurs zu bilden. Bei umfangreichen Aktienpaketen und bei Familiengesellschaften kann es vorkommen, dass der Kurswert nicht dem wirklichen Wert der Beteiligung an der Gesellschaft entspricht. Dieser ist dann wiederum durch Gutachten zu ermitteln.

Gesellschaftsanteile

Gesellschaftsanteile sind grundsätzlich, soweit der Gesellschaftsvertrag nichts anderes vorsieht, mit ihrem vollen tatsächlichen Wert zu berücksichtigen, mit dem Wert also, den ein Außenstehender normalerweise als Kaufpreis zahlen würde. Auch dieser ist meist nicht ohne weiteres feststellbar und muss durch Sachverständige ermittelt werden.

Handelsgeschäft oder Praxis

Gehört ein Handelsgeschäft oder eine Praxis zum Nachlass, ist der so genannte innere Wert, der good will, maßgebend. Übernimmt ein Erbe das Handelsgeschäft oder die Praxis, muss der Wert der Praxis oder des Geschäfts selbst ermittelt werden, der Preis also, den ein Dritter zahlen würde. Auch dafür wird häufig ein Sachverständigengutachten notwendig sein.

Lebensversicherungen

Lebensversicherungen sind nur unter bestimmten Bedingungen dem Nachlass zuzurechnen, und zwar dann, wenn der oder die Verstorbene selbst bezugsberechtigt war. Sie gehören dagegen nicht in den Nachlass, wenn der oder die Versicherte der Versicherung einen Dritten als Bezugsberechtigten benannt hat. Dann steht die Versicherungssumme demjenigen zu, der im Versicherungsvertrag eingetragen ist, und die Leistung erfolgt aufgrund des Versicherungsvertrags, nicht aufgrund des Erbrechts.

Vom Nachlass abzuziehen

Geldschulden

Vom Nachlasswert abzuziehen sind zunächst alle Geldschulden des Verstorbenen. Das kann ein überzogenes Girokonto bei der Bank sein, eine Darlehensschuld oder die nicht bezahlte Einkommensteuer.

Zugewinnausgleichsforderung

Abgezogen wird auch die Zugewinnausgleichsforderung des überlebenden Ehegatten, wenn dieser sie geltend macht.

Kosten, die mit dem Erbfall entstehen
Abgezogen werden auch alle Kosten, die mit dem Erbfall entstehen. Dazu gehören die Beerdigungskosten und – soweit vorhanden – die Kosten für eine Nachlassverwaltung und Prozesskosten von Erbschaftsstreitigkeiten (Gerichtskosten, Rechtsanwaltsgebühren, Kosten für Gutachter). Kostspielige Prozesse vermindern also die Ansprüche von Pflichtteilsberechtigten.

Voraus
Abgezogen wird bei der Berechnung des Pflichtteils von Abkömmlingen und Eltern des Verstorbenen der Voraus (→ Seite 11). Eine Ehefrau kann also – wenn sie gesetzliche Erbin ist – Möbel und sonstige Haushaltsgegenstände und die Hochzeitsgeschenke vorab behalten. Die Pflichtteilsansprüche von Eltern und Abkömmlingen vermindern sich dadurch.

Vom Nachlass nicht abzuziehen

Der Dreißigste
Nicht abgezogen wird der „Dreißigste" (→ Seite 8). Pflichtteilsansprüche werden also nicht vermindert.

Vermächtnisse und Auflagen
Nicht abgezogen werden Vermächtnisse und Auflagen, die der Verstorbene verfügt hat (→ Seite 72), auch nicht die Pflichtteilsansprüche von Pflichtteilsberechtigten und der Erbersatzanspruch nicht ehelicher Kinder und Väter bei Erbfällen vor dem 1. April 1998 (→ Seite 19).

Erbschaftsteuer
Nicht abgezogen wird die Erbschaftsteuer des jeweils Erb- oder Pflichtteilsberechtigten. Sie fällt beim Erben an und ihre Höhe ist abhängig davon, wer erbt und wie hoch die Erbschaft ist (→ Seite 196). Zu beachten ist aber: Andere Steuerschulden, nämlich solche des Erblassers selbst, die im Zeitpunkt des Todes bereits bestanden haben, werden abgezogen, vermindern also das hinterlassene Vermögen und damit auch die Ansprüche von Pflichtteilsberechtigten.

Herr Otto hinterlässt seine Ehefrau und zwei Kinder, Katrin und Markus. Sein Nachlass besteht aus einer Eigentumswohnung im Wert von 200 000 €. Das Ehepaar lebte im Güterstand der Zugewinngemeinschaft. Frau Otto war Hausfrau und hat selbst keinen Zugewinn erzielt. Im Testament hat Herr Otto seine Ehefrau zur Alleinerbin eingesetzt.

Katrin möchte schnell zu Geld kommen und verlangt nach dem Tod des Vaters ihren Pflichtteil. Ihr Pflichtteilsanspruch beträgt ein Achtel (die Hälfte von einem Viertel), bei einer Erbschaft von 200 000 € also 25 000 €.

Frau Otto muss nun entscheiden, ob sie die Tochter auszahlt. Sie könnte die Erbschaft auch ausschlagen und Zugewinnausgleich plus kleinen Pflichtteil verlangen. Ihre Zugewinnausgleichsforderung betrüge 100 000 €. Sie würde vom Nachlass abgezogen. Der Nachlass beliefe sich dann rechnerisch nur noch auf 100 000 €. Ihr kleiner Pflichtteil betrüge dann ein Achtel davon (die Hälfte des Viertels aus dem gesetzlichen Erbrecht), also 12 500 €.

Für Frau Otto ist es also sinnvoll, die Erbschaft anzunehmen und die Tochter auszuzahlen. Sie behält die Eigentumswohnung im Wert von 200 000 €. Ihr Zugewinnausgleich plus kleinem Pflichtteil hätte ihr nur 112 500 € in bar eingebracht. So kann sie in der Wohnung bleiben. 25 000 € für den Pflichtteil der Tochter muss sie allerdings aufbringen.

Frau Bischoff hinterlässt zwei Kinder, Sohn und Tochter. Ihr Vermögen besteht aus einem Aktienpaket in Höhe von 200 000 €, einer Grafiksammlung im Wert von 120 000 € und Schmuck im Wert von 20 000 €. Die Grafiksammlung vermacht sie in ihrem Testament dem städtischen Museum, den Schmuck einer Nachbarin, die sie in ihren letzten Lebensjahren regelmäßig besucht und den Hund der alten Dame ausgeführt hatte. Im Übrigen setzt sie ihre beiden Kinder zu Erben ein.

An sich beträgt das hinterlassene Vermögen 340 000 €. Erbteil für jedes der beiden Kinder: 170 000 €. Die Grafiksammlung geht an das Museum, der Schmuck an die Nachbarin. Also bleiben für jedes der beiden Kinder 100 000 €. Schlägt ein Kind die Erbschaft aus und verlangt seinen Pflichtteil, werden die Vermächtnisse an das Museum und an die Nachbarin wieder hinzugerechnet. Pflichtteil also 85 000 €. Die Ausschlagung lohnt sich in diesem Fall nicht.

Anders sieht es im folgenden Beispiel aus: Frau Bischoff setzt ihre Nachbarin zur Alleinerbin ein und vermacht ihrem Sohn die Grafiksammlung und ihrer Tochter den Schmuck.

Der Pflichtteilsanspruch jedes der beiden Kinder gegen die Erbin beträgt dann ebenfalls 85 000 €. Das Vermächtnis für die Tochter, die nur den Schmuck bekommen hat, liegt im Wert deutlich unter ihrem Pflichtteil. Die Tochter hat deshalb einen Restpflichtteilsanspruch in Höhe von 65 000 € gegen die Erbin (→ Seite 36). Sie kann das Vermächtnis auch ausschlagen und von der Erbin den vollen Betrag ihres Pflichtteils von 85 000 € verlangen.

Stundung des Pflichtteilsanspruchs

Der Anspruch auf den Pflichtteil ist, wie wir gesehen haben, ein Geldanspruch und richtet sich gegen den oder die Erben. Er entsteht mit dem Erbfall – also beim Tod des Erblassers – und ist sofort fällig. Das kann für die Erben sehr hart sein und sie unter Umständen dazu zwingen, Sachwerte zu verkaufen.

Herr Bauer hinterlässt seine Ehefrau und zwei Kinder. Seine Frau hat er zur Alleinerbin eingesetzt, die Kinder hat er nicht bedacht. Sein Vermögen besteht ausschließlich in einem Einfamilienhaus, in dem das Ehepaar bis zu seinem Tod gelebt hat. Wert: 400 000 €. Wenn beide Kinder ihren Pflichtteil von jeweils 50 000 € verlangen, kann es durchaus sein, dass die Mutter das Haus nicht halten kann.

In solchen Fällen besteht die Möglichkeit, den Pflichtteilsanspruch zu stunden. Das geht aber nur in sehr engen Grenzen. Die Einzelheiten finden sich in § 2331 a BGB. Die Stundung kann nur ein Erbe verlangen, der selbst pflichtteilsberechtigt ist. Nicht pflichtteilsberechtigte Dritte, zum Beispiel eine nicht eheliche Lebensgefährtin oder ein mit dem Erblasser nicht verwandter Freund, die im Testament bedacht wurden, müssen Pflichtteilsansprüche sofort erfüllen.

Eine Stundung ist ferner nur möglich, wenn die sofortige Erfüllung des gesamten Anspruchs den Erben ungewöhnlich hart treffen, insbesondere, wenn sie ihn zur Aufgabe der Familienwohnung zwingen würde. Im eben zitierten Beispiel wären diese Voraussetzungen erfüllt. Eine Stundung kann aber beispielsweise nicht allein deswegen verlangt werden, weil die Erfüllung für den Erben lästig ist – das wird fast immer der Fall sein.

Hinterlässt Herr Bauer im obigen Beispiel ein Einfamilienhaus im Wert von 300 000 €, und ein Bankkonto mit einem Guthaben von 100 000 €, so muss die Witwe die Pflichtteilsansprüche der Kinder mit diesem Geld bezahlen, sofern sie es nicht dringend für ihren Lebensunterhalt braucht.

Entscheidung durch das Nachlassgericht

Der Erbe kann, wenn die Voraussetzungen vorliegen, die Stundung des Pflichtteilsanspruchs beim Nachlassgericht beantragen. Das Gericht hat unter Abwägung der Interessen beider Seiten zu entscheiden.

Es kann Ratenzahlungen anordnen oder die Stundung bis zu einem bestimmten Zeitpunkt verfügen, wobei es zugleich die Höhe der Verzinsung des gestundeten Betrags festsetzt. Es kann auch anordnen, dass der Erbe für den gestundeten Betrag Sicherheit zu leisten hat.

Auch die Zugewinnausgleichsforderung des überlebenden Ehegatten (§ 1382 BGB) kann gestundet werden.

Restpflichtteil

Das Recht auf den Pflichtteil ist eine Art Mindesterbrecht und der Verfügung des Erblassers weitgehend entzogen, sieht man einmal von dem Recht ab, einem Erben auch den Pflichtteil zu entziehen (→ Seite 46 f.).

Dennoch wird oft versucht, die Pflichtteilsberechtigten – über das gesetzliche Mindesterbrecht hinaus – zu „enterben". Zum Beispiel indem der Erblasser demjenigen, der nach dem Gesetz pflichtteilsberechtigt ist, im Testament zwar etwas hinterlässt, aber etwas, was dem Wert nach unterhalb des Pflichtteilsanspruchs liegt. Manche Erblasser versuchen auch, Teile ihres Vermögens schon zu Lebzeiten auf diejenigen zu übertragen, die sie gern als Erben sehen würden. In beiden Fällen schränkt das Gesetz die Verfügungsfreiheit des Erblassers ein und schützt damit die Interessen der Pflichtteilsberechtigten.

Erbteil oder Vermächtnis unterhalb der Pflichtteilsquote

Wurde ein Pflichtteilsberechtigter im Testament zwar bedacht, bleibt das, was ihm oder ihr hinterlassen wurde, aber wertmäßig unterhalb der Pflichtteilsquote, hat er oder sie gegen die Erben einen Anspruch auf Auszahlung des Restpflichtteils (§ 2305 BGB). Wer im Testament bedacht ist, kann also die Erbschaft annehmen und wird insoweit auch Erbe, also Mitglied der Erbengemeinschaft, kann aber zusätzlich von seinen Miterben den Ausgleichsbetrag bis zur Höhe seines Pflichtteils verlangen.

Frau Klar hinterlässt ein Vermögen von 100 000 €. In ihrem Testament bedenkt sie ihre einzige Tochter Lena mit 20 000 €. Im Übrigen setzt sie ihre Freundin, mit der sie die letzten Lebensjahre verbracht hat, zur Alleinerbin ein.

Die Tochter wäre nach dem Gesetz Alleinerbin geworden, ihr Pflichtteil beträgt die Hälfte davon, also 50 000 €. Die Tochter wird gemeinsam mit der Freundin Erbin ihrer Mutter mit einem Betrag von 20 000 €, hat aber zusätzlich gegen die Freundin einen Anspruch auf einen Restpflichtteil in Höhe von 30 000 €. Dieser Restpflichtteil ist ein reiner Geldanspruch gegen die Freundin, den die Tochter notfalls vor Gericht einklagen muss. In Höhe ihres Erbteils ist die Tochter hingegen Miterbin neben der Freundin der Mutter.

Wer in einem Testament unterhalb seiner Pflichtteilsquote bedacht ist, behält den Anspruch auf den Restpflichtteil auch, wenn er die Erbschaft ausschlägt. Es bleibt ihm dann aber nur dieser, nicht der volle Pflichtteilsanspruch. Im Beispiel oben kann die Tochter also das Erbe ausschlagen und von der Freundin 30 000 € Restpflichtteil verlangen. Sie kann aber nicht ausschlagen und ihren vollen Pflichtteil von 50 000 € verlangen.

Beschränkungen und Beschwerungen des Erbteils

Auch von diesem Grundsatz gibt es Ausnahmen. Wem im Testament oder in einem Erbvertrag ein durch Belastungen beschwertes Erbteil hinterlassen wurde, das höher ist als sein Pflichtteil, kann die Erbschaft ausschlagen und den vollen Pflichtteil verlangen.

Herr Müller hinterlässt zwei Söhne, Olaf und Christian. In seinem Testament hat er sie zu gleichen Teilen als Erben eingesetzt, für Christian hat er Testamentsvollstreckung angeordnet.

Christian kann entweder die Erbschaft annehmen, die dann vom Testamentsvollstrecker verwaltet wird, oder er kann sie ausschlagen und von seinem Bruder Olaf, der damit Alleinerbe wird, seinen Pflichtteil verlangen.

Besonderheiten bei der Zugewinngemeinschaft

Wer mit seinem verstorbenen Ehepartner im Güterstand der Zugewinngemeinschaft gelebt hat, kann die Erbschaft ausschlagen, den kleinen Pflichtteil und den konkret errechneten Zugewinnausgleich verlangen (→ Seite 30 ff.).

Bleibt das ihm im Testament oder Erbvertrag hinterlassene Vermögen wertmäßig unterhalb des großen Pflichtteils, kann er wahlweise auch die Erbschaft annehmen und den Restpflichtteil bis zu dieser Höhe verlangen. Der Anspruch auf den errechneten konkreten Zugewinnausgleich entfällt dann.

Eines allerdings kann der überlebende Ehegatte, der in einem Testament bedacht ist, nicht: Er kann nicht die Erbschaft ausschlagen und den großen, durch das zusätzliche Viertel bei Zugewinngemeinschaft erhöhten Pflichtteil verlangen (§ 1371 Abs. 3 BGB).

Pflichtteilsergänzung nach Schenkungen

Häufig versuchen Erblasser, den Pflichtteilsanspruch von erbberechtigten Verwandten und Ehegatten dadurch zu unterlaufen, dass sie Teile des Vermögens schon zu Lebzeiten an diejenigen verschenken, die sie gern als Erben sehen würden. Das kann die nicht eheliche Lebenspartnerin sein, ein Kind, das der Vater oder die Mutter besonders mag, oder ein Freund oder eine Freundin, die ihm oder ihr besonders nahe standen (→ Seite 95).

Auch hier setzt das Pflichtteilsrecht Grenzen und schützt die nächsten Angehörigen davor, benachteiligt zu werden. Die meisten Schenkungen, die der Erblasser in den letzten zehn Jahren vor seinem Tod gemacht hat, werden dem Nachlass hinzugerechnet (§ 2325 BGB) und erhöhen damit den Pflichtteilsanspruch anderer Pflichtteilsberechtigter.

Das bedeutet allerdings nicht, dass die Schenkung als solche rückgängig gemacht wird. Sie bleibt vielmehr wirksam. Ein Pflichtteilsberechtigter, dessen Pflichtteil durch solche Schenkungen verringert wurde, hat aber einen Anspruch auf Ergänzung seines Pflichtteils. Dieser Anspruch richtet sich in erster Linie gegen den oder die Erben und nur in zweiter Linie gegen die beschenkte Person selbst (→ Seite 42 f.).
Gehört der oder die Beschenkte selbst zu den Pflichtteilsberechtigten (→ Seite 25), wird das Geschenk auf seinen Pflichtteilsanspruch angerechnet, wenn der Erblasser oder die Erblasserin dies bei der Schenkung bestimmt hat (→ Seite 43).

Was ist eine Schenkung?

Rechtlich ist die Schenkung in § 516 BGB definiert: Der oder die Beschenkte wird „bereichert", und die Zuwendung durch den Schenker erfolgt unentgeltlich. Nach der etwas umständlichen juristischen Fachsprache ist aufseiten des Schenkers eine Entreicherung, aufseiten des Beschenkten eine Bereicherung erforderlich. In manchen Fällen kann es schwierig sein zu entscheiden, ob denn nun eine Schenkung vorliegt oder nicht.

Frau Hoffmann verkauft ihrer Tochter aus dem elterlichen Haushalt eine wertvolle Silberschale für 1 000 €, die Schale ist aber 10 000 € wert.

Einerseits liegt ein Kaufvertrag vor, andererseits hat die Tochter einen Vermögensvorteil erhalten, der den Erbteil anderer Miterben vermindert. Wenn beide Seiten sich klar darüber waren, dass die Tochter den übrigen Miterben gegenüber bevorzugt werden sollte, handelt es sich um eine „gemischte Schenkung". Der geschenkte Betrag – in diesem Fall 9 000 € – wird als Schenkung behandelt und muss gegenüber anderen Miterben ausgeglichen werden. Das setzt allerdings voraus, dass derjenige Miterbe, der Pflichtteilsergänzung verlangt, beweisen kann, dass eine Bevorzugung der Tochter gewollt war. Ein solcher Beweis ist nicht einfach.

Schenkungen an den Ehepartner

Schwierigkeiten bei der Feststellung, ob eine Schenkung vorliegt oder nicht, gibt es häufig auch, wenn Eheleute einander etwas zuwenden (schenken?), ohne dabei etwas Besonderes vertraglich festzulegen. Juristen sprechen hier von „unbenannten Zuwendungen“ unter Ehegatten.

Herr Sommer verdient gut und kauft ein Haus, das er aus seinem Arbeitseinkommen bezahlt. Er lässt aber seine Ehefrau als Miteigentümerin im Grundbuch eintragen.

Eine Schenkung? Oder eher eine Zuwendung, die ihren Grund darin hat, dass seine Frau durch Haushaltsführung und Kindererziehung ebenfalls – wenn auch nicht finanziell – zur ehelichen Lebensgemeinschaft beigetragen hat?

Im Schenkungsrecht werden solche unbenannten Zuwendungen unter Eheleuten in aller Regel nicht als Schenkungen angesehen, wenn sie der ehelichen Lebensgemeinschaft dienen (→ Seite 218 f.). Anders im Erbrecht: Hier gibt es vor allem dann Probleme, wenn ein verwitweter oder geschiedener Ehegatte wieder geheiratet hat und den neuen Ehegatten zu Lasten der Kinder aus erster Ehe beschenkt. Nach der Rechtsprechung sind unbenannte Zuwendungen zwischen Eheleuten im Erbrecht als Schenkung anzusehen, wenn sie nicht der Unterhalts- oder Alterssicherung dienen sollen. Ob die Übertragung eines Grundstücks, eines Wertpapierdepots oder von Bargeld im konkreten Einzelfall dieser Sicherung dient, kann also durchaus zweifelhaft sein und zu langwierigen Streitigkeiten führen.

Tipp

Wenn Sie Ihrem Ehemann oder Ihrer Ehefrau einen größeren Betrag „schenken“ und dadurch die Ansprüche pflichtteilsberechtigter Verwandter vermindern, tun Sie gut daran, schriftlich festzulegen, dass Sie damit den Unterhalt oder die Altersversorgung Ihres Ehepartners sichern wollen.

Schenkungen, „durch die einer sittlichen Pflicht oder einer auf den Anstand zu nehmenden Rücksicht entsprochen wird“, begründen keinen Pflichtteilsergänzungsanspruch (§ 2330 BGB). Dazu gehören normale Geburtstags- und Weihnachtsgeschenke und Geschenke zu ähnlichen Gelegenheiten. Ist die Schenkung im Wert übermäßig hoch, ist der das normale Maß übersteigende Betrag ausgleichspflichtig. Was normal und angemessen ist, hängt von den Einkommens- und Vermögensverhältnissen der Beteiligten ab. Bei sehr vermögenden Leuten kann die Schenkung eines Hauses angemessen, in einfachen Verhältnissen die Schenkung eines Autos übertrieben sein.

Frist für die Berücksichtigung

Schenkungen der oder des Verstorbenen an Dritte bleiben unberücksichtigt, wenn beim Tod des Erblassers oder der Erblasserin zehn Jahre verstrichen sind (§ 2325 Abs. 3 BGB). Die Frist beginnt, wenn der verschenkte Gegenstand Eigentum des Beschenkten geworden ist. Bei beweglichen Sachen und Geld ist dies die Übergabe des geschenkten Gegenstands oder der Eingang des Betrags auf dem Konto des Beschenkten. Bei Grundstücken ist die Schenkung mit der Eintragung des Beschenkten im Grundbuch vollzogen.

Frau Schöller ist verwitwet und Mutter zweier Töchter. Sie schenkt ihrer ersten Tochter bei deren Heirat eine Eigentumswohnung. Die zweite Tochter bekommt zu Lebzeiten der Mutter nichts. Zwölf Jahre nach der Schenkung stirbt die Mutter.

Die Schenkung ist nicht anrechnungspflichtig, weil die Zehnjahresfrist verstrichen ist.

Bei Schenkungen an den Ehegatten beginnt die Zehnjahresfrist erst mit der Auflösung der Ehe. Bei geschiedenen Eheleuten ist dies der Zeitpunkt der Scheidung, bei Eheauflösung durch Tod beginnt die Frist erst mit dem Tod des Erblassers. Das hat zur Folge, dass Geschenke an den überlebenden Ehegatten nach dem Tod des Erblassers zehn Jahre lang immer ausgleichspflichtig sind. Geschenke an Kinder und andere Verwandte sind hingegen nicht ausgleichspflichtig, wenn sie mehr als zehn Jahre, gerechnet vom Tod des oder der Verstorbenen, zurückliegen.

Herr Franzen ist geschieden und hat wieder geheiratet. Aus der ersten Ehe stammen zwei Kinder. Er schenkt seiner zweiten Ehefrau eine Eigentumswohnung und bestimmt sie im Testament zur Alleinerbin. Die beiden Kinder aus erster Ehe setzt er auf den Pflichtteil. 20 Jahre nach der Schenkung stirbt er und hinterlässt ein Vermögen von 500 000 €.

Die Schenkung ist ausgleichspflichtig, weil die Zehnjahresfrist erst mit seinem Tod beginnt. Machen die Kinder aus der ersten Ehe den Pflichtteilsergänzungsanspruch zehn Jahre lang nicht geltend, erlischt ihr Ausgleichsanspruch.

Schwierigkeiten kann es geben, wenn Schenker sich den Nießbrauch (die Nutzung und Benutzung) am verschenkten Gegenstand vorbehalten. Dies geschieht häufig, wenn Eltern ihren Kindern ein Haus schenken, in dem sie selbst aber bis zu ihrem Tod wohnen bleiben wollen. Für Eltern ist die Schenkung unter Vorbehalt des Nießbrauchs eine beliebte Form, Vermögen auf die Kinder zu übertragen und sich zugleich selbst abzusichern, weil sie die Nutzungen aus dem verschenkten Vermögen bis zu ihrem Tod behalten.

Dann stellt sich die Frage, ob der Schenker das Haus nicht doch behalten wollte. In solchen Fällen sollte im Schenkungsvertrag klar geregelt werden, ob der oder die Beschenkte über den Gegenstand frei verfügen kann oder nicht. Der Vorbehalt des Nießbrauchs allein spricht nicht gegen eine Schenkung. Kommen aber weitere Verfügungsbeschränkungen hinzu (etwa die Vereinbarung, dass die Kinder das Haus nicht verkaufen dürfen), kann es durchaus fraglich sein, ob der Erblasser tatsächlich endgültig auf die Verfügung über den (vorgeblich?) geschenkten Gegenstand verzichtet hat. Die damit zusammenhängenden Rechtsprobleme erfordern auf jeden Fall fachkundigen Rat.

Wer kann Pflichtteilsergänzung fordern?

Pflichtteilsergänzung kann nur verlangen, wer selbst pflichtteilsberechtigt ist. Ist einem Pflichtteilsberechtigten in einem Testament oder Erbvertrag die Hälfte des gesetzlichen Erbteils (also sein Pflichtteil) hinterlassen, so kann er oder sie dennoch Pflichtteilsergänzung fordern (§ 2326 BGB), wenn der oder die Verstorbene zu Lebzeiten diesen Pflichtteilsanspruch durch Geschenke vermindert hat.

Hat der Verstorbene ihm oder ihr weniger als die Hälfte des gesetzlichen Erbteils hinterlassen, hat er oder sie sowohl einen Anspruch auf den Restpflichtteil als auch einen Anspruch auf Pflichtteilsergänzung. Wurde ihm oder ihr mehr als die Hälfte des gesetzlichen Erbteils hinterlassen, ist der Pflichtteilsergänzungsanspruch ausgeschlossen, soweit der Wert des im Testament oder Erbvertrag hinterlassenen Vermögens dem Pflichtteil entspricht. Sinn des Gesetzes ist es, den Pflichtteilsanspruch zu sichern. Wenn der oder die Verstorbene dies im Testament oder Erbvertrag sichergestellt hat, besteht kein Anspruch auf Pflichtteilsergänzung.

Wer zahlt die Pflichtteilsergänzung?

Der Pflichtteilsergänzungsanspruch richtet sich in erster Linie gegen den Nachlass, er ist eine Nachlassverbindlichkeit. Schuldner ist also zunächst einmal der Erbe oder bei mehreren Erben die Erbengemeinschaft. Die Schenkung selbst bleibt wirksam: Wer beschenkt worden ist, kann das Geschenk behalten. Ist jedoch der beschenkte Erbe selbst pflichtteilsberechtigt, kann er die Ergänzung des Pflichtteils verweigern, wenn dadurch sein eigener Pflichtteils- oder Pflichtteilsergänzungsanspruch vermindert würde (§ 2326 BGB). Der Erbe braucht dann nicht zu zahlen.

In diesem Fall kann sich der Pflichtteilsergänzungsberechtigte in zweiter Linie auch an den Beschenkten halten und von ihm Herausgabe des Geschenks verlangen. Der oder die Beschenkte kann allerdings den zum vollen Pflichtteil fehlenden Betrag auch in Geld zahlen (§ 2329 BGB).

Wenn der Beschenkte selbst pflichtteilsberechtigt ist

Wenn derjenige, der zu Lebzeiten des Erblassers ein Geschenk erhalten hat, selbst zum Kreis der Pflichtteilsberechtigten gehört, muss auch dieses Geschenk dem Nachlass hinzugerechnet werden, bevor die volle Pflichtteilsquote ausgerechnet werden kann (§ 2327 BGB).

Das gilt auch dann, wenn der Pflichtteilsberechtigte alleiniger Erbe ist und sein Erbe durch Schenkungen zu Lebzeiten des Verstorbenen vermindert worden ist. In Höhe seines Pflichtteilsanspruchs ist also jeder geschützt. Ausnahmen gibt es nur in den ganz eingeschränkten Fällen der Entziehung des Pflichtteils (→ Seite 46 ff.).

Berechnung des Pflichtteilsergänzungsanspruchs

Für die Berechnung des Pflichtteilsergänzungsanspruchs wird das Geschenk dem Nachlass hinzugerechnet. Das bedeutet: Das Geschenk wird so behandelt, als habe es sich zur Zeit des Erbfalls noch im Vermögen des oder der Verstorbenen befunden. Dennoch bleibt die Schenkung selbst wirksam. Nach der (fiktiven) Hinzurechnung wird der erhöhte Pflichtteil berechnet. Davon ist der Wert des erhaltenen Geschenks abzuziehen. Die Differenz bildet den Pflichtteilsergänzungsanspruch.

Herr Brüning hinterlässt ein Vermögen von 200 000 €. Erben sollen laut Testament seine zweite Ehefrau und seine beiden Kinder aus erster Ehe sein. Kurz vor seinem Tod hat er seiner Frau ein Sparbuch mit einem Guthaben von 100 000 € übertragen.

Bestand während der Ehe Zugewinngemeinschaft, erbt die Ehefrau 100 000 € und jedes der Kinder 50 000 €. Wird das Geschenk an die Ehefrau dem Nachlass hinzugerechnet, beläuft sich der Nachlasswert auf 300 000 €. Der Erbteil der Ehefrau beträgt dann 150 000 €, der Erbteil jedes der beiden Kinder 75 000 €, der Pflichtteil der Kinder also jeweils 37 500 €. Da der hinterlassene Erbteil von 50 000 € höher ist als der nach Hinzurechnung der Schenkung berechnete Pflichtteil, besteht kein Pflichtteilsergänzungsanspruch.

Hätte der Erblasser im obigen Beispiel seine zweite Ehefrau zur Alleinerbin eingesetzt, die beiden Kinder aber auf den Pflichtteil gesetzt, sähe die Rechnung anders aus. Der Pflichtteil der Kinder betrüge 25 000 € für jeden (die Hälfte des gesetzlichen Erbteils), der nach Hinzurechnung des geschenkten Betrags errechnete Pflichtteil aber 37 500 €. Jedes Kind hätte also einen Pflichtteilsergänzungsanspruch von 12 500 €.

Tipp

Die Berechnung des Pflichtteilsergänzungsanspruchs kann besonders bei größeren Vermögen und bei Schenkungen unterschiedlicher Vermögensteile sehr kompliziert werden. Wenn möglich, sollten Erben und Pflichtteilsberechtigte versuchen, sich gütlich zu einigen. Im Streitfall aber sollte fachlicher Rat eingeholt werden.

Einzelheiten der Berechnung

Im Einzelnen kann die Berechnung recht kompliziert werden: Verbrauchbare Sachen werden mit dem Wert angesetzt, den sie zur Zeit der Schenkung hatten. Das gilt vor allem bei Geldbeträgen und beim Erlass von Schulden. Hat der oder die Verstorbene in einem Lebensversicherungsvertrag einen Dritten als Bezugsberechtigten eingesetzt (zum Beispiel die Ehefrau oder einen nicht ehelichen Lebensgefährten), können die geleisteten Prämien als unentgeltliche Zuwendung angesehen werden, nicht aber die beim Tod des Erblassers ausgezahlte Versicherungssumme.

Alle anderen Gegenstände werden mit dem Wert zur Zeit des Erbfalls angesetzt. Dazu gehören vor allem Immobilien (Grundstücke, Häuser, Eigentumswohnungen), Möbel, Schmuck, Antiquitäten und Ähnliches. Hat der geschenkte Gegenstand nach der Schenkung beträchtlich an Wert gewonnen, wird ein niedrigerer Wert angesetzt (§ 2325 Abs. 2 BGB): Es wird zunächst der

Wert zur Zeit des Erbfalls ermittelt und dann der Wert zum Zeitpunkt der Schenkung. Der zuerst ermittelte Betrag wird unter Berücksichtigung des Kaufkraftschwunds des Geldes korrigiert und mit dem Wert zur Zeit der Schenkung verglichen. Für die Berechnung des Pflichtteilsergänzungsanspruchs wird der niedrigere Wert zugrunde gelegt. Juristen nennen dies das Niederstwertprinzip. Es soll verhindern, dass verschenkte Teile des Vermögens beim Erbfall mit einem Wert angesetzt werden, den sie zur Zeit der Schenkung nicht hatten oder jetzt nicht mehr haben.

Anrechnung und Ausgleichung von Geschenken

Oft haben Schenkungen nicht den Sinn, Pflichtteilsansprüche auszuhöhlen oder zu vermindern, sondern Kinder, den Ehepartner, einen nicht ehelichen Lebensgefährten oder erbberechtigte Verwandte zu unterstützen und durch Zuwendungen zu Lebzeiten künftige Auseinandersetzungen zu vermeiden. Der oder die Schenkende will damit den Beschenkten aber nicht auf Kosten anderer Erben bevorzugen, sondern ihm lediglich zu einem Zeitpunkt etwas zukommen lassen, zu dem er die Zuwendung besonders gut gebrauchen kann.

Anrechnung auf den Pflichtteil

Wenn der Erblasser dies bei der Zuwendung bestimmt hat, muss diese auf den Pflichtteil angerechnet werden (§ 2315 BGB). Der oder die Schenkende muss also gleichzeitig mit der Schenkung festlegen, dass der geschenkte Geldbetrag oder der Wert des Gegenstands auf den Pflichtteil angerechnet werden soll. Es empfiehlt sich eine ausdrückliche – möglichst schriftliche – Erklärung zum Zeitpunkt der Schenkung, damit Streit vermieden wird. In einem späteren Testament ist dies nicht mehr möglich. Denn: Der oder die Beschenkte soll die Möglichkeit haben, die Schenkung zurückzuweisen, wenn er oder sie mit der Anrechnung nicht einverstanden ist.

Verlassen Sie sich nicht auf eine stillschweigende Anrechnung

Eine Anrechnung der Schenkung auf den Pflichtteil kann zwar auch stillschweigend vereinbart worden sein, wenn sich aus den näheren Umständen ergibt, dass die Beteiligten sich darüber einig waren. Dies ist allerdings oft schwer zu beweisen – spätere Auseinandersetzungen sind vorprogrammiert.

Die Berechnung geschieht folgendermaßen: Das Geschenk wird dem Nachlass hinzugerechnet. Danach wird der Pflichtteil aus dem so erhöhten Nachlass errechnet und das Geschenk wieder abgezogen.

Herr Nowack hinterlässt zwei Kinder, Anja und Frank. Der Nachlass hat einen Wert von 60 000 €. Frank ist zum Alleinerben eingesetzt, Anja hat zu Lebzeiten des Verstorbenen einen Betrag von 20 000 € erhalten, der auf den Pflichtteil angerechnet werden soll. Der Nachlass beträgt: 60 000 € + 20 000 € = 80 000 €.

Der gesetzliche Erbteil jedes Kindes beläuft sich also auf 40 000 €, der Pflichtteil auf die Hälfte davon, also 20 000 €. Anja hat sich den geschenkten Betrag von 20 000 € anrechnen zu lassen und hat in diesem Fall keinen Pflichtteilsanspruch mehr.

War die Schenkung im Wert höher als der Pflichtteil, besteht allerdings keine Herausgabepflicht. Das Gesetz spricht nur von einer Anrechnung. Der den Pflichtteil übersteigende Betrag muss also nicht herausgegeben werden, soweit nicht andere einen Pflichtteilsergänzungsanspruch geltend machen können (→ Seite 41).

Pflichtteil nach Ausgleichung

Abkömmlinge müssen Zuwendungen, die sie zu Lebzeiten als Ausstattung erhalten haben, untereinander ausgleichen, wenn sie gesetzliche Erben werden und der Verstorbene nichts anderes bestimmt hat (→ Seite 22). Anders als die Anrechnung, die vom Erblasser ausdrücklich anzuordnen ist, besteht die Ausgleichspflicht kraft Gesetzes. Sie gilt aber nur für Abkömmlinge (Kinder, Enkel, Urenkel), nicht für andere gesetzliche Erben (Ehegatten, gleichgeschlechtliche Lebenspartner, Eltern, Geschwister).

Auch die Ausgleichung von Vorausempfängen unter Geschwistern und anderen Abkömmlingen wirkt sich auf den Pflichtteil aus (§ 2316 BGB). Die Berechnung des Nachlasswerts geschieht folgendermaßen: Die geschenkte Ausstattung wird dem Nachlass hinzugerechnet, erhöht also den Nachlasswert (§ 2050 BGB), Dienst- und Betreuungsleistungen werden abgezogen (§ 2057 a BGB) und mindern den Nachlass (→ Seite 23). Danach wird der Pflichtteil berechnet.

Wenn der oder die Verstorbene bei einem Geschenk an einen ausgleichspflichtigen Abkömmling zugleich Anrechnung auf den Pflichtteil angeordnet hat, wird zunächst der Pflichtteil unter Berücksichtigung der Ausgleichspflicht errechnet, das Geschenk dann aber nur mit der Hälfte seines Wertes vom Pflichtteil abgezogen (§ 2316 Abs. 4 BGB). Dadurch wird ein doppelter Abzug des Geschenks vermieden.

Der Grund: Die Ausgleichspflicht von Abkömmlingen vermindert „nur“ das gesetzliche Erbrecht, also nur zur Hälfte den Pflichtteilsanspruch. Ist vom Erblasser Anrechnung auf den Pflichtteil angeordnet, wird der geschenkte Betrag – wie beschrieben – vom Pflichtteil direkt abgezogen. Ein doppelter Abzug wäre aber ungerecht.

Tipp

Bei Geschenken, die lange zurückliegen, und bei größeren Nachlässen ist die Berechnung von Anrechnungs- und Ausgleichspflicht oft sehr kompliziert. Auf fachkundigen Rat sollte dann nicht verzichtet werden.

Wer Streit unter seinen Erben vermeiden will, tut gut daran, bei der Schenkung festzulegen, ob sie anrechnungspflichtig sein soll oder nicht.

Noch einmal zusammengefasst

- Den Restpflichtteil kann ein Pflichtteilsberechtigter verlangen, wenn er im Testament oder Erbvertrag bedacht ist, das Hinterlassene aber geringer ist als sein Pflichtteil. Der vom Erben zu zahlende Betrag wird dadurch höher.
- Ein Pflichtteilsergänzungsanspruch besteht, wenn der Erblasser oder die Erblasserin wesentliche Teile des Vermögens verschenkt und dadurch die Erbschaft vermindert hat. Der Pflichtteilsanspruch gegen den oder die Erben wird dadurch höher.
- Die Anrechnung von Geschenken auf den Pflichtteil des oder der Beschenkten muss bei der Schenkung vom Erblasser angeordnet worden sein. Der Pflichtteilsanspruch des oder der Beschenkten wird dadurch geringer.
- Zur Ausgleichung sind kraft Gesetzes nur Abkömmlinge (Kinder, Enkel, Urenkel) verpflichtet und nur für das, was sie vom Erblasser als Ausstattung erhalten haben. Der Pflichtteilsanspruch des oder der Ausgleichspflichtigen wird dadurch geringer.

Auskunftspflicht des Erben

Wer pflichtteilsberechtigt ist, kann seinen Pflichtteilsanspruch gegen den Erben oder die Erbengemeinschaft nur berechnen, wenn er oder sie darüber informiert ist, was zum Nachlass gehört und welchen Wert er hat. Das Gesetz gibt Pflichtteilsberechtigten einen Auskunftsanspruch (§ 2314 BGB).

Wer Erbe wird, muss deshalb Pflichtteilsberechtigte darüber unterrichten, was im Nachlass vorhanden ist. Dafür genügt ein Verzeichnis der Nachlassgegenstände und -schulden. Auch Schenkungen des Verstorbenen während der letzten zehn Jahre und alle Schenkungen an den Ehegatten gehören dazu, ebenso ausgleichs- und anrechnungspflichtige Zuwendungen an andere Pflichtteilsberechtigte.

Wenn es kein Misstrauen zwischen Pflichtteilsberechtigten und Erben gibt, wird ein vom Erben selbst erstelltes Verzeichnis genügen. Der Pflichtteilsberechtigte kann aber auch verlangen, an der Aufstellung des Verzeichnisses beteiligt zu werden. Er oder sie kann zusätzlich fordern, dass eine Amtsperson – meist ein Notar – hinzugezogen wird, der darüber wacht, dass das Verzeichnis ordnungsgemäß erstellt wird.

Tipp

Meist genügt es, wenn der oder die Pflichtteilsberechtigte den Erben oder die Erbengemeinschaft um die Aufstellung eines Nachlassverzeichnisses bittet. Das sollte schriftlich geschehen.

Bestehen Zweifel, ob das Verzeichnis vollständig ist, kann Ergänzung oder auch eine eidesstattliche Versicherung des Erben gefordert werden, in der er versichert, dass es vollständig ist. Notfalls kann der Pflichtteilsberechtigte sein Auskunftsrecht vor Gericht einklagen.

Wertermittlung durch Sachverständige

Bei größeren und schwer einschätzbaren Vermögen – zum Beispiel bei einer Kunstsammlung, die zum Nachlass gehört – hat der Pflichtteilsberechtigte einen Anspruch auf Wertermittlung durch einen Fachmann. Dies geschieht in aller Regel durch Gutachten von Sachverständigen. Die Kosten für die Wertermittlung trägt „der Nachlass". Ob sich das lohnt, sollte man sich rechtzeitig überlegen.

Das Sachverständigengutachten ist für die Wertermittlung ohnehin nur ein Anhaltspunkt. Es ist nicht verbindlich. Vor allem soll es den Pflichtteilsberechtigten in die Lage versetzen, sich ein Bild über den Wert des Nachlasses zu machen und sich entscheiden zu können, ob er sich auf einen Prozess einlassen will.

Verjährung des Pflichtteilsanspruchs

Der Anspruch auf den Pflichtteil verjährt normalerweise in drei Jahren. Die Frist beginnt an dem Tag zu laufen, an dem der Pflichtteilsberechtigte vom Tod des Verstorbenen und der Verfügung, die seinen Anteil beeinträchtigt, erfährt (§ 2332 BGB). Lebt beispielsweise ein Kind des Verstorbenen im Ausland und erfährt es von einem Testament, in dem es enterbt wurde, oder von einer Schenkung des Verstorbenen an Dritte erst Monate oder auch Jahre nach dem Todesfall, so beginnt die Dreijahresfrist erst zu dem Zeitpunkt, an dem das Kind vom Tod des Elternteils und vom Testament oder von der Schenkung erfährt.

Ohne Rücksicht auf die Kenntnis des Pflichtteilsberechtigten von Todesfall, Testament oder Schenkung verjährt der Pflichtteilsanspruch in 30 Jahren. Der Pflichtteilsergänzungsanspruch gegen den beschenkten Dritten (→ Seite 42) verjährt immer in drei Jahren.

Tipp

Wer meint, pflichtteilsberechtigt zu sein, sollte sich also möglichst bald nach dem Todesfall, spätestens aber innerhalb von drei Jahren an den Erben wenden und notfalls rechtlichen Rat einholen und – wenn erforderlich – vor Gericht klagen. Ist der Pflichtteilsanspruch verjährt, braucht der Erbe nicht zu zahlen.

Was zu tun ist

Wer als Pflichtteilsberechtigter vom Erbfall erfährt und seinen Anspruch rechtzeitig geltend machen will, muss entweder vor Gericht Klage einreichen oder eine Erklärung des Erben verlangen, in der dieser den Pflichtteilsanspruch akzeptiert. Die Aufforderung zur Zahlung oder zur Anerkennung des Pflichtteilsanspruchs reicht nicht. Das Anerkenntnis des Erben sollte möglichst schriftlich vorliegen. Es kann sich im Einzelfall aber auch aus den Umständen ergeben. Etwa dann, wenn eine Auskunft des Erben über die Höhe des Nachlasses eindeutig darauf schließen lässt, dass er den Pflichtteilsanspruch erfüllen will.

Entziehung des Pflichtteils

Normalerweise kann niemand seine nächsten Familienangehörigen ganz „enterben" mit der Folge, dass sie völlig leer ausgehen, da sie in der Regel erfolgreich ihren Pflichtteil verlangen können.

Von diesem Grundsatz gibt es gesetzliche Ausnahmen. Die Entziehung des Pflichtteils muss immer in einem Testament oder Erbvertrag erfolgen, also schriftlich fixiert sein. Das Gesetz legt außerdem die Gründe, die eine Entziehung des Pflichtteils ermöglichen, für die einzelnen Pflichtteilsberechtigten unterschiedlich fest: Es wird differenziert zwischen Abkömmlingen, Eltern und Ehegatten. Wer diesen Weg gehen will, sollte sich also rechtzeitig über die Möglichkeiten und Grenzen informieren.

Pflichtteilsentziehung für Abkömmlinge

Kindern, Enkeln und anderen Abkömmlingen kann der Pflichtteilsanspruch entzogen werden, wenn eine der Voraussetzungen des § 2333 BGB vorliegt. Das heißt, wenn das Kind

- dem Verstorbenen, seinem Ehegatten oder einem anderen Abkömmling nach dem Leben getrachtet hat,

- den Verstorbenen oder dessen Ehegatten körperlich misshandelt hat, wobei die Misshandlung des Ehegatten nur dann eine Rolle spielt, wenn der überlebende Ehegatte ein Elternteil des pflichtteilsberechtigten Kindes ist (nicht also, wenn das Kind die Stiefmutter oder den Stiefvater misshandelt hat),
- ein Verbrechen oder ein vorsätzliches schweres Vergehen gegen den Verstorbenen oder seinen Ehegatten begangen hat,
- seine gesetzliche Unterhaltspflicht gegenüber dem Verstorbenen böswillig verletzt hat,
- gegen den Willen des Erblassers einen ehrlosen oder unsittlichen Lebenswandel führt.

Im Einzelnen kann es durchaus fraglich sein, ob ein Pflichtteilsentziehungsgrund vorliegt.

Verzeihung

Das Recht zur Entziehung des Pflichtteils erlischt, wenn der oder die Verstorbene dem pflichtteilsberechtigten Abkömmling, Elternteil oder Ehegatten die Verfehlung verziehen hat.

Die Verzeihung kann auch formlos (nicht schriftlich), also durch schlüssiges Verhalten erfolgen. Das setzt voraus, dass der oder die Verstorbene zu Lebzeiten zu erkennen gegeben hat, dass er oder sie dem Pflichtteilsberechtigten die Verfehlung nicht mehr nachträgt. Dadurch wird eine im Testament oder Erbvertrag ausgesprochene Pflichtteilsentziehung unwirksam (§ 2337 BGB).

Wer die Tatsachen, aus denen sich die Verzeihung des Verstorbenen ergibt, gegenüber den Erben beweisen kann, behält also den Pflichtteilsanspruch.

Pflichtteilsentziehung für Eltern

Einem Elternteil kann der Pflichtteil entzogen werden, wenn er dem Kind nach dem Leben getrachtet, ein Verbrechen oder schweres vorsätzliches Vergehen an ihm begangen hat oder seine Unterhaltspflicht gegenüber dem Kind böswillig verletzt hat. Körperliche Misshandlung des Kindes durch die Eltern und ein unsittlicher Lebenswandel der Eltern sind nach dem Gesetz kein Grund, der ein Kind berechtigt, ihnen den Pflichtteil zu entziehen (§ 2334 BGB). Eine wenig verständliche Vorschrift, die allerdings kaum praktische Bedeutung hat.

Pflichtteilsentziehung für Ehegatten

Die Gründe für die Pflichtteilsentziehung gegenüber Ehegatten sind die gleichen wie gegenüber Abkömmlingen, allerdings ist der unsittliche Lebenswandel des Ehegatten kein Pflichtteilsentziehungsgrund (§ 2335 BGB). Selbst wenn dem Ehegatten der Pflichtteil wirksam entzogen wurde, bleibt bei Zugewinngemeinschaft der Anspruch auf Zugewinnausgleich bestehen.

Pflichtteilsbeschränkung in guter Absicht

Gelegentlich kommt es vor, dass Eltern ihren Kindern oder anderen Abkömmlingen den Pflichtteil nicht gänzlich entziehen, sondern nur dafür sorgen wollen, dass sie das Vermögen selbst nicht antasten können, aber die Erträge aus dem Pflichtteil behalten. Das Gesetz ermöglicht auch dies. Wenn ein Abkömmling sich „in einem solchen Maße der Verschwendung ergeben hat oder in solchem Maße überschuldet“ ist, dass sein Lebensunterhalt gefährdet ist, kann Vater oder Mutter „in guter Absicht“ die Verfügungsmöglichkeit des Kindes über den Pflichtteil einschränken und ihm damit die Einkünfte aus dem vererbten Vermögen erhalten (§ 2338 BGB).

In solchen Fällen kann im Testament oder Erbvertrag angeordnet werden, dass der pflichtteilsberechtigte Abkömmling Vorerbe wird und nach seinem Tod dessen gesetzliche Erben das ihm Hinterlassene als Nacherben erhalten sollen. Dem

Pflichtteilsberechtigten bleiben dann die Einkünfte aus dem hinterlassenen Vermögen, er kann aber nicht selbst über das Vermögen in einem Testament oder Erbvertrag verfügen. Der Verstorbene kann außerdem für die Lebenszeit des Abkömmlings Testamentsvollstreckung anordnen, dem Kind also auch die Verwaltung des hinterlassenen Vermögens entziehen und ihm damit nur den Reinertrag zukommen lassen.

Beide Möglichkeiten – Vor- und Nacherbfolge und Testamentsvollstreckung – können einzeln angeordnet oder auch miteinander verbunden werden. Die Vorschrift dient dem Schutz des pflichtteilsberechtigten Erben und mittelbar auch dem Erhalt des Vermögens über mehrere Generationen. Sie hat zurzeit keine große praktische Bedeutung, könnte in Zukunft aber durchaus wieder aktuell werden – etwa bei drogenabhängigen Kindern oder Enkeln.

Verzicht auf den Pflichtteil

Selbstverständlich kann, wer pflichtteilsberechtigt ist, auf seinen Pflichtteil auch verzichten, und zwar einfach dadurch, dass er den Pflichtteilsanspruch nicht geltend macht. Der Pflichtteilsanspruch ist ja ein Geldanspruch gegen den oder die Erben; wer den Pflichtteil nicht verlangt, bekommt eben nichts.

Pflichtteilsverzicht durch Vertrag

In aller Regel verzichten Pflichtteilsberechtigte aber durch eine vertragliche Vereinbarung noch zu Lebzeiten des künftigen Erblassers, und zwar entweder gegen eine Abfindung oder weil der Erblasser oder die Erblasserin dem oder der Verzichtenden dafür Vorteile im Testament oder Erbvertrag einräumt. Ein solcher Vertrag muss vom Erblasser persönlich abgeschlossen und von einem Notar beurkundet werden. Es gelten die Regeln über den Erbverzicht (→ Seite 126).

Sehr häufig möchten Eltern sicherstellen, dass nach dem Tod des Ehepartners das Vermögen dem anderen Partner verbleibt und die Kinder ihren Pflichtteilsanspruch nicht geltend machen. Dafür wenden sie ihnen entweder schon zu Lebzeiten bestimmte Vermögensteile zu oder bestrafen ein Kind, das den Pflichtteil dennoch beansprucht, dadurch, dass es nach dem Tod auch des zweiten Ehegatten Vermögensnachteile in Kauf nehmen muss.

Die Eheleute Hans und Susanne Mayer setzen sich im Testament gegenseitig als Vorerben, ihre gemeinsamen Kinder, Tina und Kai, als Nacherben ein. Zugleich verfügen sie, dass ein Kind, das nach dem Tod eines der Ehegatten seinen Pflichtteil verlangt, nach dem Tod des zuletzt Versterbenden nichts erhalten soll. Herr Mayer stirbt.

Vorerbin von Herrn Mayer wird seine Ehefrau, die Kinder sind Nacherben. Sie erben nach dem Tod des Vaters zunächst einmal nichts. Tina überlegt, ob sie gegenüber ihrer Mutter ihren Pflichtteilsanspruch geltend machen soll. Tut sie das, erbt sie nach dem Tod ihrer Mutter nichts.

Herr Kurtz schenkt seiner Tochter Nina aus erster Ehe zu Lebzeiten einen größeren Geldbetrag und schließt gleichzeitig einen Vertrag mit ihr, in dem sie auf ihr Erbrecht und auf den Pflichtteil verzichtet. In seinem Testament setzt er seine zweite Frau und die Kinder aus zweiter Ehe zu seinen Erben ein.

Nach dem Tod ihres Vaters ist Nina weder erb- noch pflichtteilsberechtigt.

Wie man sich gegen Ausschluss und Verringerung des Pflichtteils wehren kann

Entziehung des Pflichtteils	Prüfen, ob die Pflichtteilsentziehungsgründe vorliegen (§§ 2333, 2334, 2335 BGB). Wenn nein: Pflichtteil verlangen. Prüfen, ob Verzeihung vorliegt (§ 2337 BGB). Wenn ja: Pflichtteil verlangen.
Schenkungen zu Lebzeiten an andere	Pflichtteilsergänzung fordern (§ 2325 BGB). Zehnjahresfrist beachten.
Erbeinsetzung niedriger als Pflichtteil	Restpflichtteil verlangen (§ 2305 BGB). Für Ehegatten mit Zugewinngemeinschaft: Ausschlagen und Zugewinnausgleich plus kleinen Pflichtteil verlangen; oder annehmen und großen Pflichtteil verlangen (§§ 1371, 1931 BGB).
Erbeinsetzung höher als Pflichtteil	Bei Beschränkungen und Beschwerungen ausschlagen und Pflichtteil verlangen (§ 2306 BGB). Für Ehegatten mit Zugewinngemeinschaft: Ausschlagen und Zugewinnausgleich plus kleinen Pflichtteil verlangen (§§ 1371, 1931 BGB).
Erbeinsetzung gleich hoch wie Pflichtteil	Beschränkungen und Beschwerungen fallen automatisch weg (§ 2306 BGB). Für Ehegatten mit Zugewinngemeinschaft: Ausschlagen und Zugewinnausgleich plus kleinen Pflichtteil verlangen (§§ 1371, 1931 BGB).

Testament und Erbvertrag

51 Testierfähigkeit
52 Verschiedene Testamentsformen
53 Aufbewahrung
54 Widerruf, Änderungen und Ergänzungen
56 Gemeinschaftliches Testament
58 Erbvertrag
63 Kosten
64 Praktische Hinweise

Sie wissen nun, wer Ihr Erbe wird, wenn Sie es bei der Erbfolge belassen, die das Gesetz vorsieht (→ Seite 8 ff.). Sie sind mit diesem Ergebnis nicht zufrieden und möchten über Ihren Nachlass anderweitig bestimmen. Das können Sie durch die Errichtung einer letztwilligen Verfügung (= Testament) oder durch den Abschluss eines Erbvertrags. Dabei müssen Sie die Grenzen, die das Gesetz durch das Pflichtteilsrecht setzt, berücksichtigen (→ Seite 25 ff.) und sowohl formelle als auch inhaltliche Vorschriften beachten.

Testierfreiheit

Ihre Freiheit, über Ihren Nachlass zu bestimmen, kann nur durch ein gemeinschaftliches Testament oder einen Erbvertrag eingeschränkt werden. Ein Vertrag, in dem Sie sich verpflichten, ein Testament zu errichten oder bestimmte Verfügungen erbrechtlichen Inhalts zu unterlassen, ist nichtig.

Testierfähigkeit

Ein Testament kann grundsätzlich jeder errichten, der volljährig und voll geschäftsfähig ist.

Für Minderjährige gilt: Nur diejenigen, die das 16. Lebensjahr vollendet haben, also 16 Jahre alt geworden sind, können ein Testament errichten, sind also „testierfähig“. Sie brauchen dazu nicht die Zustimmung ihrer Eltern oder sonstiger gesetzlicher Vertreter. Allerdings: Sie können nur ein notarielles Testament in einer bestimmten Form errichten (→ Seite 53).

Neue Entscheidung

Testierfähig können nach der Entscheidung des Bundesverfassungsgerichts vom 19. Januar 1999 auch Schreib- und Sprechunfähige sein, wenn sie geistig und körperlich in der Lage sind, ihren eigenen selbst bestimmten Willen in geeigneter Weise kundzutun.

Wer kein Testament errichten kann

Ein Testament kann nicht errichten, wer

- aufgrund seines Gesundheitszustands – zum Beispiel nach einem schweren Schlaganfall – die Bedeutung seiner Willenserklärung nicht erkennen und deshalb auch nicht verständig handeln kann. Der Erkrankte weiß also zum Beispiel nicht, was er erklärt, oder kann Bedeutung und Inhalt seiner Erklärung zurzeit nicht nachvollziehen. Ändert sich der Gesundheitszustand (entfällt zum Beispiel die Bewusstseinstrübung), ist der Erkrankte wieder voll testierfähig.
- noch nicht 16 Jahre alt ist.

Testierfähigkeit von Betreuten

Seit dem 1. Januar 1992 sind Entmündigung und vorläufige Vormundschaft abgeschafft und durch die Anordnung einer Betreuung ersetzt worden. Der Betreute ist unbeschränkt testierfähig, es sei denn, die Testierfähigkeit ist aufgrund seines Gesundheitszustands ausgeschlossen. Der Betreute bedarf zur Errichtung einer letztwilligen Verfügung auch keiner Einwilligung seines Betreuers.

Das „Testament“ eines Testierunfähigen

Fehlt zum Zeitpunkt der Errichtung die Testierfähigkeit, wird das Testament nicht von selbst wirksam, wenn später Testierfähigkeit vorliegt. Hat also ein 15-Jähriger oder ein vor dem

Tipp

Wenn Sie befürchten, dass Dritte Zweifel an Ihrer Testierfähigkeit anmelden, sollten Sie ein ärztliches Gutachten einholen.

1. Januar 1992 Entmündigter ein Testament errichtet, wird dieses nicht mit der Vollendung des 16. Lebensjahres bzw. der Anordnung der Betreuung wirksam, es ist auch nicht genehmigungsfähig. Der jetzt Testierfähige muss vielmehr ein neues Testament errichten.

Eine Vertretung ist ausgeschlossen

Ihre Verfügung von Todes wegen, also Ihr Testament oder Ihren Erbvertrag, können Sie nur höchstpersönlich errichten. Eine Vertretung ist ausgeschlossen.

Wer trägt die Beweislast?

Im Erbfall muss derjenige, der sich auf die Unwirksamkeit des Testaments beruft, die fehlende Testierfähigkeit nachweisen. In Zweifelsfällen kann also ein entsprechendes ärztliches Attest entscheidend sein, um Ihre Vorstellungen für die Regelung Ihres Nachlasses durchzusetzen!

Verschiedene Testamentsformen

Das Gesetz unterscheidet zwischen ordentlichen Testamentsformen und Nottestamenten. Letztere kommen praktisch nicht vor. Die üblichen Formen sind:

- eigenhändiges Testament
- öffentliches Testament.

Eigenhändiges Testament

Letztwillige Verfügungen werden in der Praxis meistens in der Form des eigenhändigen Testaments verfasst. Hierbei müssen Sie Ihren letzten Willen mit der Hand schreiben, und zwar von der ersten bis zur letzten Zeile Ihrer Anordnungen. Die Verwendung einer Schreibmaschine führt ebenso zur Unwirksamkeit Ihres Testaments wie der Einsatz eines Computers oder die Aufnahme auf ein Tonband. Eigenhändig heißt also: von Ihnen selbst mit der Hand geschrieben! Wenn Sie nicht (mehr) schreiben können, können Sie kein eigenhändiges Testament errichten, sondern nur noch ein notarielles (→ Seite 53).

Wichtig

Wenn Sie Ihre Erklärung durch einen Dritten schreiben lassen, liegt ein unwirksames Testament vor, und zwar auch dann, wenn Sie es selbst unterschreiben. Eine Heilung der Formunwirksamkeit ist ausgeschlossen.

Mit vollständigem Namen unterzeichnen

Sie müssen Ihr eigenhändiges Testament auch selbst unterschreiben, und zwar grundsätzlich mit Ihrem Vor- und Familiennamen. Wenn Sie Ihr Testament nur mit einem Namenskürzel oder einer Familienbezeichnung („Eure Mutter“) unterzeichnen, können Zweifel an der Identität und Ernsthaftigkeit Ihrer Erklärung entstehen. Die Gültigkeit Ihrer Verfügung kann damit infrage gestellt sein. Ihre Unterschrift muss unter dem Text stehen. Nur so sind sämtliche Anordnungen eindeutig von Ihrem Testierwillen umfasst. Die Erwähnung Ihres Namens irgendwo mitten im Text reicht für die Wirksamkeit nicht aus.

Was sonst beachtet werden muss
Sie sollten Ihr Testament mit Orts- und Datumsangabe versehen. Diese Angaben sind zwar nicht Voraussetzung für die Wirksamkeit, erleichtern aber bei Vorliegen mehrerer Testamente die Entscheidung darüber, welches das gültige ist (→ Seite 55).

Ob Sie Ihr Testament auf einem Briefbogen oder auf einem Rezeptblock verfassen, ist für die Wirksamkeit ohne Belang – wenn Sie die Formvorschriften einhalten.

Schreibfehler können Sie in Ihrem Testament berichtigen. Änderungen und Ergänzungen sollten Sie stets in Nachträgen vornehmen, für die ebenfalls alle oben dargestellten Formvorschriften gelten. Das heißt: selbst mit der Hand schreiben, mit Ort und Datum versehen und unterschreiben.

Tipp

Wenn Ihr Testament mehr als eine Seite umfasst, sollten Sie die Seiten nummerieren und zusammenheften. Die Unterschrift unter dem Text auf der letzten Seite ist zur Wirksamkeit ausreichend.

Öffentliches (notarielles) Testament

Das öffentliche Testament errichten Sie vor einem Notar Ihrer Wahl. Die gebräuchlichste Form ist die mündliche Erklärung Ihres letzten Willens, die der Notar dann schriftlich niederlegt. Der Notar liest Ihnen die Niederschrift vor, die, wenn keine Änderungen mehr vorzunehmen sind, von Ihnen und dem Notar unterschrieben wird.

Leseunkundige und Blinde können ein Testament nur in dieser Form – mündlich vor dem Notar – errichten. Ein 16 Jahre alter Minderjähriger kann so oder durch Übergabe einer offenen Schrift testieren.

Ein notarielles Testament können Sie auch in der Form errichten, dass Sie dem Notar eine offene oder verschlossene Schrift, die nicht von Ihnen eigenhändig geschrieben sein muss, mit dem Hinweis übergeben, diese Schrift enthalte Ihren letzten Willen. Eine Beratung durch den Notar entfällt bei der Übergabe einer Schrift.

Wer stumm ist, kann vor dem Notar ein Testament nur durch Übergabe einer Schrift errichten.

Ob Testierfähigkeit vorliegt und die zulässige Form gewählt ist, prüft der Notar in jedem Einzelfall und nimmt das Ergebnis in das notarielle Testament mit auf. Dies gibt Ihnen die Sicherheit, dass Ihr Testament auch Bestand hat.

Schreib- und Sprechunfähige

Nach der Entscheidung des Bundesverfassungsgerichts (→ Kasten, Seite 51) können nun auch Schreib- und Sprechunfähige ein notarielles Testament errichten. Dazu muss der Notar geeignete Zeugen heranziehen. Einzelheiten werden zukünftig durch Gesetz geregelt.

Aufbewahrung

... des eigenhändigen Testaments

Ihr eigenhändiges (privatschriftliches) Testament können Sie an einem beliebigen Ort verwahren, zum Beispiel in Ihrem Banksafe, einer Schreibtischschublade oder einem Schuhkarton, der Ihre persönlichen Papiere enthält. Sie sollten aber sicherstellen, dass es im Falle Ihres Todes gefunden und beim Nachlassgericht

Tipp

Sie können Ihr handschriftliches Testament bei einem Amtsgericht Ihrer Wahl hinterlegen und erhalten einen Hinterlegungsschein. Diesen sollten Sie ebenfalls an sicherer Stelle aufbewahren. Selbst wenn der Hinterlegungsschein beim Erbfall nicht gefunden wird: Das Testament wird berücksichtigt, denn das Amtsgericht hat bei Hinterlegung das Standesamt des Geburtsorts des Erblassers benachrichtigt, dieses wiederum informiert im Sterbefall das Amtsgericht.

abgeliefert wird. Die Gefahr, dass ein nicht bedachter gesetzlicher Erbe ein ihm unliebsames Testament vernichtet, ist nicht von der Hand zu weisen. Folge ist, dass Ihr letzter Wille nicht ausgeführt wird.

... des notariellen Testaments

Wichtig

Die Rücknahme des notariellen Testaments aus der amtlichen Verwahrung führt automatisch zum Widerruf Ihrer letztwilligen Verfügung. Anders ist dies bei der Rücknahme Ihres privatschriftlichen Testaments aus der amtlichen Verwahrung. Das privatschriftliche eigenhändige Testament bleibt in vollem Umfang wirksam.

Das vor dem Notar errichtete öffentliche Testament wird immer bei dem Amtsgericht, das für den Sitz des Notars zuständig ist, verwahrt.

Wenn Sie sich Ihr notarielles Testament vom Amtsgericht aushändigen lassen, wird es unwirksam. Es gilt wieder die gesetzliche Erbfolge. Wenn Sie dies nicht wollen, müssen Sie umgehend ein neues Testament errichten.

Durch die Verwahrung des Testaments beim Amtsgericht entstehen Kosten, die sich nach dem Geschäftswert richten. Dieser berechnet sich nach dem Wert des Vermögens. Verbindlichkeiten werden abgezogen. Es wird eine Gebühr in Höhe eines Viertels der vollen Gebühr nach der Kostenordnung erhoben (→ Tabellen, Seite 232 ff.).

Widerruf, Änderungen und Ergänzungen

Ein einmal wirksam errichtetes Testament behält grundsätzlich seine Gültigkeit, auch wenn die tatsächlichen Umstände sich erheblich geändert haben. Sie sollten deshalb den Inhalt von Zeit zu Zeit überprüfen. Kommen Sie zu dem Ergebnis, dass Sie Ihr Testament ändern wollen, dann müssen Sie Folgendes beachten:

Änderungen nur höchstpersönlich

Sie müssen den Widerruf höchstpersönlich vornehmen, und Sie müssen natürlich testierfähig sein.

Vernichten Sie Ihr Testament!

Wollen Sie Ihr eigenhändiges Testament widerrufen, dann ist es am sichersten, es zu zerreißen und wegzuwerfen. Damit ist in jedem Fall ein Streit darüber ausgeschlossen, ob das alte Testament wirklich ernsthaft aufgehoben worden ist oder nicht. Wird das Testament nur durchgestrichen und mit einem Vermerk „ungültig" versehen, kann im Erbfall Streit darüber entstehen, ob diese Streichung auch tatsächlich von Ihnen stammt. Wollen

Sie das Testament nicht vernichten, dann stellen Sie Ihren Willen, das gesamte Testament aufzuheben, durch die Errichtung eines Widerrufstestaments eindeutig klar.

Widerruf durch ein Widerrufstestament

Beispiel

Mein Testament

Mein am 1. April 1990 errichtetes Testament widerrufe ich hiermit.

Köln, den 10. Mai 2000

Ruth Müller

Wenn Sie lediglich das bereits errichtete Testament aufheben möchten, ohne zugleich neue Verfügungen treffen zu wollen, dann errichten Sie ein Widerrufstestament. Es hat nur die Aufhebung der früheren letztwilligen Verfügung zum Inhalt – mit der Folge, dass wieder die gesetzliche Erbfolge gilt.

Welche Form Sie für das Widerrufstestament wählen, ist Ihnen überlassen. Sie können ein privatschriftlich errichtetes Testament durch ein weiteres privatschriftliches oder durch ein notarielles widerrufen und umgekehrt.

Widerruf eines notariellen Testaments

Ein notarielles Testament wird bereits dadurch widerrufen, dass Sie es aus der amtlichen Verwahrung nehmen, es sich also vom Amtsgericht gegen Rückgabe des Hinterlegungsscheins aushändigen lassen. Ein notarielles Testament kann aber, auch wenn es in amtlicher Verwahrung bleibt, durch ein weiteres Testament in der Form des eigenhändigen oder notariellen Testaments widerrufen werden.

Testamente mit widersprechendem Inhalt

Liegen zwei Testamente vor und widerspricht sich der Inhalt, dann gilt allein das später errichtete. Das erste Testament ist durch das zweite widerrufen, da nicht beide nebeneinander zur Ausführung kommen können.

Beispiel

Der kinderlose, unverheiratete Rolf Knecht will nicht, dass seine Geschwister Anna und Jörg ihn beerben. Er enterbt sie mit folgendem Testament:

Mein Testament

Ich, Rolf Knecht, setze zu meiner Alleinerbin meine Nichte, Christiane Knecht, ein.

Bonn, den 1. April 1990

Rolf Knecht

Später verträgt sich Rolf Knecht mit seiner Schwester Anna ausgezeichnet. Er vergisst, dass er bereits ein Testament errichtet hat, und schreibt ein neues:

Mein Testament

Ich, Rolf Knecht, setze meine Schwester Anna Leicht, geborene Knecht, zu meiner Alleinerbin ein.

Bonn, den 2. Mai 1999

Rolf Knecht

Rolf Knecht stirbt. Wer erbt? Er kann nicht zwei Alleinerben haben. Es gilt das spätere Testament. Das frühere, zugunsten von Christiane, ist durch das spätere Testament widerrufen. Anna wird Alleinerbin.

Wichtig

Sie sehen, warum es so wichtig ist, das Testament mit einer Zeitangabe – dem Tag der Errichtung – zu versehen: Nur dann kann problemlos festgestellt werden, welches Testament gilt.

Widerruf durch Änderungen und Ergänzungen
Ändern und ergänzen können Sie Ihr Testament jederzeit. Sie müssen aber prüfen, ob und inwieweit Sie dadurch bereits getroffene Anordnungen in Ihrem früheren Testament widerrufen.

Widerruf des Widerrufs

Wichtig

Liegen mehrere Testamente vor und widerspricht sich der Inhalt vielleicht sogar, ist im Erbfall oft unklar, welche testamentarischen Anordnungen wirksam sind. Sind alle unwirksam, dann tritt das ein, was die Erblasserin oder der Erblasser gerade nicht wollte: die gesetzliche Erbfolge.

Sorgen Sie deshalb für eine eindeutige Anordnung, indem Sie bei Widerruf, Änderungen und Ergänzungen stets ein neues Testament verfassen, das alle testamentarischen Verfügungen enthält, und indem Sie vorsorglich alle früher errichteten Testamente ausdrücklich als aufgehoben erklären.

Wenn Sie das Widerrufstestament oder das spätere neue Testament widerrufen, dann gilt im Zweifel das frühere Testament wieder.

Handelt es sich bei dem früheren Testament jedoch um ein notarielles, das Sie aus der amtlichen Verwahrung genommen haben, bleibt es unwirksam.

Gemeinschaftliches Testament

Das gemeinschaftliche Testament enthält zwei Testamente in einem Schreiben, nämlich die beiden Verfügungen eines Paares. Ein solches Testament konnten früher nur Ehepartner errichten, aber seit dem 1. August 2001 haben auch eingetragene gleichgeschlechtliche Lebenspartner (→ Seite 116 ff.) die Möglichkeit, ihren gemeinsamen letzten Willen in einem gemeinschaftlichen Testament niederzulegen. Nach wie vor können dies aber Verlobte oder ohne Trauschein zusammenlebende Paare nicht. Das gemeinschaftliche Testament kann sowohl als eigenhändiges privatschriftliches als auch als notarielles errichtet werden.

Es wird eigenhändig von einem der Partner geschrieben, mit Ort und Datum versehen und von beiden jeweils persönlich unterschrieben (→ nebenstehendes Beispiel).

Beispiel

Unser Testament

Wir setzen uns gegenseitig als Alleinerben ein. Erben des Längstlebenden sind unsere gemeinsamen Kinder Olaf und Luise.

Köln, den 5. Mai 2000

Hans Müller

Dies ist auch mein Testament

Köln, den 5. Mai 2000

Ruth Müller

Auch Ihr privatschriftliches gemeinschaftliches Testament können Sie zu Hause aufbewahren oder in amtliche Verwahrung geben. Die Rücknahme aus der amtlichen Verwahrung ist nur durch beide Ehepartner/Lebenspartner gemeinsam und persönlich möglich. Die Kosten der Aufbewahrung betragen – berechnet nach dem Wert des gesamten Nachlasses – ein Viertel der vollen Gebühr (→ Seite 63, Tabellen, Seite 232 ff.).

Bindungswirkung

Das gemeinschaftliche Testament bedeutet nicht nur eine besondere Form der Errichtung – einer schreibt, beide unterschreiben –, sondern führt bei wechselbezüglichen Verfügungen auch zu einer Bindung der beiden Partner an den einmal erklärten letzten Willen. Wenn sie sich gegenseitig als Erben einsetzen, dann liegt eine solche wechselbezügliche Verfügung vor. Dies sind Verfügungen, von denen die eine nicht ohne die andere getroffen worden wäre. Es besteht also eine Abhängigkeit der einen Verfügung von der anderen. Gegenseitig bindende testamentarische Verfügungen sind nur die Erbeinsetzung, das Vermächtnis und die Auflage (→ Seite 71 ff.).

Ein gemeinschaftliches Testament ändern

Sind sich die Partner über die Aufhebung oder Änderung des gemeinschaftlichen Testaments einig, können sie dies in einem neuen gemeinschaftlichen Testament erklären.

Sind sie sich nicht einig, ist ein Widerruf durch einen Partner nur in der notariellen Form möglich, das heißt, er muss vor dem Notar erklärt werden. Diese Erklärung wird erst wirksam, wenn sie dem anderen Partner zugegangen ist. Beauftragen Sie den Notar, die ordnungsgemäße Zustellung zu veranlassen.

Folge des wirksamen Widerrufs der wechselbezüglichen Verfügung durch einen der Partner ist automatisch die Unwirksamkeit der entsprechenden Verfügungen des anderen Partners. Hat Hans Müller die Erbeinsetzung seiner Ehefrau im Testament vom 5. Mai 2000 (→ Seite 56) widerrufen, ist er damit auch nicht mehr Erbe von Ruth Müller.

Ist einer der Partner gestorben, kann der andere nicht mehr widerrufen und auch wechselbezügliche Verfügungen nicht mehr ändern. Der überlebende Partner hat nur die Möglichkeit, die Erbschaft oder ein ihm zugewandtes Vermächtnis auszuschlagen. Er wird dann nicht Erbe oder Vermächtnisnehmer des Verstorbenen, hat seinerseits aber wieder die Möglichkeit, über seinen eigenen Nachlass testamentarisch neu und anders zu verfügen.

Nach dem Tod seiner Frau erkennt Hans Müller, dass er doch nicht beide Kinder als seine Erben einsetzen möchte, sondern seinen Sohn Olaf als Alleinerben.

In dem gemeinschaftlichen Testament (→ Seite 56) hatten sich Ruth und Hans Müller gegenseitig zu Alleinerben eingesetzt, die gemeinsamen Kinder sollten die Erben des überlebenden Ehepartners sein. Diese Erbeinsetzungen sind für Hans Müller bindend, denn er wäre nicht zum Erben eingesetzt worden, wenn er nicht auch die beiden Kinder zu seinen Erben bestimmt hätte. Folglich müsste er die Erbschaft ausschlagen, um die Möglichkeit zu haben, nur seinen Sohn als seinen Erben einzusetzen. Hans Müller hat bei Ausschlagung aber Anspruch auf den kleinen Pflichtteil und auf Zugewinnausgleich (→ Seite 30 ff.).

Einseitige, also nicht wechselbezügliche Verfügungen, die in einem gemeinschaftlichen Testament enthalten sind, können auch einseitig von jedem Partner durch eine testamentarische Verfügung widerrufen werden.

> **Tipp**
>
> Überprüfen Sie bei einer Änderung Ihrer persönlichen Verhältnisse Ihre testamentarischen Verfügungen, und widerrufen Sie ein gemeinschaftliches Testament in der erforderlichen notariellen Form.
>
> Testieren Sie dann neu, und errichten Sie, wenn Sie Ihren (früheren) Partner trotz des eingeleiteten Verfahrens oder der vollzogenen Scheidung/Trennung noch bedenken wollen, ein neues Testament mit dem entsprechenden Inhalt.

Scheidung führt zur Unwirksamkeit
Wird die Ehe vor dem Tod eines der Ehepartner rechtskräftig geschieden, aufgehoben oder für nichtig erklärt, wird grundsätzlich auch das gemeinschaftliche Testament insgesamt unwirksam. Ist das Scheidungsverfahren noch nicht rechtskräftig abgeschlossen, gilt: Hatte der Erblasser die Scheidung beantragt oder ihr zugestimmt (→ Seite 12 ff.), wird die wechselbezügliche Verfügung ebenfalls unwirksam. Die Unwirksamkeit tritt in diesen Fällen aber nur ein, wenn keine Anzeichen dafür vorliegen, dass der Erblasser die testamentarischen Verfügungen auch im Fall der Scheidung getroffen hätte. Wer sich darauf beruft, muss dies im Streitfall beweisen.

Diese Regelungen gelten entsprechend bei der Aufhebung einer eingetragenen Lebenspartnerschaft.

Erbvertrag

Testamente sind einseitige letztwillige Verfügungen einer einzelnen Person und von dieser jederzeit frei widerrufbar. Ein gemeinschaftliches Testament (→ Seite 56) enthält zwei Testamente, entfaltet bei wechselbezüglichen Verfügungen eine gewisse Bindungswirkung, ist aber ebenfalls grundsätzlich, solange beide Partner leben, von einem der Partner frei widerrufbar.

Ein Erbvertrag dagegen ist ein Vertrag zwischen zwei oder mehreren Personen, in dem zumindest eine Person letztwillige Verfügungen trifft, die – da ein Vertrag vorliegt – nicht einfach von dem Testierenden einseitig geändert werden können.

Wer kann einen Erbvertrag schließen?

Einen Erbvertrag können Sie mit einem beliebigen Dritten schließen. Voraussetzung für den Abschluss ist also weder eine bestehende Ehe noch ein Verwandtschaftsverhältnis.

Ein Erbvertrag wird zwischen mindestens zwei Personen geschlossen. Derjenige, der in einem Erbvertrag letztwillige Verfügungen trifft, muss unbeschränkt geschäftsfähig sein, also volljährig und nicht geschäftsunfähig. Geschäftsunfähig ist, wer infolge von Geisteskrankheit oder Geistesschwäche nicht mehr frei seinen Willen bestimmen kann.

Hiervon gibt es eine Ausnahme: Minderjährige Ehepartner und Verlobte können, obwohl sie in der Geschäftsfähigkeit beschränkt sind, einen Erbvertrag schließen. Dieser bedarf aber zur Wirksamkeit der Zustimmung des gesetzlichen Vertreters,

> **Tipp**
>
> Der Erbvertrag ist für Partner nicht ehelicher Lebensgemeinschaften nach wie vor die einzige Möglichkeit, gemeinsam erbrechtliche Verfügungen zu treffen (→ Seite 107 ff.).

üblicherweise der Eltern des minderjährigen Erblassers. Ist der gesetzliche Vertreter ein Vormund, ist zusätzlich die Genehmigung des Vormundschaftsgerichts erforderlich.

Treffen in einem Erbvertrag beide Vertragschließenden erbrechtliche Verfügungen, dann müssen beide diese Voraussetzungen erfüllen. Trifft einer der Vertragschließenden dagegen keine testamentarischen Verfügungen, wird er also von dem Vertragspartner lediglich bedacht und hat dadurch ausschließlich rechtliche Vorteile, dann reicht zur Wirksamkeit die beschränkte Geschäftsfähigkeit aus. Beschränkt geschäftsfähig ist, wer sieben Jahre alt ist.

Wichtig

Der Erblasser, also jeweils derjenige, der erbrechtlich verfügt, kann den Erbvertrag nur persönlich abschließen, eine Stellvertretung ist ausgeschlossen.

Will der Großvater seinen zehnjährigen Enkel zu seinem Alleinerben einsetzen, kann er mit ihm einen Erbvertrag schließen. Da der Enkel lediglich Erbe wird, ohne eine Gegenleistung zu übernehmen, ist der Erbvertrag für ihn nur vorteilhaft.

Form und Verwahrung

Der Erbvertrag ist vor dem Notar bei gleichzeitiger Anwesenheit aller Vertragspartner abzuschließen. Derjenige, der letztwillige Verfügungen trifft, muss also persönlich anwesend sein, diejenigen, die keine erbrechtlichen Verfügungen treffen, können sich durch einen Bevollmächtigten vertreten lassen. Für den Abschluss gelten dieselben Formvorschriften wie für die Errichtung eines notariellen Testaments (mündliche Erklärung oder Übergabe einer Schrift; → Seite 53).

Der Notar veranlasst die amtliche Verwahrung des Erbvertrags. Die Vertragschließenden können diese durch Erklärung gegenüber dem Notar ausschließen (zur Konsequenz → Seite 144). Die Vertragsparteien erhalten über die Hinterlegung einen Hinterlegungsschein.

Wichtig

Anders als beim notariellen Testament hat die Rücknahme aus der amtlichen Verwahrung keine Auswirkung auf die Gültigkeit des Erbvertrags.

Vertragsmäßige und einseitige Verfügungen

In einem Erbvertrag können vertragsmäßige, also bindende, und einseitige Verfügungen getroffen werden. Mindestens eine Verfügung eines der Vertragspartner muss vertragsmäßig sein, sonst liegt kein Erbvertrag vor.

Bindende Verfügungen können nur in der Anordnung einer Erbeinsetzung, eines Vermächtnisses oder einer Auflage bestehen. Aber: Nicht jede Erbeinsetzung, Auflage oder jedes Vermächtnis muss eine den Erblasser bindende Verfügung sein. Die Frage ist also: Wann liegt eine bindende und wann eine einseitige, vom Erblasser widerrufbare Verfügung vor?

Diese Entscheidung liegt zunächst einmal bei Ihnen, indem Sie die Verfügungen, an die Sie gebunden sein wollen, ausdrücklich als vertragsmäßige Verfügung im Erbvertrag bezeichnen.

Dann ist ein Streit über die Auslegung ausgeschlossen. Liegt dagegen keine ausdrückliche Bestimmung vor, ist nach allgemeinen Vertragsauslegungsregeln zu ermitteln, ob und inwieweit eine gegenseitige Bindung oder freie Widerrufbarkeit von den Vertragschließenden gewollt war, und zwar bei Abschluss des Vertrags.

Die gegenseitige Erbeinsetzung von Ehegatten oder die Zuwendung an einen Dritten, an der der Erblasser ein eigenes Interesse hat, wird als bindende Verfügung angesehen.

Anna und Jochen Reich schließen einen Erbvertrag. Sie setzen sich gegenseitig zu Alleinerben ein. Erben des Längstlebenden sind jeweils zur Hälfte Jochens Bruder und Annas Nichte Kathrin. Jochen stirbt. Kann Anna andere Erben einsetzen?

Haben Anna und Jochen Reich in dem Erbvertrag nicht vereinbart, ob die Erbeinsetzung für den zweiten Erbfall bindend sein soll oder nicht, gilt Folgendes: Jochen hat ein Interesse daran, dass ein Teil des Nachlasses auch an seine Verwandten, hier seinen Bruder, geht. Die Erbeinsetzung des Bruders wird als vertragsmäßige Verfügung angesehen. Anna kann daher nur über die andere Hälfte des Nachlasses frei testieren, also statt Kathrin einen anderen Erben zur Hälfte einsetzen.

Tipp

Dass der Erbvertrag tatsächlich so ausgelegt wird, wie Sie ihn haben abschließen wollen, erreichen Sie am sichersten durch ausdrückliche Klarstellung im Erbvertrag selbst. Sprechen Sie den Inhalt des Erbvertrags daher auch unter diesem Gesichtspunkt mit dem beurkundenden Notar ab.

Was nach Abschluss noch möglich ist

Haben Sie in einem Erbvertrag bindend über Ihr Vermögen oder Teile davon für den Erbfall verfügt, dann können Sie darüber in einer letztwilligen Verfügung nicht mehr anderweitig bestimmen, also kein späteres Testament mehr errichten. Dieses wäre unwirksam. Unwirksam wird mit Abschluss des Erbvertrags auch eine früher errichtete letztwillige Verfügung, die den bindenden Vereinbarungen im Erbvertrag widerspricht.

Freie Verfügbarkeit zu Lebzeiten

Sie können aber zu Lebzeiten über Ihr Vermögen grundsätzlich weiter frei verfügen (§ 2286 BGB), das heißt, Sie können Teile Ihres Vermögens verbrauchen und veräußern. Aber: Der durch eine bindende Verfügung begünstigte Erbe oder Vermächtnisnehmer ist bei Schenkungen in gewissem Umfang geschützt. Nimmt der Erblasser die Schenkung in der Absicht vor, dadurch seine Ansprüche zu beeinträchtigen, hat der Erbe oder Vermächtnisnehmer im Erbfall gegen den Beschenkten einen Herausgabeanspruch nach Bereicherungsrecht (→ Seite 96 ff.).

Einvernehmliche Aufhebung

Wenn sich nach Abschluss eines Erbvertrags die Sachlage völlig geändert hat, stellt sich die Frage, welche Möglichkeiten es gibt, ihn den neuen Umständen anzupassen. Sie wissen, nur nicht bindende Verfügungen können Sie einseitig durch anderweitige testamentarische Verfügungen ändern, aber Sie wollen ja gerade die bindenden Verfügungen, die Sie getroffen haben, aufheben oder durch andere Verfügungen ersetzen.

Sind sich die Parteien über die Aufhebung des Erbvertrags einig, müssen sie einen notariellen Aufhebungsvertrag schließen. Der Erblasser muss höchstpersönlich anwesend sein, der andere Teil kann sich in der notariellen Verhandlung vertreten lassen. Ausgeschlossen ist die Aufhebung dann, wenn einer der Vertragschließenden bereits gestorben ist. Ehepartner und eingetragene gleichgeschlechtliche Lebenspartner können einen Erbvertrag auch durch ein gemeinschaftliches Testament aufheben, und zwar auch durch ein gemeinschaftliches privatschriftliches.

Rücktrittsrecht des Erblassers

Der Erblasser ist berechtigt, vom Erbvertrag zurückzutreten, wenn er sich auf ein gesetzliches Rücktrittsrecht berufen kann oder sich den Rücktritt vertraglich vorbehalten hat. Das Gesetz sieht für zwei Fallgruppen ein gesetzliches Rücktrittsrecht vor:

- Der Erblasser könnte dem vertragsmäßig Bedachten, wenn dieser pflichtteilsberechtigt wäre, wegen einer Verfehlung den Pflichtteil entziehen (→ Seite 46 ff.).
- Die Verpflichtung des vertragsmäßig Bedachten, eine Gegenleistung zu erbringen – etwa Zahlung von Unterhalt oder Versorgung –, wird vor dem Tod des Erblassers aufgehoben. Dann ist auch der Erblasser nicht mehr verpflichtet, an dem Erbvertrag festzuhalten.

Ein gesetzliches Rücktrittsrecht besteht aber nicht bei Schlechterfüllung, also zum Beispiel nicht bei nur mangelhafter Versorgung oder wenn der versprochene Unterhalt nicht gezahlt wird. Ob und wie sich der Erblasser dann von dem Erbvertrag lösen kann, ist strittig. Vereinbaren Sie deshalb ein Rücktrittsrecht.

Der Rücktritt erfolgt durch eine höchstpersönliche Erklärung des Erblassers vor dem Notar. Diese Erklärung muss dem Vertragspartner zugestellt werden.

> **Wichtig**
>
> In diesen und allen anderen vom gesetzlichen Rücktrittsrecht nicht erfassten Fällen ist der Erblasser nur dann zum Rücktritt berechtigt, wenn er sich diesen im Erbvertrag vorbehalten hat. Das Rücktrittsrecht kann auf einzelne vertragsmäßige Verfügungen beschränkt sein oder sich auf den Erbvertrag insgesamt beziehen.

Folgen des Rücktritts

Haben beide Vertragspartner bindende Verfügungen getroffen und tritt einer der Vertragspartner aufgrund eines Rücktrittsvorbehalts von dem Erbvertrag zurück, wird der Vertrag insgesamt unwirksam. Der Rücktritt kann in diesem Fall nur bis zum Tod eines der Vertragspartner erklärt werden. Nach dem Tod hat der andere nur noch die Möglichkeit, durch Ausschlagung des Zugewendeten seine Testierfreiheit wiederzugewinnen. Hat nur der überlebende Erblasser bindend verfügt, kann er die Verfügung nach dem Tod des Vertragspartners durch ein Testament aufheben.

Anfechtung

Vertragsmäßige Verfügungen können Sie als Erblasser anfechten, allerdings nur in folgenden Fällen:

- Sie befanden sich bei Abschluss des Erbvertrags im Irrtum über den Inhalt oder die Bedeutung Ihrer Erklärung oder sind widerrechtlich durch Drohung zu der Erklärung veranlasst worden. Folge der Anfechtung ist, dass die angefochtene Erklärung unwirksam wird. Steht sie in Zusammenhang mit der erbrechtlichen Verfügung des Vertragspartners, wird der gesamte Erbvertrag unwirksam. Kann Jochen Reich die Erbeinsetzung seiner Ehefrau (→ Seite 60) wegen eines Irrtums anfechten, wird auch seine Erbeinsetzung ungültig. Jochen und Anna Reich können beide durch ein Testament wieder frei über ihr Vermögen verfügen.
- Nach Abschluss des Erbvertrags hat sich der Kreis Ihrer Pflichtteilsberechtigten vergrößert, den jetzt neu hinzugekommenen Pflichtteilsberechtigten, zum Beispiel ein weiteres Kind, einen neuen Ehepartner, haben Sie im Erbvertrag nicht berücksichtigen können.

Liegt einer dieser Gründe vor, sind Sie zur Anfechtung berechtigt, der Erbvertrag wird insgesamt unwirksam. Die Anfechtung muss der Erblasser persönlich vornehmen, und zwar vor dem Notar und innerhalb einer Frist von einem Jahr ab Beendigung der Drohung bzw. ab Kenntnis des Irrtums oder des übergangenen Pflichtteilsberechtigten.

> **Tipp**
>
> Sind Sie der Meinung, dass einer der nebenstehend dargestellten Fälle auf Ihren Erbvertrag zutreffen könnte, sollten Sie unbedingt Rechtsrat einholen, denn die Einzelheiten sind kompliziert und können hier nur verkürzt dargestellt werden.

Scheidung und Aufhebung

Haben Verlobte oder Ehepartner einen Erbvertrag geschlossen, wird dieser bei Aufhebung des Verlöbnisses oder rechtskräftiger Scheidung der Ehe unwirksam. Ist das Scheidungsverfahren noch nicht abgeschlossen, wird der Erbvertrag ebenfalls unwirksam, sofern der Erblasser die Scheidung beantragt oder ihr zugestimmt hat (→ Seite 12). Wird die Aufhebung einer eingetragenen Lebenspartnerschaft beantragt oder ist diese rechtskräftig durchgeführt, gilt Entsprechendes.

> **Wichtig**
>
> Schließen Partner einer nicht ehelichen Lebensgemeinschaft einen Erbvertrag, wird dieser bei Trennung der Partner dagegen nicht von selbst unwirksam. Für diesen Fall muss im Vertrag ein Rücktrittsrecht vereinbart werden!

Wann ist ein Erbvertrag sinnvoll?

Einen Erbvertrag sollten Sie schließen, wenn Sie für die Zukunft auch für Ihre Erben bindende Vereinbarungen über die Gestaltung der Erbfolge treffen wollen – unter Umständen verknüpft mit einem Pflichtteilsverzichtsvertrag. Nur durch die letztgenannte Vereinbarung können Sie Ihren Vertragserben wirksam vor der Geltendmachung von Pflichtteilsansprüchen schützen! Aber Sie haben keinen Anspruch darauf, dass einer Ihrer Pflichtteilsberechtigten einen solchen Vertrag abschließt, der ihn ja letzten Endes benachteiligt. Der Erbvertrag sollte also einen Inhalt haben, der die verschiedenen Interessen, zum Beispiel mehrerer Kinder, zum Ausgleich bringt.

Kosten

Die Errichtung eines Testaments oder eines Erbvertrags vor einem Notar kostet Geld, ebenso wie die gerichtliche Aufbewahrung von Testament oder Erbvertrag oder die anwaltliche Beratung. Auch wenn Ihnen die Kosten hoch erscheinen, ist es kein „hinausgeworfenes Geld". Es macht sich bezahlt, da Sie bei fachlicher Beratung sichergehen können, dass Ihr letzter Wille auch das enthält, was Sie wollen, und zwar mit zulässigem Inhalt und in wirksamer Form.

Gebühren für die Beurkundung

Notarielles Einzeltestament	1/1 Gebühr
Gemeinschaftliches Testament	2/1 Gebühr
Erbvertrag	2/1 Gebühr
Widerruf eines gemeinschaftlichen Testaments	1/2 Gebühr
Aufhebung eines Erbvertrags durch den Erblasser	1/2 Gebühr
Anfechtung eines Erbvertrags	1/2 Gebühr
Rücktritt vom Erbvertrag	1/2 Gebühr
zuzüglich Auslagen und Mehrwertsteuer	

Widerruf und Neuerrichtung

Wird der Widerruf mit der Errichtung eines neuen notariellen Testaments über denselben Nachlass verbunden, entstehen nur Kosten für die Neuerrichtung, nicht aber für den Widerruf.

... des Notars/der Hinterlegung

Die Kosten für die Errichtung eines notariellen Testaments, eines Erbvertrags und für die Hinterlegung (→ Seite 54) richten sich nach der Kostenordnung. Maßgeblich für die Berechnung ist der Verkehrswert des zu vererbenden Vermögens bzw. des vermachten Gegenstands. Die Schulden des Erblassers werden mindernd abgezogen.

Die Höhe der Gebühren richtet sich dann nach der Art der Tätigkeit des Notars. Die Kostenordnung unterscheidet dabei zwischen vollen Gebühren und Bruchteilen davon in Höhe von einem Viertel oder der Hälfte.

Aus der Tabelle, Seite 232 ff., können Sie, wenn Sie den Wert des zu vererbenden Vermögens überblicken, die jeweiligen konkreten Kosten ersehen.

... der anwaltlichen Beratung

Die Gebühren für eine anwaltliche Beratung werden nach dem Verkehrswert des Nachlasses berechnet. Ob und welche Nachlassverbindlichkeiten abgezogen werden, bestimmt sich nach der Tätigkeit des Rechtsanwalts im Einzelfall. Die Höhe des Honorars richtet sich dann nach der Rechtsanwaltsgebührenordnung (→ Seite 232 ff.).

Für einen Rat oder eine Auskunft – Sie legen Ihrem Rechtsanwalt Ihr handschriftliches Testament zur Durchsicht vor und werden rechtlich beraten – erhält der Rechtsanwalt zwischen 1/10 und 10/10 der vollen Gebühr, je nach Art, Dauer und Schwierigkeit der anwaltlichen Tätigkeit. Für eine Erstberatung gilt: Der anwaltliche Rat/die Auskunft darf nicht mehr als 180 € kosten, es sei denn, Sie haben etwas anderes schriftlich vereinbart. Für den Entwurf eines Testaments fällt eine Gebühr zwischen 5/10 und 10/10 der vollen Gebühr an, je nachdem wie umfangreich und rechtlich schwierig der Entwurf ist. Hinzu kommen jeweils die Auslagenpauschale von derzeit 20 € und die Mehrwertsteuer.

Tipp

Die Gebühren einer anwaltlichen Beratung sind deutlich höher als die für das notarielle Testament, bei dessen Errichtung Sie auch den fachlichen Rat des Notars erhalten.

Sie müssen also, wenn Sie einen Notar beauftragen, der gleichzeitig auch Rechtsanwalt ist, vor der Beratung klarstellen, wie diese abgerechnet wird: ob nach der Kosten- oder nach der Rechtsanwaltsgebührenordnung.

Praktische Hinweise

Wie sollen Sie nun entscheiden, welche Form der Testamentserrichtung für Sie die richtige ist? Grundsätzlich gilt: Unabhängig davon, ob Sie ein eigenhändiges oder ein notarielles Testament errichten wollen – auf eine rechtliche Beratung, gegebenenfalls verbunden mit einer steuerrechtlichen, sollten Sie nur in ganz einfach gelagerten Fällen verzichten. Und die gibt es kaum.

Vor- und Nachteile eines eigenhändigen Testaments

Die Vorteile eines eigenhändigen Testaments sind offensichtlich: Es ist schnell zu errichten, zu ergänzen und zu ändern, und zwar ohne Kostenaufwand. Gegen das Unterdrücken des Testaments oder das Nichtauffinden im Erbfall können Sie sich und die eingesetzten Erben durch Hinterlegung beim Amtsgericht schützen; es entstehen aber Hinterlegungskosten in derselben Höhe wie beim notariellen Testament. Die formellen und inhaltlichen Vorschriften, die Sie einhalten müssen, damit Ihr Testament wirksam ist, sind allerdings vielfältig. Hier liegen die Schwierigkeiten eines privatschriftlichen Testaments: Sie können sie ausräumen, indem Sie Rechtsrat einholen. Die anfallenden Kosten sollten Sie nicht scheuen.

Das notarielle Testament ersetzt den Erbschein, den Ihre Erben zum Nachweis ihres Erbrechts brauchen, für das eigenhändige Testament gilt das nicht. Das bedeutet, dass Ihre Erben nach dem Erbfall beim Nachlassgericht einen Erbschein beantragen müssen, dessen Vorlage zum Beispiel für die Eintragung der Erbnachfolge bei Grundstücken unabdingbar ist. Die Beantragung des Erbscheins verursacht Kosten für Ihre Erben (→ Seite 190 ff.). Ob Kreditinstitute sich mit der Vorlage des notariellen Testaments begnügen oder aber den Nachweis durch den Erbschein verlangen, hängt vom Einzelfall ab. Liegt nur ein eigenhändiges Testament vor, sind Ihre Konten bis zur Erteilung des Erbscheins gesperrt. Dies können Sie dadurch umgehen, dass Sie einem oder mehreren Erben bereits zu Lebzeiten Kontovollmachten erteilen.

Vor- und Nachteile eines notariellen Testaments

Für die Errichtung eines notariellen Testaments spricht, dass durch die damit verbundene Beratung Ihre Vorstellungen wirksam umgesetzt werden. Außerdem wird gleichzeitig Ihre Testierfähigkeit festgestellt. Die notwendige amtliche Verwahrung verursacht dieselben Kosten wie beim privatschriftlichen Testament. Bei Rücknahme aus der amtlichen Verwahrung wird das notarielle Testament zwingend unwirksam. Das bedeutet erneute Kosten, wenn Sie ein neues notarielles Testament errichten.

Errichtung einer letztwilligen Verfügung im Ausland

Halten Sie sich als deutscher Staatsbürger im Ausland auf, können Sie Ihr Testament nach den dargestellten Formvorschriften errichten. Ein öffentliches Testament oder einen Erbvertrag müssen Sie vor einem deutschen Konsulat beurkunden lassen.

Ihre so errichteten testamentarischen Verfügungen sind für Ihr in Deutschland befindliches Vermögen maßgeblich. Haben Sie aber auch Vermögen im Ausland, dann lesen Sie im Abschnitt: Vermögen im Ausland nach (→ Seite 226 ff.).

Der Inhalt letztwilliger Verfügungen

66 Was gehört zum Nachlass?
67 Ausgestaltung Ihrer letztwilligen Verfügung
70 Wer kann Erbe werden?
71 Einsetzung eines oder mehrerer Erben
72 Vermächtnis
76 Auflage
77 Anordnungen für die Nachlassauseinandersetzung
79 Vor- und Nacherbschaft
83 Berliner Testament
84 Was sonst noch zu regeln ist
85 Tipps für den Testamentsentwurf
86 Beispiele für Testamente

Was gehört zum Nachlass?

Mit dem Tod der Erblasserin oder des Erblassers geht – so sieht es das Gesetz vor – ihr oder sein Vermögen als Ganzes auf einen oder mehrere Erben über (Gesamtrechtsnachfolge). Zum Vermögen und damit zum Nachlass gehören zum Beispiel Grundstücke, Rechte an Grundstücken (Hypotheken, Grundschulden), Wertpapiere, Anteile an Gesellschaften (→ Seite 129 ff.), Bankkonten, Forderungen (wenn der Erblasser Geld „verliehen" hat), Schmuck, Bilder, Hausrat.

Wichtig

Den Widerruf der Bezugsberechtigung Ihrer Lebensversicherung müssen Sie der Gesellschaft anzeigen. Erklären Sie ihn nur im Testament, ist dies nach den Versicherungsbedingungen meist nicht wirksam.

Hat der Erblasser seine Ansprüche aus der Lebensversicherung als Sicherheit beispielsweise für einen Kredit an seine Bank abgetreten und dazu die Bezugsberechtigung widerrufen, fällt die an die Bank ausgezahlte Versicherungssumme in den Nachlass. Dasselbe gilt für noch offene Kreditschulden.

Bleibt es bei der Bezugsberechtigung, erhält der Bezugsberechtigte außerhalb des Nachlasses nur den nicht von der Bank beanspruchten Teil der Versicherungssumme.

Lebensversicherung

Der ausgezahlte Betrag aus einer Lebensversicherung fällt dann nicht in den Nachlass und steht damit nicht den Erben zu, wenn die Bezugsberechtigung auf einen bestimmten Dritten lautet, der auch Erbe sein kann. Ist das der Fall, erhält dieser die Leistungen aus dem Lebensversicherungsvertrag, und es erfolgt keine Anrechnung auf seinen Erbteil. Ist der Bezugsberechtigte der geschiedene Ehepartner, wird ihm trotz Scheidung die Summe ausbezahlt, weil die Bezugsberechtigung bei Scheidung nicht automatisch unwirksam wird. Sie sollten daher von Zeit zu Zeit prüfen, ob Sie die Bezugsberechtigung ändern wollen.

Guthaben auf Konten

Ist der Erblasser alleiniger Kontoinhaber, gehört das gesamte Guthaben zum Nachlass. Der Erbe kann aber erst dann Geld abheben, wenn er einen Erbschein oder zumindest ein notarielles Testament vorlegen kann. Ist zum Beispiel der überlebende Ehepartner Erbe und etwa für die Zahlung der Wohnungsmiete auf das Guthaben angewiesen, kann es unter Umständen zu Zahlungsschwierigkeiten kommen. Hier hilft eine vom Erblasser erteilte Bankvollmacht (→ Seite 85).

Bei Gemeinschaftskonten steht das Guthaben dem Erben und dem anderen Kontoinhaber im Zweifel zu gleichen Teilen zu, also je zur Hälfte, es sei denn, zwischen dem Erblasser und dem anderen Kontoinhaber besteht eine nachweisbare andere Vereinbarung über die Aufteilung.

Oder-/ Und-Konto

Gemeinschaftskonten sind meist Oder-Konten – dann kann jeder Kontoinhaber einzeln unterzeichnen, also zum Beispiel Geld abheben. Seltener sind Und-Konten, bei denen immer beide Kontoinhaber zusammen unterzeichnen müssen.

„Höchstpersönliche Rechte"

Nicht in den Nachlass fallen höchstpersönliche, also an die Person des Erblassers gebundene Rechte, wie zum Beispiel die Mitgliedschaft in Vereinen, der Altenteil, der Nießbrauch (zum Beispiel ein Wohnrecht), Renten (zum Beispiel eine Rente von der BfA oder eine Pension) und Unterhaltsansprüche.

Schulden

Auch Verbindlichkeiten gehören zum Nachlass, beispielsweise die Schulden bei der Bank.

Unterhaltsverpflichtungen

Grundsätzlich erlöschen Unterhaltsverpflichtungen des Erblassers. Ausnahmen gelten gemäß § 1586 b BGB für Ansprüche des geschiedenen unterhaltsberechtigten Ehepartners. Der Unterhaltsanspruch bleibt bestehen und richtet sich nun als Nachlassverbindlichkeit gegen die Erben. Er ist jedoch der Höhe nach begrenzt auf den Betrag, den der geschiedene Partner als kleinen Pflichtteil erhielte, wenn die Ehe nicht geschieden worden wäre (→ Seite 29). Maßgeblich für die Berechnung ist das Vermögen zum Zeitpunkt des Todes des Erblassers, nicht zum Zeitpunkt der Scheidung. Pflichtteils- oder Erbansprüche eines neuen Ehepartners bleiben bei der Berechnung des Anspruchs des früheren Partners unberücksichtigt (das heißt, sie werden nicht vom Nachlass abgezogen) und führen damit auch nicht zu einer Verkürzung seines Anspruchs. Die gleichen Ausnahmen gelten gemäß § 16 Abs. 2 LPartG für Ansprüche des gleichgeschlechtlichen Lebenspartners nach Aufhebung der Partnerschaft. Der Anspruch des unterhaltsberechtigten geschiedenen Ehegatten kann aber entfallen, wenn dieser aufgrund des Todes des Erblassers durch Erwerb von Rentenansprüchen angemessen versorgt ist, so dass die Bedürftigkeit entfällt.

Tipp

Verschaffen Sie sich einen Überblick! Bevor Sie Ihre Erben bestimmen, sollten Sie zusammenstellen, über welches Vermögen Sie verfügen und welche Schulden bestehen.

Da sich beides im Laufe der Zeit ändern kann, ist auch dies für Sie ein Grund, Ihre testamentarischen Verfügungen im Abstand von einigen Jahren zu überprüfen und gegebenenfalls den veränderten Umständen anzupassen.

Ausgestaltung Ihrer letztwilligen Verfügung

Ihr Grundstück, bebaut mit einem Einfamilienhaus, soll Ihr Ehepartner erhalten, Ihren Handwerksbetrieb Ihr Sohn, und die Tochter soll später das Grundstück bekommen. Ihr Dackel, den Ihr Ehepartner nicht mag, Ihr Neffe aber ins Herz geschlossen hat, soll versorgt werden, und Ihre langjährigen Freunde sollen Ihre Bilder erhalten.

Wenn Sie dies als Ihren letzten Willen so niederschreiben, dann ist nach dem Gesetz fraglich, was und wie es gemeint ist. Handelt es sich bei den Zuwendungen an den Ehepartner und den Sohn um Erbeinsetzungen oder Vorausvermächtnisse, ist damit über den gesamten Nachlass verfügt oder gilt daneben die gesetzliche Erbfolge, haben Sie dem Neffen den Dackel als Vermächtnis zugedacht, verbunden mit der Auflage, für ihn gut zu sorgen, und wer sind Ihre langjährigen Freunde? Fragen, die durch Erforschung Ihres wahren Willens und anhand von Auslegungsregeln beantwortet werden müssen, wobei im Ergebnis nicht unbedingt das herauskommen muss, was Sie sich vorgestellt haben. Diese Schwierigkeiten können Sie vermeiden, indem Sie die erbrechtlichen Gestaltungsmöglichkeiten, die das BGB zur Verfügung stellt, richtig anwenden.

Allgemeine Auslegungsregeln für Testamente

Ein Testament enthält Ihren persönlichen letzten Willen. Sie müssen entscheiden, was Sie wollen, und gemäß § 2065 BGB können Sie die Geltung Ihres Testaments nicht von der Zustimmung eines Dritten abhängig machen oder die Bestimmung der bedachten Personen oder der zugewandten Gegenstände einem Dritten überlassen. Tun Sie das trotzdem, ist Ihr Testament grundsätzlich unwirksam. Sie müssen insbesondere Ihren Erben selbst bestimmen. Für die Anordnungen von Vermächtnissen (→ Seite 72 ff.) und Auflagen (→ Seite 76) gibt es Ausnahmen.

Auch für ein Testament gilt gemäß § 133 BGB, dass der wirkliche Wille des Erklärenden, auch wenn er so in der Erklärung nicht zum Ausdruck gekommen ist, zu erforschen ist. Es gilt ergänzend, dass bei mehreren Auslegungsmöglichkeiten im Zweifel diejenige anzuwenden ist, die zur Wirksamkeit der Verfügung führt. Der Gesetzgeber will damit erreichen, dass ein Testament möglichst Bestand hat. Dazu dient auch die Regel, dass die Unwirksamkeit einer Verfügung nicht automatisch zur Unwirksamkeit des gesamten Testaments führt. Dies ist nur dann der Fall, wenn anzunehmen ist, dass der Erblasser die anderen Verfügungen nicht ohne die unwirksame Verfügung getroffen hätte.

Tipp

Zur Klarstellung ist zu empfehlen, dass Sie in ein längeres Testament mit vielen verschiedenen Anordnungen eine ausdrückliche Regelung darüber aufnehmen, was Sie wollen, falls einzelne Verfügungen unwirksam sind. Dazu dient folgende Formulierung:

„Sollten eine oder mehrere meiner Verfügungen unwirksam sein, so bleiben die übrigen wirksam“

Auslegungsregeln für allgemeine Bezeichnungen

Weitere Auslegungsregeln hält das Gesetz für den Fall bereit, dass sich der Erblasser bei der Auswahl der Bedachten nur in allgemeinen Begriffen ausdrückt. Auslegungsregeln liefert das BGB auch für die Einsetzung von Kindern und deren Abkömmlingen: Hat der Erblasser einen bestimmten Abkömmling zu seinem Erben eingesetzt, also zum Beispiel seinen Sohn namentlich bezeichnet, und stirbt dieser vor dem Erblasser, oder schlägt er die Erbschaft aus, treten dessen Kinder (und weitere Abkömmlinge) an seine Stelle. Sie werden gemäß § 2069 BGB als Ersatzerben testamentarische Erben, soweit sie bei gesetzlicher Erbfolge zum Zuge kämen. Eine ausdrückliche Bestimmung im Testament ist nicht notwendig – aber sinnvoll.

Beispiel

Mein Testament

Zu meinen Erben setze ich meine gesetzlichen Erben ein.

Dresden, den 5. Mai 2001

Hans Meier

Hier hat der Erblasser die beim Erbfall vorhandenen gesetzlichen Erben zu den ihrem gesetzlichen Erbteil entsprechenden Quoten eingesetzt. Setzt er statt dessen „seine Verwandten“ ein, so gilt: Die Verwandten, die zum Zeitpunkt des Erbfalls seine gesetzlichen Erben sind, sind seine Erben. Dazu gehört nicht der Ehepartner und auch nicht der Lebenspartner, da sie nach dem Gesetz keine Verwandten sind.

Die Rechtsprechung hat diese Regel noch erweitert: Auch Abkömmlinge von eingesetzten und dann weggefallenen Ehegatten, nahen Angehörigen oder nahe stehenden dritten Personen gelten als Ersatzerben, auch wenn eine ausdrückliche Anordnung fehlt.

Beispiel

Der verwitwete Rudi Müller hat zwei Söhne, Klaus und Peter. Peter hat eine Tochter Christa. Rudi Müller schreibt sein Testament:

Mein Testament

Ich setze meine Söhne Klaus und Peter zu meinen Erben je zur Hälfte ein.

Köln, den 5 Mai 1998

Rudi Müller

Sohn Peter verunglückt am 2. März 2000 tödlich. Herr Müller ändert sein Testament nicht und verstirbt am 10. Juni 2000. Wer wird Erbe?

Rudi Müller hat seine Söhne zu seinen Erben berufen. Da Peter nach der Errichtung des Testaments vom 5. Mai 1998 im Jahre 2000 stirbt, tritt dessen Tochter Christa als Abkömmling an seine Stelle. Sie erbt als Ersatzerbin für ihren Vater die Hälfte des Nachlasses. Die andere Hälfte geht an Klaus als testamentarischen Erben.

Wichtig

Der Ersatzerbe wird nur im Zweifel Erbe, also nur dann, wenn kein anderer Wille des Erblassers bekannt ist. Das kann zu Auslegungsschwierigkeiten und Streit führen. Stellen Sie deshalb vorsorglich in Ihrem Testament klar, ob Sie wollen, dass Abkömmlinge Ersatzerben werden oder nicht.

Tipp

Haben Sie Zweifel, ob Sie Ihr Testament eindeutig formuliert haben, sollten Sie sich beraten lassen, denn das Gesetz enthält noch weitere Auslegungsregeln, die nur in einzelnen Fällen einmal praktisch werden.

Testament mit einer Bedingung

Erfolgt die Zuwendung im Testament unter einer aufschiebenden Bedingung, gilt dies im Zweifel nur, wenn der Bedachte den Eintritt der Bedingung erlebt.

Hat der Erblasser die Zuwendung unter der Bedingung gemacht, dass der Bedachte sich in bestimmter Weise verhält oder bestimmte Handlungen unterlässt, so ist das eine Zuwendung unter einer auflösenden Bedingung. Das heißt, solange der Bedachte sich bedingungsgemäß verhält, bleibt ihm die Zuwendung.

Hans Müller setzt seinen Neffen Jörg als Erben unter der Bedingung ein, dass Jörg nicht vor Vollendung seines 25. Lebensjahres heiratet.

Beim Tod von Hans Müller ist Jörg 20 Jahre alt, er wird Erbe. Heiratet Jörg, bevor er 25 ist, hat er die Erbschaft an die gesetzlichen Erben herauszugeben.

Beispiel

Mein Testament

Mein Enkelkind Andrea erhält, wenn es sein Studium erfolgreich vor seinem 26. Geburtstag abschließt, ein Geldvermächtnis in Höhe von 20 000 Euro.

Leipzig, den 5. Mai 1999

Rolf Klein

Rolf Klein stirbt 2001, Andrea beendet, gerade 23 Jahre alt, am 2. Februar 2002 ihr Studium. Sie kann, da die Bedingung erfüllt ist, von dem Erben 20 000 € verlangen.

Wer kann Erbe werden?

Erbfähigkeit

Erbe kann jede natürliche Person werden, die zum Zeitpunkt des Erbfalls lebt. Stirbt der gesetzliche oder testamentarische Erbe vor dem Erbfall, wird er nicht Erbe. Wer dann Erbe wird, richtet sich nach den testamentarischen Anordnungen oder der gesetzlichen Erbfolge. Sterben der Erblasser und einer oder mehrere seiner möglichen Erben zum Beispiel bei einem Verkehrsunfall und lässt sich nicht feststellen, wer wen überlebt hat, wird gemäß § 11 Verschollenheitsgesetz vermutet, dass der Tod gleichzeitig eingetreten ist.

Hans und Ruth Müller machen mit ihren Kindern Ulla und Wulf einen Sonntagsausflug. Es kommt zu einem Verkehrsunfall. Als der Rettungswagen eintrifft, sind Hans, Ruth und Wulf tot, Ulla überlebt schwerverletzt. In welcher Reihenfolge der Tod eingetreten ist, lässt sich nicht feststellen. Wer beerbt wen?

Hans, Ruth und Wulf Müller gelten als gleichzeitig verstorben, da sich nicht feststellen lässt, in welcher Reihenfolge ihr Tod eingetreten ist. Sie scheiden daher alle drei gegenseitig als Erben aus. Ulla als einziger noch lebender Abkömmling wird gesetzliche Alleinerbin nach ihren Eltern Hans und Ruth, als einzige Schwester auch Alleinerbin nach ihrem Bruder Wulf.

... des Embryos

Erbe kann auch werden, wer bei Eintritt des Erbfalls noch nicht geboren, aber bereits gezeugt worden ist. Voraussetzung ist, dass das Kind lebend zur Welt kommt.

... von Gesellschaften, Vereinen, Stiftungen

Erbfähig sind auch juristische Personen des Privatrechts und des öffentlichen Rechts. Juristische Personen sind Zusammenschlüsse von Personen oder Vermögensgegenständen, denen die Rechtsordnung eine eigene Rechtsfähigkeit verleiht. Daraus ergibt sich die Erbfähigkeit.

Der eingetragene Verein, eine Gesellschaft mit beschränkter Haftung, eine Aktiengesellschaft, eine Stiftung sind erbfähige juristische Personen des Privatrechts. Sie müssen aber zum Zeitpunkt des Erbfalls bereits wirksam entstanden sein, um Erbe werden zu können.

Juristische Personen des öffentlichen Rechts sind zum Beispiel der Bund, die einzelnen Bundesländer, Kirchen, Universitäten, Anstalten und Stiftungen. Erbfähig sind auch, obwohl sie keine juristischen Personen sind, der nicht rechtsfähige Verein, eine offene Handels- und eine Kommanditgesellschaft.

Stiftungen, die nach dem Tod genehmigt werden

Wenn der Erblasser eine Stiftung gegründet hat, die aber erst nach seinem Tod von der zuständigen staatlichen Stelle genehmigt wird, gilt eine Ausnahme: Sie wird so behandelt, als sei die Genehmigung vor dem Tod erteilt worden mit der Folge, dass die Stiftung Erbin werden kann. Auch die von dem Erblasser in der letztwilligen Verfügung erst errichtete Stiftung kann Erbin werden (→ Seite 105).

Tiere sind nicht erbfähig

Wenn Sie ein Tier nach Ihrem Tod versorgt wissen möchten, dann sollten Sie den Erben testamentarisch eine entsprechende Auflage machen (→ Seite 76 ff.).

Wer kann nicht Erbe werden?

Andere als die oben aufgeführten Zusammenschlüsse natürlicher oder juristischer Personen sind nicht erbfähig, also weder die Gesellschaft Bürgerlichen Rechts noch eine Miterbengemeinschaft. Auch ein zum Zeitpunkt des Erbfalls noch nicht gezeugter Mensch kann nicht Erbe werden. Wird er dennoch als Erbe eingesetzt, gilt die Einsetzung als Nacherbe; Vorerben werden die gesetzlichen Erben (→ Seite 79 ff.).

Einsetzung eines oder mehrerer Erben

Einsetzung zu Bruchteilen

Als erstes gilt: Wenn Sie jemanden zu Ihrem Erben einsetzen, muss sich diese Erbeinsetzung entweder auf den gesamten Nachlass – das ist der Fall des Alleinerben – oder auf einen Bruchteil – die Hälfte, ein Viertel und so weiter – beziehen. Das BGB kennt keine Erbeinsetzung hinsichtlich einzelner Gegenstände; sie können nur durch die Anordnung von Vermächtnissen zugewandt werden (→ Seite 72 ff.). Es muss aber einen Erben geben, der die Gesamtrechtsnachfolge antritt, der also zum Beispiel auch für Ihre Verbindlichkeiten zuständig ist. Haben Sie in Ihrem Testament nur einzelne Vermächtnisse angeordnet, dann gilt für den Rest Ihres Vermögens die gesetzliche Erbfolge. Setzen Sie mehrere Erben ein, ohne Bruchteile zu bestimmen, erben sie im Zweifel zu gleichen Teilen.

Anwachsung oder Einsetzung eines Ersatzerben

Beispiel

Mein Testament

Ich setze meine Freunde Ulf Müller und Ulla Klar zu meinen Erben je zur Hälfte ein.

Als Ersatzerben bestimme ich für meine Erben jeweils meinen Freund Holger Marx.

Bonn, den 4. Mai 1999

Rolf Stau

Schlägt Ulf Müller die Erbschaft aus, wird Holger Marx als eingesetzter Ersatzerbe neben Ulla Klar Erbe zur Hälfte.

Fällt ein testamentarisch eingesetzter Erbe weg, erhalten der oder die anderen Erben diesen Erbteil. Er wächst ihm bzw. ihnen im Verhältnis ihrer Erbteile zu (§ 2094 BGB). Will der Erblasser dies nicht, kann er die Anwachsung ausschließen; dann gilt für diesen Erbteil die gesetzliche Erbfolge.

Rolf Stau setzt seine Freunde Ulf Müller und Ulla Klar zu seinen Erben je zur Hälfte ein. Rolf stirbt. Ulf schlägt die Erbschaft aus. Wer erbt?

Ulla Klar wird Alleinerbin. Als testamentarisch eingesetzte Erbin wächst ihr der Erbanteil von Ulf Müller zu, der die Erbschaft ausgeschlagen hat.

Will der Erblasser für den Fall, dass ein im Testament eingesetzter Erbe wegfällt, dass ein Dritter für diesen Teil sein Erbe wird, so muss er dies ausdrücklich anordnen. Er muss einen Ersatzerben benennen.

Der Ersatzerbe tritt an die Stelle des zunächst berufenen Erben, wenn dieser vor dem Erbfall stirbt oder die Erbschaft ausschlägt.

Ist ein Ersatzerbe im Testament eingesetzt, tritt bei Wegfall von Erben keine Anwachsung ein. Dem eingesetzten Ersatzerben stehen die als Ersatzerben gemäß § 2069 BGB nachrückenden Abkömmlinge gleich (→ Seite 68 f.).

Beispiel

Mein Testament

Mein Kind Jörn schließe ich als gesetzlichen Erben aus. Der Ausschluss erstreckt sich auch auf seine Abkömmlinge.

Rostock, den 2. März 2001

Hans Müller

Oder formulieren Sie: „... setze ich auf seinen Pflichtteil ..."

Testamentarischer Ausschluss eines Erben

Wenn Sie einen Ihrer gesetzlichen Erben von der Erbfolge ausschließen wollen, können Sie dies durch ausdrückliche Anordnung in Ihrem Testament erreichen. Gehört dieser gesetzliche Erbe zu den Pflichtteilsberechtigten, genügt für die Ausschließung auch die Anordnung, dass dieser Erbe nur seinen Pflichtteil erhalten soll.

Weitere Verfügungen brauchen Sie in Ihrem Testament nicht zu treffen, wenn es im Übrigen bei der gesetzlichen Erbfolge bleiben soll. Wenn der Ausschluss eines Ihrer Kinder betrifft, sollten Sie aber klarstellen, ob er sich auch auf dessen Abkömmlinge beziehen soll.

Vermächtnis

Wer als Erbe eingesetzt ist, tritt in die Fußstapfen des Erblassers; der gesamte Nachlass geht im Wege der Gesamtrechtsnachfolge auf den Erben über. Soll einem Dritten dagegen ohne weitere Verpflichtungen nur ein einzelner Gegenstand zugewandt werden, dann ist die Anordnung eines Vermächtnisses das richtige testamentarische Mittel. Vermachen und vererben sind zwei völlig unterschiedliche letztwillige Anordnungen.

Das Vermächtnis begründet lediglich einen Anspruch des Vermächtnisnehmers – des Bedachten – auf Übertragung des zugewandten Gegenstands. Der Bedachte wird also mit dem Eintritt des Erbfalls nicht von selbst Eigentümer des ihm Vermachten, sondern muss seinen Anspruch gegen den Beschwerten, also gegen denjenigen, der nach dem Willen des Erblassers das Vermächtnis erfüllen muss, durchsetzen.

Wer kann Vermächtnisnehmer sein?

Jede natürliche oder juristische Person, zum Beispiel ein rechtsfähiger Verein oder eine Stiftung, kann mit einem Vermächtnis bedacht werden. Stirbt der Bedachte vor Eintritt des Erbfalls, wird das Vermächtnis unwirksam. Dagegen muss – anders als bei der Erbeinsetzung – der Bedachte zum Zeitpunkt des Erbfalls noch nicht gezeugt sein. Auch erhoffte Enkel können bedacht werden.

Wann ist das Vermächtnis fällig?

Mit dem Erbfall erwirbt der Berechtigte den Anspruch, von dem Beschwerten den vermachten Gegenstand zu verlangen. Ist das Vermächtnis erst zu einem nach dem Erbfall liegenden Zeitpunkt zugewandt oder die Bedingung für die Zuwendung noch nicht eingetreten, kann es erst dann geltend gemacht werden.

Was kann vermacht werden?

Alles kann vermacht werden: einzelne Gegenstände (das Grundstück, das Klavier, die Büchersammlung), Tiere, Sachgesamtheiten (der Betrieb), Forderungen (der Darlehensrückzahlungsanspruch gegen einen Dritten), die Nutznießung (die Mieteinnahmen aus einem Mehrfamilienhaus oder die Zinseinnahmen aus einem Wertpapierdepot). Es kann auch auf eine Forderung verzichtet werden (der Bedachte muss zum Beispiel das vom Erblasser gewährte Darlehen nicht mehr zurückzahlen).

Verschaffungsvermächtnis
Es kann auch ein Gegenstand zugewandt werden, der nicht zum Nachlass gehört (Verschaffungsvermächtnis). Der Erblasser, der nie Eigentümer eines Pkw war, wendet dem Bedachten ein Auto der Klasse X zu. Folge ist, dass der Bedachte gegen den mit dem Vermächtnis Beschwerten einen Anspruch auf Verschaffung und Übereignung eines entsprechenden Pkw hat. Kann der Beschwerte den Gegenstand nicht oder nur mit unverhältnismäßig hohem Aufwand beschaffen, hat der Bedachte einen Anspruch auf Zahlung des Wertes.

Ist dagegen der vermachte Gegenstand nur nicht (mehr) im Nachlass vorhanden, fällt das Vermächtnis ersatzlos weg.

Beispiel

Herr Müller möchte sicherstellen, dass sein gerade ein Jahr altes Enkelkind aus seinem Nachlass ausreichende finanzielle Mittel für ein späteres Universitätsstudium erhält:

Mein Testament

Meinem am 3. Januar 1998 geborenen Enkelkind Ulf vermache ich einen zum Zwecke seines Universitätsstudiums ausreichenden Geldbetrag. Die Höhe des Geldbetrages bestimmt mein Testamentsvollstrecker.

Köln, den 4. Mai 1999

Hans Müller

Studiert das Enkelkind nicht, fällt das Vermächtnis ersatzlos weg.

Wahlvermächtnis
Der Erblasser kann ein Vermächtnis auch in der Weise anordnen, dass der Bedachte von mehreren Gegenständen wahlweise einen erhalten soll (Wahlvermächtnis). Aus der Gemäldesammlung wird dem Bedachten ein Bild zugewandt. Der Erblasser kann testamentarisch auch bestimmen, wer die Wahl treffen soll: der Bedachte selbst, ein Dritter – zum Beispiel der Testamentsvollstrecker – oder der Beschwerte. Fehlt eine derartige Anordnung, steht das Wahlrecht dem Beschwerten zu.

Zweckvermächtnis
Hat der Erblasser den Zweck des Vermächtnisses und den Bedachten festgelegt, dann kann er die Bestimmung der Leistung dem billigen Ermessen eines Dritten oder des Beschwerten, nicht jedoch dem Bedachten selbst überlassen.

Das Beispiel links führt für den Testamentsvollstrecker dann zu erheblichen Bestimmungsschwierigkeiten, wenn zwischen dem Eintritt des Erbfalls und dem möglichen Beginn des Studiums eine längere Zeitspanne liegt. In diesem Fall muss der Testamentsvollstrecker schätzen, welcher Betrag zur Finanzierung des Studiums in der Zukunft notwendig sein wird, und ihn bei der Verteilung des Nachlasses zurückhalten. Zur Vermeidung von Streitigkeiten über die Angemessenheit von Aufwendungen, die erst in weiter Zukunft liegen, sollte der Erblasser überlegen, von vornherein eine bestimmte Geldsumme zuzuwenden.

Belastungen gehen mit
Die auf einem vermachten Gegenstand oder einer Sache ruhenden Belastungen gehen im Zweifel auch auf den Bedachten über – also zum Beispiel die auf dem Grundstück ruhenden Hypotheken oder Grundschulden; zu ihrer Beseitigung ist der Beschwerte also nicht verpflichtet.

Zeitliche Begrenzung

Für die Abwicklung von Vermächtnissen gibt es eine zeitliche Begrenzung. Der noch nicht gezeugte Vermächtnisnehmer muss innerhalb von 30 Jahren nach dem Erbfall geboren sein, sonst wird das Vermächtnis grundsätzlich unwirksam. Die Begrenzung von 30 Jahren gilt auch für den Eintritt einer aufschiebenden Bedingung oder die Bestimmung eines Termins für den Anfall des Vermächtnisses. Ausnahmen von dieser Regel sieht das BGB für natürliche Personen in zwei Fällen vor:

Erster Fall: Das Vermächtnis ist für den Fall angeordnet, dass in der Person des Bedachten oder des Beschwerten ein bestimmtes Ereignis eintritt, wobei der Beschwerte oder der Bedachte zum Zeitpunkt des Erbfalls bereits leben muss. Beispielsweise muss der beschwerte Ehepartner bei Wiederheirat ein bestimmtes Hausgrundstück an einen Vermächtnisnehmer übertragen. Oder: Ein Vermächtnisnehmer ist bei Eintritt von Berufsunfähigkeit berechtigt, von dem Beschwerten eine bestimmte Geldsumme zu fordern.

Zweiter Fall: Die Begrenzung gilt auch dann nicht, wenn ein Erbe, ein Nacherbe oder ein Vermächtnisnehmer mit einem Vermächtnis zugunsten noch nicht geborener Geschwister beschwert ist.

Vorausvermächtnis

Tipp

Wollen Sie also einen Ihrer Erben gegenüber den anderen bevorzugen und ihm einen bestimmten Gegenstand zuwenden, müssen Sie ein Vorausvermächtnis anordnen.

Auch dem Erben, und zwar sowohl dem Alleinerben als auch einem oder mehreren Miterben, kann ein Vermächtnis zugewandt werden: das Vorausvermächtnis. Dieses Vorausvermächtnis erhält der Erbe dann ohne Anrechnung auf seinen Erbteil zusätzlich vorab aus dem Nachlass. Die Erbquoten werden nach dem verbleibenden Nachlass ohne den vorab vermachten Gegenstand berechnet. Der Erbe erhält das Vorausvermächtnis auch dann, wenn er die Erbschaft im Übrigen ausschlägt.

Nachvermächtnis

Der Erblasser kann einem Vermächtnisnehmer den Gegenstand auch nur für eine bestimmte Dauer überlassen. In diesem Fall muss er ein Nachvermächtnis anordnen. Das heißt, er legt fest, dass mit Eintritt eines Ereignisses – der Vermächtnisnehmer heiratet – oder zu einem bestimmten Zeitpunkt – der Vermächtnisnehmer wird 25 Jahre alt – der zugewandte Gegenstand vom Vermächtnisnehmer an den Nachvermächtnisnehmer herauszugeben ist.

Bestimmung durch einen Dritten

Bei der Anordnung eines Vermächtnisses kann der Erblasser festlegen, dass ein Dritter oder der Beschwerte aus dem Kreis der Bedachten den Vermächtnisnehmer oder, wenn mehrere Vermächtnisnehmer eingesetzt sind, deren Anteil am Vermächtnis bestimmt. Der Kreis der Bedachten muss bestimmbar sein. Wann dies im Einzelfall zutrifft, ist eine Frage der Auslegung, daher sollten Sie den Kreis genau beschreiben – zum Beispiel die Mitarbeiter in Ihrem Betrieb zum Zeitpunkt des Erbfalls oder Ihre Kinder. Sind mehrere Vermächtnisnehmer wahlweise bedacht – einer von mehreren Benannten soll das Vermächtnis erhalten –, hat im Zweifel der Beschwerte die Auswahl zu treffen.

Die Verlagerung der Auswahl des Bedachten auf einen Dritten, kombiniert mit der Bestimmung eines Zeitpunkts, der etliche Zeit nach dem Erbfall liegen kann, gibt Ihnen die Möglichkeit, Ihre Vorstellungen über die Verteilung Ihres Vermögens künftigen Entwicklungen anzupassen. Sie müssen genau überlegen, wem Sie das Bestimmungsrecht übertragen. Legen Sie das im Testament fest.

Beispiel

Hans Müller hat drei minderjährige Kinder. Eines der Kinder soll sobald wie möglich im Erbfall den Handwerksbetrieb übernehmen; der übrige nicht unbeträchtliche Nachlass soll allen drei Kindern zu gleichen Teilen zugewandt werden.

Seine Frau will Herr Müller durch einen Nießbrauch an seinem Vermögen (mit Ausnahme des Handwerksbetriebs) sichern. Dadurch bleibt ihr die Nutzung des Vermögens. Herr Müller schreibt sein Testament folgendermaßen:

Mein Testament

Zu meinen Erben setze ich meine drei Kinder Ulf, Beate und Knut ein. Sie erhalten jeder ein Drittel meines Nachlasses.

Ich ordne an, dass dasjenige meiner Kinder, das zur Weiterführung meines Handwerksbetriebs am geeignetsten ist, als Vorausvermächtnis ohne Anrechnung auf seinen Erbteil meinen Handwerksbetrieb erhält. Die Bestimmung, welches meiner Kinder das ist, nimmt mein langjähriger Mitarbeiter Kurt Schneider vor.

Meiner Ehefrau vermache ist den Nießbrauch an meinem gesamten Vermögen mit Ausnahme des Handwerksbetriebs.

Köln, den 3. März 2000

Hans Müller

Auflage

In einem Testament oder Erbvertrag kann der Erblasser auch in Form von Auflagen verfügen. Sie verpflichten den Erben und/oder Vermächtnisnehmer zu einer Leistung an Dritte oder zu einem bestimmten Tun oder Unterlassen.

Beispiel

Sie können zum Beispiel folgende Auflagen machen:

1. Mein Erbe Jan ist verpflichtet, 5000 Euro an einen gemeinnützigen Verein zur Pflege des Umweltschutzes zu zahlen.

2. Meine Erben Andreas und Bernd sind verpflichtet, dafür zu sorgen, dass mein Grab zehn Jahre lang nur mit weißen Rosen bepflanzt wird.

3. Meinem Neffen Norbert mache ich zur Auflage, meinen Dackel angemessen zu versorgen.

4. Meine Erben verpflichte ich, meinen langjährigen Freunden als Erinnerung an mich jeweils ein Ölbild aus meiner Bildersammlung auszuhändigen.
Die Bestimmung, wer welches Bild erhält, trifft mein Testamentsvollstrecker.

5. Demjenigen meiner Kinder, das meinen Handwerksbetrieb erhält, mache ich zur Auflage, diesen nach Übernahme zehn Jahre lang nicht zu veräußern.

Köln, den 3. März 1999

Hans Müller

Wichtig

Vergessen Sie neben der Anordnung von Auflagen nicht, dass Sie auch Erben einsetzen müssen, sonst gilt für Ihren übrigen Nachlass die gesetzliche Erbfolge.

Sie können die Auflagen, die Ihr Erbe oder Vermächtnisnehmer erfüllen soll, genau bestimmen – wie nebenstehend in der Anordnung über die Grabpflege geschehen (→ Ziffer 2). Sie können aber auch – anders als bei der Bestimmung des Erben (→ Seite 68 ff.) – den Kreis der Begünstigten, denen die Auflage zugute kommen soll, der Auswahl durch den Beschwerten oder einen Dritten überlassen. Voraussetzung ist, dass Sie den Zweck der Auflage genau bestimmt haben. So hat Hans Müller im nebenstehenden Beispiel in Ziffer 1 lediglich bestimmt, dass ein Geldbetrag an eine Umweltschutzorganisation gezahlt wird. Die Wahl, an welche konkrete Organisation der Betrag gehen soll, hat der beschwerte Erbe Jan zu treffen.

In Ziffer 3 des Beispiels wird dem Vermächtnisnehmer Norbert die Auflage gemacht, wie er mit dem Dackel umzugehen hat. In Ziffer 4 hat der Erblasser den Zweck der Auflage genau bestimmt (Erinnerungsstücke für seine langjährigen Freunde); die Bestimmung sowohl der Begünstigten (wer zählt zu den langjährigen Freunden?) als auch der Leistung (wer erhält welches Bild?) hat er seinem Testamentsvollstrecker übertragen.

Dies ist zwar rechtlich möglich, aber Sie sollten genau überlegen, ob und inwieweit Sie solche Bestimmungsrechte Dritten übertragen: Auseinandersetzungen sind voraussehbar, und die Verwirklichung Ihres Willens ist keineswegs sichergestellt.

Kein Anspruch des Begünstigten

Die Auflage verpflichtet den Beschwerten, sie auszuführen. Anders als der Vermächtnisnehmer hat der Begünstigte jedoch keinen klagbaren Anspruch auf Erfüllung der Auflage. Aber: Jeder Erbe, auch der übergangene gesetzliche Erbe, kann die Erfüllung der Auflage verlangen. Liegt der Vollzug im öffentlichen Interesse, etwa bei der Einrichtung einer Stiftung oder der Auflage, Sammlungen einem Museum zur Verfügung zu stellen, ist auch die nach Landesrecht zuständige Behörde berechtigt, die Vollziehung zu verlangen.

Unwirksamkeit der Auflage

Eine Auflage, die auf eine zur Zeit des Erbfalls unmögliche oder verbotene Leistung gerichtet ist, ist unwirksam: Beispielsweise ist die dem Erben gemachte Auflage, über den ererbten Nachlass nur zugunsten bestimmter Personen zu verfügen, unwirksam, weil sie gegen ein gesetzliches Verbot – Einschränkung der Testierfreiheit – verstößt. Der Erblasser kann also seinem Erben nicht durch eine Auflage vorschreiben, wen dieser wiederum als Erben einzusetzen hat. Will der Erblasser bestimmen, was mit seinem Nachlass beim Tod des Erben geschieht, so muss er eine Vor- und Nacherbschaft anordnen (→ Seite 79 ff.).

Anordnungen für die Nachlassauseinandersetzung

Teilungsanordnung

Sind mehrere gesetzliche Erben vorhanden oder haben Sie mehrere Personen zu Ihren Erben eingesetzt, werden diese im Erbfall Ihre Gesamtrechtsnachfolger, und zwar zu bestimmten Bruchteilen. Die Erben sind also an dem Vermögen des Erblassers gemeinsam beteiligt.

Sie haben aber konkrete Vorstellungen darüber, wie Ihre Erben Ihr Vermögen unter sich aufteilen sollen, wer beispielsweise Ihre Briefmarkensammlung, wer Ihre Bücher und wer das Grundstück bekommen soll. Dazu müssen Sie eine Teilungsanordnung treffen. Folge ist, dass Ihre Erben – nach Begleichung der Nachlassverbindlichkeiten – den Nachlass entsprechend der Teilungsanordnung aufteilen müssen. Die Teilungsanordnung bewirkt aber keine Veränderung der Erbquoten, es können daher Ausgleichsansprüche unter den Erben entstehen, wenn die zugeteilten Gegenstände im Wert voneinander abweichen.

Eine Teilungsanordnung führt also nicht zu einer Verschiebung der wertmäßigen Beteiligung der Erben am Nachlass. Will Hans Müller im nebenstehenden Beispiel aber gerade nicht, dass derartige Ausgleichsansprüche entstehen, muss er dies entsprechend anordnen (→ Beispiel, Seite 78). Er hat dann zugleich denjenigen Erben, die einen höheren Anteil am Nachlass erhalten, als es ihrer testamentarischen Erbquote entspricht, in Höhe dieses zusätzlichen Anteils ein Vorausvermächtnis zugewandt.

Sind die testamentarisch eingesetzten Erben – wie im Beispiel – auch gleichzeitig pflichtteilsberechtigt (→ Seite 25 ff.), dann muss der Erblasser darauf achten, dass der testamentarisch zugewandte Erbteil nicht geringer ist als der Pflichtteilsanspruch. Sonst kann der durch

Beispiel

Mein Testament

Zu meinen Erben setze ich meine Kinder Rolf, Ulla und Bodo zu jeweils gleichen Teilen ein.

Ich ordne die nachfolgende Teilung an:

Rolf erhält mein Grundstück in Essen, Kurze Str. 8.

Ulla erhält mein unbebautes Grundstück in Berlin, Chausseestr. 5.

Bodo erhält mein Zweifamilienhaus in Köln, Seestr. 3, nebst meiner gesamten Wohnungseinrichtung, wie sie bei meinem Tod noch vorhanden ist.

Köln, 5. Mai 2000

Hans Müller

Zum Zeitpunkt des Erbfalls ist das Grundstück in Essen 100 000 €, das Grundstück in Berlin 400 000 € und das Haus in Köln einschließlich der Wohnungseinrichtung 250 000 € wert, weitere Nachlasswerte sind nicht vorhanden. Die Kinder sollen je ein Drittel, also jeweils wertmäßig 250 000 € erhalten, Rolf hat einen Ausgleichsanspruch gegen Ulla in Höhe von 150 000 €.

Beispiel

Die Ergänzung für Herrn Müllers Testament könnte dann folgendermaßen lauten:

Mein Testament

(Text wie vorher)

Ich ordne an, dass meine Erben untereinander nicht ausgleichspflichtig sind, auch wenn der Wert des zugewandten Gegenstands höher bzw. niedriger ist als die Erbquote.

Köln, den 5. Mai 2000

Hans Müller

Beispiel

Mein Testament

Zu meinen Erben setze ich meine Kinder Rolf, Ulla und Bodo zu jeweils gleichen Teilen ein. Die Verteilung des Nachlasses auf die Erben erfolgt nach billigem Ermessen durch meinen Freund Friedel Meier.

Köln, 5. Mai 2000

Hans Müller

den Ausschluss der Ausgleichspflicht benachteiligte Erbe einen Restpflichtteil gemäß § 2305 BGB gegen die anderen Erben geltend machen – im Beispiel wäre das Rolf, der diesen Teil in Höhe von 25 000 € von den Erben Ulla und Bodo fordern kann. Wenn Hans Müller nur die meistbegünstigte Erbin Ulla damit belasten will, muss er auch das besonders anordnen.

Der Erblasser kann in seinem Testament auch vorgeben, wie einzelne Vermögensgegenstände zu bewerten sind – für die Berechnung von Pflichtteilsansprüchen ist diese Vorgabe allerdings nicht maßgeblich.

Die Teilungsanordnung verpflichtet die Erben, den Nachlass entsprechend den Vorstellungen des Erblassers aufzuteilen, führt aber nicht von selbst zu dieser Aufteilung. Sind sich die Erben über eine andere Verteilung einig, können sie von der Teilungsanordnung abweichen. Will der Erblasser dies unter allen Umständen verhindern, dann muss er die Erbeinsetzung unter der auflösenden Bedingung der Durchführung der Teilungsanordnung vornehmen oder, wenn die Erben pflichtteilsberechtigt sind, diese für den Fall der Nichtbefolgung der Teilungsanordnung auf ihren Pflichtteil setzen.

Der Erblasser kann zur Durchsetzung der Teilungsanordnung auch einen Testamentsvollstrecker einsetzen (→ Seite 177 ff.).

Will sich der Erblasser zum Zeitpunkt der Errichtung des Testaments hinsichtlich der Aufteilung des Nachlasses noch nicht festlegen, befürchtet er aber, dass seine Erben sich nicht einigen werden und es zu Streitigkeiten kommt, kann er festlegen, dass die Verteilung von einem Dritten nach billigem Ermessen zu treffen ist (→ Beispiel links).

Ausschluss der Auseinandersetzung

Der Erblasser kann ein Interesse daran haben, die Auseinandersetzung zwischen mehreren Erben für eine bestimmte Zeit auszuschließen, zum Beispiel um einen Verkauf des Vermögens zeitweise zu verhindern oder um zu erreichen, dass seine Erben den Nachlass erst dann unter sich aufteilen, wenn sie ein bestimmtes Alter erreicht haben.

Die Auseinandersetzung kann im Regelfall höchstens für 30 Jahre nach Eintritt des Erbfalls ausgeschlossen werden. Die Erben können einstimmig beschließen, die Auseinandersetzung trotz des Ausschlusses vorzeitig vorzunehmen. Um dieses zu verhindern, sollte der Erblasser Testamentsvollstreckung anordnen (→ Seite 177 ff.).

Anordnung des Ausgleichs von Vorausempfängen

Die Ausgleichspflicht für Abkömmlinge, die ihren gesetzlichen Erbteil erhalten, ist vom Gesetzgeber für bestimmte Fälle geregelt (→ Seite 21 ff.). Diese Regelung gilt auch dann, wenn Abkömmlinge zwar als testamentarische Erben eingesetzt sind, jedoch nur in Höhe ihres gesetzlichen Erbteils. Schenkungen und andere Zuwendungen an Abkömmlinge sind nur dann ausgleichspflichtig, wenn der Erblasser dies bei der Zuwendung angeordnet hat. Der Grund für diese Regelung: Der Abkömmling soll sich vor Annahme der Zuwendung entscheiden können, ob er sie im Hinblick auf die Ausgleichspflicht überhaupt annehmen will.

Hat der Erblasser bei der Schenkung keine Ausgleichspflicht angeordnet, möchte er dies jedoch nachträglich tun, besteht für ihn die folgende Möglichkeit: Er beschwert in seinem Testament den zu Lebzeiten beschenkten Abkömmling mit einem Vermächtnis zugunsten des oder der anderen Erben, und zwar in Höhe des Ausgleichsanspruchs. Aber: Der Erblasser muss darauf achten, dass der Erbteil des Abkömmlings abzüglich des Vermächtnisses nicht geringer ist als dessen Pflichtteil, da sonst das Vermächtnis wegfällt (→ Seite 27 ff.).

Die Anrechnung von Vorausempfängen bei anderen Erben als seinen Abkömmlingen kann der Erblasser testamentarisch nach seinem Belieben anordnen, auch hier allerdings nur unter Beachtung möglicher Pflichtteilsansprüche.

Wegfall der Ausgleichspflicht

Der Erblasser kann testamentarisch aber auch bestimmen, dass ein Ausgleich von Vorausempfängen nicht oder nur in einem bestimmten Umfang oder zu einem bestimmten Wert zu erfolgen hat. Eine bei Zuwendung angeordnete Ausgleichspflicht kann der Erblasser durch Testament aufheben oder ändern.

Vor- und Nacherbschaft

Will der Erblasser den Verbleib seines Vermögens über mehrere Generationen oder verschiedene Erben nacheinander steuern, so hat er die Möglichkeit, Vor- und Nacherbschaft anzuordnen. Der eingesetzte Vorerbe wird zunächst Erbe des Erblassers, aber nur für eine bestimmte Zeit: Er ist damit Erbe auf Zeit, dem Nacherben verbleibt die Erbschaft endgültig, es sei denn, der Erblasser hat mehrere Nacherben nacheinander eingesetzt. In diesem Fall ist der erste Nacherbe gleichzeitig auch bis zum Eintritt des zweiten Nacherbfalls Vorerbe im Verhältnis zum zweiten Nacherben, dem der Nachlass dann endgültig verbleibt. Ein Beispiel für die Formulierung der Vor- und Nacherbschaft → folgende Seite.

Beispiel

Anna Klug möchte ihren Freund Max Schnell zum Erben einsetzen. Ihr Vermögen soll nach dem Tod des Freundes an ihre Nichte Ulla Klug fallen. Dies erreicht sie mit folgendem Testament:

Mein Testament

Ich setze meinen Freund Max Schnell zu meinem Vorerben ein. Nacherbin beim Tod von Max Schnell ist meine Nichte Ulla Klug.

Berlin, den 2. März 1996

Anna Klug

Alle Vor- und Nacherben sind jeweils Erben des Erblassers und nicht etwa Erben des Vorerben. Sie erben „nur" das Vermögen des Erblassers. Nur dieses ist Gegenstand der Vor- und Nacherbschaft.

Der Erblasser kann also einen oder mehrere Nacherben nacheinander berufen. Er kann die Nacherbschaft für den gesamten Nachlass oder auch nur für eine bestimmte Quote anordnen. Nicht möglich ist die Einsetzung eines Nacherben für einen bestimmten Gegenstand, denn vererben heißt einsetzen eines Erben für den gesamten Nachlass oder für eine bestimmte Quote (die Hälfte, ein Drittel und so weiter).

Wer kann Nacherbe werden?

Als Nacherbe kann jede natürliche oder juristische Person eingesetzt werden. Es gelten also zunächst dieselben Regeln wie bei der Einsetzung eines Erben. Nacherbe kann jedoch auch eine noch nicht gezeugte Person – das erhoffte Enkelkind, auch wenn das eigene Kind erst zehn Jahre alt ist – werden; bei Eintritt des Nacherbfalls muss das Kind dann aber gezeugt sein.

Hat der Erblasser ein zur Zeit des Erbfalls noch nicht gezeugtes Kind oder eine noch nicht existente juristische Person als „Erben" eingesetzt, so gilt diese Erbeinsetzung im Zweifel als Einsetzung eines Nacherben. Vorerben sind, wenn eine ausdrückliche Anordnung fehlt, die gesetzlichen Erben. Der Nacherbfall tritt mit der Geburt des Nacherben bzw. dem Entstehen der juristischen Person ein.

Stirbt der eingesetzte Nacherbe nach dem Erbfall, also nach dem Erblasser, aber vor dem Eintritt des Nacherbfalls, wird das Nacherbrecht vererbt, das heißt, seine Erben rücken in die Position des Nacherben. Will der Erblasser diese Rechtsfolge nicht, muss er dies in seinem Testament ausdrücklich ausschließen.

Der Nacherbe muss aber den Tod des Erblassers erleben. Stirbt er vor dem Erblasser, so wird der Vorerbe endgültiger Erbe, es sei denn, der Erblasser hat für diesen Fall einen Ersatznacherben berufen, oder der vorher verstorbene Nacherbe ist ein Abkömmling des Erblassers. In diesem Fall gelten dann die Abkömmlinge des Nacherben wiederum als Ersatznacherben.

Nacherben sind im Zweifel auch Ersatzerben. Sie treten an die Stelle des Vorerben, wenn dieser vor oder nach Eintritt des Erbfalls wegfällt, etwa weil er vor dem Erblasser gestorben ist oder die Erbschaft ausschlägt. Hat der Erblasser aber für diesen Fall einen Ersatzerben benannt, dann kommt der Nacherbe noch nicht zum Zuge.

Hat der Erblasser einen Abkömmling nur zum Vorerben eingesetzt, ohne zu wissen, dass der Abkömmling nicht kinderlos ist, so fällt die Anordnung der Nacherbschaft ersatzlos weg. Dasselbe gilt, wenn der Abkömmling nach der Testamentserrichtung noch

Tipp

Alle diese Auslegungsregeln gelten nur, wenn Sie nicht ausdrücklich andere Anordnungen getroffen haben. Auch bei der Einsetzung von Vor- und Nacherben sollten Sie sich also in jedem Fall überlegen, wer an die Stelle des Vor- oder Nacherben treten soll, ob Sie Ersatzerben benennen oder die Vererblichkeit des Nacherbrechts ausschließen wollen.

Kinder bekommt. Der Gesetzgeber vermutet, dass der Erblasser sein Vermögen seinen Kindern und Kindeskindern hinterlassen will!

Das BGB sieht noch weitere Ergänzungsregeln für die Anordnung von Vor- und Nacherbschaft vor: Hat der Erblasser angeordnet, dass bei Eintritt eines bestimmten Ereignisses der Nachlass an einen Dritten herauszugeben ist – „bei Wiederheirat meines Ehemannes hat dieser mein Vermögen an unsere gemeinsamen Kinder herauszugeben" –, so ist Vor- und Nacherbschaft angeordnet, der Nacherbfall tritt im Beispiel bei Wiederheirat des überlebenden Ehemanns ein.

Sind in einem Testament nur die Vorerben oder nur die Nacherben benannt, so gelten die gesetzlichen Erben jeweils als Vor- bzw. Nacherben.

Eintritt des Nacherbfalls

Der Erblasser kann den Eintritt des Nacherbfalls zeitlich festlegen oder von einem bestimmten Ereignis abhängig machen. Tut er das nicht, tritt der Nacherbfall mit dem Tod des Vorerben ein. Nach Ablauf von 30 Jahren nach dem Erbfall wird die Anordnung der Nacherbschaft unwirksam, wenn der Nacherbfall bis dahin nicht eingetreten ist. Diese Begrenzung auf 30 Jahre gilt auch bei mehreren nacheinander angeordneten Nacherbfällen.

Von dieser zeitlichen Begrenzung gibt es bei natürlichen Personen zwei Ausnahmen:

- Die Anordnung der Nacherbschaft bleibt auch nach Ablauf von 30 Jahren wirksam, wenn in der Person des Vor- oder Nacherben ein bestimmtes Ereignis eintreten soll und der Vor- bzw. Nacherbe bei Eintritt des Erbfalls lebt. Damit ist zum Beispiel der Fall gemeint, dass der Nacherbfall mit der Wiederheirat oder dem Tod des Vorerben oder mit dem Erreichen eines bestimmten Alters des Nacherben eintreten soll.
- Dasselbe gilt, wenn einem Vor- oder Nacherben für den Fall, dass er noch Geschwister bekommt, diese als Nacherben bestimmt werden.

Bei Eintritt des Nacherbfalls hat der Vorerbe die Erbschaft an den Nacherben herauszugeben.

Zur Erbschaft gehört grundsätzlich alles, was der Vorerbe seinerseits als Erbschaft erhalten und alles das, was der Vorerbe aus der Erbschaft gemacht hat.

Wird ein vom Erblasser gewährtes Darlehen an den Vorerben zurückgezahlt und von diesem in Wertpapieren angelegt, so sind die Wertpapiere als Bestandteil des Nachlasses herauszugeben. Herauszugeben ist beispielsweise auch das als Ersatz für ein abgenutztes Kraftfahrzeug aus Mitteln des Nachlasses von dem Vorerben neu erworbene Auto.

Nicht herauszugeben ist im Zweifel – also wenn nichts anderes ausdrücklich im Testament angeordnet ist – ein dem Vorerben zugewandtes Vorausvermächtnis.

Tipp

Wenn Sie wollen, dass Ihrem Vorerben bestimmte Gegenstände Ihres Vermögens in jedem Fall bleiben und er darüber frei verfügen kann, müssen Sie ihm diese Gegenstände durch ein Vorausvermächtnis zuwenden (→ Beispiel unten).

Beispiel

Mein Testament

Meine Ehefrau setze ich zu meiner Vorerbin ein. Meine Kinder Nina, Rainer und Klaus sind Nacherben zu je einem Drittel. Der Nacherbfall tritt ein, wenn das jüngste meiner Kinder 25 Jahre alt geworden ist. Als Vorausvermächtnis – ohne Anrechnung auf ihrem Erbteil – vermache ich meiner Ehefrau mein Mehrfamilienhaus in Berlin-Mitte und meine Wertpapiere, die bei der Deutschen Bank AG in Köln verwahrt werden.

Köln, den 5. Mai 2000

Bodo Kunert

Rechte des Vorerben

Nicht befreiter Vorerbe

Was der Vorerbe mit dem ererbten Vermögen machen kann, hängt von seiner Rechtsstellung ab. Hat der Erblasser nichts angeordnet, dann ist der Vorerbe ein nicht befreiter Vorerbe. Er ist durch starre gesetzliche Regeln in seiner Verfügungsmacht beschränkt mit dem Ziel, die Erbschaft ungeschmälert in ihrem Bestand für die Nacherben zu erhalten (§§ 2112 ff. BGB). Dies bedeutet im Einzelnen:

- Er darf keine Schenkungen aus dem Nachlass vornehmen.
- Er darf über Grundstücke und grundstücksgleiche Rechte (zum Beispiel Grundschulden) nicht verfügen.
- Auf Verlangen des Nacherben sind bestimmte Wertpapiere zu hinterlegen.
- Geld ist mündelsicher anzulegen (nur bei bestimmten Banken und in bestimmten Wertpapieren; §§ 1806 ff. BGB).

Weiter gilt:

- Ist der Bestand des Nachlasses durch das Verhalten des Vorerben gefährdet, hat der Nacherbe Auskunftsansprüche gegen den Vorerben. Gegebenenfalls kann er Sicherheitsleistung von ihm verlangen oder ihm die Verwaltung des Nachlasses entziehen lassen.
- Verwendet der Vorerbe Nachlassgegenstände eigennützig, so hat der Nacherbe bei Eintritt des Nacherbfalls Ersatzansprüche gegen den Vorerben. Der Vorerbe muss die Erbschaft in dem Bestand herausgeben, in dem sich der Nachlass bei ordnungsgemäßer Verwaltung befände.

Der nicht befreite Vorerbe ist damit erheblichen Beschränkungen unterworfen, die unabhängig von der wirtschaftlichen Notwendigkeit oder den Umständen des Einzelfalls gelten. Nur die Nutzung und der Verbrauch der Erträge, zum Beispiel der Zins- und Mieteinnahmen, sind ihm gestattet. Ohne Zustimmung der Nacherben kann der nicht befreite Vorerbe beispielsweise einen wirtschaftlich gebotenen Verkauf eines Grundstücks nicht vornehmen.

Der überlebende Ehepartner kann als nicht befreiter Vorerbe auch dann das Einfamilienhaus nicht verkaufen, wenn er in ein Pflegeheim ziehen will und der Kauf eines Pflegeplatzes nur bei Verkauf des Hauses möglich ist.

Tipp

Der Hoffnung, dass in Notfällen die Kinder als Nacherben schon zu vernünftigen Regelungen zur Sicherung des überlebenden Ehepartners bereit sind, sollte sich kein Erblasser hingeben.

Solche Regelungen müssen Sie unangreifbar in Ihrem Testament treffen, und dazu gehört auch die Anordnung der befreiten Vorerbschaft zugunsten des Ehepartners.

Befreiter Vorerbe

Der Erblasser kann seinen Vorerben durch eine testamentarische Verfügung von den eben genannten Einschränkungen befreien, indem er anordnet, dass der Vorerbe von allen gesetzlichen

> **Wichtig**
>
> Auch der befreite Vorerbe kann keine Schenkungen aus dem Nachlass zu Lasten der Nacherben vornehmen – von dieser Beschränkung ist eine Befreiung nicht möglich.

Beschränkungen befreit ist bzw. – anders formuliert – über den Nachlass frei verfügen kann. Als Befreiung gilt auch die Bestimmung, dass die Nacherben nur das erhalten, was zum Zeitpunkt des Nacherbfalls von dem Nachlass noch übrig ist.

Der befreite Vorerbe haftet dem Nacherben gegenüber dann auf Schadensersatz, wenn er den Nachlass böswillig zu Lasten des Nacherben vermindert hat. Der Nacherbe hat immer das Recht zu verlangen, dass bei Eintritt des Erbfalls ein Nachlassverzeichnis aufzunehmen ist.

Der Vorerbe hat die gewöhnlichen Erhaltungskosten aus eigenen Mitteln zu tragen, also zum Beispiel die Grundsteuern und Versicherungsprämien für das zum Nachlass gehörende Haus ebenso wie die Ausgaben für laufende Reparaturen. Zu den eigenen Mitteln des Vorerben zählen dabei auch die laufenden Einnahmen aus der Erbschaft, zum Beispiel die Mieteinnahmen. Außergewöhnliche Erhaltungsmaßnahmen – Erneuerung des Daches oder der Fassade eines Hauses – kann er dagegen aus dem Nachlass, auch aus der Substanz, bestreiten.

> **Wichtig**
>
> Vorerbe und Nacherbe stehen in einem Interessengegensatz zueinander. Konflikte und damit Streitigkeiten sind häufig nicht zu vermeiden. Diesen kann der Erblasser auch durch eindeutige und klare Anordnungen in seinem Testament nur bedingt vorbeugen.

Berliner Testament

Setzen sich Ehepartner gegenseitig als befreite Vorerben ein und ihre Kinder als Nacherben des zuerst Sterbenden und als Erben des Überlebenden, dann liegt der oben beschriebene Fall der Vor- und Nacherbschaft vor: Der überlebende Ehepartner wird Vorerbe, die Kinder werden Nacherben des zuerst sterbenden Elternteils und Erben des länger lebenden. Es gibt zwei Erbfälle und zwei getrennte Nachlassmassen.

Setzen sich dagegen die Ehepartner in einem gemeinschaftlichen Testament gegenseitig zu Alleinerben ein und sollen Dritte – zumeist die gemeinsamen Kinder – erst nach dem Tod des überlebenden Ehepartners das Vermögen beider erben, dann ist der überlebende Ehegatte Vollerbe des zuerst Sterbenden und die Schlusserben sind nur Erben des Überlebenden. Dieses gemeinschaftliche Testament wird als Berliner Testament bezeichnet. Der überlebende Alleinerbe kann über den Nachlass frei verfügen, er ist an keine Beschränkungen gebunden. Das ererbte Vermögen vereinigt sich mit dem des Überlebenden zu einer Vermögensmasse, die bei dessen Tod einheitlich auf die Schlusserben übergeht.

> **Absicherung für Ehepartner**
>
> Wenn Ehepartner sich vorrangig gegenseitig für den Fall des Todes sichern wollen, so haben sie verschiedene rechtliche Möglichkeiten der Ausgestaltung:
>
> - Berliner Testament
> - Vor- und Nacherbschaft
> - Nießbrauchvermächtnis.
>
> Die Vor- und Nachteile erkennen Sie, wenn Sie die Beispiele lesen, → Seite 86 ff.

Heiratet der überlebende Ehegatte noch einmal, ist der zweite Ehepartner pflichtteilsberechtigt. Kommen weitere Kinder aus zweiter Ehe hinzu, vergrößert sich der Kreis der Pflichtteilsberechtigten. Deren Pflichtteilsanspruch wird nach dem gesamten Vermögen des überlebenden Ehegatten, also einschließlich des ererbten, berechnet. Das heißt, die neuen Pflichtteilsberechtigten partizipieren an dem Nachlass des erstverstorbenen Ehepartners, die Kinder aus der ersten Ehe haben das Nachsehen (→ Seite 25 ff.).

Was sonst noch zu regeln ist

Einen Vormund benennen

Wenn Sie minderjährige Kinder haben, können Sie im Testament einen Vormund benennen. Dazu sind Sie berechtigt, wenn Ihnen die Personen- und Vermögenssorge für das Kind zusteht. Treffen Eltern unterschiedliche Anordnungen, gilt die Anordnung des zuletzt verstorbenen Elternteils. Die Benennung muss in der Form einer letztwilligen Verfügung erfolgen (→ Seite 51 ff.). Das Vormundschaftsgericht ist grundsätzlich daran gebunden. Sie können durch letztwillige Verfügung auch bestimmte Personen als Vormund ausschließen.

Vermögensverwaltung bei Minderjährigen

Ist ein minderjähriges Kind Ihr gesetzlicher Erbe oder treffen Sie eine erbrechtliche Regelung zugunsten eines Minderjährigen, können Sie durch eine letztwillige Verfügung – diese Form ist einzuhalten – bestimmen, dass das ererbte Vermögen nicht von den Eltern bzw. einem Elternteil verwaltet werden darf. Ist nur ein Elternteil von Ihnen ausgeschlossen worden, verwaltet der andere Teil. Sie können durch letztwillige Verfügung auch Anordnungen für die Verwaltung treffen, einen Pfleger benennen oder Testamentsvollstreckung anordnen.

Die testamentarische Einsetzung eines Pflegers kann dann angezeigt sein, wenn Großeltern ihre Enkelkinder als Erben einsetzen wollen, aber kein Vertrauen zu der Art und Weise haben, wie ihr Kind mit Geld umzugehen pflegt.

Anordnungen für die Bestattung

Anordnungen für die Bestattung, die Trauerfeier und für den Ablauf der Beerdigung sollten Sie außerhalb Ihrer letztwilligen Verfügung vornehmen. Solche Anordnungen müssen sofort nach dem Tod den Angehörigen zugänglich sein, damit sie auch befolgt werden können – die Testamentseröffnung käme in den meisten Fällen zu spät. Formvorschriften bestehen für solche Anordnungen nicht – mit Ausnahme für die Feuerbestattung. Sie muss vom Erblasser in der Form der letztwilligen Verfügung, aber aus praktischen Gründen ebenfalls gesondert, angeordnet werden.

Trifft der Erblasser keine Bestimmungen und verfügt er auch nicht, wer die mit der Bestattung zusammenhängenden Fragen regeln soll, geht das Bestimmungsrecht auf die nächsten Angehörigen über, die mit den Erben nicht identisch sein müssen (→ Seite 142 ff.).

Vorsorge für den Betreuungsfall

Sie können auch für einen eventuellen Betreuungsfall vorsorgen: Wenn Sie vor Eintritt des Betreuungsfalls einem Dritten eine Vorsorgevollmacht erteilen, dann bestellt das Gericht keinen Betreuer.

Auch der eingesetzte Betreuer (ebenso wie der Bevollmächtigte) hat die zuvor geäußerten Vorstellungen und Wünsche des Betreuten zu befolgen; zweckmäßigerweise werden solche Anweisungen schriftlich erteilt.

Es versteht sich von selbst, dass diese Anordnungen nicht in ein Testament gehören, aber anlässlich einer Testamentserrichtung sollte man solche Überlegungen nicht verdrängen und gegebenenfalls dafür gesonderte Regelungen treffen.

> **Wichtig**
>
> Eine Kontovollmacht erteilen Sie bei Ihrer Bank- oder Sparkassenfiliale. Lassen Sie sich beraten, welche Form der Vollmacht für Ihren Fall die richtige ist.

Bankvollmacht erteilen
Da die Erben über Bankkonten erst nach Vorlage eines Erbscheins verfügen können, aber mehrere Wochen vergehen werden, bis dieser erteilt ist, kann es empfehlenswert sein, einem Erben oder einer anderen Vertrauensperson eine Bankvollmacht oder eine notarielle Generalvollmacht für den Todesfall zu erteilen.

Tipps für den Testamentsentwurf

Das Erbrecht des BGB gibt nahezu unbegrenzte Möglichkeiten, für jeden Fall die richtige erbrechtliche Regelung zu treffen. Aber die nicht nur für den juristischen Laien komplizierte Materie birgt bei Abfassung einer letztwilligen Verfügung viele Fallstricke! Auch wenn Sie meinen, ein hier aufgeführtes Beispiel träfe genau Ihre Lage, sollten und dürfen Sie es nicht einfach abschreiben. Gehen Sie vielmehr nach folgenden Punkten vor:

Was vererben Sie?

Stellen Sie Ihr Vermögen und Ihre Verbindlichkeiten zusammen, das heißt, fertigen Sie eine Liste an, die alle Vermögensgegenstände und Schulden enthält. Sie können die Zusammenstellung auf Seite 230 f. als Vorlage nehmen.

Wer sind Ihre gesetzlichen Erben?

Ermitteln Sie als nächstes, wer Ihre gesetzlichen Erben sind (→ Seite 8 ff.). Wer erhält also Ihr Vermögen, wenn Sie nicht abweichend von der gesetzlichen Erbfolge letztwillig verfügen?

Wer hat einen Pflichtteilsanspruch?

Wollen Sie nun abweichend von der gesetzlichen Erbfolge durch Testament oder Erbvertrag verfügen, prüfen Sie zunächst, wer von Ihren gesetzlichen Erben bei Enterbung in welcher Höhe einen Pflichtteilsanspruch geltend machen kann. Diese Übersicht brauchen Sie, um zu wissen, mit welchen Zahlungsansprüchen Ihre testamentarischen Erben belastet werden und welche Vorkehrungen Sie gegebenenfalls zur Sicherung Ihrer Erben treffen müssen, sei es durch den Abschluss von Lebensversicherungen oder durch die Testamentsgestaltung selbst.

Können und wollen Sie testieren?

Prüfen Sie zunächst Ihre Testierfähigkeit. Dann müssen Sie überlegen, ob frühere Testamente oder Erbverträge (Bindungswirkung!) vorliegen, die Sie widerrufen müssen, vorausgesetzt, dass das rechtlich überhaupt möglich ist.

In welcher Form wollen Sie testieren?

Sie haben festgestellt, dass keine früheren Verfügungen vorliegen oder haben sie – rechtlich gültig – widerrufen. Nun müssen Sie entscheiden, in welcher Form Sie testieren wollen. Denken Sie daran: Ein Formfehler kann Ihren gesamten letzten Willen ungültig machen, und es tritt die gesetzliche Erbfolge ein, was Sie gerade verhindern wollten!

Und nun formulieren Sie den Inhalt!

- Einen Erben brauchen Sie, aber Erbengemeinschaften sollten Sie vermeiden. Eine Mehrheit von Erben ist eng miteinander bis zur Erbauseinandersetzung verbunden, Streit ist fast bei jeder Erbengemeinschaft vorprogrammiert. Er kostet Zeit und Geld und führt erfahrungsgemäß zu Zwistigkeiten in der Familie.
- Treffen Sie klare Teilungsanordnungen, wenn Sie dennoch mehrere zu Ihren Erben berufen wollen. Prüfen Sie, ob etwa zum Schutz vor schneller Versilberung die Auseinandersetzung eine Zeitlang ausgeschlossen werden soll oder die Anordnung einer Testamentsvollstreckung sinnvoll ist.
- Überlegen Sie, ob statt Erbeinsetzung die Aussetzung eines Vermächtnisses denselben Zweck erfüllt, ob und welche Anrechnungen von Vorausempfängen oder Abgeltungen besonderer Leistungen erfolgen sollen.
- Prüfen Sie, ob Sie alle Versorgungsprobleme bedacht haben, und überlegen Sie, wie Sie es mit einer Wiederverheiratungsklausel halten wollen.
- Treffen Sie Regelungen für den Fall, dass Ihr eingesetzter Erbe wegfällt. Bestimmen Sie also einen Ersatzerben.
- Überlegen Sie, ob Sie Ihre Erben mit Auflagen, etwa in Bezug auf die Grabpflege oder auf Spenden, belasten wollen.
- Wollen Sie und Ihr Ehepartner sich gegenseitig zu Erben einsetzen, dann müssen Sie gemeinsam entscheiden, ob Sie ein Berliner Testament errichten oder sich gegenseitig als Vorerben einsetzen wollen.
- Überprüfen Sie Ihren Entwurf hinsichtlich der steuerlichen Auswirkungen, denn bei jeder Erbschaft fällt Erbschaftsteuer an (→ Seite 196 ff.). Zwar trifft die Erbschaftsteuerlast nicht Sie, sondern Ihre Erben, aber auch Sie wollen sicherlich, soweit möglich, durch geschickte Gestaltung unnötige Erbschaftsteuern vermeiden.

Ihren Entwurf sollten Sie dann von einer Fachfrau/einem Fachmann prüfen lassen, denn kein Anleitungsbuch kann eine Beratung, die auf Ihre individuellen Umstände eingeht, ersetzen.

Beispiele für Testamente

Die nachfolgenden Beispiele sollen Ihnen Anregungen für die Gestaltungsmöglichkeiten geben. Es sind konstruierte Sachverhalte, die auf keinen Fall, weil die Sachlage ja so ähnlich scheint, ungeprüft von Ihnen übernommen werden dürfen. Nehmen Sie sie als Anregungen – danach sollten Sie in jedem Fall kompetenten Rechtsrat zu Ihrem Entwurf einholen! Nur dann haben Sie die Sicherheit, dass alles richtig formuliert ist.

Sie sind alleinstehend und haben eine Lebensversicherung

Vermögenswerte von A	
Eigentumswohnung	200 000 €
– Grundschuld	20 000 €
	180 000 €
Wertpapiere	80 000 €
Termingeldkonto	20 000 €
Lebensversicherung	250 000 €
Einrichtung	20 000 €
Bildersammlung	25 000 €
Auto	25 000 €
Nachlasswert	600 000 €

Der alleinstehende A will sein Testament errichten. Gesetzliche Erben sind seine Mutter und – anstelle des verstorbenen Vaters – seine beiden Geschwister. Pflichtteilsberechtigt ist nur seine Mutter in Höhe der Hälfte des gesetzlichen Erbteils, also von einem Viertel. A verfügt über die nebenstehend aufgelisteten Vermögenswerte.

A überlegt: Seine Mutter ist gut versorgt, aber ihren Pflichtteilsanspruch muss er wohl berücksichtigen, Gespräche über einen Verzicht hält er für sinnlos. Seine Geschwister sollen nur Erinnerungsstücke bekommen, einen Teil seines Vermögens will er einem gemeinnützigen Verein zuwenden, Freunde sollen einzelne Gegenstände erhalten, und einer von ihnen soll für die Nachlassabwicklung zuständig sein.

A hat verschiedene Möglichkeiten: Er könnte seinen Freund F oder seine Mutter als Alleinerben einsetzen und dann F als Testamentsvollstrecker bestimmen. Setzt er seine Mutter nur in Höhe des Pflichtteils als Erbin ein, und ordnet er Testamentsvollstreckung an, gilt die Testamentsvollstreckung gemäß § 2306 Abs. 1 BGB nicht für den Erbteil der Mutter. Die Vorstellungen des A über die Verwaltung des Erbteils seiner Mutter würden also nicht verwirklicht.

Würde A seine Mutter mit Vermächtnissen und Auflagen derart belasten, dass ihr als Alleinerbin nur ein Vermögenswert bis zur Höhe ihres Pflichtteils bleibt, würde dies zur Unwirksamkeit der Vermächtnisse und Auflagen führen – auch damit ist also die Durchsetzung seines Willens nicht zu erreichen.

A überprüft zunächst noch die Bezugsberechtigung für seine Lebensversicherung und ändert sie so, dass sie in den Nachlass fällt. Die Versicherungssumme bestimmt, da Teil des Nachlasses, die Höhe des Pflichtteilsanspruchs mit. Bliebe es dagegen bei der Bezugsberechtigung für eine benannte dritte Person, die auch Erbe werden kann, dann fiele die Versicherungssumme nicht in den Nachlass und würde für die Berechnung des Pflichtteils auch nicht berücksichtigt. Pflichtteilsergänzungsansprüche könnten aber entstehen.

Im Beispiel würde sich der Pflichtteilsanspruch der Mutter bei der auf 350 000 € verringerten Nachlasssumme auf 87 500 € reduzieren, zuzüglich eines Pflichtteilsergänzungsanspruchs, der nach der Höhe der gezahlten Prämien und nicht nach der Versicherungssumme berechnet wird. Hätte A dagegen seine Mutter als Bezugsberechtigte eingesetzt, dann erhielte sie die Lebensversicherungssumme beim Tod des A, und zwar ohne Anrechnung auf den Pflichtteil. Es sei denn, er hätte bei der Einräumung der Bezugsberechtigung bestimmt, dass sie anrechnungspflichtig ist und dies seiner Mutter mitgeteilt. Aufgrund dieser Überlegungen und der Änderung formuliert A folgendes Testament:

Beispiel

Mein Testament

Zu meinem Alleinerben setze ich F ein.

Ich ordne folgende Vermächtnisse an:

1) Meine Mutter erhält zur Abgeltung ihres Pflichtteilsanspruchs ein Geldvermächtnis in Höhe von 160 000 Euro, zahlbar, sobald die Lebensversicherungssumme an F ausgezahlt worden ist. Meine Mutter hat binnen acht Wochen nach Eintritt des Erbfalls gegenüber F zu erklären, ob sie das Vermächtnis annimmt oder nicht.

2) Meiner Schwester S vermache ich, soweit ich darüber nicht anderweitig verfüge, meine gesamte Wohnungseinrichtung.

3) Meinem Bruder B vermache ich mein Auto. Ist das Auto zum Zeitpunkt meines Todes weniger als 20 000 Euro wert, so hat B einen Anspruch auf einen entsprechenden Wertausgleich in Geld.

4) Dem gemeinnützigen Verein V und dem gemeinnützigen Verein W vermache ich eine Spende von jeweils 80 000 Euro.

5) Meine Patenkinder P und O erhalten mein Wertpapierdepot zu gleichen Teilen. Sollte bei meinem Tod der Wert des Depots unter 80 000 Euro liegen, hat F jedem von ihnen die an dieser Höhe fehlenden Wertpapiere aus Mitteln des Nachlasses zu beschaffen.

Ich ordne folgende Auflagen an:

1) F wählt für meine Freunde X, Y und Z je ein Ölbild aus meinem Nachlass und übereignet es ihnen.

2) F hat für die Pflege meines Grabes für die Dauer von zwanzig Jahren einen Grabpflegevertrag abzuschließen.

Als Ersatzerben für F setze ich X ein.

Köln, den 3. März 1999

Unterschrift A

Weil das BGB für den Vermächtnisnehmer keine Ausschlagungsfrist vorsieht, hat A eine solche Frist zur Erklärung gesetzt.

Da das Vermächtnis grundsätzlich mit Eintritt des Erbfalls fällig wird, F aber erst zu einem späteren Zeitpunkt über Mittel zur Erfüllung des Geldvermächtnisses verfügen wird, hat A die Fälligkeit ausdrücklich hinausgeschoben, bis F die Lebensversicherungssumme erhalten hat.

Ihr Kind ist behindert

B, verwitwet, hat zwei volljährige Kinder, C und D. D ist behindert und in einem Heim untergebracht. B trägt zwar die laufenden Unterbringungskosten für D, will aber verhindern, dass nach ihrem Tod das Sozialamt auf den Erb- bzw. Pflichtteil des D zugreifen kann..

Nach der Rechtsprechung des Bundesgerichtshofs ist eine letztwillige Verfügung, durch die ein behindertes Kind nur als Vorerbe auf einen, den Pflichtteil kaum übersteigenden Erbteil eingesetzt ist, wirksam. Dies gilt auch dann, wenn dadurch das Sozialamt seine Ansprüche nicht gegen den Nachlass geltend machen kann. Würde das behinderte Kind, das laufend Leistungen vom Sozialamt erhält, aber auf den Pflichtteil gesetzt

Beispiel

Mein Testament

Ich setze mein Kind C zu sieben Zehntel zu meinem Erben und mein behindertes Kind D zu drei Zehntel zu meinem nicht befreiten Vorerben ein. Zu meinem Nacherben nach D berufe ich mein Kind C.

Ich ordne Testamentsvollstreckung für den Erbteil des D an. Testamentsvollstrecker ist mein Kind C. Die Testamentsvollstreckung endet mit Eintritt des Nacherbfalls. Der Testamentsvollstrecker hat den Nachlass zu verwalten, er ist von allen gesetzlichen Beschränkungen, soweit zulässig, befreit.

Mannheim, den 9. Januar 1996

Unterschrift B

Wichtig

In vergleichbaren Fällen sollten Sie sich in jedem Fall vor Abfassung eines Testaments rechtlich beraten lassen. Die Rechtsprechung kann sich ändern, auch können zwischenzeitliche Änderungen des Bundessozialhilferechts zu einer neuen Rechtslage führen, die den oben vorgeschlagenen Entwurf einschränkt oder unzulässig macht!

werden, dann könnte das Sozialamt gemäß § 90 Abs. 1 Bundessozialhilfegesetz den Pflichtteilsanspruch auf sich überleiten und gegen den Erben geltend machen. B setzt deshalb nebenstehendes Testament auf

Wäre D nicht als Vorerbe, sondern als Vollerbe eingesetzt, hätte das Sozialamt beim Tod des D Ansprüche gegen seinen Nachlass. Der Zugriff des Sozialamts wird durch die Anordnung der Vor- und Nacherbschaft ausgeschlossen, wobei der zugewandte Erbteil größer sein muss als der Pflichtteil. B hat mit ihrem Testament erreicht, dass das Vermögen in der Substanz der Familie erhalten bleibt und D nur die Nutzungen aus seinem Erbteil erhält.

Sie sind geschieden und haben ein Kind aus dieser Ehe

F ist geschieden und hat eine Tochter T aus dieser Ehe. Sie will ihren geschiedenen Ehemann in jedem Fall sowohl von der Verwaltung ausschließen als auch als Erben ihres Vermögens für den Fall, dass zunächst sie und dann ihre Tochter stirbt. Wenn F nun ihre Tochter als Alleinerbin einsetzen würde, dann würde, wenn T stirbt, gegebenenfalls der geschiedene Ehemann der Alleinerbe der Tochter sein, und zwar auch hinsichtlich des von F geerbten Vermögens. Eine testamentarisch angeordnete Auflage, nicht zugunsten des Vaters zu verfügen, würde gegen das Verbot der Einschränkung der Testierfreiheit verstoßen. Die Erbeinsetzung von T unter der Bedingung, dass T zugunsten bestimmter Dritter testamentarisch verfügt, wird als wirksam angesehen, kann aber im Einzelfall, je nach Ausgestaltung der Bedingung, auch sittenwidrig sein. F muss daher einen Nacherben für ihre Tochter einsetzen.

Durch eine Befristung der Nacherbschaft kann sie erreichen, dass T zu einem späteren Zeitpunkt doch Vollerbin wird und über das ererbte Vermögen auch letztwillig frei verfügen kann. Durch die Anordnung der Testamentsvollstreckung und die

Benennung eines Vormunds schließt sie den geschiedenen Ehemann von der Verwaltung des Vermögens aus. F verfügt nun folgendermaßen:

Beispiel

Mein Testament

Ich setze meine Tochter T zu meiner befreiten Vorerbin ein. Nacherben sind die Kinder meiner Tochter T, und zwar, wenn T mehrere Kinder hat, zu gleichen Teilen. Zu Ersatznacherben berufe ich X und Y.

Der Nacherbfall tritt bei Tod der Vorerbin ein.

Die Anordnung der Nacherbschaft ist befristet bis zur Vollendung des 40. Lebensjahres meiner Tochter.

Ich ordne Testamentsvollstreckung an. Zum Testamentsvollstrecker ernenne ich Herrn Z, der den Nachlass bis zur Vollendung des 25. Lebensjahres meiner Tochter zu verwalten hat. Sollte zum Zeitpunkt meines Todes meine Tochter noch minderjährig sein, bestimme ich Herrn Z zum Vormund. Herrn E und meine Eltern V und M schließe ich von der Vormundschaft aus.

Kiel, den 6. April 2001

Unterschrift F

Ihre Ehe ist kinderlos

M und F sind verheiratet, kinderlos und leben in Zugewinngemeinschaft. Jeder von ihnen verfügt über ein Vermögen in Höhe von 240 000 €, das sich aus verschiedenen Sachwerten zusammensetzt. Sie wollen sich jeweils für den Todesfall des anderen bestmöglich absichern.

Da sie keine Kinder haben, glauben sie, dass sie nur gegenseitig erb- und pflichtteilsberechtigt sind. Das Gesetz allerdings sieht eine andere Regelung vor (→ Seite 8 ff., 25 ff.). Würden M und F also kein Testament errichten, kann es im Erbfall nicht gewollte Miterben und unliebsame Folgen geben, zum Beispiel Auseinandersetzung, gegebenenfalls – wenn die nicht eingeplanten Miterben ausgezahlt werden müssen – Notverkauf der Eigentumswohnung, in der der überlebende Ehegatte weiterleben wollte.

Wenn M und F sich gegenseitig als alleinige Erben einsetzen wollen, müssen sie entscheiden, ob der überlebende Ehegatte über das Vermögen beider für seinen Todesfall durch Testament frei verfügen darf oder nicht. Kann er frei verfügen, dann kann er seinerseits die gesetzlichen Erben seines verstorbenen Ehegatten oder die diesem nahe stehenden Personen auch übergehen – eine Konsequenz, die überlegt sein will.

Folge der unbeschränkten Erbeinsetzung ist auch, dass der überlebende Ehegatte im Falle seiner Wiederheirat ohne Einschränkung verfügen kann. Wer dies nicht will, kann Vor- und Nacherbschaft anordnen, wobei der Nacherbfall bei Wiederheirat des überlebenden Ehegatten eintritt, der dann die gesamte Erbschaft an den Nacherben herauszugeben hat (→ Seite 81).

Beispiel

Unser Testament

Wir setzen uns gegenseitig zu unbeschränkten Alleinerben ein.

Hannover, den 6. Juni 2000

Unterschrift M

Hannover, den 6. Juni 2000

Unterschrift F

Der überlebende Ehegatte wird in einem solchen Fall, insbesondere wenn eine nicht befreite Vorerbschaft angeordnet ist, überlegen, ob er nicht besser die Erbschaft ausschlägt und seinen Zugewinnausgleich und den kleinen Pflichtteil verlangt (→ Seite 27 ff.).

Sind im obigen Beispiel noch die Eltern als Pflichtteilsberechtigte zu berücksichtigen, müssen M und F überlegen, ob der überlebende Ehegatte ihre Ansprüche aus dem vorhandenen Barvermögen ohne weiteres befriedigen kann. Ist das nicht der Fall, empfiehlt sich der Abschluss einer Lebensversicherung auf den Tod des einen Ehepartners mit Bezugsberechtigung zugunsten des anderen, so dass die Lebensversicherungssumme nicht in den Nachlass fällt. Damit stehen im Erbfall Mittel zur Zahlung zur Verfügung.

Wollen M und F ihren pflichtteilsberechtigten Eltern Sachwerte zuwenden, dann sollten sie entsprechende Vermächtnisse anordnen. Bei der Anordnung eines Vermächtnisses für einen Pflichtteilsberechtigten ist zu beachten, dass dieser das Vermächtnis nach § 2307 BGB ausschlagen kann, um statt dessen den Pflichtteil zu verlangen. Bleibt das Vermächtnis im Wert unter dem Pflichtteilsanspruch, kann zu dem Vermächtnis ergänzend die Wertdifferenz in Geld bis zur Höhe des Pflichtteils geltend gemacht werden. Sollen die Eltern Vermögenswerte in Höhe des Pflichtteils nur auf Lebzeiten erhalten, die Vermögenswerte nach dem Tod der Eltern aber wieder dem überlebenden Ehegatten zufallen, dann muss der Weg der Anordnung eines Vor- und Nachvermächtnisses gewählt werden.

M und F haben entschieden, die freie Verfügungsbefugnis des überlebenden Ehegatten für dessen Todesfall zu beschränken und ihren Eltern Vermächtnisse auszusetzen. Ihr Testament hat nebenstehenden Wortlaut.

Die Vermögensmassen des M und der F vermischen sich nach dem ersten Todesfall. Die eingesetzten Erben erhalten nach dem Tod auch des zweiten Ehegatten das noch vorhandene vermischte Vermögen zu je einem Viertel. Die „Erben“ des M erhalten also bei der Nachlassteilung nicht zwangsläufig die ursprünglich dem M gehörenden Gegenstände. Sollen die Erben des Überlebenden jeweils bestimmte Gegenstände erhalten, müssen die Ehegatten eine Teilungsanordnung in ihr Testament aufnehmen.

Beispiel

Unser Testament

1) Wir setzen uns gegenseitig zu Alleinerben ein.

2) Sollte ich, M, zuerst sterben, so erhalten meine Eltern als Vorvermächtnis meine Bildersammlung im Wert von 40 000 Euro. Nachvermächtnisnehmerin beim Tod des zuletzt sterbenden Elternteils ist meine Ehefrau F.

3) Sollte ich, F, zuerst sterben, so erhält meine Mutter als Vorvermächtnis meinen gesamten Schmuck im Wert von 43 000 Euro. Nachvermächtnisnehmer beim Tod meiner Mutter ist mein Ehemann M.

4) Für den zweiten Todesfall setzen wir die Nichten von M, X und Y, und A und B, Freundinnen von F, zu unseren Erben zu je einem Viertel ein.

5) Für den zweiten Todesfall ordnen wir Testamentsvollstreckung an. Zum Testamentsvollstrecker ernennen wir Herrn B.

Hannover, den 6. Juni 2000
Unterschrift M

Hannover, den 6. Juni 2000
Unterschrift F

> **Beispiel**
>
> Unser Testament
>
> Wir setzen uns gegenseitig zu Alleinerben ein. Erben des Längstlebenden sind unsere gemeinschaftlichen Kinder zu jeweils gleichen Teilen.
>
> Hannover, den 6. Juni 2000
> Unterschrift M
>
> Hannover, den 6. Juni 2000
> Unterschrift F

> **Beispiel**
>
> Macht eines unserer Kinder beim Tod des Erstversterbenden seinen Pflichtteilsanspruch geltend, so sind es und seine Abkömmlinge auch beim Tod des Überlebenden auf den Pflichtteil gesetzt. Außerdem erhält in diesem Fall dasjenige Kind, das keine Pflichtteilsansprüche geltend macht, ein Vermächtnis in Höhe seines gesetzlichen Erbteils aus dem Nachlass des Erstversterbenden, auszahlbar beim Tod des Letztversterbenden. Erheben beide Kinder beim Tod des Erstversterbenden Pflichtteilsansprüche, so sind sie auch für den zweiten Erbfall auf den Pflichtteil beschränkt. Der Überlebende von uns kann in diesem Fall auch durch letztwillige Verfügung neu verfügen.

Im beschriebenen Beispiel haben M und F wechselbezügliche bindende Verfügungen getroffen. Dies gilt für die gegenseitige Erbeinsetzung und die Einsetzung der „Erben" des zuerst sterbenden Ehepartners. Stirbt ein Ehegatte und nimmt der andere die Erbschaft an, ist er an diese Verfügungen gebunden und kann nicht mehr anderweitig von Todes wegen verfügen. Nur die Einsetzung der eigenen Erben kann jeweils geändert werden (das heißt: F kann die Erbeinsetzung ihrer Freundinnen ändern, M die seiner Nichten). Ist diese Einschränkung nicht gewollt, muss das gemeinschaftliche Testament eine ausdrückliche Bestimmung darüber enthalten, dass der überlebende Ehegatte befugt ist, über den Nachlass (oder einen Teil) frei zu verfügen!

Sie sind verheiratet und haben Kinder

M und F sind verheiratet, leben in Zugewinngemeinschaft und haben zwei Kinder. Stirbt M und liegt kein Testament vor, erben F zur Hälfte und die Kinder S und T zu je einem Viertel. Vorab erhält F den gesetzlichen Voraus gemäß § 1932 BGB (→ Seite 11 f.). F, S und T bilden eine Erbengemeinschaft, deren Auseinandersetzung jedes der Kinder jederzeit fordern kann. Besteht der Nachlass des M aus dem gemeinsam bewohnten Einfamilienhaus, kann die Auseinandersetzung die Folge haben, dass das Haus verkauft werden muss. Dies wollen M und F verhindern. Ihr Ziel ist es, sich gegenseitig weitgehende Freiräume zu verschaffen. Ihre Kinder sollen erst nach dem Tod beider Elternteile erben. Sie errichten ein gemeinschaftliches Testament und setzen die Kinder zu Schlusserben ein (Berliner Testament, Beispiel links oben).

Der überlebende Ehegatte ist in der Verfügung über das ererbte und eigene Vermögen zu Lebzeiten nicht beschränkt, er kann aber für den Todesfall nicht mehr abweichend verfügen. Die Kinder werden nur Erben des zuletzt sterbenden Ehegatten, sie sind von der Erbfolge nach dem zuerst sterbenden Elternteil ausgeschlossen. Folge ist, dass sie nach dem ersten Todesfall ihren Pflichtteilsanspruch geltend machen können. Um dies zu unterbinden – ausschließen lässt sich das nicht –, ist nebenstehende Klausel üblich.

Die Ehepartner können sich auch die Befugnis einräumen, dass der überlebende Partner für den zweiten Erbfall nur zugunsten von Abkömmlingen abweichend verfügen – etwa andere Erbquoten oder statt der Kinder direkt die Enkelkinder einsetzen – darf.

M und F haben im Beispiel ein Vermögen von je 240 000 €. Macht Sohn S seinen Pflichtteil geltend, erhält er ein Achtel aus dem Nachlass des zuerst versterbenden M, also 30 000 €. Ohne Vermächtnisanordnung zugunsten der T erhielte F als testamentarische Erbin die restlichen 210 000 € – mit der Folge, dass S im zweiten Erbfall einen Pflichtteil, berechnet nach dem Wert des Gesamtvermögens der F (240 000 € + 210 000 € = 450 000 €), also 112 500 € erhielte. Durch das Vermächtnis verringert sich der Erbteil der F zwar um 60 000 €; da es aber erst bei ihrem Tod fällig wird, ist F nicht an der vollen Nutzung des Nachlasses gehindert.

Ferner erhält S beim zweiten Erbfall auf diesen Betrag nicht noch einmal einen Pflichtteil. F erhält 240 000 Euro – 30 000 € (1. Pflichtteil des S) – 60 000 € (Vermächtnis zugunsten T) = 150 000 €. Stirbt F, hinterlässt sie ein Vermögen in Höhe von 390 000 €, der Pflichtteil des S beträgt 97 500 €. S erhält also, weil das Vermächtnis das zu vererbende Vermögen der F verringert, 15 000 € weniger.

Beim Berliner Testament nehmen die Ehegatten in Kauf, dass nach dem Tod des ersten Ehepartners das Vermögen zusammengeführt wird, dass keine Verfügungsbeschränkungen unter Lebenden bestehen, im Fall der Wiederheirat neu hinzukommende Pflichtteilsberechtigte an dem Vermögen des Erstversterbenden teilhaben und dass der überlebende Ehegatte das ererbte Vermögen auch im Falle der Wiederheirat im vollen Umfang behält.

Wollen Ehepartner dagegen sicherstellen, dass die Vermögen getrennt bleiben und gegebenenfalls bereits bei Wiederheirat eines Partners die gemeinsamen Kinder erben, können sie dies durch die Anordnung einer Vor- und Nacherbschaft, unter Umständen in Verbindung mit einer Wiederverheiratungsklausel (→ nebenstehend) erreichen.

Beispiel

Unser Testament

Wir setzen uns gegenseitig zu befreiten Vorerben ein. Nacherben sind unsere gemeinsamen Kinder jeweils zu gleichen Teilen. Der Nacherbfall tritt ein bei Tod oder Wiederheirat des Überlebenden

Hannover, den 6. Juni 2000
Unterschrift M

Hannover, den 6. Juni 2000
Unterschrift F

Auch die als Nacherben eingesetzten pflichtteilsberechtigten Kinder können beim ersten Erbfall die Nacherbschaft ausschlagen und ihren Pflichtteil verlangen. Schutz bietet auch hier nur die oben ausgeführte Formulierung. Vor Aufnahme einer Wiederverheiratungsklausel ist zu bedenken, ob der überlebende Ehepartner nicht zu sehr in seiner wirtschaftlichen Bewegungsfreiheit eingeschränkt wird (→ Seite 79 ff.). Dies kann vermieden und trotzdem können die Interessen der gemeinsamen Kinder gewahrt werden, wenn dem überlebenden Ehegatten bei Eintritt des Nacherbfalls durch Wiederheirat der Nießbrauch an dem Vermögen des verstorbenen Ehegatten zusteht. Möglich ist auch die Anordnung eines Vorausvermächtnisses für einen bestimmten Vermögensgegenstand, etwa ein Grundstück.

Der gesetzliche Voraus entfällt, wenn ein Ehegatte testamentarisch bedacht wird (→ Seite 11 f.). Soll der Ehegatte zum Beispiel die Wohnungseinrichtung behalten dürfen, muss sie dem überlebenden Ehegatten, der nicht testamentarischer Alleinerbe wird, durch ein Vorausvermächtnis zugewandt werden.

Wollen die Ehepartner ihre gemeinsamen Kinder sogleich zu Erben einsetzen und sich jeweils nur den Nießbrauch am Nachlass des zuerst Versterbenden vorbehalten, hat der überlebende Ehegatte kein Verfügungsrecht bezüglich des Nachlasses, seine Rechtsstellung ist erheblich eingeschränkt. Diese Form sollte nur gewählt werden, wenn der überlebende Partner etwa durch Zins- und Mieteinnahmen in der Lage ist, seinen Lebensstandard unabhängig von den Kindern aufrechtzuerhalten.

Wichtig

Gewarnt sei davor, einen Ehegatten von der Großzügigkeit der Kinder abhängig zu machen. So mancher Elternteil hat schon Überraschungen erleben müssen, denn die Interessen der Kinder unterliegen auch einer Entwicklung und für manchen, der eine eigene Familie gegründet hat, wird das Schicksal der Eltern nachrangig.

Sie haben Kinder aus erster Ehe

M und F sind verheiratet und leben in Zugewinngemeinschaft. F hat zwei Kinder aus erster Ehe, A und B, die ihr Vermögen erhalten sollen. M soll aber, wenn er F überlebt, bis zu seinem Tod durch ihr Vermögen gesichert sein, und zwar auch im Falle der Wiederheirat. F setzt ihr Testament wie nebenstehend auf.

Da M von der gesetzlichen Erbfolge ausgeschlossen und testamentarisch bedacht wird, erhält er nicht den gesetzlichen Voraus (→ Seite 11 f.). F möchte aber, dass M Eigentümer der Gegenstände wird, die sich in der Wohnung befinden. Das weitere Vermögen kann er dagegen – ihm ist lediglich ein Nießbrauch eingeräumt – nur nutzen. Um diese Nutzung unproblematisch zu gestalten, ordnet F Testamentsvollstreckung durch M an. Damit kann sich M den Nießbrauch einräumen und die für die Bestellung eines Nießbrauchs an Grundstücken notwendige Eintragung in das Grundbuch bewirken – er ist nicht auf die Mitwirkung der Erben angewiesen. F will Streit darüber ausschließen, welche Kosten M als Nießbrauchsberechtigter zu tragen hat und bürdet deshalb alle Kosten ihren Kindern auf. Ohne diese Anordnung müsste M die gewöhnlichen Erhaltungskosten und Lasten tragen, wobei bei den Erhaltungskosten Streit darüber entstehen kann, welche Kosten gewöhnlich oder außergewöhnlich sind.

Beispiel

Mein Testament

Zu meinen Erben zu gleichen Teilen setze ich meine Kinder A und B ein.

Mein Ehemann M erhält als Vorausvermächtnis alle Gegenstände, die sich bei meinem Tod in unserer gemeinsamen Wohnung befinden, also Hausrat, Bilder, Schmuck und sonstige dort befindliche Wertgegenstände.

Ich vermache den Nießbrauch an meinem gesamten Vermögen meinem Ehemann M. Auch die gewöhnlichen Erhaltungskosten und Lasten müssen von meinen Erben getragen werden.

Ich schließe die Auseinandersetzung zwischen meinen Erben bis zum Tod von M aus.

Ich ordne Testamentsvollstreckung an. Diese dauert an bis zum Tod von M. Zum Testamentsvollstrecker bestimme ich M.

M hat den Nachlass zu verwalten und unverzüglich nach meinem Tod für sich als Vermächtnisnehmer den Nießbrauch an allen meinen Vermögensgegenständen zu bestellen und für die Eintragung des Nießbrauchs an meinen Grundstücken zu sorgen.

Sollte eines meiner Kinder bei meinem Tod seinen Pflichtteil verlangen, so sind seine Abkömmlinge ebenfalls von der Erbfolge ausgeschlossen. Ersatzerbe ist mein Patenkind P, es tritt keine Anwachsung ein.

Köln, den 20. März 1996

Unterschrift F

Wichtig

Der Ehepartner, dem testamentarisch ein Wohnrecht zugewandt worden ist, kann die Wohnung nur persönlich nutzen. Wenn er pflegebedürftig wird, kann er zwar Pflegepersonal in die Wohnung aufnehmen, darf diese aber nicht vermieten oder Dritten zur Nutzung überlassen, wenn er selbst in ein Altenheim umziehen muss. Er muss also im Pflegefall auf die Nutzung verzichten und kann keine Einnahmen daraus ziehen. Dies wird oft übersehen. Nur dann, wenn dem Berechtigten mit der Einräumung des Wohnrechts die Vermietung an Dritte gestattet wird, kann er sie im Pflegefall auch vermieten. Das müssen Sie dann aber ausdrücklich in Ihrem Testament formulieren!

Schenken statt vererben?

96 Wann ist eine Schenkung wirksam?
96 Folgen der Schenkung
97 Wann eine Schenkung zurückgefordert werden kann
97 Steuer und Freibeträge
99 Böswillige Schenkungen
102 Verschenken eines Vermächtnisses
102 Schenkung auf den Todesfall
103 Schenkung durch Vertrag zugunsten Dritter

Es gibt viele Gründe, Teile des Vermögens schon vor dem Tod, also vor dem, was Juristen den „Erbfall" nennen, aus der Hand zu geben: Eltern wollen ihren Kindern finanziell helfen, Unternehmer oder Handwerker wollen ihren Betrieb rechtzeitig in jüngere Hände geben und ähnliche Sachverhalte mehr. Die Schenkung zu Lebzeiten ist ein möglicher Weg, das zu tun. Außerdem lassen sich durch geschickt verteilte Schenkungen Steuern sparen (→ Seite 97 ff., 219 ff.), die sonst das Erbe zum Teil ganz erheblich mindern.

Wann ist eine Schenkung wirksam?

Die Schenkung ist ein Vertrag zwischen dem Schenker und dem Beschenkten, wobei beide sich einig sind, dass ein Gegenstand oder ein Recht unentgeltlich übertragen wird. Ein Schenkungsversprechen bedarf der notariellen Beurkundung (§ 518 BGB), sonst ist es unwirksam. Wird das Geschenk wirklich übergeben, die Schenkung also vollzogen, ist sie wirksam, auch wenn die notarielle Beurkundung fehlte.

Herr Wagner verspricht seinem Sohn Michael, er werde ihm nach der abgeschlossenen Berufsausbildung eine Eigentumswohnung schenken. Wenn das Schenkungsversprechen nicht notariell beurkundet wurde, hat Michael rechtlich keinen Anspruch auf Übertragung der Eigentumswohnung. Vollzieht der Vater die Schenkung, ist sie wirksam, das Geschenk kann also nicht zurückgefordert werden.

Bei Grundstücken (dazu gehören rechtlich auch Eigentumswohnungen) ist zum Vollzug der Schenkung zusätzlich zu dem vom Notar beurkundeten Schenkungsvertrag auch die Eintragung im Grundbuch erforderlich. Im obigen Beispiel wird der Sohn also erst Eigentümer, wenn er im Grundbuch eingetragen ist.

Folgen der Schenkung

Mit der Schenkung geht der geschenkte Gegenstand in das Vermögen des Beschenkten über. Wer etwas schenkt, verliert das Eigentum und damit jede Möglichkeit, über diesen Gegenstand zu verfügen. Für den Schenker ist das ein Risiko – auch und gerade bei Schenkungen an Kinder oder an einen nicht ehelichen Lebenspartner. Nicht selten sind diejenigen, die Teile ihres Vermögens zu Lebzeiten verschenken, enttäuscht, wenn sie mitansehen müssen, dass der oder die Beschenkte nicht so damit umgeht, wie sie es erwartet haben.

Eine vermögende Frau schenkt ihrem nicht ehelichen Lebensgefährten ein Mietshaus, um ihn für den Fall ihres Todes zu sichern und im Vertrauen darauf, dass die Lebensgemeinschaft weiterbestehen werde. Bald nach der Schenkung zieht der Mann zu einer anderen Frau und nutzt die Mieteinkünfte zur Unterstützung der neuen Lebensgefährtin.

Auch wenn die Erwartungen der Schenkenden enttäuscht werden, bleibt die Schenkung zunächst einmal wirksam. Eine Rückforderung ist nur in seltenen Ausnahmefällen möglich.

Wann eine Schenkung zurückgefordert werden kann

Die Rückforderung eines Geschenks ist immer dann möglich, wenn der Schenker danach seinen eigenen Unterhalt nicht mehr finanzieren oder gesetzliche Unterhaltsansprüche gegenüber Verwandten oder seinem Ehegatten nicht erfüllen kann (§ 528 BGB). Das geschenkte Vermögen muss in diesem Fall zurückgegeben werden, wenn der Schenker dies fordert.

Zum anderen kann der Schenker die Schenkung widerrufen, wenn der oder die Beschenkte sich ihm oder einem nahen Angehörigen gegenüber grob undankbar verhalten hat (§ 530 BGB). Im eben geschilderten Fall wäre dies möglicherweise gegeben. Doch die Rechtsprechung ist hier unsicher und wenig kalkulierbar. Allemal kann es bei solchen Rückforderungen zu kostspieligen und langwierigen Prozessen kommen.

Die Risiken einer Schenkung lassen sich im Schenkungsvertrag begrenzen. So kann sich der oder die Schenkende zum Beispiel den Nießbrauch vorbehalten und damit die Nutzungen (Zinsen, Wohnrecht und dergleichen) zu Lebzeiten sichern.

Bedacht werden muss auch, dass Abkömmlinge (Kinder, Enkel usw.) für das, was sie als Ausstattung erhalten haben, ausgleichspflichtig sein können (→ Seite 21 ff.). Ferner haben Pflichtteilsberechtigte einen Pflichtteilsergänzungsanspruch, wenn ihr Pflichtteil durch Schenkungen zu Lebzeiten des Erblassers vermindert wurde (→ Seite 38 ff.).

Wichtig

Vor einer Schenkung größerer Vermögensteile empfiehlt es sich dringend, sich rechtzeitig durch einen Notar, Anwalt und/oder Steuerberater beraten zu lassen.

Steuer und Freibeträge

Eine Schenkung zu Lebzeiten kann trotz aller Risiken vor allem unter steuerlichen Gesichtspunkten sinnvoll sein. An sich sind Erbschaft- und Schenkungsteuer gleich hoch. Dennoch lässt sich bei frühzeitiger Weitergabe von Vermögen an Kinder und Ehegatten die Steuerlast reduzieren. Das ergibt sich aus § 14 des Erbschaft- und Schenkungsteuergesetzes (ErbStG). Danach wird alles, was innerhalb von zehn Jahren durch Schenkung oder Erbschaft erworben wird, zusammengerechnet. Ältere Zuwendungen bleiben unberücksichtigt. Diese Freibeträge können alle zehn Jahre neu genutzt werden.

Mehrfache Nutzung der Freibeträge

Wer seinem Ehegatten oder seinen Kindern rechtzeitig vor seinem Tod etwas schenkt, kann die relativ hohen Freibeträge mehrfach nutzen, wenn für „ältere“ Schenkungen die Zehnjahresfrist abgelaufen ist. Ehegatten haben einen Freibetrag von 307 000 €, Kinder von 205 000 €, Enkelkinder von 51 200 €,

Eltern und andere Beschenkte je nach Steuerklasse von 10 300 oder 5 200 €. Diese Freibeträge machen Schenkungen unter dem Gesichtspunkt der Erbschaftsteuer vor allem für relativ Wohlhabende sinnvoll (→ Seite 205).

Frau Markus schenkt ihrem Sohn Karsten bei dessen Heirat für den Kauf einer Wohnung 300 000 €. Es wird zwar Schenkungsteuer fällig, aber nur für 95 000 €, denn Karsten hat einen Freibetrag von 205 000 €. Die Schenkungsteuer beträgt 7 Prozent von 95 000 €, also 6 650 €. Zwölf Jahre nach der Schenkung stirbt die Mutter und hinterlässt ein Vermögen von weiteren 300 000 €. Der Sohn ist zwar erbschaftsteuerpflichtig, aber wiederum nur für 95 000 €, denn sein Freibetrag bei der Erbschaft beträgt ebenfalls 205 000 € (§ 16 ErbStG), die Erbschaftsteuer also 6 650 € (7 Prozent von 95 000 €). Der Sohn hat also insgesamt 13 300 € Schenkung- bzw. Erbschaftsteuer bezahlt. Hätte die Mutter ihm vor ihrem Tod nichts geschenkt, betrüge die Erbschaftsteuer 59 250 € (15 Prozent von 395 000 €, bei einem Nachlass von 600 000 € abzüglich des Freibetrags von 205 000 €). Ein Unterschied von 45 950 € – eine Summe, über die sich nachzudenken lohnt.

Tipp

Eltern, die ihren Kindern zu Lebzeiten etwas zukommen lassen wollen, können den Steuerfreibetrag bei der Schenkungsteuer doppelt nutzen. Die Geschenke des Vaters und die der Mutter werden steuerlich als zwei Geschenke behandelt.

Die „Kettenschenkung"

Gelegentlich versuchen Eltern, die Freibeträge doppelt zu nutzen:

Ein Ehepaar hat zwei Kinder. Der Vater schenkt jedem Kind 200 000 € (schenkungsteuerfrei). Gleichzeitig schenkt er seiner Ehefrau 300 000 € (bei der Ehefrau ebenfalls schenkungsteuerfrei). Beide haben verabredet, dass die Ehefrau die Schenkung jeweils zur Hälfte an die gemeinsamen Kinder weitergibt, um so den Steuerfreibetrag der Kinder doppelt zu nutzen.

Der Bundesfinanzhof sieht in dieser Konstruktion eine Kettenschenkung, also nur eine einzige Zuwendung. Der Betrag von 150 000 €, den die Mutter jedem Kind schenkt, ist deshalb steuerpflichtig (→ Seite 219).

Auch Einkommensteuer lässt sich sparen

Wer Verwandten gegenüber unterhaltspflichtig ist – vor allem Eltern gegenüber ihren Kindern –, kann durch rechtzeitige Schenkungen zusätzlich Einkommensteuer sparen. Jeder Steuerpflichtige hat für Kapitaleinnahmen wie Zinsen einen Freibetrag von rund 1 600 €. Vermögende Eltern, die ihren Sparerfreibetrag ausgeschöpft haben, können ihren Kindern zum Beispiel Wertpapiere schenken, und so einen Teil von deren Unterhalt finanzieren.

Herr und Frau Franke schenken ihrem Sohn Moritz für 30 000 € Wertpapiere. Die Schenkung liegt unterhalb des Freibetrags für Kinder und ist daher schenkungsteuerfrei. Moritz erhält aus diesen Wertpapieren zirka 1 600 € Zinsen im Jahr. Dieser Betrag ist für ihn einkommensteuerfrei, weil sein Sparerfreibetrag nicht überschritten ist. Die Eltern selbst hätten aber Einkommensteuer für die 1 600 € bezahlen müssen – bei einem Grenzsteuersatz von 40 Prozent beispielsweise 640 €. Die Schenkung macht unter steuerlichen Gesichtspunkten also durchaus Sinn.

Böswillige Schenkungen

Wer sich durch einen Erbvertrag oder ein gemeinschaftliches Testament zu Lebzeiten in seiner Verfügungsfreiheit über das Vermögen zum Zeitpunkt des Todes gebunden hat, kann dennoch zu Lebzeiten über dieses Vermögen verfügen. Er oder sie kann kaufen, verkaufen, verbrauchen und im Prinzip auch schenken. Für Schenkungen gibt es aber Einschränkungen.

Das heißt: Demjenigen, der später seine Meinung ändert und das gemeinschaftliche Testament oder den Erbvertrag am liebsten ungeschehen machen möchte, sind Grenzen gesetzt. Denn: Wer in der Absicht, einen Vertragserben in seinen Rechten zu beeinträchtigen, eine Schenkung macht, muss damit rechnen, dass der oder die Beschenkte das Geschenk nach dem Tod des Erblassers an den Vertragserben herausgeben muss (§ 2287 BGB). Juristen sprechen in diesem Fall von „böswilligen Schenkungen“. Die Rechtsprechung wendet diese Bestimmung entgegen dem Wortlaut, der nur von Erbverträgen spricht, auch auf gemeinschaftliche Testamente an, sobald sie bindend geworden sind (→ Seite 56 ff.).

Wann liegt Böswilligkeit vor?

Eine böswillige Schenkung liegt nicht vor, wenn es sich um normale Gelegenheitsgeschenke handelt, zu denen der Erblasser nach gängiger Anschauung verpflichtet ist. Das sind Geburtstags- und Hochzeitsgeschenke im üblichen Rahmen oder auch Weihnachts- und Jubiläumsgeschenke an Angehörige oder Freunde. Auch die Unterstützung bedürftiger Verwandter oder eines nicht ehelichen Lebensgefährten wird als sittliche, wenn auch nicht rechtliche Pflicht normalerweise anerkannt.

Böswillig ist eine Schenkung ferner dann nicht, wenn der Erblasser, der durch einen Erbvertrag oder ein gemeinschaftliches Testament gebunden ist, ein eigenes Interesse daran hat, einer dritten Person etwas zu schenken. Die Gerichte sprechen hier vom „lebzeitigen Eigeninteresse“ des Erblassers. Dies wird immer dann angenommen, wenn der Schenkende objektiv nachvollziehbare Gründe für die Schenkung hatte. Dieses Eigeninteresse kann die Belohnung für langjährige Pflege und Betreuung sein oder die Sicherung der eigenen Altersversorgung.

Eine Schenkung wird aber dann als böswillig angesehen, wenn der Erblasser sie deshalb macht, weil er inzwischen seine Gründe für die Erbeinsetzung anders einschätzt. Die Einsicht, dass der Erbvertrag oder das gemeinschaftliche Testament ungerecht ist oder andere zu sehr benachteiligt, begründen kein „lebzeitiges Eigeninteresse", eine solche Schenkung bleibt böswillig.

Unwissenheit schützt nicht vor Rückgabe

Ob der oder die Beschenkte die Absicht des Verstorbenen, die Bindung zu unterlaufen, gekannt hat, ist unerheblich. Rückgabepflichtig ist also auch ein Beschenkter, der überhaupt nicht wusste, dass der oder die Verstorbene durch einen Erbvertrag oder ein gemeinschaftliches Testament gebunden war.

Wer ein Geschenk zurückfordert, muss aber beweisen können, dass der oder die Verstorbene böswillig gehandelt hat. Er muss also Umstände darlegen, die darauf schließen lassen, dass der Verstorbene den Erbvertrag oder das gemeinschaftliche Testament aushöhlen wollte.

Umfang des Rückgabeanspruchs

Die Rückgabe des Geschenks unterliegt den Vorschriften über die ungerechtfertigte Bereicherung (§§ 812 ff. BGB). Das bedeutet: Wer ein Geschenk angenommen hat, ohne die benachteiligende Absicht des Verstorbenen zu kennen, braucht nur das herauszugeben, was noch vorhanden ist (das Gesetz spricht von „Bereicherung"). Wenn ein gutgläubiger Beschenkter, der die böse Absicht des Schenkers nicht kannte, nicht mehr bereichert ist, entfällt der Anspruch.

Herr Thomas, der durch einen Erbvertrag mit seiner Ehefrau gebunden ist, schenkt seiner Freundin ein Wertpapierdepot. Die Freundin, die von dem Erbvertrag nichts wusste, verkauft die Papiere und verbraucht das Geld. Nach dem Tod von Herrn Thomas fordern die Erben die Wertpapiere zurück. Die Freundin braucht nichts herauszugeben, weil sie gutgläubig war und nichts mehr hat.

Kannte der oder die Beschenkte die Bindung des Schenkenden durch Erbvertrag oder gemeinschaftliches Testament, so muss auch der Wert geschenkter Gegenstände ersetzt werden.

Die Rechtsanwältin Gisela Mund hat mit ihrem Ehemann ein gemeinschaftliches Testament errichtet, an das sie gebunden ist. Sie schenkt ihrem Lebensgefährten einen teuren Sportwagen. Der Lebensgefährte wusste von dem Testament.

Wenn Kinder aus einer früheren Ehe benachteiligt werden

Das Problem der böswilligen Schenkung entsteht meistens in den Fällen, in denen ein Ehegatte, der sich in erster Ehe durch gemeinschaftliches Testament oder Erbvertrag gebunden hatte, nach dem Tod des anderen Ehegatten wieder heiratet oder eine nicht eheliche Lebensgemeinschaft eingeht. Durch die Schenkung an den späteren Lebenspartner werden dann die im gemeinschaftlichen Testament oder Erbvertrag begünstigten Schlusserben (meist sind dies die Kinder aus erster Ehe) benachteiligt.

Bei solchen Schenkungsverträgen sollte deshalb unbedingt der Rat eines fachkundigen Notars oder Anwalts eingeholt werden. Kostspielige Prozesse nach dem Tod des Schenkers können nur dann vermieden oder wenigstens vereinfacht werden, wenn der oder die Schenkende sich rechtzeitig darüber Gedanken macht, ob die beabsichtigte Schenkung im gesetzlich zulässigen Rahmen bleibt.

Nach dem Tod von Frau Mund verlangen ihre Kinder, die von ihren Eltern zu Erben eingesetzt waren, den Sportwagen zurück. Der Lebensgefährte muss ihn herausgeben oder, wenn das Auto inzwischen abgenutzt ist, den Wert erstatten, soweit er nicht ein „lebzeitiges Eigeninteresse" der Verstorbenen nachweisen kann.

Gehört der oder die Beschenkte zu den Pflichtteilsberechtigten (→ Seite 24 ff.), ist der in einem Erbvertrag oder in einem gemeinschaftlichen Testament eingesetzte Erbe insoweit nicht geschädigt, als das Geschenk wertmäßig innerhalb der Grenzen des Pflichtteilsanspruchs liegt. Denn: Jeder Erbe muss mit Pflichtteilsansprüchen rechnen. Der Rückgabeanspruch des Beschenkten ist dann auf das beschränkt, was nach Abzug des Pflichtteils übrig bleibt.

Rückgabe nur innerhalb von drei Jahren

Der Anspruch auf Rückgabe oder Wertersatz entsteht erst mit dem Erbfall, also mit dem Tod des Schenkenden und muss innerhalb von drei Jahren geltend gemacht werden, sonst verjährt er. In einem gemeinschaftlichen Testament oder einem Erbvertrag bedachte Schlusserben müssen sich also rechtzeitig über Schenkungen des oder der Verstorbenen informieren. Nach der neueren Rechtsprechung haben sie deshalb ein Recht auf Auskunft gegenüber dem Beschenkten, wenn sie konkrete Gründe für ihr Rückforderungsrecht darlegen können. Einen generellen Auskunftsanspruch nur auf den Verdacht einer böswilligen Schenkung hin gibt es nicht.

Absicherung gegen Rückforderungsansprüche

Wer zu Lebzeiten Schenkungen macht und durch gemeinschaftliches Testament oder Erbvertrag gebunden ist, tut also gut daran, sich rechtzeitig über mögliche spätere Rückforderungsansprüche seiner Erben zu informieren. Im Schenkungsvertrag können entsprechende Sicherungen eingebaut werden. So kann der Schenker ausdrücklich die Gründe für seine Schenkung aufnehmen und damit das Risiko der Rückforderung ausschließen oder vermindern. Zum Beispiel kann der Hinweis, der oder die Beschenkte solle durch das Geschenk für Pflege- und Betreuungsleistungen entschädigt werden, das „lebzeitige Eigeninteresse" des Schenkers klarstellen und damit die Beweislage in einem möglichen späteren Prozess vereinfachen.

Verschenken eines Vermächtnisses

Ist in einem Erbvertrag oder einem bindend gewordenen gemeinschaftlichen Testament ein Vermächtnis angeordnet und hat der oder die Verstorbene den Gegenstand des Vermächtnisses verschenkt, so kann der mit dem Vermächtnis Bedachte vom Beschenkten Rückgabe des Geschenks verlangen (§ 2288 Abs. 2 Satz 2 BGB).

Frau Anton hat ihrer Enkelin Vera in einem Erbvertrag einen Diamantring vermacht. Später hat sie den Ring ihrer Freundin geschenkt. Sie stirbt, ohne weiteres Vermögen zu hinterlassen. Die Freundin muss den Ring an Vera herausgeben.

Auch in einem solchen Fall ist es sinnvoll, die Gründe für die Schenkung schriftlich festzulegen, um spätere Streitigkeiten möglichst zu verhindern.

Schenkung auf den Todesfall

Gelegentlich werden Schenkungen oder Schenkungsversprechen an die Bedingung geknüpft, dass der Beschenkte den Schenker überlebt, um so Teile des Vermögens, das später in die Erbschaft fallen würde, rechtzeitig bestimmten Personen zuzuweisen.

Herr Weber schenkt seinem Sohn kurz vor einer lebensgefährlichen Operation sein Einfamilienhaus unter der Bedingung, dass der Sohn ihn überlebt.

Ein Schenkungsversprechen, das unter der Bedingung gegeben wurde, dass der Beschenkte den Schenker überlebt, bedarf nach § 2301 BGB der Form, die für letztwillige Verfügungen vorgeschrieben ist (also Testament oder Erbvertrag; → Seite 50 ff.). Diese Bestimmung soll die Umgehung erbrechtlicher Formvorschriften verhindern, denn im Grunde handelt es sich ja auch hierbei um eine letztwillige Verfügung.

Wird die Schenkung aber schon zu Lebzeiten vollzogen, findet das Schenkungsrecht des BGB Anwendung (→ Seite 98). Die Schenkung ist wirksam, wenn der Gegenstand – zum Beispiel Schmuck – endgültig auf den Beschenkten übergegangen ist, wobei Schenker und Beschenkter sich darüber einig sein müssen, dass es sich um eine unentgeltliche Zuwendung handelt. Bei Grundstücken sind ein von einem Notar beurkundeter Schenkungsvertrag und die Eintragung in das Grundbuch erforderlich.

Schenkungsversprechen

Handelte es sich nur um ein Schenkungsversprechen und stirbt der oder die Beschenkte vor dem Schenker, so ist das Schenkungsversprechen hinfällig. Überlebt hingegen der oder die Beschenkte den Schenker, geht mit dem Tod des Schenkers das geschenkte Vermögen direkt auf den Beschenkten über und fällt nicht in den Nachlass. Der oder die Beschenkte kann sofort darüber verfügen, ohne die Erbauseinandersetzung abzuwarten. Er oder sie muss nur den Tod des Schenkers nachweisen können.

War die Schenkung bereits vollzogen, aber mit der Bedingung verbunden, dass der Beschenkte den Schenker überlebt, und stirbt der Beschenkte vor dem Schenker, fällt das Geschenk an den Schenker zurück und gehört – sofern er es nicht verbraucht oder weiter verschenkt – später auch zu seinem Nachlass.

Frau Sassen schenkt ihrer Schwiegertochter Elke wertvollen Schmuck und übergibt ihn ihr auch. Sie knüpft die Schenkung aber an die Bedingung, dass Elke sie überlebt. Elke stirbt vor Frau Sassen.

Die Schenkung war zwar wirksam, der Schmuck fällt aber nach dem Tod von Elke an Frau Sassen zurück und gehört nicht zum Nachlass der Schwiegertochter.

Herr Peters unternimmt eine Expedition und schenkt seinem Sohn Karsten sein Aktiendepot für den Fall, dass der Sohn ihn überlebt.

Das Schenkungsversprechen bedarf der Form eines Testaments, muss also handschriftlich geschrieben sein. Stirbt der Vater bei der Expedition, wird Karsten Eigentümer des Aktiendepots. Er kann darüber verfügen, sobald er der Bank das Schenkungsversprechen und den Tod des Vaters nachgewiesen hat. Die Erbauseinandersetzung mit anderen Erben braucht er nicht abzuwarten. Kommt Herr Peters von der Reise zurück, bleibt das Aktiendepot im Vermögen des Vaters. Stirbt Karsten vor dem Vater, wird das Schenkungsversprechen unwirksam. Soweit das Aktiendepot beim Tod des Vaters noch vorhanden ist, fällt es in dessen Nachlass.

Wichtig

Auch Schenkungen auf den Todesfall unterliegen den Einschränkungen des Pflichtteilsrechts. Es kann zum Beispiel ein Pflichtteilsergänzungsanspruch von Pflichtteilsberechtigten bestehen (→ Seite 38 ff.).

Das Gleiche gilt, wenn der Erblasser durch einen Erbvertrag oder ein gemeinschaftliches Testament gebunden war und die Schenkung in der Absicht versprochen oder gegeben wurde, andere Vertragserben zu beeinträchtigen (→ Seite 99 ff.).

Schenkung durch Vertrag zugunsten Dritter

Jeder (künftige) Erblasser hat außerdem die Möglichkeit, durch Vertrag zugunsten Dritter für den Fall seines Todes Dritten etwas zuzuwenden (§ 331 BGB). Wer eine Lebensversicherung oder einen Bausparvertrag abgeschlossen hat, kann für den Fall, dass er vor Ablauf der Versicherungszeit stirbt, einen beliebigen Dritten benennen, an den die Versicherungssumme ausgezahlt werden soll.

Frau Simon schließt eine Lebensversicherung ab und benennt ihren mit ihr nicht verheirateten Lebensgefährten als Bezugsberechtigten für die Versicherungsleistung.

Solche Verträge bedürfen nicht der Form einer letztwilligen Verfügung; meist werden sie auf vorformulierten gedruckten Formularen abgeschlossen. Die Versicherungsleistung erfolgt dann nach dem Tod des Versicherten an denjenigen, der im Versicherungsvertrag als Begünstigter genannt ist. Der Betrag, den die Versicherung zahlt, fällt nicht in den Nachlass.

Die Grenzen des Pflichtteilsrechts (vor allem der Pflichtteilsergänzungsanspruch) und die Grenzen, die das Erbrecht für böswillige Schenkungen setzt, gelten hier nur für die eingezahlten Versicherungsbeiträge, nicht für die gesamte Versicherungssumme. Für den Beschenkten kann das beispielsweise dann ein beträchtlicher Vorteil sein, wenn der Versicherungsnehmer, der zugleich Erblasser ist, kurz nach Abschluss des Versicherungsvertrags stirbt.

Herr Kurz schließt eine Lebensversicherung über 100 000 € ab. Er zahlt dafür jährlich 6 000 € an Versicherungsbeiträgen. Als Bezugsberechtigte für den Fall seines Todes nennt er seine Lebensgefährtin, Frau Rau. Zwei Jahre nach Abschluss der Versicherung stirbt Herr Kurz. Frau Rau bekommt die Versicherungssumme von 100 000 €. Erben von Herrn Kurz werden seine beiden Kinder. Sie haben keinen Anspruch auf die Versicherungssumme. Ihr Anspruch auf Rückforderung wegen einer böswilligen Schenkung kann sich allenfalls auf die gezahlten Versicherungsbeiträge von insgesamt 12 000 € erstrecken.

Eine Schenkung durch Vertrag zugunsten Dritter kann auch durch einen Vertrag mit einem Kreditinstitut erfolgen.

Frau Simon weist ihre Bank an, nach ihrem Tod 50 000 € in bar an ihren Lebensgefährten zu zahlen.

Frau Anton legt für ihr Enkelkind Vera ein Sparbuch auf Veras Namen an und verwahrt es in ihrem Schreibtisch.

Beide Verfügungen sind wirksam, obwohl sie nicht in der für ein Testament oder einen Erbvertrag vorgeschriebenen Form erfolgt sind. Auch solche Schenkungen fallen nicht in den Nachlass, werden also an den Beschenkten direkt ausgezahlt, sofern der Erbe die Schenkung nicht widerrufen hat (→ unten). Einschränkungen gibt es aber auch hier durch das Pflichtteilsrecht (→ Seite 24 ff.) und die Beschränkung des Erblassers bei böswilligen Schenkungen (→ Seite 99 ff.).

Schenkungen sind erst wirksam, wenn sie angenommen wurden

Bei Schenkungen zugunsten Dritter gibt es noch ein besonderes Risiko. Wenn der oder die Beschenkte von der Schenkung nichts weiß, kann es geschehen, dass das vermachte Vermögen dennoch bei den gesetzlichen oder testamentarischen Erben bleibt. Die Schenkung ist ein Vertrag, und ein Vertrag ist ein Vorgang, an dem mindestens zwei Personen beteiligt sind. Er bedarf des Angebots (des Schenkenden) und der Annahme (des Beschenkten). Der oder die ahnungslose Beschenkte kann die Schenkung erst nach dem Tod des Erblassers annehmen – vorausgesetzt, dass er oder sie überhaupt davon erfährt.

Ein Erbe oder eine Erbengemeinschaft wird mit dem Tod des Verstorbenen Rechtsnachfolger für dessen gesamtes Vermögen (→ Seite 129 ff.). Der Erbe kann also auch Schenkungen, die noch nicht wirksam geworden sind, widerrufen. Das gilt für das Sparbuch der Enkelin genauso wie für die Anweisung an die Bank, nach dem Tod an einen Dritten einen bestimmten Betrag auszuzahlen. Widerruft der Erbe die nicht vollzogene Schenkung, bekommt der oder die Beschenkte nichts. Der Erbe kann also das Sparbuch für die Enkelin selbst behalten; den Betrag für den nicht ehelichen Lebensgefährten muss er nicht zahlen, wenn er den Überweisungsauftrag an die Bank rechtzeitig widerruft.

Hätte hingegen Frau Anton ihrer Enkelin Vera das Sparbuch übergeben oder Frau Simon ihrem Lebenspartner den geschenkten Betrag schriftlich in der für letztwillige Verfügungen vorgeschriebenen Form versprochen (→ Seite 50 ff.), und hätte der Lebensgefährte dieses Schenkungsversprechen auch angenommen, wären beide Schenkungen vonseiten der Erben endgültig unangreifbar.

Wenn die Schenkung geheim bleiben soll

Es kann aber eben doch sein, dass Sie dem Dritten zu Ihren Lebzeiten noch nicht mitteilen wollen, dass Sie ihn für den Fall Ihres Todes beschenken. Der oder die Beschenkte kann also Ihr Schenkungsangebot auch nicht annehmen. Dann bleibt eine weitere Möglichkeit: Sie können Ihre Bank oder Sparkasse anweisen, den Betrag, den Sie schenken wollen, nach Ihrem Tod an den Beschenkten zu zahlen, und dabei gleichzeitig auf die Möglichkeit des Widerrufs dieser Anweisung verzichten.

Tipp

Sprechen Sie in diesem Fall mit Ihrer Bank oder Sparkasse und lassen Sie sich beraten. Es gibt Formulare, mit denen Sie „ohne Widerrufsvorbehalt" über Ihr Konto für den Zeitpunkt Ihres Todes verfügen können. Ihre Erben können dann das Schenkungsangebot nicht widerrufen. Sie selbst aber können zu Ihren Lebzeiten das Guthaben abheben, wenn Sie das wollen. Bleibt für denjenigen, den Sie beschenken wollten, nichts übrig, ist die Schenkung hinfällig.

Die Stiftung

Schenken und stiften sind in der Umgangssprache nahezu gleichbedeutende Begriffe, nicht aber im juristischen Sprachgebrauch.

Wer eine Schenkung macht – etwas verschenkt –, gibt sein Vermögen weg, und der verschenkte Gegenstand oder die verschenkte Geldsumme gehört dann dem oder der Beschenkten. Wer eine Stiftung errichtet, gibt zwar auch Vermögen weg, es entsteht aber durch die Stiftung ein Vermögen, das rechtlich selbstständig ist und im Grunde niemandem gehört.

Die Stiftung ist eine „juristische Person", die durch den Vorstand der Stiftung verwaltet wird. Sie ist eine beliebte Rechtsform für relativ große Vermögen oder Teile davon, die der Stifter oder die Stifterin erhalten will und deren Einkünfte einem bestimmten Zweck dienen sollen, der in der Stiftungsurkunde bestimmt ist. Oft dient eine Stiftung einem gemeinnützigen Zweck, häufig sind es auch kulturelle, soziale oder wissenschaftliche Zwecke.

Eine Sonderform der Stiftung ist die Familienstiftung, die zugunsten einer oder mehrerer Familien gemacht wird. Damit kann ein Vermögen über mehrere Generationen gebunden werden.

Die Stiftung muss immer schriftlich erfolgen. Das geht auch in einem Testament oder in einem Erbvertrag. Sie muss immer staatlich genehmigt werden. Die Grundlagen des Stiftungsrechts finden sich im BGB (§§ 80 bis 88 BGB), die Einzelheiten regeln Stiftungsgesetze der jeweiligen Bundesländer, die zum Teil unterschiedliche Bestimmungen enthalten.

Nicht eheliche Lebensgemeinschaft

107 Kein Erbrecht von Gesetzes wegen
107 Was ist eine nicht eheliche Lebensgemeinschaft?
108 Absicherung durch Testament
109 Absicherung durch Erbvertrag
112 Besser schenken als vererben?
113 Steuerliche Auswirkungen
114 Gemeinsame Konten
114 Gemeinsame Kinder

Kein Erbrecht von Gesetzes wegen

Das deutsche Erbrecht berücksichtigt in erster Linie die Familie und die leibliche Verwandtschaft. Es geht von der Ehe aus oder von einer eingetragenen gleichgeschlechtlichen Lebenspartnerschaft. Nicht eheliche Lebensgemeinschaften kommen im Bürgerlichen Gesetzbuch mit keinem Wort vor, auch im Erbrecht nicht. Das bedeutet: Zwischen Lebensgefährten, die nicht miteinander verheiratet sind und nicht in einer eingetragenen gleichgeschlechtlichen Lebenspartnerschaft leben (→ Seite 116) besteht kein gesetzliches Erbrecht und auch kein Pflichtteilsrecht. Mag sich ihre Lebensgemeinschaft auch von einer „richtigen" (und das heißt: vor einem Standesbeamten geschlossenen) Ehe oder Lebenspartnerschaft durch nichts unterschieden haben – im Erbrecht werden solche Lebensgefährten behandelt wie beliebige Dritte.

Ausnahmen

Von diesem Grundsatz gibt es zwei Ausnahmen, die nicht im Gesetz stehen, sondern von den Gerichten entwickelt worden sind:

Unterhalt für die ersten vier Wochen
Wer unverheiratet oder ohne formell geschlossene gleichgeschlechtliche Lebenspartnerschaft mit einem Partner oder einer Partnerin zusammengelebt und von ihm oder ihr Unterhalt bezogen hat, kann nach dem Tod des Partners oder der Partnerin von den Erben 30 Tage lang Unterhalt verlangen. Wegen dieser Dreißig-Tage-Frist heißt dieser Anspruch „Dreißigster". Die Gerichte schützen nicht eheliche Lebensgefährten für die ersten Wochen nach dem Tod des Partners genauso wie andere Familienangehörige (§ 1969 BGB).

Fortsetzung des Mietverhältnisses
Wer mit dem nicht ehelichen Lebensgefährten in einer Mietwohnung zusammengelebt hat, kann das Mietverhältnis auch dann fortsetzen, wenn der verstorbene Partner allein Mieter war. Dieses Recht, das nach § 563 BGB für „Familienangehörige" gilt, dehnen die Gerichte heute auch auf Lebensgefährten aus (→ Seite 144).

> **Wichtig**
>
> Lebten die nicht ehelichen Partner in einem Einfamilienhaus oder einer Eigentumswohnung des oder der Verstorbenen zusammen, gibt es kein Recht auf Verbleiben in der gemeinsamen Wohnung, es sei denn, dem oder der Überlebenden ist ein Wohnrecht ausdrücklich eingeräumt worden.

Was ist eine nicht eheliche Lebensgemeinschaft?

Voraussetzung für das Recht auf den Dreißigsten und auf Eintritt in den Mietvertrag ist aber immer, dass es sich um eine nicht eheliche Lebensgemeinschaft handelt. Nach der Rechtsprechung ist das eine Gemeinschaft zwischen Mann und Frau, die auf Dauer angelegt ist und daneben keine weitere Lebensgemeinschaft gleicher Art zulässt. Es muss eine so enge Bindung zwischen den Partnern bestehen, dass von ihnen „ein gegenseitiges Einstehen in den Wechselfällen des Lebens erwartet werden kann".

Reine Wohngemeinschaften sind also allein wegen des engen räumlichen Zusammenlebens keine rechtlich anerkannte nicht eheliche Lebensgemeinschaft. Homosexuelle Lebensgemeinschaften gehörten nach der Rechtsprechung nicht dazu. Das dürfte sich aber im Zuge des Lebenspartnerschaftsgesetzes (→ Seite 116) ändern.

Sind nicht eheliche Lebensgemeinschaften sittenwidrig?

Wenn Sie Ihren Partner oder Ihre Partnerin in einem Testament oder Erbvertrag bedacht haben, sollten Sie prüfen, ob dies wirksam ist. Immer noch kann es vorkommen, dass Richter eine nicht eheliche Lebensgemeinschaft für sittenwidrig halten und deshalb eine solche Verfügung für nichtig erklären.

Immer prüfen die Richter, ob der Inhalt der Zuwendung und die Auswirkung auf die Familienangehörigen im jeweils konkreten Fall nicht doch zumindest teilweise dazu führen, ein Testament, einen Erbvertrag oder eine Schenkung zu korrigieren – mit der Folge, dass der Wille des Verstorbenen nicht ausgeführt wird. So kann es darauf ankommen, welche Angehörigen benachteiligt werden (Kinder, ein Ehegatte oder entferntere Verwandte) und woher das zugewendete Vermögen stammt. Kinder und Ehegatten werden von den Gerichten besser geschützt als entferntere Verwandte.

Eine Witwe vermacht ihrem nicht ehelichen Lebensgefährten ihr gesamtes Vermögen und setzt damit ihre Kinder auf den Pflichtteil. Das Vermögen hatte sie aber selbst von ihrem verstorbenen Mann – dem Vater der Kinder – geerbt.

Ein verheirateter Mann verlässt seine Familie und verbringt seine letzten Lebensjahre mit seiner Lebensgefährtin. Ihr vermacht er in seinem Testament ein Mietshaus, das praktisch sein gesamtes Vermögen ausmacht. Ehefrau und Kinder setzt er damit auf den Pflichtteil.

In beiden Fällen liegt es nahe, dass die übergangenen Erben die Zuwendung vor Gericht angreifen, und in beiden Fällen ist es wahrscheinlich, dass das Gericht die Zuwendung zumindest teilweise für sittenwidrig erklärt, weil die nächsten Familienangehörigen (Ehefrau und Kinder) zu sehr benachteiligt worden sind.

Wichtig

Bei Zuwendungen an nicht eheliche Lebensgefährten sollten Sie unbedingt darauf achten, die Gründe für die Zuwendung deutlich zu machen und gesetzliche Erben – besonders Kinder und einen Ehepartner, mit dem Sie noch verheiratet sind – nicht zu sehr zu benachteiligen. Sie riskieren sonst, dass Ihre Verfügungen nach Ihrem Tod nicht ausgeführt werden. Fachkundiger Rat ist wichtig!

Absicherung durch Testament

Selbstverständlich ist es möglich, einen nicht ehelichen Lebensgefährten oder eine Lebensgefährtin im Testament zu bedenken. Es liegt ja nahe, den Menschen, mit dem man bis zum Tod besonders eng verbunden war, zu sichern und vielleicht auch Dinge, die einen ganz persönlichen Bezug zu dieser Lebensgemeinschaft haben, gerade ihm zuzuwenden. Normalerweise sind solche Verfügungen wirksam, gleich ob es sich um eine Erbeinsetzung handelt oder um ein Vermächtnis.

Wichtig

Ein von nicht ehelichen Partnern errichtetes gemeinschaftliches Testament wird auch nicht dadurch wirksam, dass sie später heiraten oder eine registrierte gleichgeschlechtliche Lebenspartnerschaft eingehen. Sie müssen vielmehr nach der Heirat ein neues Testament schreiben (Datum nicht vergessen).

Wenn Sie in einer nicht ehelichen Lebensgemeinschaft leben und Ihren Partner oder Ihre Partnerin für die Zeit nach Ihrem Tod absichern wollen, müssen Sie unbedingt Einzeltestamente schreiben oder einen Erbvertrag schließen.

Aber: Kein gemeinschaftliches Testament

Eines können Sie als nicht eheliche Lebenspartner allerdings nicht: Sie können kein gemeinschaftliches Testament machen (→ Seite 56 ff.). Diese Form ist nach dem Gesetz Ehegatten und eingetragenen gleichgeschlechtlichen Lebenspartnern vorbehalten (§ 2265 BGB); ein von nicht ehelichen Lebensgefährten geschriebenes gemeinschaftliches Testament ist unwirksam.

Sie können also nur zwei Einzeltestamente aufsetzen, von denen jedes den gesetzlichen Formvorschriften entsprechen muss (→ Seite 52 ff.). Beide Testamente sind dann gültig, doch kann jeder – auch nach dem Tod des Partners oder der Partnerin – seine letztwillige Verfügung jederzeit ändern. Die Bindungswirkung, die gemeinschaftliche Testamente haben, gibt es für nicht eheliche Lebensgefährten gerade nicht. Es gibt sie auch dann nicht, wenn sie gemeinsame Kinder haben und sich wechselseitig zu Erben und die gemeinsamen Kinder zu Schlusserben eingesetzt haben (Berliner Testament, § 2269 BGB; → Seite 83 ff.).

Wenn dennoch ein gemeinschaftliches Testament aufgesetzt wurde

Sollten Sie – in Unkenntnis der Vorschriften – ein gemeinschaftliches Testament aufgesetzt haben, müssen Sie das unbedingt ändern. Ist Ihr Partner bereits verstorben, ist eine solche Änderung nicht mehr möglich. Sie müssen dann damit rechnen, dass gesetzliche Erben des oder der Verstorbenen Ihnen Ihr Erbe streitig machen. Wahrscheinlich weigert sich auch der zuständige Rechtspfleger, Ihnen einen Erbschein auszustellen.

Ganz rechtlos sind Sie aber auch in dieser Situation nicht. In den letzten Jahren haben Gerichte solche gemeinschaftlichen Testamente gelegentlich umgedeutet und versucht, dem Willen des oder der Verstorbenen so weit wie möglich Geltung zu verschaffen. Voraussetzung dafür ist aber immer, dass die Form des Testaments gewahrt wurde. Gerade in diesen schwierigen Fällen hängt viel von den jeweiligen Umständen und nicht zuletzt von der Person des Richters ab.

Absicherung durch Erbvertrag

Ein Erbvertrag kann zwischen jedermann, also auch zwischen nicht ehelichen Lebensgefährten geschlossen werden. Erbverträge sind eine gute und sinnvolle Form, um einen oder beide Lebensgefährten oder auch gemeinsame Kinder für den Fall des Todes eines Partners abzusichern.

Was das gesetzliche Erbrecht und der Zugewinnausgleich für Eheleute kraft Gesetzes vorschreiben (→ Seite 11 ff.), kann in einem Erbvertrag für nicht eheliche Lebensgemeinschaften vereinbart oder – wenn die Partner das wollen – modifiziert werden. Oft wird ein Erbvertrag zusammen mit einem Partnerschaftsvertrag geschlossen, der das gemeinsame Zusammenleben und die Modalitäten für eine Trennung zu Lebzeiten regelt und Sicherungen für den wirtschaftlich schwächeren Partner vorsieht.

Der Erbvertrag gilt für den Fall des Todes eines Partners und enthält Zuwendungen an den oder die überlebenden Partner oder die Partnerin, die zugleich der Sicherung und Versorgung des oder der Überlebenden dienen. Er ist grundsätzlich für beide bindend, kann also nicht einseitig durch ein Testament aus der Welt geschafft oder verändert werden (→ Seite 52 ff.). Auch die Trennung macht einen Erbvertrag nicht unwirksam.

Wenn Sie zu dem Schluss kommen, dass Sie eine so weitgehende Bindung nicht wollen, müssen Sie sich im Erbvertrag ein Rücktrittsrecht vorbehalten (§ 2293 BGB). Es kann für den ganzen Vertrag oder nur für einzelne Verfügungen vereinbart und dann ausgeübt werden, wenn etwa die Partnerschaft entgegen den beiderseitigen Erwartungen nicht hält.

Tipp

Bedenken Sie also, ob Sie eine beiderseitige vertragliche Bindung wirklich eingehen wollen, und überlegen Sie genau, was Sie Ihrem Partner oder Ihrer Partnerin zuwenden wollen.

Wenn ein Partner seine Verpflichtungen nicht erfüllt

Häufig wird in einem Erbvertrag der eine Partner – meistens ist es die Frau – stärker begünstigt als der andere. Zugleich aber hat sich der oder die Begünstigte verpflichtet, schon zu Lebzeiten bestimmte Leistungen zu erbringen. Das kann die Haushaltsführung sein oder das Versprechen, den Partner oder die Partnerin im Alter zu pflegen und zu betreuen. Es kann auch die Verpflichtung sein, dem Partner oder der Partnerin während des Zusammenlebens Unterhalt zu zahlen.

Wenn nun der Partner oder die Partnerin das Versprechen nicht einhält, stellt sich die Frage, ob der Erbvertrag dennoch gültig bleibt. Das Gesetz regelt diesen Fall in § 2295 BGB. Es gibt jedem, der sich durch einen Erbvertrag gebunden hat, ein gesetzliches Rücktrittsrecht, wenn die Verpflichtung zu Pflegeleistungen und Unterhaltszahlungen vor dem Tod des Erblassers oder der Erblasserin aufgehoben wird.

Ein ohne Trauschein zusammenlebendes Paar hat sich in einem Erbvertrag gegenseitig zu Erben eingesetzt. Die sehr viel jüngere Frau hat sich gleichzeitig verpflichtet, den Partner für den Fall der Gebrechlichkeit zu betreuen. Die Pflegeverpflichtung wird später einverständlich aufgehoben. Der Mann kann in diesem Fall auch vom Erbvertrag zurücktreten.

Tipp

Wenn ein Erbvertrag mit einer Unterhaltsverpflichtung oder einem Pflegevertrag für das Alter gekoppelt ist, sollte er sicherheitshalber durch ein vertraglich vereinbartes Rücktrittsrecht für den Fall abgesichert werden, dass die Unterhalts- oder Pflegeleistung nicht oder nicht vollständig erbracht wird.

Meistens liegen die Dinge in der Praxis leider nicht so einfach. Viel häufiger kommt es vor, dass ein Partner sich zwar zu Pflege- oder Unterhaltsleistungen verpflichtet, dieses Versprechen aber später nicht erfüllt, ohne dass diese Verpflichtung ausdrücklich aufgehoben wurde. Dann ist die Frage, ob der Erbvertrag dennoch gültig bleibt. Die Gerichte geben in den letzten Jahren einem durch Erbvertrag gebundenen Partner auch in solchen Fällen gelegentlich ein Rücktrittsrecht. Im Einzelnen ist die Rechtsprechung aber unsicher.

Annette Bauer und Roland Schäfer leben ohne Trauschein zusammen. Sie haben zwei gemeinsame Kinder und schließen einen Erbvertrag, in dem sich beide Partner gegenseitig zu Erben einsetzen. Frau Bauer versorgt den Haushalt und die minderjährigen Kinder, Herr Schäfer verpflichtet sich, den gesamten Unterhalt für die Familie zu übernehmen. Nach einiger Zeit zieht er aus, zahlt nur noch gelegentlich, später gar nicht mehr und lebt im Ausland mit einer anderen Frau.

Ist Frau Bauer an den Erbvertrag gebunden? Aller Voraussicht nach nicht – im Zweifel werden die Gerichte ihr ein gesetzliches Rücktrittsrecht einräumen. Besser wäre sie gesichert, wenn im Erbvertrag selbst ein Rücktrittsrecht für den Fall der Nichtzahlung vereinbart worden wäre.

Wichtig

Die Aufgabe der Lebensgemeinschaft allein reicht für ein Rücktrittsrecht nicht und dies auch dann nicht, wenn der oder die Bedachte nun mit einem neuen Partner oder einer Partnerin zusammenlebt.

Wenn ein Partner Verfehlungen begeht

Jeder Partner einer nicht ehelichen Lebensgemeinschaft kann von einem Erbvertrag auch dann zurücktreten, wenn der andere eine schwere Verfehlung begangen hat, die zur Entziehung des Pflichtteils berechtigen würde (§ 2294 BGB; → Seite 46 ff.). Dazu gehören schwere körperliche Misshandlungen, schwere Verbrechen oder Vergehen und ein unsittlicher Lebenswandel.

Was sich im Erbvertrag regeln lässt

Finanzielle Sicherung

Fast immer geht es beim Abschluss eines Erbvertrags – wie beim Testament – um die finanzielle Absicherung des überlebenden Partners oder der Partnerin. Zu bedenken ist, ob eine Erbeinsetzung oder „nur" ein Vermächtnis sinnvoller ist. Dies lässt sich nur anhand der konkreten Sach- und Vermögenslage beider Partner beurteilen. Zugleich sind auch die Erbansprüche anderer Familienangehöriger zu beachten, schon um die Gefahr der Sittenwidrigkeit auszuschließen.

Wichtig

Bei einer Mietwohnung hat der oder die Überlebende immer die Möglichkeit, das Mietverhältnis fortzusetzen, auch wenn der Vermieter das nicht will. Aus einer Eigentumswohnung oder einem selbstgenutzten Einfamilienhaus muss der Partner ausziehen, wenn die Erben das verlangen.

Übertragung von Wohnung oder Haus

Häufig wird es sinnvoll sein, dem Partner oder der Partnerin die gemeinsam bewohnte Eigentumswohnung oder das Einfamilienhaus zuzuwenden, damit er oder sie nach dem Tod des anderen nicht Hals über Kopf ausziehen muss. Das geht natürlich auch in einem Testament. Doch ist die Absicherung weniger stark als durch einen Erbvertrag. Ein Testament kann jederzeit verändert werden, ein Erbvertrag ist bindend.

Wohnrecht

Wem die Erbeinsetzung zu weit geht, kann dem Lebensgefährten oder der Lebensgefährtin auch ein Wohnrecht im Haus oder in der Eigentumswohnung einräumen, seine Erben also verpflichten, sie oder ihn entweder auf bestimmte Zeit oder auch auf Lebenszeit wohnen zu lassen (Juristen sprechen hier von einem Nießbrauchsrecht). Das hat den Vorteil, dass das Eigentum in der Familie des Verstorbenen bleibt (und auch dort weiter vererbt wird), der Lebenspartner aber dennoch gesichert ist.

Was gilt für die Zeit bis zum Erbfall?

Sie haben gesehen: Ein Erbvertrag hindert Sie daran, über Ihr Vermögen für den Fall Ihres Todes anders zu verfügen. Ein Testament, das Sie später schreiben, ist unwirksam. Sie können auch keinen zweiten Erbvertrag mit einem anderen Partner oder einer anderen Partnerin schließen (→ Seite 58 ff.). Sie können aber den vorhandenen Erbvertrag mit demselben Partner oder derselben Partnerin ändern oder ganz aufheben.

Sie können ferner – solange Sie leben – über Ihr Vermögen frei verfügen. Sie können verbrauchen, so viel Sie wollen – Ihr Erbvertragspartner hat kein Recht darauf, dass möglichst viel von Ihrem Erbe übrig bleibt. Sie können auch Geschenke machen. Nur böswillige Schenkungen, die darauf angelegt sind, das im Erbvertrag vermachte Vermögen entgegen der Vereinbarung an andere Personen zu geben und damit den Erbvertrag auszuhöhlen, können unwirksam sein (→ Seite 99 ff.).

Besser schenken als vererben?

Die Grundsätze dessen, was sich zur Frage schenken statt vererben sagen lässt, sind im vorangegangenen Kapitel dargestellt. Bevor Sie weiterlesen, sollten Sie sich dort noch einmal informieren. Für nicht eheliche Lebensgemeinschaften gibt es einige zusätzliche Dinge zu bedenken, die sonst weniger Bedeutung haben.

Sind Schenkungen sittenwidrig?
Zunächst sollte bedacht werden, dass großzügige Schenkungen, die anstelle einer Erbeinsetzung schon zu Lebzeiten gemacht werden, noch immer ein wenig gefährdet sind, weil nach wie vor – wenn auch nur in Grenzen – das Problem der Sittenwidrigkeit besteht. Denken Sie also bei Schenkungen immer daran, dass Sie die Motive für Ihre Schenkung deutlich machen, wenn Sie Streit nach Ihrem Tod vermeiden wollen.

Wenn Sie einen notariell beurkundeten Schenkungsvertrag schließen, wird der Notar Sie darauf hinweisen. Wenn Sie die Schenkung ohne formellen Vertrag vollziehen – was möglich und wirksam ist –, sollten Sie aber möglichst schriftlich begründen, warum Sie dem Partner oder der Partnerin etwas zuwenden. Das können Pflegeleistungen im Alter sein oder die Mitarbeit im Beruf oder Geschäft oder auch die Kinderbetreuung und Familienversorgung – was auch immer.

Sorgfältig abwägen!

Wer vor seinem Tod der Lebensgefährtin oder dem Lebensgefährten Teile seines Vermögens schenkt, sollte sorgfältig abwägen:

Auf der einen Seite steht die Sicherung des Lebenspartners oder der Lebenspartnerin. Ihm oder ihr wird die Auseinandersetzung mit den übrigen Erben deutlich erleichtert.

Auf der anderen Seite steht die Sicherung des Vermögens für die eigene Familie. Was einmal verschenkt ist, fällt nur unter besonderen Umständen an die Familie des Schenkenden zurück.

Vorteile und Nachteile von Schenkungen

Der Vorteil einer Schenkung zu Lebzeiten liegt auf der Hand: Der Partner oder die Partnerin muss nicht bis zum Todesfall warten, sondern bekommt das Vermögen sofort. Gesetzliche, testamentarische oder kraft Erbvertrag eingesetzte Erben haben die Realität der Vermögensübertragung erst einmal zu akzeptieren. Wenn sie meinen, etwas zurückfordern zu können, müssen die Erben das tun und notfalls prozessieren – mit allen Kosten und Risiken, die das mit sich bringt.

Die Nachteile einer Schenkung zu Lebzeiten sind ebenso klar. Das geschenkte Vermögen geht in das Eigentum des oder der Beschenkten über. Stirbt der oder die Beschenkte vor dem Schenkenden und hat der oder die Beschenkte dies nicht in einem Testament oder Erbvertrag anders verfügt, bleibt das verschenkte Vermögen in der Familie des verstorbenen Lebenspartners.

Ausnahmen bestehen dann, wenn Pflichtteilsberechtigte benachteiligt wurden und deshalb ein Pflichtteilsergänzungsanspruch besteht (→ Seite 38 ff.), oder wenn Erben nach „böswilligen" Schenkungen die Rückforderung des Geschenks verlangen können (→ Seite 99 ff.).

Steuerliche Auswirkungen

Bei der Schenkung- und Erbschaftsteuer werden nicht eheliche Lebensgefährten behandelt wie beliebige Dritte, das heißt, sie fallen nach wie vor in die ungünstigste Steuerklasse (→ Seite 205 f.). Ohne Trauschein gibt es keine Steuererleichterungen.

Gerade bei nicht ehelichen Lebensgemeinschaften sollten deshalb die steuerlichen Auswirkungen von Testamenten, Erbverträgen oder Schenkungen besonders sorgfältig bedacht werden. Das Schenken und Vererben von Immobilien (Grundstücken, Häusern, Eigentumswohnungen) ist auch heute noch „billiger" und kostet weniger Steuern als die Übertragung von Bargeld oder Wertpapieren (→ Seite 198 ff.).

Erwogen werden sollte auch, ob es nicht sinnvoll (und steuerlich günstiger) ist, das Eigentum an Immobilien an die nächste Generation (Kinder oder Enkel) zu übertragen und dem Lebensgefährten oder der -gefährtin nur die Nutzungen zuzuwenden. Auch Lebensversicherungen oder Bausparverträge, in denen der Lebensgefährte als Bezugsberechtigter benannt wird, können unter steuerlichen Gesichtspunkten durchaus sinnvoll sein.

Tipp

Gerade wenn es um größere Summen geht, sollten Sie sich über die steuerlichen Auswirkungen Ihrer Schenkung, Ihres Testaments oder Ihres Erbvertrags möglichst rechtzeitig von einem Fachmann oder einer Fachfrau beraten lassen. Sie riskieren sonst, dass ein wesentlicher Teil Ihres Vermögens beim Finanzamt landet.

Gemeinsame Konten

Manchmal richten nicht verheiratete Lebensgefährten ein gemeinsames Konto bei einer Bank oder einer Sparkasse ein, über das jeder selbstständig verfügen kann (ein so genanntes Oder-Konto, weil sowohl der eine als auch der andere Geld abheben kann). Sie gehen dann oft davon aus, das Guthaben auf dem gemeinsamen Konto sei nun das „gemeinsame" Geld, das nach dem Tod des einen Partners dem anderen zusteht. Leider ist das ein Irrtum. Sofern kein Testament oder Erbvertrag etwas anderes bestimmt, gehört das Guthaben auf einem gemeinsamen Konto nur zur Hälfte dem oder der Überlebenden. Dabei kommt es nicht darauf an, wer wie viel auf das Konto eingezahlt hat.

Das heißt: Die Hälfte des Guthabens auf einem Oder-Konto fällt in den Nachlass des oder der Verstorbenen und damit an die gesetzlichen oder kraft letztwilliger Verfügung (Testament, Erbvertrag) eingesetzten Erben.

Jeder Lebensgefährte kann aber der Bank oder der Sparkasse gegenüber erklären, dass im Fall seines Todes das Bankguthaben dem Überlebenden allein zustehen soll. Das ist eine Schenkung auf den Todesfall (→ Seite 102 f.). Wenn der Überlebende die Schenkung annimmt, ist eine solche Verfügung auch wirksam. Aber Achtung: Voraussetzung für die Wirksamkeit einer solchen Verfügung ist, dass der Beschenkte von der Anweisung des verstorbenen Partners überhaupt erfährt. Andernfalls können die Erben die Schenkung nach dem Tod des Erblassers oder der Erblasserin widerrufen und das Guthaben selbst behalten.

Tipp

Wenn Sie Ihrem Lebensgefährten oder Ihrer Lebensgefährtin das gesamte Guthaben auf einem gemeinsamen Konto für den Fall Ihres Todes zuwenden wollen, sollten Sie dies in Ihrem Testament oder in einem Erbvertrag verfügen.

Sie können auch die Bank oder Sparkasse anweisen, das Guthaben an den Partner oder die Partnerin auszuzahlen. Dies sollten Sie Ihrem Partner oder Ihrer Partnerin schriftlich mitteilen, wenn Sie verhindern wollen, dass Ihre Erben die Hälfte für sich behalten. Die Schriftform empfiehlt sich, um den Erben gegenüber Ihre Schenkung zu beweisen.

Gemeinsame Kinder

Wem steht das Sorgerecht zu?

Seit dem 1. Juli 1998 können nicht miteinander verheiratete Eltern das Sorgerecht für ein gemeinsames Kind auch gemeinsam ausüben. Dies gilt selbst dann, wenn die Eltern nicht zusammenleben und auch, wenn ein Elternteil oder beide mit einem anderen Partner verheiratet sind. Notwendig ist für das gemeinsame Sorgerecht nur die Erklärung beider Elternteile, die Sorge für ihr Kind gemeinsam übernehmen zu wollen. Stirbt einer, bleibt das Sorgerecht beim überlebenden Elternteil. Einer besonderen letztwilligen Verfügung dazu bedarf es nicht.

Haben die Eltern sich nicht einigen können, behält die Mutter das Sorgerecht allein. Stirbt sie, dann überträgt das Familiengericht das Sorgerecht auf den Vater, wenn dies dem Kindeswohl dient, andernfalls auf einen Vormund. Für den Fall, dass der

Vater das Sorgerecht nicht ausüben kann oder die Mutter der Meinung ist, der Vater sei dafür nicht geeignet, kann sie in einem Testament oder einem Erbvertrag einen Vormund benennen (§ 1777 Abs. 3 BGB). Das Gericht wird ihrem Wunsch im Zweifel folgen, wenn nicht besondere Gründe dafür sprechen, dass das Kind beim Vater besser aufgehoben ist.

Vermögensverwaltung

Für den Fall, dass Sie vermögend sind, sollten Sie auch bedenken, dass Ihre Kinder Ihre Erben werden. Trauen Sie Ihrem Partner oder Ihrer Partnerin auch die Vermögensverwaltung zu? Solange Ihr Kind minderjährig ist, verwaltet der oder die Sorgeberechtigte das Vermögen des Kindes. Wollen Sie das? Wenn Sie es nicht wollen, können Sie dies in einem Testament ausschließen (→ Seite 84). Der überlebende Elternteil behält dann zwar das Recht, für das Kind persönlich zu sorgen, das Vermögen wird aber von demjenigen verwaltet, den Sie im Testament bestimmt haben.

Wenn das Vermögen sehr groß ist, sollten Sie für die Verwaltung auch ein Honorar festsetzen. Normalerweise wird ein Vormund zwar unentgeltlich tätig, doch kann das Vormundschaftsgericht auch eine Vergütung festsetzen, wenn das Vermögen des Mündels oder die Bedeutung der Tätigkeit des Vormunds dies erfordert (§ 1836 BGB). Es ist besser, Sie setzen die Vergütung selbst fest, und zwar rechtzeitig.

Tipp

Wenn Sie im Testament jemanden als Vormund benennen oder ihm oder ihr die Verwaltung des Vermögens Ihres Kindes übertragen, besprechen Sie das mit ihm oder ihr. Wer von einer Vormundschaft oder der Verpflichtung zur Vermögensverwaltung nach Ihrem Tod überrascht wird, kann möglicherweise nicht schnell genug reagieren, und das schadet Ihrem Kind.

Was erben die Kinder?

Kinder nicht miteinander verheirateter Eltern sind seit dem 1. April 1998 genauso erbberechtigt wie eheliche Kinder. Das gilt sowohl für das Erbrecht nach der Mutter als auch für das Erbrecht nach dem Vater (→ Seite 18).

Was erben die Eltern?

Ebenso wie das Kind von seinen Eltern erbt, erben auch die Eltern vom Kind. Es kommt zwar recht selten vor, dass ein Kind vermögender ist als seine Eltern, aber es ist möglich; zum Beispiel dann, wenn das Kind von Großeltern oder von einem Elternteil Schenkungen bekommen oder geerbt hat.

Frau Ernst ist vermögend und lebt – unverheiratet – mit einem vermögenslosen Künstler zusammen. Sie haben ein gemeinsames nicht eheliches Kind. Stirbt Frau Ernst, erbt das Kind. Stirbt danach auch das Kind, dann erbt der Vater.

Frau Ernst kann dies in einem Testament oder Erbvertrag ausschließen. Sie kann beispielsweise Vor- und Nacherbschaft anordnen und für den Fall, dass das Kind ohne eigene Nachkommen stirbt, ihre eigenen Verwandten oder – wenn sie das will – beliebige Dritte zu Nacherben einsetzen (→ Seite 79).

Gleichgeschlechtliche Lebenspartnerschaft

117 Was ist eine gleichgeschlechtliche Lebenspartnerschaft?
117 Rechte, Pflichten und Vermögensstand
118 Wenn ein Partner stirbt
120 Trennung
120 Erbschaft- und Schenkungsteuer

Tipp

Über die aktuelle Entwicklung und Einzelheiten des Gesetzes können Sie sich im Internet unter www.lsvd.de informieren. Dort finden Sie auch Muster für Lebenspartnerschaftsverträge.

Seit dem 1. August 2001 ist das neue Lebenspartnerschaftsgesetz in Kraft. Es ermöglicht homosexuellen Paaren eine „Eingetragene Lebenspartnerschaft", die in ihren Rechtsfolgen – vor allem auch im Erbrecht – weitgehend denen einer Ehe angenähert ist. Damit werden gleichgeschlechtliche Lebenspartner als Familienmitglieder anerkannt. Das Gesetz war außerordentlich heftig umstritten. Vor allem wurde gerügt, dass der besondere verfassungsrechtliche Schutz von Ehe und Familie durch die rechtliche Anerkennung gleichgeschlechtlicher Lebensgemeinschaften verletzt sei. Eine endgültige Entscheidung des Bundesverfassungsgerichts zu dieser Frage steht zurzeit (Januar 2002) noch aus. Die neue Partnerschaftsform für gleichgeschlechtliche Paare kann also durchaus noch Veränderungen erfahren oder sogar auch ganz für verfassungswidrig erklärt werden.

Was ist eine gleichgeschlechtliche Lebenspartnerschaft?

Eine eingetragene Lebenspartnerschaft können nur gleichgeschlechtliche Paare – zwei Männer oder zwei Frauen – eingehen. Verschiedengeschlechtliche Paare – ein Mann und eine Frau – können eine Ehe schließen oder in einer nicht ehelichen Lebensgemeinschaft zusammenleben (→ Seite 106), die eingetragene Lebenspartnerschaft ist für sie nicht möglich.

Die Erklärung, dass sie miteinander eine Partnerschaft auf Lebenszeit führen wollen, müssen beide Partner gleichzeitig vor der „zuständigen Behörde" abgegeben (§ 1 LPartG). Die zuständige Behörde ist in vielen Bundesländern das Standesamt, aber es können auch andere „Behörden" sein: In Bayern ist es zum Beispiel ein Notar, in Hessen entscheiden die Kommunen, bei welchem Amt die Lebenspartnerschaft geschlossen werden kann.

Die Voraussetzungen für das Eingehen einer eingetragenen Partnerschaft gleichen denen einer Eheschließung.

Paare ohne behördlichen Segen

Für homosexuelle Paare, die ihre Partnerschaft nicht eintragen lassen, werden die von der Rechtsprechung entwickelten Regeln für die nicht eheliche Lebensgemeinschaft von Mann und Frau im Großen und Ganzen anwendbar sein (→ Seite 106 ff.). Durch das Gleichstellungsgesetz dürften moralische Bedenken gegenüber gleichgeschlechtlichen Paaren auch bei den Gerichten der Vergangenheit angehören.

Rechte, Pflichten und Vermögensstand

Auch die Rechte und Pflichten von gleichgeschlechtlichen Lebenspartnern sind denen von Eheleuten ähnlich: Es besteht die Möglichkeit, einen gemeinsamen Namen zu wählen, gegenseitige Unterhaltspflicht, die Verpflichtung zur Fürsorge und Unterstützung des Partners oder der Partnerin und zur gemeinsamen Lebensgestaltung mit ihm oder ihr (§§ 2, 3 und 5 LPartG).

Anders als Eheleute bei der Heirat müssen Lebenspartner jedoch, wenn sie ihre Partnerschaft begründen, immer eine Erklärung über ihren künftigen Vermögensstand abgeben. Das kann die Ausgleichsgemeinschaft sein, die im Wesentlichen der

Tipp

Lassen Sie sich vor Abgabe der Erklärung über den Vermögensstand unbedingt von einem Fachmann beraten. Das ist zwar vom Gesetz nicht vorgeschrieben, hilft Ihnen aber, die Risiken der sehr komplizierten Bestimmungen über die Rechtsfolgen Ihrer Erklärung rechtzeitig zu übersehen.

Zugewinngemeinschaft bei Eheleuten entspricht, es können aber auch besondere Vereinbarungen in einem Partnerschaftsvertrag getroffen werden. Sind die Vereinbarung über den Vermögensstand oder der Partnerschaftsvertrag unwirksam, so besteht Vermögenstrennung. Im Gegensatz zur Ehe gibt es bei einer eingetragenen gleichgeschlechtlichen Partnerschaft keinen gesetzlichen Güterstand, der automatisch eintritt, wenn die Partner nichts erklären oder nichts vereinbaren.

Wenn ein Partner stirbt

Nach dem Tod des Lebenspartners oder der Lebenspartnerin ist der Überlebende weitgehend einem Ehegatten gleichgestellt: Er oder sie

- hat ein gesetzliches Erbrecht (→ Seite 8 ff.)
- hat Anspruch auf den Pflichtteil (→ Seite 25)
- kann das Mietverhältnis in der gemeinsamen Wohnung fortsetzen (→ Seite 144 ff.)
- hat Anrecht auf den Dreißigsten (→ Seite 8) und auf den Voraus (→ Seite 11)

Besonderheiten für gleichgeschlechtliche Lebenspartner

In einigen Bereichen gelten für gleichgeschlechtliche Lebenspartner besondere Bestimmungen, die von denen, die für Eheleute gelten, abweichen.

... bei der Fortsetzung des Mietverhältnisses
Will der überlebende Partner nach dem Tod des Mieters das Mietverhältnis in der gemeinsam bewohnten Wohnung fortsetzen und leben im gemeinsamen Haushalt Kinder des oder der Verstorbenen, so tritt der Lebenspartner oder die Partnerin gemeinsam mit den Kindern in das Mietverhältnis ein. Einen Vorrang wie für den Ehegatten gibt es in diesem Fall nicht (§ 563 BGB).

Anna Kraus und Anette Klug haben eine eingetragene Lebenspartnerschaft begründet und leben in Annas Wohnung mit zwei Kindern aus Annas früherer Ehe. Anna stirbt bei einem Verkehrsunfall. Anette kann Annas Mietverhältnis fortsetzen, doch können Annas Kinder ebenfalls gemeinsam mit Anette in das Mietverhältnis eintreten.

Leben noch andere Familienangehörige – zum Beispiel Eltern oder Geschwister des oder der Verstorbenen in der Wohnung, so treten sie nur ein, wenn der Lebensgefährte oder die Lebensgefährtin nicht eintritt.

Anna lebte mit ihrer Lebenspartnerin Anette, ihren Kindern und ihrer Mutter in der von ihr gemieteten Wohnung. Anna stirbt. Anette kann das Mietverhältnis mit Annas Kindern fortsetzen. Annas Mutter kann das nur, wenn Anette auszieht, denn „andere Familienangehörige" – also Annas Mutter – können nur in den Mietvertrag eintreten, wenn der Lebenspartner dies nicht tut (§ 563 Abs. 2 BGB).

… bei Vermögenstrennung

Das Erbrecht des überlebenden Partners oder der Partnerin und das Recht auf den Pflichtteil gleichen dem von Eheleuten. Hatten sich die Lebenspartner für die Ausgleichsgemeinschaft entschieden (sie tritt, anders als die Zugewinngemeinschaft, nicht automatisch ein, sondern muss vereinbart werden), so hat der oder die Überlebende einen Anspruch auf Ausgleich des Überschusses (des Quasi-Zugewinns), der entweder – wie bei der Beendigung der Zugewinngemeinschaft – genau errechnet, oder durch ein zusätzliches Viertel beim gesetzlichen Erbrecht ausgeglichen wird (§ 6 LPartG, → Seite 14 ff.).

Bestand Vermögenstrennung, weil die Erklärung über den Vermögensstand oder der Partnerschaftsvertrag unwirksam waren oder weil im Partnerschaftsvertrag Vermögenstrennung vereinbart war, so fällt der Vermögensausgleich und auch das zusätzliche erbrechtliche Viertel für den überlebenden Lebenspartner weg – ebenso wie bei Eheleuten. Im Fall der Gütertrennung erbt der Ehegatte neben ein oder zwei Kindern mit den Kindern zu gleichen Teilen (§ 1931 Abs. 4 BGB, → Seite 17, 18). Dies gilt für Lebenspartner nicht.

Anna und Anette leben mit Annas Kindern in einer eingetragenen Partnerschaft zusammen. Sie haben einen Partnerschaftsvertrag geschlossen, in dem sie Vermögenstrennung vereinbart haben. Anna stirbt. Erbin wird ihre Lebensgefährtin zu einem Viertel. Das restliche Vermögen geht an Annas Kinder.

… bei einer Eheschließung

Es gibt noch einen weiteren einigermaßen sonderbaren Unterschied zwischen gleichgeschlechtlichen Partnern und Verheirateten. Nach dem Gesetz kann eine gleichgeschlechtliche Lebensgemeinschaft nur begründet werden, wenn die Partner weder verheiratet sind, noch bereits in einer eingetragenen Partnerschaft leben (1 Abs. 2 Ziff. 1 LPartG). Es ist aber möglich, dass ein gleichgeschlechtlicher Lebenspartner heiratet.

Erich und Günther haben eine gleichgeschlechtliche Lebenspartnerschaft begründet. Erich verliebt sich in Katja und heiratet sie, als Katja schwanger wird. Erich und Günther haben die Ausgleichsgemeinschaft gewählt. Für die Ehe zwischen Erich und Katja besteht Zugewinngemeinschaft. Erich stirbt.

Nun sind Günther, Katja und das Kind Sonja gesetzliche Erben – aber zu welchen Anteilen? An sich steht sowohl Günther als auch

Katja die Hälfte zu (ein Viertel als gesetzlicher Erbe, ein weiteres Viertel aus dem schematisierten Zugewinnausgleich). Das würde bedeuten, dass Tochter Sonja nichts bekommt – ein Ergebnis, das nicht recht akzeptabel ist. Oder Tochter Sonja bekommt die Hälfte – ihr gesetzliches Erbteil – und Günther und Katja den Rest – also je ein Viertel.

Wie hier zu entscheiden ist, ist bisher nicht geklärt. Vielleicht wird der Gesetzgeber die Quasi-Bigamie beseitigen, sodass eine Heirat für eingetragene gleichgeschlechtliche Lebenspartner nicht mehr möglich ist.

Trennung

Die rechtsgültige Aufhebung einer eingetragenen Partnerschaft muss durch das Familiengericht erfolgen. Nach der Aufhebung entfällt das gesetzliche Erbrecht und das Pflichtteilsrecht der Partner.

Das Erbrecht ist – ähnlich wie bei einer Ehescheidung – schon während des laufenden Aufhebungsverfahrens ausgeschlossen, wenn zur Zeit des Todes des Erblassers die Voraussetzungen für die Aufhebung der Partnerschaft bestanden haben und der oder die Verstorbene den Aufhebungsantrag gestellt hatte (§ 10 Abs. 3 Satz 1 LPartG). Ferner ist das Erbrecht des Partners ausgeschlossen, wenn dem oder der Verstorbenen die Fortsetzung der Partnerschaft nicht mehr zumutbar war und er deshalb den Antrag auf Aufhebung der Partnerschaft bei Gericht gestellt hatte (§§ 10 Abs. 3 Satz 2 und 15 Abs. 2 Ziff. 3 LPartG).

Hatte im obigen Beispiel Erich einen Antrag auf Aufhebung der Partnerschaft gestellt, weil Günther ihn misshandelt und bestohlen hatte, so entfällt Günthers Erbrecht.

Erbschaft- und Schenkungsteuer

Ehegatten sind bei der Erbschaft- und Schenkungsteuer in vielfacher Hinsicht durch Freibeträge und die Einstufung in die günstigste Steuerklasse 1 privilegiert (→ Seite 206). Alle diese Vorteile gelten für gleichgeschlechtliche Lebenspartner nicht. Sie werden steuerlich behandelt wie beliebige Dritte und fallen in die ungünstigste Steuerklasse, das heißt sie haben einen Freibetrag von 5 200 €. Der Entwurf für ein Gesetz zur Ergänzung des Partnerschaftsgesetzes, in dem dies geändert werden soll, ist wegen mangelnder Zustimmung im Bundesrat bisher nicht Gesetz geworden.

Wann man nichts erbt

122 Was heißt Enterbung?
122 Was bewirkt Enterbung?
124 Erbunwürdigkeit
126 Erbverzicht

Gelegentlich kommt es vor, dass jemand, der an sich kraft Gesetzes durch ein Testament oder einen Erbvertrag als Erbe oder Erbin berufen wäre, dennoch nichts erbt: Manche Erben sind wegen Erbunwürdigkeit von der Erbschaft ausgeschlossen, andere haben auf ihr Erbrecht verzichtet. Manchmal möchte ein Erblasser oder eine Erblasserin einen oder auch mehrere Erben ganz von der Erbfolge ausschließen. Das kann ein Kind sein, das sich nicht so entwickelt hat, wie die Eltern dies erwartet haben, oder ein Verwandter, zu dem die persönliche Beziehung im Lauf der Jahre völlig abgerissen ist, oder auch ein Ehepartner, der – wenn auch nicht geschieden – so doch dem anderen Ehepartner längst entfremdet ist.

Was heißt Enterbung?

Selbstverständlich können Sie in einem Testament oder einem Erbvertrag die gesetzliche Erbfolge ändern. Eine völlige Enterbung gibt es aber normalerweise nicht. Auch dem oder der Enterbten bleibt das Pflichtteilsrecht. Er oder sie bekommt nur dann wirklich gar nichts, wenn ihm oder ihr auch der Pflichtteil entzogen worden ist.

Beispiel

Albrecht Meier ist verwitwet und hat drei Kinder: Hans, Christian und Sonja. Er schreibt folgendes Testament:

Mein letzter Wille

Mein Sohn Christian soll nichts bekommen.

Hamburg, den 10. Januar 2001

Albrecht Meier

Damit ist Christian enterbt. Das heißt aber dennoch nicht, dass er nichts bekommt. Es bleibt ihm sein Pflichtteil.

Wichtig

Nur in ganz seltenen, im Gesetz genau geregelten Sonderfällen ist auch die Entziehung des Pflichtteils möglich (→ Seite 46 ff.).

Was bewirkt Enterbung?

Wer von der gesetzlichen Erbfolge wirksam ausgeschlossen – also „enterbt" – wurde, wird so behandelt, als sei er oder sie zur Zeit des Erbfalls nicht mehr am Leben. An die Stelle des oder der Enterbten treten andere gesetzliche oder durch letztwillige Verfügung eingesetzte Erben. In unserem Beispiel sind das die beiden Geschwister von Christian, Hans und Sonja, die je zur Hälfte Erben des Vaters werden und an Christian den Pflichtteil auszahlen müssen. Christians Pflichtteilsanspruch gegen die beiden Geschwister beträgt ein Sechstel des Nachlasses (die Hälfte seines gesetzlichen Erbteils von einem Drittel).

Wichtig

Wer enterbt wurde, wird hinsichtlich des gesetzlichen Erbteils so behandelt, als lebte er nicht mehr. Für die Berechnung des Pflichtteils gilt das aber nicht.

Beschränkte sich die letztwillige Verfügung allein auf die Enterbung (wie im obigen Beispiel), ohne darüber hinaus etwas zu regeln, treten andere gesetzliche Erben an Christians Stelle, also auch die Abkömmlinge des Enterbten selbst. Wenn Christian zum Beispiel zwei Kinder hat, erben diese beiden Kinder – die Enkel von Großvater Meier – an seiner Stelle, wenn Christian beim Tod seines Vaters nicht mehr lebt. Hans und Sonja würden dann je ein Drittel und die Kinder von Christian je ein Sechstel erben.

Beispiel

Wenn Sie auch die Abkömmlinge eines enterbten Kindes von der Erbfolge ausschließen wollen, müssen Sie dies im Testament oder Erbvertrag klarstellen. Ihr Testament müsste dann etwa folgendermaßen aussehen:

Mein letzter Wille

Mein Sohn Christian soll nichts bekommen. Auch seine Nachkommen sollen nicht meine Erben sein.

Hamburg, den 10. Januar 2001

Albrecht Meier

Wenn Herr Meier so verfügt hat, treten Christians Kinder nach seinem Tod nicht an dessen Stelle. Wenn Christian zum Zeitpunkt des Todes des Vaters noch lebt, hat er einen Pflichtteilsanspruch.

Lebt er nicht mehr, so werden seine Kinder nicht gesetzliche Erben, haben aber ebenfalls einen Pflichtteilsanspruch gegenüber den Erben von Herrn Meier. In diesem Fall beträgt er für jedes von Christians Kindern ein Zwölftel der Erbschaft (die Hälfte des gesetzlichen Erbteils von einem Sechstel).

Enterbung des Ehegatten

Es ist auch möglich, den Ehegatten zu enterben. Bei Zugewinngemeinschaft bleibt aber der Zugewinnausgleichsanspruch des Ehemanns oder der Ehefrau bestehen. Der Pflichtteil beschränkt sich dann lediglich auf den kleinen Pflichtteil, der nach dem nicht erhöhten gesetzlichen Erbteil des Ehegatten berechnet wird (→ Seite 16, 29 ff.). Ähnliches gilt für eingetragene gleichgeschlechtliche Lebenspartnerschaften.

Warum den Ehegatten enterben?

Ein Motiv, den Ehepartner zu enterben, kann darin liegen, dass bei der Zugewinngemeinschaft das gesetzliche Erbrecht des Überlebenden pauschal um ein Viertel erhöht wird. Neben Kindern erbt der Überlebende die Hälfte des Nachlasses, neben anderen Verwandten sogar beträchtlich mehr (→ Seite 13 ff.).

Wenn nun der Ehemann oder die Ehefrau am Erwerb des Vermögens des oder der Verstorbenen keinen Anteil hatte, kann dieser pauschalierte erbrechtliche Zugewinnausgleich zu ungerechten oder unerwünschten Folgen führen.

Die Enterbung des Ehegatten ist also eine Möglichkeit, den erhöhten erbrechtlichen Zugewinnausgleich zu verringern, wenn Sie es versäumt haben, vor der Heirat oder auch während der Ehe in einem Ehevertrag die Zugewinngemeinschaft auszuschließen.

Beispiel

Frau Wagner ist eine erfolgreiche Unternehmerin. Sie hat einen sehr viel jüngeren Mann geheiratet, aber keinen Ehevertrag geschlossen. Sie möchte ausschließen, dass ihr Mann neben ihren beiden Kindern aus erster Ehe die Hälfte ihres Vermögens erbt. Ihr Mann weigert sich, einen Erbvertrag oder einen Ehevertrag zu unterzeichnen. Deshalb verfasst sie folgendes Testament:

Mein Testament

Meinen Ehemann Hartmut Wagner schließe ich von der Erbschaft aus.

Berlin, den 23. Januar 1999

Ruth Wagner

Dieses Testament hat zur Folge, dass nach dem Tod von Frau Wagner ihr Ehemann nicht ihr gesetzlicher Erbe wird, also nicht seinen gesetzlichen Erbteil in Höhe der Hälfte ihres Vermögens neben den beiden Kindern bekommt. Wenn Frau Wagner während der Ehe ein Vermögen erspart hat, kann er allerdings Zugewinnausgleich fordern und bekommt außerdem den kleinen Pflichtteil.

Was für Ihre Ehe richtig und sinnvoll ist, müssen Sie letztlich selbst entscheiden (zur Zugewinngemeinschaft im Einzelnen → Seite 14).

Erbunwürdigkeit

Unter einigen im Gesetz genau aufgezählten Bedingungen kann jemand wegen Erbunwürdigkeit vom Erbrecht ausgeschlossen sein. Das gilt sowohl für die Erbeinsetzung durch Testament oder Erbvertrag als auch für die gesetzliche Erbfolge. Wer erbunwürdig ist, bekommt vom Nachlass nichts – auch keinen Pflichtteil.

Was heißt Erbunwürdigkeit?

Erbunwürdig ist, wer den Tod des oder der Verstorbenen herbeigeführt hat, wer versucht hat, ihn oder sie daran zu hindern, die Erbfolge durch Testament oder Erbvertrag zu bestimmen oder zu ändern. Das gilt auch für Vermächtnisnehmer und Pflichtteilsberechtigte.

Im Einzelnen zählt § 2339 BGB die Erbunwürdigkeitsgründe abschließend auf. Erbunwürdig ist,

- wer den Erblasser oder die Erblasserin getötet oder zu töten versucht hat.
- wer den Verstorbenen oder die Verstorbene in einen Zustand versetzt hat, die ihn oder sie daran hinderte, eine letztwillige Verfügung zu errichten (Betäubung, Bewusstlosigkeit).
- wer den Erblasser oder die Erblasserin daran gehindert hat, ein Testament oder einen Erbvertrag zu errichten oder aufzuheben (Gewalt, Täuschung, Drohung).
- wer umgekehrt den Erblasser oder die Erblasserin durch Täuschung oder Drohung dazu gebracht hat, ein Testament oder einen Erbvertrag zu errichten.
- wer ein Testament oder einen Erbvertrag des oder der Verstorbenen gefälscht oder verfälscht hat.

Markus Neuwald findet nach dem Tod seiner Mutter ein Testament, in dem er in Höhe von 20 000 € als Erbe eingesetzt ist. Er verändert die ein wenig undeutlich geschriebene Zwei in eine Acht in der Hoffnung, dann 80 000 € zu erben. Markus Neuwald ist erbunwürdig, weil er das Testament seiner Mutter gefälscht hat.

Voraussetzung für die Geltendmachung

Die Erbunwürdigkeit tritt nicht automatisch ein, wenn einer der oben genannten Gründe vorliegt, sie muss vielmehr nach dem Erbfall – also nach dem Tod des Erblassers oder der Erblasserin – durch Anfechtung geltend gemacht werden. Das geschieht durch Klage vor Gericht. Klageberechtigt ist jeder, dem der Wegfall des oder der Erbunwürdigen zustatten kommt. Wer eine solche Klage wegen Erbunwürdigkeit gegen einen Erben erhebt, muss deshalb die Umstände, die eine Erbunwürdigkeit begründen, beweisen können. Ein bloßer Verdacht reicht nicht aus.

Für die Klage gilt ferner eine Frist: Sie kann nur innerhalb eines Jahres erhoben werden, gerechnet von dem Tag an, an dem der oder die Anfechtungsberechtigte von den Anfechtungsgründen erfahren hat.

Wenn die Klage erfolgreich ist, fällt die Erbschaft an denjenigen, der durch ein Testament oder durch die gesetzliche Erbfolge als nächster berufen wäre. Im Beispiel oben fällt die Erbschaft an andere Erben, die im Testament benannt sind, oder – sofern keine anderen Erben eingesetzt sind – an die gesetzlichen Erben von Frau Neuwald, wenn diese den Erbschaftserwerb erfolgreich angefochten haben.

Wichtig

Die Folgen von Pflichtteilsentziehung und Erbunwürdigkeit sind die gleichen: Wer als gesetzlicher Erbe oder aufgrund eines Testaments oder eines Erbvertrags hätte erben sollen, bekommt nichts.

Die Entziehung des Pflichtteils muss aber immer von dem oder der Verstorbenen selbst in einem Testament oder Erbvertrag angeordnet worden sein. Die Erbunwürdigkeit hingegen kann erst nach dem Tod des oder der Vererbenden durch andere mögliche Erben geltend gemacht werden.

Keine Anfechtung nach Verzeihung

Die Anfechtung ist ausgeschlossen, wenn der oder die Verstorbene dem oder der Erbunwürdigen verziehen hat (§ 2343 BGB). Das ist bei allen Erbunwürdigkeitsgründen möglich, sogar nach einem Mordversuch. Voraussetzung der Verzeihung ist aber immer, dass der oder die Verstorbene die Tatsachen, die zur Erbunwürdigkeit führen, überhaupt kannte.

Frau Wieland hat ihren Ehemann in ihrem Testament zum Alleinerben eingesetzt. Kurz vor ihrem Tod möchte sie das Testament zugunsten ihrer Schwester ändern. Ihr Mann ist damit nicht einverstanden und verprügelt seine Frau so, dass sie unfähig ist, ein neues Testament zu schreiben. An sich ist Herr Wieland erbunwürdig. Lebt seine Frau aber danach weiter mit ihm zusammen und verzeiht sie ihm die Misshandlung, so gilt er nicht (mehr) als erbunwürdig.

Erbverzicht

Erbberechtigte können vertraglich auf ihr künftiges Erbrecht verzichten. Der Erbverzicht ist ein Mittel, mit dem der künftige Erblasser oder die künftige Erblasserin versuchen kann, Streit unter den späteren Erben zu vermeiden, sofern ein solcher zu befürchten ist.

Fast immer ist ein solcher Erbverzicht verbunden mit einer Abfindung in Geld oder mit anderen Vermögenswerten. Nur selten verzichten erbberechtigte Angehörige ohne einen Gegenwert. Möglich ist aber auch dies.

Herr Günther ist Landwirt. Er hat zwei Kinder, einen Sohn und eine Tochter. Der Tochter schenkt er bei ihrer Heirat ein Haus, sie verzichtet vertraglich auf ihren Erbteil und ist damit – wie es auch manchmal heißt – „abgefunden" worden.

Die Folge: Wenn Herr Günther stirbt, erbt der Bruder allein. Die Erbauseinandersetzung seiner Kinder hat er selbst zu Lebzeiten geregelt. Man spricht in solchen Fällen auch von „vorweggenommener Erbfolge".

Solche Abfindungs- und Verzichtsverträge werden häufig geschlossen, um ein über Generationen ererbtes Familienvermögen zu erhalten. Das kann ein landwirtschaftlicher Betrieb sein, ein Unternehmen oder auch eine Kunstsammlung.

Wer auf sein Erbrecht verzichtet hat, ist von der Erbfolge ausgeschlossen. Er oder sie wird also nicht Erbe und wird so behandelt, als lebe er zur Zeit des Erbfalls nicht mehr. Im Zweifel erstreckt sich der Erbverzicht auch auf das Pflichtteilsrecht (§ 2346 BGB). Das hat zur Folge, dass sich die Erb- und Pflichtteile anderer Erben, die nicht verzichtet haben, erhöhen.

Herr Borg ist Unternehmer und verwitwet. Er hat drei Kinder: Peter aus erster Ehe, Katrin und Patrick aus zweiter Ehe. Mit Peter schließt er einen Erbverzichtsvertrag.

Ohne den Erbverzicht von Peter wären die drei Kinder gesetzliche Erben des Vaters zu je einem Drittel und hätten Pflichtteilsansprüche von je einem Sechstel. Nach dem Erbverzicht sind Katrin und Patrick gesetzliche Erben jeweils zur Hälfte. Macht Herr Borg ein Testament zugunsten einer neuen Lebensgefährtin, haben sie Pflichtteilsansprüche von je einem Viertel der Erbschaft.

> **Tipp**
>
> Oft werden durch Erbverzichts- und Abfindungsverträge die Töchter zurückgesetzt. Wer mit einem solchen Angebot konfrontiert wird, sollte sich deshalb sehr genau überlegen, ob er oder – meist eben – sie sich darauf einlassen will. Es kann zwar durchaus sinnvoll sein, einen Teil des Familienvermögens einem Bruder, einer Schwester oder einem bestimmten Verwandten allein zu überlassen. Ob Sie das aber in Ihrem konkreten Fall akzeptieren wollen, müssen Sie selbst entscheiden.

Gestaltungsmöglichkeiten

Im Erbverzichtsvertrag können die Beteiligten auch etwas anderes als den völligen Verzicht vereinbaren. Es ist möglich, nur auf das gesetzliche Erbrecht zu verzichten und nicht auch auf den Pflichtteil. Der oder die Verzichtende gehört dann nicht zu den gesetzlichen Erben, kann aber den Pflichtteil verlangen.

Es ist auch möglich, nur auf einen Teil des gesetzlichen Erbrechts zu verzichten. Ein solcher (Teil-)Verzicht wirkt sich im Zweifel auch auf die Pflichtteilsquote des oder der Verzichtenden aus, sofern der Verzichtsvertrag nichts anderes bestimmt. Umgekehrt ist es möglich, den Verzicht nur auf das Pflichtteilsrecht zu beschränken. Der oder die Verzichtende bleibt dann erbberechtigt, kann aber nicht den Pflichtteil geltend machen. Dies wird häufig vereinbart, wenn Eltern im gemeinschaftlichen Testament ihre Kinder zu Schlusserben des zuletzt versterbenden Elternteils eingesetzt haben (→ Seite 56 ff.). Verzichten die Kinder auf den Pflichtteil, so ist damit sichergestellt, dass das Testament der Eltern genauso erfüllt wird, wie sie es gewollt haben.

Das Ehepaar Buchwald setzt sich in einem gemeinschaftlichen Testament gegenseitig zu Erben ein und bestimmt seine beiden gemeinsamen Kinder zu Erben des zuletzt Sterbenden.

Stirbt Herr Buchwald, wird seine Frau laut Testament seine Alleinerbin. Die Kinder können aber nach dem Tod des Vaters ihren Pflichtteil verlangen, was zur Folge hat, dass Frau Buchwald weniger bekommt. Haben die Kinder hingegen auf ihren Pflichtteil verzichtet, so erben sie erst nach dem Tod der Mutter.

Wichtig

Den Zugewinnausgleichsanspruch Ihres Ehegatten können Sie nur in einem Ehevertrag ausschließen. Dieser kann – wenn Sie das wollen – mit einem Erbverzichtsvertrag verbunden werden. Sowohl der Erbverzichtsvertrag als auch der Ehevertrag müssen von einem Notar beurkundet werden. Private Verträge ohne Beurkundung sind unwirksam.

Erbverzicht und Zugewinnausgleich

Bei Zugewinngemeinschaft erstreckt sich der Erbverzicht nicht automatisch auch auf den Anspruch auf Zugewinnausgleich. Ein Ehegatte kann also trotz des Verzichts den konkret errechneten Zugewinnausgleich fordern.

Herr und Frau Carsten leben im Güterstand der Zugewinngemeinschaft. Frau Carsten betreibt eine gutgehende Boutique, Herr Carsten ist Grafiker und lebt von Gelegenheitsaufträgen. Die beiden schließen einen Erbverzichtsvertrag, in dem Herr Carsten auf sein gesetzliches Erbrecht verzichtet. Seine Frau überträgt ihm dafür die gemeinsam bewohnte Eigentumswohnung.

Frau Carsten stirbt. Ihr Mann wird nicht Erbe, er hat ja verzichtet. Er kann aber gegenüber den anderen Erben Zugewinnausgleich fordern, wenn seine verstorbene Frau während der Ehe mehr erwirtschaftet hat als er.

Wirkung auch auf Kinder und Verwandte

Wer auf sein gesetzliches Erbrecht verzichtet, schließt damit auch eigene Abkömmlinge und Verwandte aus, sofern der Verzichtsvertrag nicht etwas anderes bestimmt.

Herr Schulz ist Unternehmer und hat zwei Kinder, Eva und Hartmut. Eva verzichtet in einem notariell beurkundeten Vertrag auf ihr Erbrecht und erhält dafür von ihrem Vater ein Wertpapierdepot.

Gesetzlicher Erbe des Unternehmens wird Hartmut. Wenn Eva später selbst Kinder hat, sind auch diese vom Erbrecht ausgeschlossen. Das Familienvermögen bleibt in der Familie ihres Bruders und wird auch nur dort weiter vererbt.

Das gilt auch dann, wenn Kinder von Verzichtenden bereits leben. Sie werden nicht gefragt, ob sie den Erbverzicht billigen oder nicht. Eine Zustimmungspflicht potentieller späterer Erben nach dem oder der Verzichtenden gibt es nach unserem Recht nicht.

Tipp

Sie haben es bei Abschluss eines Erbverzichtsvertrags in der Hand, festzulegen, zu wessen Gunsten Sie verzichten wollen. Bedenken Sie möglichst rechtzeitig, was Sie erreichen und welche Risiken Sie ausschließen wollen.

Verzicht zugunsten anderer

Wer auf sein gesetzliches Erbrecht vertraglich verzichtet, kann dies auch – ausdrücklich – zugunsten eines anderen tun. An sich kommt der Erbverzicht eines gesetzlichen Erben oder einer Erbin immer einem oder mehreren anderen Erben zugute. Im obigen Beispiel hat Tochter Eva zugunsten ihres Bruders Hartmut verzichtet. Das bedeutet aber nur, dass Hartmut für den Fall, dass Herr Schulz ohne Testament stirbt, gesetzlicher Alleinerbe seines Vaters wird. Das hindert Herrn Schulz nicht, ein Testament zugunsten eines oder einer Dritten zu machen und damit Hartmut auf den Pflichtteil zu setzen. Er könnte beispielsweise seine Lebensgefährtin zur Erbin machen. Eva wäre damit vermutlich nicht einverstanden. Wenn sie aber ohne jede Einschränkung verzichtet hat, ist sie machtlos. Wenn sie hingegen im Erbverzichtsvertrag klargestellt hat, dass sie nur zugunsten von Hartmut oder dessen Erben (ihren Familienangehörigen) verzichten will, so ist ihr Verzicht unwirksam, wenn ihr Vater später anders verfügt (§ 2350 BGB).

Tipp

Überlegen Sie, ob Sie sich mit der einfachen Beurkundung Ihres Erbverzichtsvertrags zufrieden geben wollen. Notare sind verpflichtet, alle Vertragspartner fair und unvoreingenommen zu beraten. Nutzen Sie diese Möglichkeit, wenn Sie nicht ganz sicher sind, ob Sie die Folgen des Erbverzichts übersehen.

Erbverzicht nur vor dem Notar

Ebenso wie der Erbvertrag muss ein Erbverzichtsvertrag immer von einem Notar beurkundet werden (§ 2348 BGB). Während aber der Erbvertrag bei gleichzeitiger Anwesenheit der Vertragspartner vor dem Notar geschlossen werden muss, genügt beim Verzichtsvertrag die Beurkundung.

Erbverzicht und Steuer

Ein Erbverzicht ist keine Schenkung und deshalb auch nicht schenkungsteuerpflichtig. Eine Abfindung, die für den Erbverzicht gezahlt oder gewährt wurde, ist hingegen im Rahmen der üblichen Sätze erbschaftsteuerpflichtig (→ Seite 195 ff.).

Der Erbfall tritt ein

130 Was und wie wird geerbt?
130 Wie erfahren Sie, wer Erbe wird?
132 Anfechtung der letztwilligen Verfügung
134 Annahme oder Ausschlagung der Erbschaft
137 Anfechtung der Annahme oder Ausschlagung
139 Verhältnis vorläufiger und endgültiger Erbe
141 Annahme oder Ausschlagung eines Vermächtnisses
141 Welche Maßnahmen sind zu treffen?
146 Sicherung des Nachlasses durch das Nachlassgericht

Was und wie wird geerbt?

Die Erbschaft umfasst das gesamte Vermögen des Erblassers oder der Erblasserin. Dazu gehören nicht nur alle Vermögenswerte, sondern auch die Verbindlichkeiten des Erblassers. Lesen Sie dazu Seite 66 ff. nach.

Das Vermögen (die Erbschaft) geht als Ganzes auf den oder die Erben über. Diesen Übergang bezeichnet der Gesetzgeber in § 1922 BGB als Gesamtrechtsnachfolge. Was bedeutet dies für den oder die Erben? Die Erbschaft fällt – ohne dass der Erbe etwas tun muss oder Kenntnis von dem Erbfall hat – von selbst dem Erben an. Er erwirbt alle zum Nachlass gehörenden Vermögensgegenstände – aber auch die Verbindlichkeiten. Der oder die Erben werden damit Gesamtrechtsnachfolger des Erblassers, ohne dass sie oder Dritte, zum Beispiel das Nachlassgericht, irgendwelche Handlungen vornehmen müssen.

Gehört zum Nachlass eine Beteiligung an einer Personengesellschaft (OHG, KG, BGB-Gesellschaft) oder einer Kapitalgesellschaft (GmbH, AG), richtet sich der Erwerb nach den Vereinbarungen im Gesellschaftsvertrag. Danach bestimmt sich, ob die Gesellschaft mit dem Erben fortgesetzt wird, der Erbe aus der Gesellschaft ausscheidet und welche Ansprüche ihm dann zustehen. Ohne eine rechtliche Beratung kommen Sie in einem solchen Fall nicht weiter, wenn Sie Ihre Rechte geltend machen wollen.

Wichtig

Um entscheiden zu können, ob Sie die Erbschaft annehmen oder ausschlagen wollen (→ Seite 134 ff.), müssen Sie sich eine Übersicht über die tatsächlich vorhandenen Vermögenswerte und die Verbindlichkeiten des Erblassers verschaffen.

Nehmen Sie die Prüfung anhand der auf Seite 230 f. zusammengestellten Liste vor. Dies ist umso schwieriger, je weniger Sie mit den Lebensumständen der Erblasserin oder des Erblassers vertraut sind. Sie sind unter Umständen auf die Auskünfte unwilliger Dritter angewiesen, die sich durch das Testament übergangen fühlen.

Versuchen Sie, diese Aufgabe mit psychologischem Geschick zu erledigen. Auch wenn Sie als Erbe gesetzliche Auskunftsrechte haben (→ Seite 157 ff.), ist deren (gerichtliche) Durchsetzung mit einem erheblichen Zeitaufwand verbunden.

Viel Zeit zur Ermittlung des Vermögens, um eine Entscheidung über die Annahme oder Ausschlagung der Erbschaft zu treffen, haben Sie aber gerade nicht (→ Seite 134 ff.)

Erbengemeinschaft

Sind mehrere Erben vorhanden, erwerben sie die gesamte Erbschaft gemeinschaftlich. Sie bilden eine Erbengemeinschaft, der die Erbschaft zur gesamten Hand, also ungeteilt, zusteht. Daran ändert auch eine Teilungsanordnung des Erblassers nichts, sie ist erst bei der Aufteilung der Erbschaft, der Auseinandersetzung der Miterben, zu berücksichtigen (zur Erbengemeinschaft → Seite 163 ff.).

Wie erfahren Sie, wer Erbe wird?

Testamentseröffnung

Befindet sich eine letztwillige Verfügung – Testament, Erbvertrag – in amtlicher Verwahrung oder ist eine solche Verfügung pflichtgemäß beim Nachlassgericht abgeliefert worden, so wird das Nachlassgericht von sich aus tätig: Es bestimmt einen Termin zur Eröffnung, zu dem die gesetzlichen Erben und die sonstigen

Beteiligten – soweit bekannt – geladen werden sollen. Sonstige Beteiligte sind zum Beispiel die testamentarisch eingesetzten Erben, der Testamentsvollstrecker, Vermächtnisnehmer und derjenige, der durch eine Auflage begünstigt wird. In der Praxis unterbleibt die Ladung der Erben und sonstigen Beteiligten. Das Nachlassgericht eröffnet vielmehr das Testament oder den Erbvertrag, vermerkt dies auf dem Schriftstück und fertigt ein Protokoll an. Den Beteiligten wird eine Abschrift des Protokolls und der eröffneten Schriftstücke übersandt.

Wird ein gemeinschaftliches Testament eröffnet, so sind, wenn dies zum Beispiel durch Abdecken der Textstellen möglich ist, die Verfügungen des überlebenden Ehepartners weder zu verkünden, noch sind die Beteiligten durch Übersendung darüber zu informieren. Durch die Überlassung der letztwilligen Verfügung haben die übergangenen gesetzlichen Erben die Möglichkeit, die Wirksamkeit des Testaments zu prüfen. Sie können entscheiden, ob sie dagegen vorgehen wollen. Wenn sie zum Kreis der Pflichtteilsberechtigten gehören, werden sie überlegen, ob sie Pflichtteilsansprüche geltend machen können (→ Seite 25 ff.).

Keine Teilnahmepflicht

Hat das Nachlassgericht, was in der Praxis selten vorkommt, die Beteiligten zu dem Eröffnungstermin geladen, so besteht keine Pflicht zur Teilnahme. Durch die Nichtteilnahme entstehen keine Rechtsnachteile.

Eröffnete testamentarische Verfügungen werden vom Nachlassgericht verwahrt. Jeder, der ein rechtliches Interesse glaubhaft macht, ist berechtigt, Einsicht oder eine Abschrift der Verfügung zu verlangen. Ein rechtliches Interesse haben zum Beispiel übergangene gesetzliche Erben, wenn ihre Benachrichtigung versehentlich unterblieben ist.

Wenn die gesetzlichen Erben nicht bekannt sind

Das Nachlassgericht ist von Amts wegen verpflichtet, nachzuforschen, wer die gesetzlichen Erben sind. Es wird, wenn ihm die persönlichen Verhältnisse des Erblassers unbekannt sind, zunächst Auskünfte von den im Testament oder Erbvertrag Bedachten verlangen. Ist die Ermittlung schwierig oder zeitaufwendig, kann das Nachlassgericht einen Nachlasspfleger gemäß § 1913 BGB bestellen und auf Kosten des Nachlasses mit der Ermittlung beauftragen.

Der Erblasser kann weder die Eröffnung des Testaments (des Erbvertrags) noch die Benachrichtigung der Beteiligten verbieten.

Finanz- und Grundbuchamt werden informiert

Das Nachlassgericht meldet den Erbfall dem Finanzamt, das die Erbschaftsteuer zu erheben hat. Wenn Grundstücke in den Nachlass fallen, wird das zuständige Grundbuchamt unterrichtet. Zwar sind die Erben mit dem Erbfall als Gesamtrechtsnachfolger Eigentümer des Grundstücks geworden, müssen aber noch im Grundbuch eingetragen werden. Wird der Antrag von den Erben nicht gestellt, kann das Grundbuchamt sie aufgrund der Mitteilung des Nachlassgerichts dazu anhalten.

Keine Prüfung

Bei der Testamentseröffnung wird die Wirksamkeit der letztwilligen Verfügung nicht geprüft. Eröffnung und Versendung durch das Nachlassgericht haben keine Bedeutung für und auch

Tipp

Wenn Sie als gesetzlicher Erbe im Testament übergangen worden sind oder sich sonst benachteiligt fühlen, sollten Sie Rechtsrat einholen. Lassen Sie das Testament prüfen und sich beraten, ob und welche Rechte Ihnen in Bezug auf den Nachlass zustehen können einschließlich der Geltendmachung von Pflichtteilsansprüchen. Lesen Sie auch die folgenden Ausführungen zur Anfechtung von Testamenten.

keine Auswirkung auf die Prüfung der Wirksamkeit der Erbeneinsetzung oder sonstigen testamentarischen Verfügungen. Sie erfolgt erst und nur dann durch das Nachlassgericht, wenn die Erteilung eines Erbscheins beantragt wird (→ Seite 190 ff.). Das Nachlassgericht kümmert sich also nicht von selbst um die Wirksamkeit letztwilliger Verfügungen.

Sind Sie gesetzlicher Erbe?

Liegt weder ein Testament noch ein Erbvertrag vor, tritt die gesetzliche Erbfolge ein. Zur Prüfung, ob Sie als gesetzlicher Erbe in Betracht kommen, lesen Sie die Ausführungen auf Seite 8 ff. Kommen Sie zu dem Ergebnis, dass Sie der einzige gesetzliche Erbe sind, können Sie, wenn Sie die Erbschaft annehmen wollen (→ Seite 134 ff.), den Nachlass in Besitz nehmen. Macht Ihnen ein Dritter das Erbrecht streitig, müssen Sie beim Nachlassgericht einen Erbschein beantragen. Vor dessen Erteilung prüft das Nachlassgericht, ob Sie Erbe geworden sind (→ Seite 190 ff.). Sind Sie gemeinsam mit anderen Personen gesetzlicher Erbe geworden, müssen Sie auch gemeinsam die Erbschaft antreten (→ Seite 163 ff.).

Anfechtung der letztwilligen Verfügung

Wenn ein gesetzlicher Erbe durch eine letztwillige Verfügung enterbt wurde, bleibt ihm nur die Möglichkeit, diese Verfügung anzufechten. Dafür müssen aber eine ganze Reihe von Voraussetzungen erfüllt sein.

Es muss ein Anfechtungsgrund vorliegen

Der in der Praxis wichtigste Grund: Ein Pflichtteilsberechtigter wurde übergangen, weil er erst nach Errichtung der letztwilligen Verfügung geboren oder pflichtteilsberechtigt wurde.

1980 errichtet der Witwer Peter Stein ein privatschriftliches Testament zugunsten seiner Söhne Jan und Olaf. 1990 heiratet er wieder und hat mit seiner zweiten Frau Susanne drei Kinder: Pia, Petra und Boris. Peter Stein hat inzwischen sein erstes Testament von 1980 vergessen und ist im Übrigen der Meinung, mit der gesetzlichen Erbfolge sei für alle seine Erben gut gesorgt. 2002 stirbt Peter Stein, sein Vermögen beträgt 1 000 000 €.

Nach dem privatschriftlichen Testament sind nur die Kinder aus erster Ehe, Jan und Olaf, Erben. Ehefrau Susanne und die Kinder Pia, Petra und Boris können jedoch das Testament anfechten – sie müssen dies auch tun, wenn sie erben wollen! Anfechtungsberechtigt sind sie, denn alle vier (Susanne und die drei Kinder) sind erst nach dem 1980 errichteten Testament pflichtteilsberechtigt geworden.

Nach der Anfechtung gilt die gesetzliche Erbfolge. Das heißt: Susanne erbt, da für ihre Ehe Zugewinngemeinschaft besteht, 500 000 €, jedes Kind 100 000 € (→ Seite 8 ff.).

Weitere Anfechtungsgründe sind in § 2078 BGB aufgeführt: Motivirrtum, Inhaltsirrtum, Erklärungsirrtum oder Drohung. Haben Sie Anhaltspunkte dafür, dass der Erblasser sein Testament so, wie geschehen, nicht errichten wollte, dann müssen Sie prüfen lassen, ob ein Anfechtungsgrund vorliegt. Ohne Beratung können Sie diese schwierigen Rechtsfragen nicht entscheiden.

Wichtig

Sie müssen die Lage vor und nach der Anfechtung vergleichen. Wären Sie nach der Anfechtung an dem Nachlass beteiligt, sind Sie zur Anfechtung berechtigt.

Wer kann anfechten?

Eine letztwillige Verfügung kann nur derjenige anfechten, der von der Unwirksamkeit der letztwilligen Verfügung begünstigt sein würde, also von ihr profitiert.

Wem gegenüber und wie wird angefochten?

Die Anfechtung ist dem zuständigen Nachlassgericht gegenüber zu erklären. Eine bestimmte Form ist für die Abgabe der Erklärung nicht vorgesehen. Auch der Inhalt ist nicht vorgeschrieben. Es muss sich aus der Erklärung nur eindeutig ergeben, welche Verfügungen angefochten werden. Zweckmäßig ist es, den Grund anzugeben.

Wichtig

Die Versäumung der Anfechtungsfrist ist unwiderruflich – deshalb müssen Sie auch den fristgemäßen Zugang der Erklärung beim Gericht nachweisen können.

Frist

Die Anfechtungsfrist beträgt ein Jahr. Sie beginnt nach dem Tod des Erblassers von dem Zeitpunkt an zu laufen, in dem der Anfechtungsberechtigte von dem Anfechtungsgrund erfährt. Die Kenntnis kann also mit dem Todesfall zusammentreffen. Der Berechtigte kann aber auch erst Jahre nach dem Erbfall davon erfahren. 30 Jahre nach dem Erbfall ist eine Anfechtung endgültig ausgeschlossen.

Wichtig

Erst wenn Sie einen Erbschein beantragen (→ Seite 190 ff.), prüft das Gericht die Anfechtung, denn den Erbschein erhalten Sie nur, wenn das Gericht feststellt, dass Sie aufgrund der Anfechtung tatsächlich Erbe sind.

Wirkung

Das angefochtene Testament oder der angefochtene Erbvertrag ist von Anfang an unwirksam, also nichtig. Die Nichtigkeit bezieht sich aber nur auf die angefochtene Verfügung und nicht auf weitere Verfügungen, wenn das Testament solche enthält. Das heißt, das Testament bleibt in den nicht betroffenen Punkten wirksam.

Ihre Anfechtungserklärung ist beim Nachlassgericht eingegangen. Erwarten Sie jetzt nicht, dass das Nachlassgericht Ihnen mitteilt, dass Ihre Anfechtung begründet ist und Sie nunmehr Erbe sind. Das Nachlassgericht benachrichtigt vielmehr nur die Beteiligten und nimmt die Anfechtungserklärung zur Akte. Außerdem erteilt es eine Kostenrechnung. Eine Prüfung der Wirksamkeit findet nicht statt!

Tipp

Wenn Sie Anhaltspunkte für das Vorliegen von Anfechtungsgründen haben, sollten Sie dringend Rechtsrat einholen. Spätestens wenn Sie eine Anfechtungserklärung abgeben, wird es zum Streit unter den Beteiligten kommen.

Dieser wird sich zwar auch durch eine Beratung kaum vermeiden, aber vielleicht in sachlichere Bahnen lenken lassen. Zudem sind die Einzelheiten kompliziert und nur anhand des konkreten Falls zu beurteilen.

Kosten

Das Gericht erhebt Gebühren in Höhe von einem Viertel der vollen Gebühr nach der Kostenordnung (→ Seite 232 ff.).

Annahme oder Ausschlagung der Erbschaft

Erbe werden Sie erst einmal von selbst. Ohne Ihr Zutun fällt Ihnen die Erbschaft zu, unabhängig davon, ob Sie gesetzlicher oder durch letztwillige Verfügung berufener Erbe sind. Aber Sie sind zunächst vorläufiger Erbe, denn Sie können und müssen jetzt entscheiden, ob Sie Erbe bleiben wollen oder nicht. Niemand kann Sie zwingen, eine Erbschaft anzutreten, die Sie nicht wollen. Nur der Staat als gesetzlicher Erbe hat kein Recht, eine ihm angefallene Erbschaft auszuschlagen.

Um sich entscheiden zu können, müssen Sie wissen, was Sie erben (→ Seite 66 ff.). Wenn feststeht, dass der Erblasser Ihnen mehr Schulden als Vermögenswerte hinterlassen hat, der Nachlass also überschuldet ist, werden Sie wahrscheinlich die Erbschaft ausschlagen wollen.

Sind die Vermögenswerte des Erblassers größer als seine Schulden, müssen Sie prüfen, welche Verbindlichkeiten mit dem Erbfall entstanden sind. Auch diese Schulden, so genannte Erbfallschulden, vermindern die Vermögenswerte, weil sie vorab aus der Erbschaft zu begleichen sind und Sie nur den verbleibenden Rest erhalten (→ Seite 150 ff.).

Sind Sie durch letztwillige Verfügung zum Erben berufen, gehören aber gleichzeitig zu den Pflichtteilsberechtigten, müssen Sie die Alternative überlegen, ob Sie die Erbschaft ausschlagen und lieber Ihren Pflichtteilsanspruch geltend machen wollen. Dazu ist eine sorgfältige Prüfung notwendig, welche Ansprüche Sie haben und welche Sie verlieren (→ Seite 25 ff.).

Sind Sie entschlossen, die Erbschaft anzunehmen bzw. auszuschlagen, dann gehen Sie folgendermaßen vor:

Annahme

Die Annahme kann erfolgen durch
- ausdrückliche Erklärung
- schlüssiges Verhalten (konkludente Erklärung)
- Verstreichenlassen der Ausschlagungsfrist.

Es ist immer erforderlich, dass der Annehmende voll geschäftsfähig ist. Für Minderjährige handeln daher ihre gesetzlichen Vertreter, also meistens die Eltern. Sie brauchen zur Annahme der Erbschaft keine Genehmigung des Vormundschaftsgerichts. Ist ein noch nicht geborenes Kind als Erbe eingesetzt, kann die Annahmeerklärung erst nach der Geburt von seinen gesetzlichen Vertretern abgegeben werden.

Ausdrückliche Erklärung

Sie erklären als – vorläufiger – Erbe, dass Sie die Erbschaft antreten, also Erbe sein und bleiben wollen. Diese Erklärung ist an keine Form gebunden. Sie muss auch nicht einem Dritten gegenüber abgegeben werden. In der Praxis ist eine ausdrückliche Erklärung selten. Wenn sie abgegeben wird, dann meistens gegenüber einem Miterben, dem Nachlassgericht oder einem Nachlassgläubiger. Wird eine Annahme ausdrücklich erklärt, so ist eine spätere Anfechtung (→ Seite 137 ff.) ausgeschlossen.

Schlüssiges Verhalten

Eine Annahme der Erbschaft durch schlüssiges Verhalten liegt vor, wenn sich dies aus Erklärungen oder Handlungen des vorläufigen Erben ergibt, und zwar auch dann, wenn der vorläufige Erbe sich nicht darüber klar ist, dass er dadurch die Erbschaft annimmt. Bei einer Annahme durch schlüssiges Verhalten kommt es nicht auf die Vorstellungen an, die der vorläufige Erbe mit seinen Erklärungen und/oder Handlungen verbindet, sondern darauf, wie diese nach den Umständen von einem verständigen Dritten aufgefasst werden.

Bestimmte Handlungen werden als Annahmeerklärung gewertet: Beantragt der vorläufige Erbe einen Erbschein oder setzt er einen Prozess fort, der durch den Tod des Erblassers unterbrochen worden ist (→ Seite 159 ff.), macht er Erbschaftsansprüche gegen Dritte geltend (→ Seite 157 ff.) oder verkauft er die Erbschaft (→ Seite 161), gilt dies als Annahme.

Bei anderen Maßnahmen des vorläufigen Erben kann zweifelhaft sein, wie diese auszulegen sind. Es kommt auf den Einzelfall an! Bei unaufschiebbaren Fürsorgemaßnahmen liegt keine Annahmeerklärung vor. So zum Beispiel, wenn der vorläufige Erbe Sicherungsmaßnahmen hinsichtlich der Nachlassgegenstände trifft: Das im Halteverbot abgestellte Auto des Erblassers wird in seinem Auftrag in die Garage gebracht.

Wird Ihr Verhalten als Annahme der Erbschaft ausgelegt, obwohl nach Ihrer Ansicht damit keine Annahme erklärt werden sollte, können Sie diese Annahmeerklärung anfechten (→ Seite 137 ff.).

> **Tipp**
>
> Bevor Sie Handlungen und Erklärungen in Bezug auf die Erbschaft vornehmen, müssen Sie sich überlegen, wie diese ausgelegt werden können. Stellen Sie klar, dass Sie damit keine Annahme der Erbschaft verbinden wollen.

Annahme durch Fristablauf

Die Ausschlagung der Erbschaft ist nur innerhalb der gesetzlichen Frist möglich. Ist diese Frist abgelaufen, ist der vorläufige Erbe zum endgültigen geworden. Die Annahme der Erbschaft gilt als erfolgt. Die Nichteinhaltung der Ausschlagungsfrist kann anfechtbar sein (→ Seite 137 ff.).

Ausschlagung

Sie wollen, aus welchen Gründen auch immer, nicht Erbe bleiben. Dann müssen Sie die Erbschaft sowohl form- als auch fristgerecht ausschlagen.

Fristen

Die Ausschlagungsfrist beträgt sechs Wochen. Die Frist beginnt erst zu laufen, wenn zwei Voraussetzungen erfüllt sind:

- Der Erbfall ist eingetreten – vor dem Todesfall ist eine Ausschlagung nicht möglich.

- Der Erbe weiß, dass und aus welchem Grund er Erbe wird, das heißt, er muss wissen, dass er gesetzlicher Erbe ist oder aufgrund einer letztwilligen Verfügung Erbe wird.

„Wissen, gesetzlicher Erbe zu sein"?

Wenn der Erbe das Verwandtschaftsverhältnis kennt, nichts von einer letztwilligen Verfügung weiß oder vermutet, dass eine solche nicht vorliegt, ist davon auszugehen, dass er um sein gesetzliches Erbrecht weiß.

Ulf Stein, wohnhaft in München, erfährt von seiner Mutter Ulrike Stein am 5. Mai 2000, dass sein Vater Bodo Stein, wohnhaft in Duisburg, am 2. Mai 2000 unter Hinterlassung von Schulden gestorben ist. Da sein Vater nie für die Zukunft geplant hatte und an seinen Tod schon gar nicht denken wollte, nimmt Ulf an, dass auch kein Testament vorliegt. Er geht davon aus, dass er neben seiner Mutter gesetzlicher Erbe geworden ist und will, da der Nachlass überschuldet ist, die Erbschaft ausschlagen.

Ulf Stein hat seit dem 5. Mai 2000 Kenntnis von dem Erbfall und der gesetzlichen Erbfolge. Für die letztere ist es ausreichend, dass er weiß, dass sein Vater früher kein Testament errichtet hat und anzunehmen ist, dass er dies auch bis zu seinem Tode nicht getan hat. Die Ausschlagungsfrist von sechs Wochen läuft ab 6. Mai 2000 und endet am 16. Juni 2000. An diesem Tag muss die formgerechte Ausschlagungserklärung dem zuständigen Nachlassgericht Duisburg vorliegen.

„Wissen, Erbe aufgrund einer letztwilligen Verfügung zu sein"?

Dieses Wissen liegt vor, wenn der Erbe Kenntnis von einem Testament oder Erbvertrag hat, in dem er eingesetzt ist. Die Einzelheiten muss er nicht kennen. Die Ausschlagungsfrist beginnt aber erst ab Verkündung oder Eröffnung der Verfügung durch das Nachlassgericht zu laufen, aber dann unabhängig von einer etwaigen Anwesenheit des Erben im Eröffnungstermin.

Die Tatsache, dass die offizielle Benachrichtigung durch das Gericht später als die Verkündung erfolgt, spielt für den Fristbeginn aber keine Rolle. Die Fristen werden für jeden Erben getrennt nach den dargestellten Grundsätzen berechnet. Wird jemand aufgrund der Ausschlagung des zunächst Berufenen Erbe, so läuft für ihn die Frist neu, im Allgemeinen mit Erhalt der Benachrichtigung durch das Nachlassgericht. Bei minderjährigen Erben gelten dieselben Fristen, jedoch bezogen auf die Kenntnis ihrer gesetzlichen Vertreter. Ist der Erbe zum Zeitpunkt des Erbfalls noch nicht geboren, läuft die Frist erst mit seiner Geburt.

> **Wichtig**
>
> Die Sechswochenfrist wird auf sechs Monate verlängert, wenn entweder der Erblasser seinen einzigen Wohnsitz im Ausland hatte oder der Erbe sich bei Eintritt des Erbfalls im Ausland aufhielt.

Form der Ausschlagung

Sie haben zwei Möglichkeiten: Sie gehen zum zuständigen Nachlassgericht und erklären die Ausschlagung zur Niederschrift des Nachlassgerichts oder Sie geben die Erklärung vor einem Notar ab. Die Ausschlagung durch Telegramm, per Brief oder Fax ist nicht möglich.

Wichtig

Beachten Sie, dass die Ausschlagung nur dann rechtzeitig erfolgt ist, wenn die formgerechte Erklärung vor Fristablauf dem Nachlassgericht vorliegt!

Wer nicht rechtzeitig ausschlägt, hat die Erbschaft. angenommen. Eine Verlängerung der Frist ist nicht möglich.

Für Minderjährige erklären die gesetzlichen Vertreter die Ausschlagung. Sie muss vom Vormundschaftsgericht genehmigt werden, es sei denn, der Minderjährige ist Erbe geworden, weil ein Elternteil ausgeschlagen hat.

Wirkung

Wenn Sie form- und fristgerecht die Ausschlagung erklärt haben, sind Sie nicht Erbe geworden. Die Erbschaft fällt dem jetzt an die Reihe kommenden Erben zu, und zwar rückwirkend zum Zeitpunkt des Erbfalls! Das hat Auswirkungen auf die Handlungen, die Sie – seinerzeit als vorläufiger Erbe – hinsichtlich des Nachlasses vorgenommen haben (→ Seite 139 ff.).

Kosten

Die Ausschlagung verursacht Kosten, die Sie als Ausschlagender zu tragen haben: Sie belaufen sich auf ein Viertel der vollen Gebühr, berechnet nach dem Wert des Nachlasses (→ Seite 63, 232 ff.). Sie sind bei Gericht und Notar gleich hoch, bei den Notargebühren fällt noch Mehrwertsteuer an.

Was sonst zu beachten ist

- Annehmen oder ausschlagen können Sie erst nach Eintritt des Erbfalls.
- Sie können weder das eine noch das andere mit einer Bedingung oder Zeitbestimmung verbinden. Zum Beispiel ist die Erklärung: „Ich schlage die Erbschaft nur aus, wenn der Nachlass überschuldet ist", ebenso unwirksam wie die Erklärung: „Ich nehme die Erbschaft mit Wirkung vom 1. Januar des nachfolgenden Jahres an". Folge einer nicht wirksam erklärten Ausschlagung ist die Annahme der Erbschaft!
- Sie können die Erbschaft nur insgesamt annehmen oder insgesamt ausschlagen. Sie können sich also nicht den Teil aussuchen, den Sie haben wollen, und den Rest anderen nachfolgenden Erben überlassen. Folge einer solchen – unwirksamen – Erklärung ist, dass nach Fristablauf die Erbschaft angenommen ist.

Anfechtung der Annahme oder Ausschlagung

Sie haben die Erbschaft ausgeschlagen, bereuen dies und möchten die Ausschlagung rückgängig machen. Oder Sie stellen fest, dass die Annahme der Erbschaft voreilig war, weil der Nachlass überschuldet ist. Widerrufen können Sie Ihre Erklärungen nicht. Aber: Ihre Erklärungen können anfechtbar sein. Die Möglichkeit der Anfechtung ist auch bei Versäumung der Ausschlagungsfrist gegeben.

Es muss zunächst ein Anfechtungsgrund vorliegen. Darüber hinaus müssen Sie die Anfechtungserklärung form- und fristgemäß abgeben.

Anfechtungsgründe

Die Annahme oder Ausschlagung ist ebenso wie die Fristversäumung anfechtbar, wenn Sie sich in einem Erklärungs- oder Inhaltsirrtum befanden oder durch Täuschung oder Drohung die

Erklärung (nicht) abgegeben haben. Die Abgrenzung zwischen einem Inhalts- und einem bloßen unbeachtlichen Motivirrtum ist kompliziert. Zunächst aber ein für den Erklärungsirrtum typischer Fall:

Der Nachlass von Bodo Stein (→ Seite 136) besteht aus einem mit einem Einfamilienhaus bebauten Grundstück. Es ist weit über seinen Verkaufswert hinaus mit Schulden belastet. Ulrike Stein weiß, dass der Nachlass damit überschuldet ist, und will die Erbschaft ausschlagen.

Da sich aber ihrer Meinung nach irgend jemand zunächst einmal um die Abwicklung der Schulden ihres verstorbenen Ehemanns kümmern muss, führt sie Verhandlungen mit der Bank über die Schuldenregulierung und mit Interessenten über den Verkauf des bebauten Grundstücks.

Ulrike Stein will die Erbschaft zwar ausschlagen, hat sich aber Dritten gegenüber wie eine Erbin, die die Erbschaft angenommen hat, verhalten („schlüssiges Verhalten"). Ausschlagen kann sie die Erbschaft daher nicht mehr. Sie hat aber nur aus Fürsorge gehandelt, das heißt, sie hat sich über die Bedeutung ihrer Erklärung geirrt. Sie kann die Erklärung wegen Irrtums anfechten.

Ulrike und Ulf Stein haben die Erbschaft unter Einhaltung der Form und Frist ausgeschlagen, weil der Nachlass überschuldet ist. Vier Wochen später teilt die Bank ihnen mit, dass die Kreditschulden durch eine Risikolebensversicherung, die Bodo Stein ohne ihr Wissen abgeschlossen hatte, zurückgezahlt wurden. Das Einfamilienhaus ist von Schulden unbelastet, der Nachlass ist nicht überschuldet und war es auch beim Erbfall nicht.

Ulrike und Ulf Stein befanden sich bei Ausschlagung in einem Irrtum über eine wesentliche Eigenschaft – Überschuldung – des Nachlasses. Sie können daher die Ausschlagung anfechten. Der Irrtum über die Überschuldung des Nachlasses ist ein in der Praxis häufig vorkommender Anfechtungsgrund.

Was nicht zur Anfechtung berechtigt

Nicht unter Inhaltsirrtum fallen falsche Vorstellungen über die Bewertung einzelner Nachlassgegenstände. Sie berechtigen nicht zur Anfechtung. In solchen Fällen liegt kein Irrtum über die Zusammensetzung des Nachlasses vor, und nur dieser Irrtum berechtigt zur Anfechtung.

Bodo Stein ist bereits im Jahre 1987 verstorben. Zu seinem im Übrigen nur aus Schulden bestehenden Nachlass gehört ein mit einem Mehrfamilienhaus bebautes Grundstück in Ostberlin, das unter staatlicher Verwaltung steht. Ulrike und Ulf Stein schlagen die Erbschaft aus. Nach der Wiedervereinigung wollen sie ihre Erklärung anfechten, da sie sich bei der Ausschlagung über die zukünftige Nutzbarkeit und Verwendungsmöglichkeit des Grundstücks aufgrund der Veränderung der politischen Lage in einem Irrtum befunden haben.

Die Rechtsprechung lehnt in diesen Fällen eine Anfechtung mit der Begründung ab, die Änderung der politischen Verhältnisse und der Bewertung des in der ehemaligen DDR gelegenen Vermögens würde nur zu einem unerheblichen Irrtum führen.

> **Wichtig**
>
> Hat der Erblasser seinen einzigen Wohnsitz im Ausland oder hält sich der Erbe bei Beginn der Frist im Ausland auf, verlängert sich die Frist auf sechs Monate. Nach Ablauf von 30 Jahren, berechnet ab Abgabe der anzufechtenden Erklärung, ist eine Anfechtung nicht mehr möglich.

Frist

Die Anfechtung der Annahme, der Ausschlagung oder der Fristversäumung kann nur binnen sechs Wochen erfolgen. Die Frist läuft ab Kenntnis des Anfechtungsgrunds. Wird angefochten, weil die Erklärung aufgrund einer Drohung zustande gekommen ist, beginnt die Frist mit Wegfall der Zwangslage, also mit Beendigung der Drohung. Für die Form der Erklärung gelten die Ausführungen auf Seite 133 entsprechend.

Folgen

Wird die Annahmeerklärung oder die Versäumung der Ausschlagungsfrist angefochten, ist mit der Anfechtung zugleich die Ausschlagung der Erbschaft verbunden. Wird dagegen die Ausschlagung angefochten, hat der Erbe damit die Erbschaft angenommen. Über die Anfechtung und die Folgen – wer jetzt Erbe ist – unterrichtet das Nachlassgericht die Beteiligten.

Der Erbe, der seine ursprüngliche Erklärung anficht, muss jedem Dritten den Schaden ersetzen, den dieser dadurch erlitten hat, dass er der ursprünglichen Erklärung vertraute.

Ulf Stein hat die Annahme der Erbschaft angefochten, da sich herausgestellt hat, dass der Nachlass bereits beim Eintritt des Erbfalls erheblich überschuldet war. Aufgrund seiner ursprünglichen Erbschaftsannahme hat die Bank ihn aber bereits auf Rückzahlung des dem Vater gewährten Kredits verklagt.

Die Anfechtung der Annahme gilt als Ausschlagung der Erbschaft. Ulf Stein ist damit zu keinem Zeitpunkt Erbe geworden. Die Klage der Bank ist also unbegründet. Da sie auf die Annahme der Erbschaft aber vertrauen durfte, kann sie Ersatz der entstandenen Rechtsanwalts- und Gerichtskosten verlangen.

Kosten

Auch die Anfechtung ist nicht umsonst. Der Anfechtende hat die Kosten zu tragen, die sich wie bei der Ausschlagung auf ein Viertel der vollen Gebühr belaufen (→ Seite 232 ff.).

Verhältnis vorläufiger und endgültiger Erbe

Der vorläufige Erbe hat die Erbschaft ausgeschlagen. Seit dem Erbfall sind inzwischen mehrere Wochen verstrichen; erfolgt die Ausschlagung durch Anfechtung der Annahmeerklärung, können es auch Monate sein. Steht nun der endgültige Erbe fest, fällt die vorläufige Erbenstellung des Ausschlagenden rückwirkend weg. Das hat Konsequenzen für eventuell vorgenommene Handlungen des vorläufigen Erben. Dieser war zwar als vorläufiger Erbe nicht verpflichtet, sich um den Nachlass zu kümmern, aber wer weiß das schon?

Für die Zeit ab Erbfall bis zur Ausschlagung gelten für das Verhältnis zwischen vorläufigem und endgültigem Erbe folgende Regeln:

Der vorläufige Erbe als Geschäftsführer des endgültigen Erben

Der vorläufige Erbe wird vom Gesetz so behandelt, als sei er ein Geschäftsführer ohne Auftrag. Er muss seinen Handlungen das Interesse und den mutmaßlichen Willen des tatsächlichen Erben zugrunde legen, den er allerdings meistens nicht kennt. Wenn er handelt, sollte er sich stets fragen: Wie würde ein vernünftig denkender Mensch entscheiden?

Nach einem Sterbefall gibt es viele Formalitäten zu erledigen. Auch der nur vorläufige Erbe fühlt sich häufig veranlasst zu handeln:

- Benachrichtigung der Krankenkasse oder – bei Beamten – der Beihilfestelle, um Sterbegeld zu beantragen, das als Zuschuss für die Bestattungskosten an denjenigen gezahlt wird, der sie verauslagt hat.
- Mitteilung an Arbeitgeber und Rentenversicherer. Kündigung von Telefon-, Strom-, Wasser- und Gasbezugsverträgen, der Abonnements von Zeitschriften und Zeitungen und von Vereinsmitgliedschaften.
- Sicherung von Nachlassgegenständen, Vornahme unaufschiebbarer Geschäfte für den Nachlass, wenn sonst ein Schaden droht – zum Beispiel Beseitigung eines Sturmschadens am Dach des Hauses, damit kein weiterer Schaden eintritt.

Sie sollten als vorläufiger Erbe bei allen Tätigkeiten und Handlungen prüfen, ob sie unbedingt notwendig sind und im Interesse des endgültigen Erben liegen. Nehmen Sie die Interessen nicht sachgerecht wahr, haften Sie dem Erben dafür.

Alles, was Sie durch Ihre Geschäftsführung erlangt haben, zum Beispiel von Ihnen sichergestellte Nachlassgegenstände, müssen Sie an den Erben, sobald er bekannt ist, herausgeben. Sie müssen eine Abrechnung vorlegen und bekommen Ihre Auslagen, wie zum Beispiel Telefonkosten, ersetzt. Eine Vergütung für Ihre Tätigkeit erhalten Sie nicht.

Unaufschiebbare Verfügungen

Verfügt der vorläufige Erbe über Nachlassgegenstände, ist der endgültige Erbe an die Verfügung dann, aber auch nur dann, gebunden, wenn diese unaufschiebbar war. Eine solche Verfügung liegt zum Beispiel in dem Verkauf von verderblichen Nachlassgegenständen. Auch die Bezahlung der Beerdigungskosten ist eine unaufschiebbare Verfügung.

Tipp

Sie sehen, auf den vorläufigen Erben kann einiges zukommen. Sie können diese Situation vermeiden, indem Sie das Nachlassgericht einschalten (→ Seite 146 ff.).

Welche Erklärungen Dritter bleiben wirksam?
Einseitige empfangsbedürftige Willenserklärungen können gegenüber dem vorläufigen Erben mit Wirkung für den endgültigen Erben abgegeben werden. So kann zum Beispiel die Versicherungsgesellschaft wegen des Prämienrückstands die Hausratversicherung wirksam durch Erklärung gegenüber dem vorläufigen Erben kündigen. Nachlassgläubiger können gegenüber dem vorläufigen Erben wirksam mahnen.

Annahme oder Ausschlagung eines Vermächtnisses

Der Vermächtnisnehmer kann nach Eintritt des Erbfalls das Vermächtnis annehmen oder ausschlagen. Die Erklärung ist gegenüber dem Erben abzugeben. Es gibt keine Vorschriften über die Form der Erklärung.

Nur wenn der Vermächtnisnehmer auch Pflichtteilsberechtigter ist, kann ihm vom beschwerten Erben eine Frist zur Erklärung über die Annahme des Vermächtnisses gesetzt werden. Erklärt er die Annahme nicht innerhalb der gesetzten Frist, gilt gemäß § 2307 Abs. 2 BGB das Vermächtnis als ausgeschlagen. Daneben gibt es keine Fristen für die Annahmeerklärung.

Will der beschwerte Erbe nach Eintritt des Erbfalls Klarheit gewinnen, muss er den vermachten Gegenstand dem Vermächtnisnehmer anbieten. Lehnt dieser die Annahme ab, hat er durch schlüssiges Verhalten das Vermächtnis ausgeschlagen.

Welche Maßnahmen sind zu treffen?

Totenschein
Nach Eintritt des Todes muss unverzüglich ein Totenschein ausgestellt werden. Ereignet sich der Tod im Krankenhaus, so geschieht dies durch den Krankenhausarzt. In anderen Fällen muss ein Arzt gerufen werden, der die Todesursache feststellt und den Totenschein ausstellt.

Sterbeurkunde
Der Todesfall muss dem zuständigen Standesamt spätestens am ersten auf den Todestag folgenden Werktag angezeigt werden. Zuständig ist das Standesamt, in dessen Bezirk er sich ereignet hat. Vorzulegen sind: Personalausweis, Totenschein, Geburtsurkunde, Heiratsurkunde und, wenn der Erblasser verwitwet oder geschieden war, die Sterbeurkunde des Ehepartners bzw. das Scheidungsurteil.

Die Anzeigepflicht trifft zunächst das Familienhaupt, wie es der Gesetzgeber in § 33 Personenstandsgesetz formuliert. Der Ehepartner oder der gleichgeschlechtliche Lebenspartner, die Eltern des oder der Verstorbenen oder die Kinder müssen die Erteilung der Sterbeurkunde beantragen. Ist kein „Familienhaupt" vorhanden, dann ist der Wohnungsinhaber, in dessen Wohnung sich der Tod ereignet hat, anzeigepflichtig. Und schließlich ist jeder zur Anzeige gegenüber dem Standesamt verpflichtet, der von dem Todesfall weiß. Sie ist mündlich unter Vorlage des eigenen Personalausweises zu erstatten.

Bestattung

Die Art und Weise der Bestattung bestimmen die nächsten Angehörigen, und zwar auch dann, wenn sie nicht die Erben sind. Sie haben also das Recht, aber auch die Pflicht der Totenfürsorge. Der Erblasser oder die Erblasserin kann diese Pflicht jedoch auf Dritte übertragen, etwa auf den Partner oder die Partnerin der nicht ehelichen Lebensgemeinschaft oder auf jemanden seines oder ihres Vertrauens, zum Beispiel den Testamentsvollstrecker. Das sollte durch schriftliche Anordnung geschehen.

Wem obliegt die Totenfürsorge?

Das Bestimmungsrecht hat zunächst der Ehepartner oder der eingetragene gleichgeschlechtliche Lebenspartner, danach haben es die Kinder des oder der Verstorbenen. Sind weder Partner noch Kinder vorhanden, entscheiden die Eltern über die Bestattung, dann die Geschwister. Nicht eheliche Lebenspartner haben kein Bestimmungsrecht.

Liegen keine mündlichen oder schriftlichen Anordnungen der Erblasserin oder des Erblassers vor und können sich die nächsten Angehörigen nicht einigen, wer das Bestimmungsrecht hat oder welche Entscheidungen getroffen werden sollen, muss notfalls aufgrund ihres Antrags ein Zivilgericht im Eilverfahren (einstweilige Verfügung) über Art und Ort der Beisetzung entscheiden.

Wenn Ihnen die Totenfürsorge übertragen ist

Wenn Ihnen das Bestimmungsrecht übertragen ist, müssen Sie zunächst prüfen, ob Anordnungen des Erblassers für die Bestattung vorliegen – sie sind zu beachten! Hat der oder die Verstorbene zum Beispiel einmal mündlich den Wunsch geäußert, feuerbestattet zu werden, müssen Sie in den Unterlagen suchen, ob eine handschriftliche, mit Ort und Datum versehene und unterschriebene Anordnung, die gemäß § 4 Feuerbestattungsgesetz vorliegen muss, vorhanden ist.

Was Ihnen ein Bestattungsinstitut abnimmt

Alle Aufgaben, die mit der Bestattung zusammenhängen, können von einem Beerdigungsinstitut erledigt werden, von der Beantragung der Sterbeurkunde bis zum Verschicken von Todesanzeigen. Aber dies alles macht ein Bestattungsinstitut natürlich nicht umsonst. Es ist nicht pietätlos, vor Beauftragung eines bestimmten Instituts einen Preisvergleich vorzunehmen und die Kosten genau abzustimmen.

Tipp

Achten Sie auch bei der Auswahl des Sarges auf die Preise. Ein Eichensarg kostet ein Vielfaches eines schlichten Kiefernsarges, in luxuriöser Ausstattung 10 000 € und mehr, während Sie für einen Kiefernsarg einfachster Art etwas mehr als 500 € zahlen. Hinzu kommen die Kosten für die Innenausstattung des Sarges, den Transport und die Ausschmückung (Blumenschmuck, Kränze und so weiter).

Auch die Kosten für die Grabstelle sind unterschiedlich, je nach Art der gewählten Grabstelle, Dauer des Nutzungsrechts und Größe der Gemeinde, in der sich die Grabstelle befindet. Urnengräber können, müssen aber nicht preiswerter sein.

Wer trägt die Beisetzungskosten?

Die Beisetzungskosten haben die Erben zu tragen, also nicht die nächsten Angehörigen, es sei denn, sie sind auch gleichzeitig die Erben. Zur Frage, was als standesgemäße Beerdigung zu betrachten ist, → Seite 150.

Die laufenden Kosten der Unterhaltung und Pflege des Grabes müssen von den Erben hingegen nicht getragen werden. Der Gesetzgeber sieht es als sittliche Pflicht der Angehörigen an, sie zu übernehmen. Es ist daher empfehlenswert, die Grabpflege durch eine Auflage dem oder den Erben zu übertragen.

Testamente sind abzuliefern!

Jeder, der ein Testament oder ein Schriftstück, das ein Testament sein könnte, verwahrt oder in den Unterlagen findet, ist verpflichtet, diese Testamente unverzüglich, das heißt sofort, beim zuständigen Nachlassgericht abzuliefern, sobald er vom Tod erfährt. Er braucht dazu nicht persönlich das Amtsgericht (Nachlassgericht) aufzusuchen, sondern kann die Papiere auch zuschicken (aus Beweisgründen per Einschreiben mit Rückschein).

Welches Gericht ist zuständig?

Zuständig ist das Amtsgericht als Nachlassgericht an dem Ort, an dem die Erblasserin oder der Erblasser den letzten Wohnsitz hatte. In Baden-Württemberg ist das Notariat anstelle des Amtsgerichts zuständig. Hatte der oder die Verstorbene keinen Wohnsitz in der Bundesrepublik Deutschland, ist das Amtsgericht zuständig, in dessen Bezirk sich der Erblasser oder die Erblasserin zum Zeitpunkt des Todes aufhielt. Ist der Erblasser Deutscher ohne Wohnsitz und ohne Aufenthalt in der Bundesrepublik, lebt er also zum Beispiel ständig im Ausland und stirbt auch dort, ist das Amtsgericht Schöneberg in Berlin das zuständige Nachlassgericht.

Tipp

Falls Sie im Zweifel sind, welches Gericht zuständig ist, dann liefern Sie das Testament einfach beim nächsten Amtsgericht ab. Sie haben auch damit die Ablieferungspflicht erfüllt.

Welche Schriftstücke sind abzuliefern?

Abzuliefern ist alles, was eine letztwillige Verfügung enthalten könnte. Die Prüfung, ob dies tatsächlich der Fall ist und ob das Schriftstück auch ein wirksames Testament enthält, haben nicht Sie vorzunehmen, sondern das Nachlassgericht. Auch wenn Sie Zweifel an der Wirksamkeit haben, müssen Sie die Schriftstücke abliefern! Tun Sie dies nicht oder vernichten Sie ein Testament, weil Ihnen der Inhalt nicht zusagt, können Sie sich wegen Urkundenunterdrückung gemäß § 274 Strafgesetzbuch strafbar machen. Sie können sich auch Schadenersatzansprüchen derjenigen ausgesetzt sehen, die durch das unterdrückte Testament begünstigt waren.

Tipp

Sehen Sie alle Ihnen zugänglichen Unterlagen des Erblassers oder der Erblasserin sorgfältig durch, und kommen Sie in Ihrem eigenen Interesse der Pflicht zur Ablieferung nach!

Dass Sie verschlossene Briefumschläge mit der Aufschrift Testament oder sonstigen Hinweisen auf den Inhalt einer letztwilligen Verfügung nicht öffnen dürfen, sollte selbstverständlich sein. Diese müssen Sie verschlossen abliefern.

Erfährt das Nachlassgericht, dass jemand ein Testament in Besitz hat und seiner Ablieferungspflicht nicht nachkommt, ordnet es die Herausgabe an und unter Umständen auch Zwangsmaßnahmen (Zwangsgeld).

Ist ein notarieller Erbvertrag nach dem Wunsch der vertragschließenden Parteien nicht in amtliche Verwahrung gegeben worden, ist der Notar zur Übergabe des Vertrags an das Nachlassgericht verpflichtet. Dazu muss er aber von dem Todesfall wissen – dies ist nicht sichergestellt, wenn sich in den Unterlagen des Erblassers keine Hinweise auf den beurkundenden Notar finden und die nächsten Angehörigen dies auch nicht wissen.

Amtlich verwahrte Testamente und Erbverträge kommen über den amtlichen Weg ohne Ihr Zutun zum Nachlassgericht.

Kurze Frist für die Benachrichtigung der Versicherung

Hatte der Verstorbene eine Lebens- oder Unfallversicherung abgeschlossen und ist mit dem Tod der Versicherungsfall eingetreten, sind Fristen für die Benachrichtigung der Versicherungsgesellschaft zu beachten. Je nach Gestaltung der Versicherungsbedingungen ist es erforderlich, der Versicherungsgesellschaft den Tod binnen 24 bis 72 Stunden schriftlich anzuzeigen.

Wichtig

Diese Frist müssen Sie einhalten, sonst kann je nach den Umständen des Einzelfalls die Versicherungsgesellschaft die Leistung der Versicherungssumme verweigern!

In den Bedingungen oder in der Versicherungspolice finden Sie auch die Anschrift der Versicherungsgesellschaft. Anzeigepflichtig ist der Bezugsberechtigte. Ist keiner bekannt, fällt die Versicherungssumme in den Nachlass. Dann trifft die Anzeigepflicht die Erben.

Kündigung oder Fortsetzung des Mietvertrags

Seit dem 1. September 2001 gibt es für Mietverträge, die der Erblasser allein oder gemeinsam mit Dritten als Mieter abgeschlossen hat, neue Vorschriften. Sie gelten bei Erbfällen, die nach dem 31. August 2001 eingetreten sind.

Wenn der Erblasser die Wohnung nicht allein bewohnt hat

Hat nur der Erblasser den Mietvertrag unterzeichnet, so können folgende Mitbewohner bei seinem Tod in das Mietverhältnis eintreten:

- der Ehegatte
- der eingetragene gleichgeschlechtliche Lebenspartner
- die Kinder des Erblassers
- andere Familienangehörige des Erblassers
- Personen, die mit dem Erblasser einen auf Dauer angelegten gemeinsamen Haushalt führen, zum Beispiel nicht eheliche Lebenspartner

Dabei gilt: Hat der Erblasser mit seinem Ehegatten oder mit seinem gleichgeschlechtlichen Lebenspartner zusammengelebt, tritt dieser in den Mietvertrag ein. Kinder des Erblassers können neben dem Lebenspartner eintreten, nicht aber neben dem Ehegatten. Andere Familienangehörige oder zum gemeinsamen Haushalt gehörende Dritte treten nur ein, wenn der Ehepartner oder der gleichgeschlechtliche Lebenspartner nicht eingetreten ist, und zwar in diesem Fall gleichrangig mit den Kindern.

Boris Mein wohnt in der von ihm gemieteten Wohnung mit seiner Mutter Karin, seinen volljährigen Kindern Silke und Anna, seinem eingetragenen Lebenspartner Claus und seiner inzwischen pflegebedürftigen ehemaligen Haushälterin Maria. Boris stirbt am 5. Januar 2002.

Wer tritt in das Mietverhältnis ein? Mit dem Tod von Boris sind Claus und die Kinder Silke und Anna gemäß § 563 BGB die neuen Mieter. Die Mutter Karin als Familienangehörige und die Haushälterin Maria könnten nur dann Mieter werden, wenn Claus seinem Eintritt widerspricht.

Wer nicht in den Mietvertrag eintreten will, der hat das Recht, innerhalb eines Monats nach Kenntnis des Todes des Erblassers dem Vermieter mitzuteilen, dass er die Fortsetzung des Mietverhältnisses ablehnt.

Claus will auswandern, Silke in einer anderen Stadt studieren, beide teilen dem Vermieter am 16. Januar 2002 schriftlich mit, dass sie nicht in den Mietvertrag eintreten.

Wer ist Mieter der Wohnung? Neben der Tochter Anna tritt nunmehr die Mutter des Erblassers, Karin, in den Mietvertrag ein. Fraglich ist, ob auch die Haushälterin Maria eintritt.

Lebte Boris mit seiner langjährigen Lebenspartnerin Krista, seiner Mutter und den Kindern zusammen, so träten alle diese Personen gleichrangig in das Mietverhältnis ein mit der Möglichkeit – und zwar jeder für sich –, dem Eintritt zu widersprechen.

Nach § 563 BGB treten in das Mietverhältnis nachrangig Personen ein, die mit dem Erblasser einen auf Dauer angelegten gemeinsamen Haushalt führen. Damit sind vom Gesetzgeber zunächst einmal Partner einer auf Dauer angelegten nicht ehelichen Lebensgemeinschaft gemeint, und zwar auch gleichgeschlechtliche Paare, die keine Lebenspartnerschaft begründet haben. Welche Kriterien darüber hinaus zur Auslegung des Begriffs „ein auf Dauer angelegter gemeinsamer Haushalt" entwickelt werden, wird die zukünftige Rechtsprechung zeigen. Dies bleibt abzuwarten.

Haben mehrere Mieter den Mietvertrag gemeinsam unterzeichnet und stirbt einer von ihnen, so gilt: Gehören die anderen Mieter zu den auf Seite 144 beschriebenen Personen, wird das Mietverhältnis mit ihnen weiter fortgesetzt. Sie – nicht jedoch der Vermieter – haben aber ein außerordentliches Kündigungsrecht. Sie sind berechtigt, den Mietvertrag innerhalb eines Monats nach Kenntnis des Erbfalls mit der gesetzlichen Frist von drei Monaten zu kündigen.

Wenn der Erblasser die Wohnung allein bewohnt hat

War der Erblasser alleiniger Mieter und Bewohner, dann haben Vermieter und Erbe die Möglichkeit, innerhalb eines Monats ab Kenntnis des Erbfalls das Mietverhältnis mit gesetzlicher Frist außerordentlich gemäß § 564 BGB zu kündigen. Für den Erben gilt eine Kündigungsfrist von drei Monaten, für den Vermieter verlängert sich diese nach fünf und nach acht Jahren um jeweils drei Monate. Anders als früher kann der Vermieter dem Erben kündigen, ohne dass Gründe vorliegen.

Position des Vermieters

Treten eine oder mehrere der berechtigten Personen in den Mietvertrag ein (→ Seite 144), dann hat der Vermieter die Möglichkeit, ihnen den Mietvertrag innerhalb eines Monats nach Kenntnis des Eintritts zu kündigen. Die Kündigung unter Einhaltung der gesetzlichen Frist ist in diesem Fall aber nur möglich, wenn ein wichtiger Grund in der Person der neuen Mieter vorliegt. Dies ist zum Beispiel dann der Fall, wenn die eintretenden Mieter zahlungsunfähig sind.

Wird dagegen der Mietvertrag nur mit den bisherigen Mietern fortgesetzt (→ Seite 145), besteht kein Sonderkündigungsrecht des Vermieters.

Hat der verstorbene Mieter allein in der Wohnung gelebt, kann der Vermieter den Mietvertrag kündigen (→ oben).

Neu geregelt ist, dass der Vermieter, wenn bislang keine Mietkaution gestellt worden ist, das Recht hat, von seinem neuen Mieter bei Eintritt in den Mietvertrag oder bei dessen Fortsetzung eine Kaution zu verlangen.

Weitere Anzeigen, Kündigungen und Mitteilungen

Nach einem Todesfall müssen benachrichtigt bzw. gekündigt werden:

- Arbeitgeber
- Haftpflicht-, Kranken-, Rechtsschutz- und Hausratversicherung
- Berufsverbände und Vereine
- Zeitungsabonnements und ähnliches.

Sicherung des Nachlasses durch das Nachlassgericht

Das Nachlassgericht ist zur Sicherung des Nachlasses verpflichtet, wenn der Erbe oder die Erben unbekannt sind und ein Sicherungsbedürfnis besteht.

„Unbekannte" Erben

- Der Erbe ist zwar bekannt, aber er hat die Erbschaft noch nicht angenommen, ist also noch vorläufiger Erbe.
- Der Erbe ist bekannt. Nicht bekannt ist, ob er die Erbschaft angenommen hat.
- Der Erbe ist unbekannt. Als unbekannt gilt auch der bereits gezeugte, aber zum Zeitpunkt des Erbfalls noch nicht geborene Erbe.

Sicherungsbedürfnis

Ein Sicherungsbedürfnis ist dann gegeben, wenn niemand Fürsorgemaßnahmen ergreift, wenn also weder ein Testamentsvollstrecker noch ein Nachlassverwalter (→ Seite 154) bestellt ist, der vorläufige Erbe sich nicht einmischen will und der Erblasser niemandem eine Vollmacht erteilt hat, den Nachlass abzuwickeln. Ein Bedarf besteht insbesondere bei Erbfällen Alleinlebender ohne nahe Angehörige.

Es müssen darüber hinaus Nachlassgegenstände vorhanden sein, die im Interesse des Erben zu sichern und zu erhalten sind: Wohnungseinrichtung, Bankkonto, Schmuck und andere Gegenstände sind sicherzustellen, die Wohnung ist aufzulösen.

Maßnahmen des Nachlassgerichts

Das Nachlassgericht kann alle Maßnahmen anordnen, die es für die Ermittlung der Erben und die Sicherung des Nachlasses im Interesse der noch nicht feststehenden Erben für erforderlich hält. In § 1960 Abs. 2 BGB werden nur einige der möglichen Maßnahmen aufgezählt, so zum Beispiel die Siegelung, also Kennzeichnung von Nachlassgegenständen, die Hinterlegung von Geld, Wertpapieren und Kostbarkeiten.

In der Praxis bestellt das Gericht zumeist einen Nachlasspfleger, der dann die notwendigen Maßnahmen zu treffen hat.

Nachlasspfleger

Der Nachlasspfleger wird durch das zuständige Nachlassgericht bestellt. Er ist der gesetzliche Vertreter des oder der unbekannten Erben. Ist bei mehreren Erben einer unbekannt, kann für diesen eine Teilpflegschaft angeordnet werden.

Das Gericht muss einen Nachlasspfleger bestellen, wenn ein Nachlassgläubiger dies beantragt, weil er Ansprüche gegen den Nachlass geltend machen will. Der Nachlasspfleger ist dann zuständig für die Ermittlung der unbekannten Erben, für die Wohnungsauflösung und Verwaltung, die Erhaltung und Sicherstellung der Nachlassgegenstände. Er steht unter der Aufsicht des Nachlassgerichts und muss ein Nachlassverzeichnis aufnehmen und beim Nachlassgericht einreichen.

Die Erfüllung von Nachlassverbindlichkeiten gehört nicht zu seinem Aufgabenkreis, denn er ist für die Erben und nicht im Interesse der Nachlassgläubiger tätig. Der Nachlasspfleger als gesetzlicher Vertreter des endgültigen Erben kann – anders als der vorläufige Erbe – auch auf Zahlung von Nachlassschulden vor Gericht von Gläubigern verklagt werden. Um unnötige Prozesse abzuwenden, gehört zur ordnungsgemäßen Verwaltung des Nachlasses in diesem Fall auch die Bezahlung von Nachlassverbindlichkeiten.

Der Nachlasspfleger ist auch für die Zahlung von Steuern verantwortlich, und zwar sowohl für rückständige Erblasserschulden beim Finanzamt als auch für die Erbschaftsteuer.

Für seine Handlungen ist der Nachlasspfleger dem Erben gegenüber verantwortlich. Verursacht er Schäden, so hat er dafür einzustehen. Die Höhe der Vergütung des Nachlasspflegers bestimmt das Nachlassgericht. Die Vergütung selbst kann er aus dem von ihm verwalteten Vermögen entnehmen. Zahlungspflichtig sind letztendlich die Erben.

Ist der Nachlass zahlungsunfähig oder überschuldet, muss der Nachlasspfleger den Antrag auf Eröffnung des Nachlassinsolvenzverfahrens stellen. Mit Eröffnung des Verfahrens oder nach Erledigung aller Aufgaben wird der Pfleger vom Nachlassgericht abberufen.

Wird ein Nachlasspfleger vom Gericht bestellt, ohne dass der vorläufige Erbe dies will, können er und andere Erbanwärter gegen den Beschluss über die Anordnung der Pflegschaft Beschwerde einlegen. Erscheint ihnen die festgesetzte Vergütung zu hoch, besteht ebenfalls Beschwerdemöglichkeit.

Kosten der Sicherungsmaßnahmen

Das Nachlassgericht erhebt für seine Tätigkeit Gebühren nach der Kostenordnung, zum Beispiel:

- für die Sicherung des Nachlasses eine volle Gebühr
- für die Anordnung der Nachlassverwaltung eine volle Gebühr nach dem Nachlasswert.

Kostenschuldner sind der oder die Erben.

Rechte und Pflichten der Erben

150 Haftung für Nachlassverbindlichkeiten
157 Auskunfts- und Herausgabeanspruch
159 Der Tod unterbricht Prozesse
159 Verhältnis zwischen Vor- und Nacherben
160 Beschwerde

Sie sind endgültig Erbe geworden und haben damit Rechte und Pflichten übernommen. Über deren Bedeutung und Umfang müssen Sie sich im Klaren sein. Beschäftigen Sie sich zunächst mit dem belastenden Teil, den Pflichten, das heißt, mit der Haftung für Nachlassverbindlichkeiten.

Haftung für Nachlassverbindlichkeiten

Zunächst müssen Sie wissen, wofür Sie haften. Mit anderen Worten: Welche Schulden des Nachlasses müssen Sie ausgleichen? Dann stellt sich die Frage, in welchem Umfang Sie haften: Nur mit dem geerbten Vermögen oder auch mit Ihrem eigenen? Das System des BGB ist verwirrend – selbst wenn Sie das Gesetz lesen, werden Sie nach dem Studium der §§ 1967 bis 2017 BGB nicht genau wissen, was Sie erwartet und was Sie tun sollen.

Umfang der Haftung

Die Schulden des Erblassers kennen Sie bereits; Sie haben sie zusammengestellt, um sich einen Überblick über die Zusammensetzung des Nachlasses zu verschaffen (→ Seite 66 ff.).

Erbfallschulden

Zu diesen Erblasserschulden kommen die Verbindlichkeiten hinzu, die mit dem Erbfall entstehen, die Erbfallschulden:

- Pflichtteilsansprüche einschließlich der Restpflichtteils- oder Pflichtteilsergänzungsansprüche
- Vermächtnisse, die der Erbe zu erfüllen hat
- Auflagen, die der Erbe auszuführen hat
- Dreißigster
- Voraus
- Ausbildungsanspruch von Stiefkindern
- Unterhaltsanspruch der werdenden Mutter gemäß § 1963 BGB. Ist ein bereits gezeugtes, aber zum Zeitpunkt des Erbfalls noch nicht geborenes Kind Erbe, dann hat die Mutter des Kindes einen Unterhaltsanspruch gegen den Nachlass bis zum Zeitpunkt der Entbindung. Voraussetzung ist ihre Bedürftigkeit. Die Höhe bestimmt sich nach den Lebensumständen und ist begrenzt auf den Wert des Erbteils des Kindes.
- Kosten der Beerdigung. Dazu zählen die Kosten der Bestattung einschließlich Grabstätte und Grabstein, aber auch für die üblichen Trauerfeierlichkeiten nebst Traueranzeigen und Danksagungen. In welcher Höhe sie zu erstatten sind, bemisst sich nach den Lebensumständen des Erblassers. Die Kosten für Trauerkleidung und Anreise von Angehörigen fallen dagegen nicht darunter.
- Kosten gerichtlicher Sicherungsmaßnahmen

- Kosten der Testamentseröffnung
- aus der Tätigkeit eines Nachlasspflegers, eines Nachlassverwalters oder eines Testamentsvollstreckers entstehende Verbindlichkeiten, wenn diese bei der ordnungsgemäßen Abwicklung entstanden sind.
- Gebühren bzw. Vergütung des Nachlasspflegers, des Nachlassverwalters oder des Testamentsvollstreckers
- Erbschaftsteuer.

Sie sehen, je nach den Umständen des Einzelfalls können sich die Verbindlichkeiten ganz beträchtlich summieren.

Wichtig

Gehört zum Nachlass ein Handelsgeschäft, bestimmt sich die Haftung des Erben nach dem Handelsgesetzbuch. Sie ist unterschiedlich ausgestaltet, je nachdem, ob das Geschäft fortgeführt wird oder nicht.

Ferner sind je nach Gesellschaftsform Besonderheiten zu beachten. Kommt eine Fortführung eines Geschäfts in Betracht oder gehört eine Beteiligung an einer Gesellschaft zum Nachlass, sollten Sie sich, bevor Sie handeln, in jedem Fall rechtlich beraten lassen, die Haftungsrisiken sind für Sie sonst zu hoch!

Nachlasserbenschulden

Die Verbindlichkeiten, die durch Ihre Handlungen entstehen, treffen Sie zunächst einmal persönlich. Wenn diese Handlungen sich zugleich auch auf den Nachlass beziehen, ihm zugute kommen und ordnungsgemäße Abwicklungstätigkeiten darstellen, haftet auch der Nachlass für diese Verbindlichkeiten (Nachlasserbenschulden). Fällt in den Nachlass zum Beispiel ein Handwerksbetrieb, den Sie schließen, dann sind die Kosten der Betriebsschließung Nachlasserbenschulden. Auch eine notwendige Dachreparatur bei einem in den Nachlass fallenden Haus gehört zu den Nachlasserbenschulden.

Aufgebotsverfahren

Der Nachlass ist unübersichtlich. Es melden sich vermehrt unbekannte Gläubiger bei Ihnen, und Sie vermuten, dass es noch weitere gibt. Dann ist die Einleitung eines gerichtlichen Aufgebotsverfahrens der richtige Weg, um Klarheit über die vorhandenen Gläubiger zu gewinnen.

Die Durchführung ist beim zuständigen Nachlassgericht zu beantragen. Dazu berechtigt sind der endgültige Erbe, der Testamentsvollstrecker und der Nachlassverwalter. Der Antrag ist schriftlich zu stellen oder zu Protokoll der Geschäftsstelle zu geben. Beizufügen ist eine vollständige Liste der bekannten Nachlassgläubiger mit Angabe ihrer Anschrift. Das Gericht fordert anschließend durch öffentliche Bekanntmachung alle Gläubiger auf, ihre Forderungen innerhalb der gesetzten Frist beim Nachlassgericht anzumelden.

Nach Fristablauf erlässt das Gericht auf Antrag ein Ausschlussurteil. Folge ist, dass die Forderungen der Gläubiger, die bis zu diesem Zeitpunkt nicht angemeldet wurden, erst zuletzt befriedigt werden, wenn bis dahin der Nachlass noch nicht erschöpft ist. Das Ausschlussurteil führt also nicht dazu, dass die Verbindlichkeiten erlöschen. Der ausgeschlossene Gläubiger kann seine Forderung weiter gegen den Nachlass geltend machen, muss allerdings mit dem Rest vorlieb nehmen, und der Erbe kann ihm die Erschöpfung des Nachlasses entgegenhalten. Pflichtteilsrechte, Vermächtnisansprüche und Auflagen sind im Aufgebotsverfahren nicht anzumelden – diese sind dem Erben im Allgemeinen bekannt.

Der Gläubiger Zorn hat eine Forderung über 1 500 €, Gläubiger Wagner eine über 35 000 € im Aufgebotsverfahren angemeldet. Der Nachlass hat einen Wert von 50 000 €. Der Alleinerbe Thomas Klar ist mit einem Vermächtnis zugunsten des Tierschutzvereins Hamburg in Höhe von 500 € beschwert. Nach Erlass des Ausschlussurteils meldet sich noch der Gläubiger Grün mit einer Forderung von 20 000 €.

Thomas Klar hat zunächst die Gläubiger Zorn und Wagner in Höhe von insgesamt 36 500 € befriedigt. Ob der Gläubiger Grün nunmehr die verbleibenden 13 500 € erhält oder nicht, hängt davon ab, wann er sich bei dem Erben gemeldet hat. War das Vermächtnis zu diesem Zeitpunkt bereits an den Tierschutzverein ausgezahlt, erhält er nur den Rest, also 13 000 €.

Zwar führt das Aufgebotsverfahren nicht zu einer beschränkten Erbenhaftung (→ Seite 153 ff.), immerhin aber läuft der Erbe bei ordnungsgemäßer Durchführung nicht Gefahr, Schulden des Erblassers aus seinem eigenen Vermögen bezahlen zu müssen, denn es steht ihm die Einrede der „Erschöpfung" des Nachlasses zu. Steht allerdings die Überschuldung des Nachlasses fest, sind vom Erben andere Maßnahmen einzuleiten (→ Seite 155 ff.).

Wichtig

Nur der Erbe, der nicht gegenüber allen Nachlassgläubigern unbeschränkt haftet (→ Seite 153 ff.), kann die Durchführung des Aufgebotsverfahrens beantragen.

Das Aufgebotsverfahren bringt Klarheit über die Zusammensetzung der Nachlassverbindlichkeiten. Nach Durchführung des Aufgebots kann der Erbe die ihm bekannten Schulden aus dem Nachlass bezahlen. Reicht dieser dafür nicht aus, muss der Erbe den Antrag auf Eröffnung des Nachlassinsolvenzverfahrens stellen.

Melden Gläubiger Forderungen verspätet an, kann der Erbe auf die noch vorhandenen Nachlassmittel verweisen. Reichen diese zur Befriedigung nicht mehr aus, kann sich der Erbe auf die Erschöpfung des Nachlasses berufen.

Wird der Erbe von dem Gläubiger verklagt, muss der Erbe sich im Rechtsstreit auf die Erschöpfung berufen, sie also ausdrücklich geltend machen! Er muss durch Abrechnung auch den Nachweis der Erschöpfung führen.

Inventar

Ein Inventar ist die Aufstellung der beim Erbfall vorhandenen Vermögenswerte und Verbindlichkeiten. Die Vermögenswerte sind im Einzelnen zu beschreiben und mit Wertangaben zu versehen. Das Inventar schafft damit Klarheit über den Bestand des Nachlasses.

Pflicht des Erben?

Der Erbe ist immer berechtigt, ein Inventar aufzustellen und beim Nachlassgericht einzureichen. Setzt ihm das Gericht auf Antrag eines Nachlassgläubigers dafür eine Frist, muss er diese Frist einhalten, andernfalls haftet er unbeschränkt für sämtliche Nachlassverbindlichkeiten. Unbeschränkte Haftung heißt: Er muss auch seine eigenen Vermögenswerte und nicht nur den

Nachlass für die Schuldentilgung einsetzen. Unbeschränkt haften zu müssen ist daher für den Erben gefährlich – je nach Lage zahlt er die Schulden des Erblassers aus seinem eigenen Vermögen!

Wie ist vorzugehen?

Will der Erbe ein Inventar errichten oder erhält er die Aufforderung dazu, muss er das Nachlassgericht oder einen Notar hinzuziehen. Er kann das Inventar also nicht ohne amtliche Aufsicht erstellen. Er kann aber auch den Antrag stellen, dass es von einer amtlichen Seite errichtet wird. Die Antragstellung ist zur Wahrung einer vom Nachlassgericht gesetzten Frist ausreichend; der Erbe ist verpflichtet, die notwendigen Auskünfte zu erteilen.

Wenn der Erbe Vermögenswerte verschweigt oder wissentlich falsche oder unvollständige Angaben macht, haftet er unbeschränkt. Dasselbe gilt, wenn er die Erteilung von Auskünften verweigert oder absichtlich verzögert. Sind die Angaben dagegen unabsichtlich unvollständig, kann der Erbe sie ergänzen. Auf Antrag eines Nachlassgläubigers ist der Erbe verpflichtet, die Richtigkeit des Inventars zu Protokoll des Nachlassgerichts an Eides statt zu versichern. Weigert er sich oder erscheint auch zum zweiten Termin vor dem Nachlassgericht nicht, dann haftet er dem antragstellenden Gläubiger gegenüber unbeschränkt.

Tipp

Welche Amtsperson in den einzelnen Bundesländern für die Inventarerstellung zuständig ist, richtet sich nach Landesrecht. Dies klären Sie durch Rückfrage beim zuständigen Nachlassgericht!

Wichtig

Die Versäumung der Inventarfrist oder eine absichtlich unrichtige Inventarerstellung führt zu einer unbeschränkten Haftung gegenüber allen Nachlassgläubigern. Die Nichtabgabe der eidesstattlichen Versicherung führt nur zur unbeschränkten Haftung gegenüber dem antragstellenden Gläubiger.

Wirkung

Wird das Inventar ordnungsgemäß erstellt und fristgemäß bei Gericht eingereicht, dann besteht seine Wirkung nur darin, dass im Verhältnis zwischen Erben und Nachlassgläubigern vermutet wird, dass die Aktiva des Nachlasses, also alle Vermögensgegenstände, vollständig erfasst sind. Meint ein Gläubiger, dass der Nachlass noch weiteres Vermögen umfasst, muss er dies im Streitfall beweisen.

Wichtig

Hat der Erbe das Inventar ordnungsgemäß beim Nachlassgericht abgeliefert, behält er die Möglichkeit, durch Nachlassverwaltung oder Nachlassinsolvenz seine Haftung auf den vorhandenen Nachlass zu beschränken, also nicht aus seinem eigenen Vermögen die Schulden des Erblassers zahlen zu müssen.

Haftungsbeschränkung

Als Erbe haften Sie – wie erwähnt – für die Nachlassverbindlichkeiten. Wenn der Nachlass zu ihrer Deckung ausreicht und für Sie noch Vermögenswerte übrig bleiben, ist die Haftungsfrage unproblematisch. Ist dies jedoch nicht der Fall, haben Sie sicherlich ein Interesse daran, die Verbindlichkeiten des Erblassers nicht aus Ihrem eigenen Vermögen bezahlen zu müssen – die Gläubiger des Erblassers werden auf jeden Fall versuchen, Sie persönlich in Anspruch zu nehmen. Eine Haftungsbeschränkung auf den Nachlass können Sie herbeiführen, indem Sie die Anordnung der Nachlassverwaltung oder – bei einem zahlungsunfähigen oder überschuldeten Nachlass – die Eröffnung des Nachlassinsolvenzverfahrens beantragen.

Nachlassverwaltung

Das Nachlassgericht ordnet eine Nachlassverwaltung auf Antrag des Erben an. Dieser bedarf keiner Begründung. Der Erbe kann jedoch die Anordnung dann nicht mehr beantragen, wenn er bereits allen Gläubigern gegenüber unbeschränkt haftet.

Ein Nachlassgläubiger kann die Anordnung der Nachlassverwaltung nur innerhalb von zwei Jahren ab Annahme der Erbschaft beantragen. Voraussetzung ist, dass die Befriedigung der Nachlassverbindlichkeiten durch das Verhalten des Erben oder seine Vermögenslage gefährdet ist. Dies ist zum Beispiel der Fall, wenn der Erbe Nachlassgegenstände verschleudert oder seine eigenen Gläubiger versuchen, sich aus der Nachlassmasse zu befriedigen, weil der Erbe selbst vermögenslos ist.

Das Nachlassgericht lehnt die Anordnung bzw. die Bestellung eines Nachlassverwalters aber dann ab, wenn der Nachlass noch nicht einmal zur Deckung der Kosten der Nachlassverwaltung ausreicht.

Der Nachlassverwalter nimmt den Nachlass in Besitz, verwaltet ihn und veräußert die Nachlassgegenstände, soweit dies zur Befriedigung der Nachlassgläubiger erforderlich ist. Der Erbe selbst darf in Bezug auf den Nachlass nichts mehr tun, weder verwalten noch verfügen, also zum Beispiel auch keine für den Nachlass bestimmten Zahlungen mehr annehmen. Seine eigenen Gläubiger können sich ebenfalls aus dem Nachlass nicht mehr befriedigen.

Der Nachlassverwalter ist den Nachlassgläubigern für seine Verwaltung verantwortlich. Er steht unter der Aufsicht des Nachlassgerichts und bedarf wie der Nachlasspfleger (→ Seite 147) für bestimmte Geschäfte der Genehmigung durch das Nachlassgericht. Für seine Tätigkeit erhält er eine vom Nachlassgericht festzusetzende Vergütung, die aus dem Nachlass zu zahlen ist. Ist der Nachlass abgewickelt und sind alle Nachlassverbindlichkeiten beglichen, übergibt der Nachlassverwalter dem Erben die noch vorhandenen Nachlassgegenstände. Die Nachlassverwaltung wird aufgehoben.

Stellt der Nachlassverwalter fest, dass der Nachlass zahlungsunfähig oder überschuldet ist, hat er umgehend die Eröffnung eines Nachlassinsolvenzverfahrens beim Insolvenzgericht zu beantragen. Mit dessen Eröffnung endet die Nachlassverwaltung. Ergibt sich erst im Laufe der Nachlassverwaltung, dass die Kosten des Verfahrens nicht mehr gedeckt sind, wird die Nachlassverwaltung ebenfalls aufgehoben. Ein Nachlassinsolvenzverfahren kann aber mangels kostendeckender Masse nicht mehr stattfinden.

Wichtig

Wenn Sie als Erbe einmal die Möglichkeit, Ihre Haftung auf den Nachlass zu beschränken, verloren haben, zum Beispiel durch absichtlich unrichtige Inventarerrichtung, ist auch durch Nachlassverwaltung die Haftung nicht mehr zu beschränken!

Tipp

Ist der Nachlass unübersichtlich oder fühlen Sie sich mit der Abwicklung überfordert, sollten Sie die Anordnung der Nachlassverwaltung beantragen. Sie haben dann zwar in Bezug auf den Nachlass nichts mehr zu bestimmen, aber Sie haften auch nicht mehr mit Ihrem eigenen Vermögen für die Verbindlichkeiten.

Sie sind allerdings für Ihre vor Anordnung der Nachlassverwaltung vorgenommenen Handlungen in ähnlicher Weise wie der vorläufige Erbe verantwortlich. Ihre Aufwendungen sind ebenso aus dem Nachlass zu ersetzen (→ Seite 140 ff.).

Nachlassinsolvenzverfahren

Die Einleitung eines Nachlassinsolvenzverfahrens setzt die Überschuldung und/oder die Zahlungsunfähigkeit des Nachlasses voraus.

Sie stellen fest, dass Sie mehr Schulden als Vermögenswerte geerbt haben. Selbst wenn Sie – wie es § 1980 BGB vorsieht – Vermächtnisse und Auflagen nicht als Verbindlichkeiten berücksichtigen, ist der Nachlass immer noch überschuldet. Oder: Gläubiger verlangen mit Nachdruck Zahlung, drohen Mahn- und Vollstreckungsmaßnahmen an. Flüssige Mittel zur Begleichung der Schulden haben Sie nicht. In beiden Fällen müssen Sie umgehend den Antrag auf Eröffnung des Nachlassinsolvenzverfahrens stellen.

Zuständig ist grundsätzlich das Insolvenzgericht, in dessen Bezirk der Erblasser seinen letzten Wohnsitz hatte. Der Antrag ist schriftlich oder zu Protokoll der Geschäftsstelle zu stellen, und zwar nicht in der Nachlass-, sondern in der Insolvenzabteilung des Amtsgerichts. Beizufügen ist eine Aufstellung über die Vermögenswerte und Nachlassverbindlichkeiten.

Die Insolvenzantragspflicht trifft Sie erst, wenn Sie endgültig Erbe sind. Die Pflicht besteht nicht nur bei Kenntnis der Überschuldung oder Zahlungsunfähigkeit. Auch wenn Sie nur vermuten, dass der Nachlass überschuldet oder zahlungsunfähig sein wird, müssen Sie sich Gewissheit verschaffen. Tun Sie dies nicht, kann das zur Verletzung der Antragspflicht führen. Ist Nachlassverwaltung angeordnet, trifft den Nachlassverwalter die Antragspflicht. Wird der Insolvenzantrag nicht fristgemäß gestellt, haftet der Erbe bzw. der Nachlassverwalter den Nachlassgläubigern für dadurch entstandene Schäden.

Außer dem Erben, dem Nachlassverwalter und dem Testamentsvollstrecker ist auch jeder Nachlassgläubiger berechtigt, den Antrag auf Eröffnung des Nachlassinsolvenzverfahrens zu stellen.

Das Nachlassinsolvenzverfahren wird eröffnet, wenn das Insolvenzgericht nach Prüfung die Überschuldung oder Zahlungsunfähigkeit feststellt und genügend Mittel im Nachlass vorhanden sind, um die Kosten des Nachlassinsolvenzverfahrens zu decken. Mit der Eröffnung bestellt das Insolvenzgericht einen Insolvenzverwalter. Dieser wickelt den Nachlass ab und befriedigt die bei ihm angemeldeten Insolvenzforderungen der Nachlassgläubiger nach dem in der Insolvenzordnung im Einzelnen festgelegten Verfahren. Der Erbe hat dann mit der Abwicklung nichts mehr zu tun und darf auch nicht mehr handeln. In seiner Haftung ist er beschränkt – allerdings wiederum nur dann, wenn er vor Insolvenzeröffnung noch nicht allen Nachlassgläubigern gegenüber unbeschränkt haftete (→ Seite 153 ff.).

Wichtig

Der endgültige Erbe haftet also zunächst für alle Nachlassverbindlichkeiten auch persönlich mit seinem Vermögen. Die Haftung kann er auf den Nachlass beschränken, sodass nur noch die Erbschaft für Nachlassverbindlichkeiten haftet. Dies setzt voraus, dass der Erbe die Anordnung der Nachlassverwaltung oder die Eröffnung der Nachlassinsolvenz beantragt und das Gericht den Anträgen folgt.

Aber: Der Erbe haftet allen Nachlassgläubigern dann unbeschränkt, wenn er das Inventar trotz Fristsetzung nicht oder absichtlich unrichtig errichtet hat. In diesem Fall kann er die Anordnung der Nachlassverwaltung nicht mehr beantragen. Auch die Eröffnung des Nachlassinsolvenzverfahrens bewirkt keine Haftungsbegrenzung. Der Erbe kann auch kein Aufgebotsverfahren mehr beantragen.

Weitere Möglichkeiten, Forderungen abzuwehren

Sie sind endgültig Erbe geworden, nun melden sich die ersten Gläubiger bei Ihnen und mahnen die Begleichung der Schulden des Erblassers an. Sie wollen erst einmal überlegen und prüfen, wie der Nachlassbestand aussieht. Was ist zu tun?

Dreimonatseinrede

Wenn die Gläubiger Druck machen, können Sie sich auf die Dreimonatseinrede gemäß § 2014 BGB berufen. Sie berechtigt Sie, die Zahlung der Nachlassverbindlichkeiten in den ersten drei Monaten nach Annahme der Erbschaft zu verweigern. Wenn Sie in dieser Zeit allerdings ein Inventar errichten, endet die Frist mit der Errichtung, weil Sie jetzt die notwendige Übersicht gewonnen haben.

Einrede des Aufgebotsverfahrens

Wenn Sie innerhalb eines Jahres nach Erbschaftsannahme das Aufgebotsverfahren beantragt haben (→ Seite 151 f.) und das Gericht das Verfahren durchführt, sind Sie bis zu dessen Beendigung berechtigt, gegenüber Nachlassgläubigern die Zahlung von Nachlassverbindlichkeiten zu verweigern. Dieses Recht endet aber schon vorher, wenn Sie nicht zu dem vom Gericht angesetzten Aufgebotstermin erscheinen.

Erschöpfungseinrede

Dem im Aufgebotsverfahren ausgeschlossenen Nachlassgläubiger (→ Seite 151 f.) können Sie, wenn nach der Befriedigung der anderen Nachlassgläubiger kein Nachlassvermögen mehr übrig ist, die Erschöpfungseinrede entgegenhalten.

Sie können sie auch dem Gläubiger entgegenhalten, der seine Ihnen bisher nicht bekannte und auch nicht im Aufgebotsverfahren angemeldete Forderung später als fünf Jahre nach dem Erbfall geltend macht. In diesem Fall sollten Sie aber auch prüfen lassen, ob die Forderung des säumigen Gläubigers nicht bereits verjährt ist, und sich dann darauf berufen.

Hat im Nachlassinsolvenzverfahren eine vollständige Verteilung des Nachlasses stattgefunden und ist das Nachlassvermögen damit verbraucht, steht Ihnen nach Verfahrensbeendigung die Erschöpfungseinrede ebenfalls zu.

Wichtig

Alle diese Einreden kann nur der Erbe, der nicht bereits allen Gläubigern gegenüber unbeschränkt haftet, geltend machen. Sie müssen sich ausdrücklich auf die Einreden berufen und sie auch im Prozess erklären.

Einrede der Dürftigkeit

Eine Nachlassverwaltung wird nur angeordnet bzw. ein Nachlassinsolvenzverfahren nur dann eröffnet, wenn die jeweiligen Verfahrenskosten aus dem Nachlass gedeckt sind. Stellt sich im Laufe der Verfahren heraus, dass das nicht mehr der Fall ist, werden die Verfahren eingestellt. Die Gläubiger werden dann den Erben zur Zahlung auffordern. In diesem Fall können Sie sich als Erbe auf die Dürftigkeit des Nachlasses berufen. Sind noch geringfügige Werte vorhanden, müssen Sie diese den Gläubigern zur Verfügung stellen.

Kosten

Wird das Gericht tätig, entstehen Kosten. Für diese haftet der Erbe genauso wie für sonstige Nachlassverbindlichkeiten.

Für die Inventarerrichtung

Es entstehen Gebühren von jeweils der Hälfte der vollen Gebühr für die Entgegennahme des Inventars, für die Bestimmung der Inventarfrist sowie für deren Verlängerung.

Für die Abnahme der eidesstattlichen Versicherung fällt eine volle Gebühr an. Diese hat der antragstellende Nachlassgläubiger zu zahlen. Die Gebühren werden nach der Kostenordnung berechnet.

Für das Aufgebotsverfahren

Die Kosten des Aufgebotsverfahrens richten sich nach dem Gerichtskostengesetz. Sie betragen eine halbe Gebühr und werden nach dem Streitwert berechnet.

Tipps

Sind Sie Erbe geworden, müssen Sie überlegen, ob und welche Maßnahmen Sie zur Haftungsbeschränkung einleiten wollen:

- Nachlassverwaltung
- Nachlassinsolvenzverfahren.

Ist zur Vorbereitung die Einleitung eines Aufgebotsverfahrens angezeigt?

Hat ein Nachlassgläubiger beim Nachlassgericht beantragt, Ihnen als Erbe eine Frist zur Inventarerrichtung zu setzen? Dann ist Vorsicht geboten, der Gläubiger traut Ihnen nicht. Halten Sie alle vom Nachlassgericht gesetzten Termine unbedingt ein, lassen Sie sich rechtlich beraten, und stellen Sie den Antrag auf Anordnung der Nachlassverwaltung.

Gläubiger bedrängen Sie. Prüfen Sie, welche Einreden Sie ihnen entgegensetzen können. Befriedigen Sie nicht vorschnell Nachlassverbindlichkeiten, dazu sind Sie nicht verpflichtet.

Gehört zum Nachlass ein Handelsgeschäft oder eine Gesellschaftsbeteiligung, dann müssen Sie unter allen Umständen Rechtsrat einholen.

Für Erbengemeinschaften gelten besondere Regeln – → Seite 168 ff.

Auskunfts- und Herausgabeanspruch

Sie sind als Erbe Gesamtrechtsnachfolger des Erblassers und nehmen mit dem Erbfall dessen Position ein. Sie können in derselben Weise wie der Erblasser die Ansprüche, zum Beispiel auf Herausgabe eines verliehenen Buches, geltend machen. Wenn Sie keine enge Verbindung zu dem Erblasser hatten, werden Sie nicht wissen, welche Gegenstände zum Nachlass gehören. Aus diesem Grund räumt das BGB in § 2028 einen besonderen Auskunftsanspruch ein.

Auskunftspflicht der „Hausgenossen"

Wer in engem Kontakt mit dem Erblasser stand, ist auskunftspflichtig. Voraussetzung dafür ist weder ein Zusammenleben mit dem Erblasser noch ein Verwandtschaftsverhältnis. Jeder, der aufgrund seiner persönlichen oder räumlichen Beziehungen Zugang zu Nachlassgegenständen hatte oder etwas über den Verbleib wissen könnte, ist gemäß § 2028 BGB zur Auskunft verpflichtet. Der mit dem Erblasser in häuslicher Gemeinschaft lebende Partner muss ebenso wie Besucher, Hausangestellte, Mitbewohner oder Zimmernachbarn im Altenheim Auskunft erteilen.

Die Auskunftspflicht erstreckt sich nur auf den Verbleib von Nachlassgegenständen. Weiter geht die Verpflichtung nicht. Insbesondere kann der Erbe nicht die Vorlage einer Liste sämtlicher Nachlassgegenstände verlangen. Aber die Auskunft muss vollständig und richtig sein. Bestehen daran begründete Zweifel, kann der Erbe die Abgabe einer Versicherung an Eides statt von dem Auskunftspflichtigen verlangen.

Auskunfts- und Herausgabeanspruch gegen den Erbschaftsbesitzer

Sie sind endgültig Erbe geworden. Ein anderer behauptet jedoch ebenfalls, Erbe zu sein und hat aufgrund dieser Behauptung die Erbschaft in Besitz genommen.

Barbara Anton, die frühere Lebensgefährtin von Kurt Schubarth, nimmt nach dessen Tod die Erbschaft in Besitz, weil sie weiß, dass sie nach dem Testament vom 25. März 1993 Alleinerbin geworden ist. Die Brüder Ulrich und Jens Schubarth haben dieses Testament jedoch wirksam angefochten. Sie verlangen von Barbara Anton die Herausgabe der Erbschaft.

Aufgrund der Anfechtung sind Ulrich und Jens Schubarth die wahren Erben, Barbara Anton beruft sich dagegen auf ein vermeintliches Erbrecht. Sie ist Erbschaftsbesitzerin. Der Erbe kann von dem Erbschaftsbesitzer die Herausgabe der Erbschaft gemäß § 2018 BGB verlangen. Ulrich und Jens Schubarth machen zu Recht den Herausgabeanspruch geltend.

Weigert sich der Erbschaftsbesitzer, muss der Erbe auf Herausgabe klagen. Dazu muss er wissen, welche Gegenstände er herausverlangen kann. Die Nachlassgegenstände sind in der Klage im Einzelnen aufzuführen. Der Erbe kann von dem Erbschaftsbesitzer Auskunft darüber verlangen, welche Gegenstände zum Nachlass gehören und wo sie geblieben sind.

Der Erbschaftsbesitzer hat nicht nur die noch bei ihm vorhandenen Bestandteile des Nachlasses an den Erben herauszugeben. Er muss auch alle von ihm mit Mitteln des Nachlasses erworbenen Gegenstände herausgeben und die Nutzungen weiterleiten. Dagegen steht ihm für seine Kosten ein Verwendungsersatzanspruch zu.

Barbara Anton verkauft das Auto von Kurt Schubarth für 20 000 € und erwirbt einen Gebrauchtwagen zum Preis von

> **Wichtig**
>
> Der vorläufige Erbe ist kein Erbschaftsbesitzer! Sein Verhältnis zum endgültigen Erben bestimmt sich nur nach den auf den Seiten 139 ff. dargestellten Grundsätzen.

8 000 €, den restlichen Erlös zahlt sie auf ihr Festgeldkonto bei der Bank ein. Sie zieht die Mieten für das Mietshaus ein und lässt das schadhafte Dach des Mietshauses reparieren.

Barbara Anton muss das gebrauchte Auto und den weiteren Erlös von 12 000 € herausgeben. Gegen die Herausgabe der Mieten kann sie zunächst die verauslagten Kosten für die Dachreparatur aufrechnen und muss nur den Rest herausgeben.

Hat der vermeintliche Erbe zum Beispiel Geld für sich verbraucht, muss er den Betrag ersetzen. Welche Ansprüche der tatsächliche Erbe im Einzelnen geltend machen kann, hängt außerdem davon ab, ob der vermeintliche Erbe gutgläubig war oder wusste, dass er in Wahrheit nicht der Erbe war. Liegt ein solcher Fall vor, sollten Sie sich rechtlich beraten lassen!

Der Tod unterbricht Prozesse

Hatte der Erblasser vor seinem Tod Klage gegen einen Dritten erhoben oder war er selbst verklagt worden, ist der laufende Rechtsstreit zunächst unterbrochen. Wenn der Erbe die Erbschaft angenommen hat, kann der Prozess weitergeführt werden. Vor dem Zeitpunkt der Annahme kann dem Erben also nichts passieren. Erst danach muss er handeln und entscheiden, ob er den Rechtsstreit fortsetzen will oder nicht.

> **Wichtig**
>
> Lässt der Erblasser den Rechtsstreit von einem Prozessbevollmächtigten führen, zum Beispiel von einem Rechtsanwalt, wird der Prozess nur auf Antrag ausgesetzt. Veranlassen Sie den Prozessbevollmächtigten, diesen Antrag zu stellen, damit Sie in Ruhe überlegen können, ob und wie Sie den Prozess fortsetzen möchten.

> **Grundbuchberichtigung**
>
> Zum Nachlass gehört ein Grundstück. Im Grundbuch ist noch der Erblasser als Eigentümer eingetragen. Der Erbe ist aber mit Eintritt des Erbfalls auch Eigentümer dieses Grundstücks geworden. Das Grundbuch ist also falsch und muss berichtigt werden.
>
> Den Berichtigungsantrag muss der Erbe unter Vorlage des Erbscheins, des notariellen Testaments/des Erbvertrags und des Protokolls über die Eröffnung beim Grundbuchamt stellen. Die Eintragung des Erben ist in den ersten zwei Jahren nach dem Erbfall gebührenfrei.

Verhältnis zwischen Vor- und Nacherben

Mit dem Eintritt des Nacherbfalls wird der Nacherbe Erbe des Erblassers. Der Vorerbe hat dem Nacherben die Erbschaft herauszugeben – zu den Einzelheiten → Seite 79 ff.

Mitteilung an das Nachlassgericht

Der Eintritt des Nacherbfalls ist im Interesse der Nachlassgläubiger dem Nachlassgericht mitzuteilen. Zu der Mitteilung ist der Vorerbe verpflichtet. Tritt der Nacherbfall – wie häufig – mit dem Tod des Vorerben ein, trifft die Erben des Vorerben diese Pflicht. Die Mitteilung durch den Nacherben ist aber ebenfalls ausreichend. Die Mitteilung verursacht Gerichtskosten. Sie betragen ein Viertel der vollen Gebühr nach der Kostenordnung, berechnet nach dem Nachlasswert (→ Seite 232 ff.).

Haftung des Nacherben für Nachlassverbindlichkeiten
Der Nacherbe haftet mit Eintritt des Nacherbfalls für die Nachlassverbindlichkeiten, die zu diesem Zeitpunkt noch bestehen. Er kann seine Haftung beschränken, und zwar auch dann, wenn der Vorerbe unbeschränkt haftet. Ein vom Vorerben ordnungsgemäß errichtetes Inventar kommt ihm ebenso zugute wie ein durchgeführtes Aufgebotsverfahren. Führt der Nacherbe seine Haftungsbeschränkung herbei, erstreckt sich die Haftung nur auf das Nachlassvermögen, das er tatsächlich von dem Vorerben erhalten hat, zuzüglich etwaiger ihm gegen den Vorerben zustehender Ansprüche. Haftete der Vorerbe bereits unbeschränkt, haftet er neben dem Nacherben weiterhin. Andernfalls kann er die Nachlassgläubiger auf das verweisen, was ihm zum Beispiel an Nutzungen von der Erbschaft geblieben ist.

Erneute Grundbuchberichtigung
Gehört zum Nachlass ein Grundstück, wird der Nacherbe Eigentümer. Das Grundbuch ist erneut zu berichtigen (→ Seite 159)!

Beschwerde

Das Nachlassgericht hat einen Nachlasspfleger bestellt. Damit und mit anderen Verfügungen des Gerichts sind Sie nicht einverstanden. Was können Sie tun?

Nachlasspflegschaft

Gegen die Anordnung der Nachlasspflegschaft oder den vom Nachlassgericht bestellten Pfleger können Sie als möglicher Erbe Beschwerde beim Nachlassgericht einlegen (einfache Beschwerde). Die Einlegung ist nicht fristgebunden. Sie können sie schriftlich oder zu Protokoll des Gerichts einlegen. Setzt das Nachlassgericht eine Vergütung für den Nachlasspfleger fest, steht Ihnen dagegen ebenfalls Beschwerde zu. Entscheiden wird das Landgericht.

Nachlassverwaltung

Gegen die Anordnung der Nachlassverwaltung steht Ihnen als Erbe nur dann das Recht zu, sofortige Beschwerde einzulegen, wenn ein Gläubiger die Anordnung beantragt hat. Die sofortige Beschwerde ist fristgebunden. Sie müssen sie innerhalb von zwei Wochen einlegen. Die Frist beginnt ab Bekanntgabe der Entscheidung an Sie zu laufen. Gegen die Festsetzung der Vergütung steht Ihnen die einfache Beschwerde zu.

Festsetzung einer Inventarfrist

Dagegen oder gegen die Ablehnung der Verlängerung der Inventarfrist können Sie als Erbe die sofortige Beschwerde einlegen.

Sonstige gesetzte Fristen

Hat der Erblasser in seinem Testament bestimmt, dass Sie als Erbe den Vermächtnisnehmer benennen (→ Seite 72 ff.) oder Bestimmungen für die Ausführung von Auflagen treffen sollen (→ Seite 76) und Sie treffen die Bestimmung nicht, kann das Nachlassgericht Ihnen dafür eine Frist setzen. Gegen diese Fristsetzung können Sie sofortige Beschwerde einlegen.

Wirkung der Beschwerden

Die Beschwerden haben keine aufschiebende Wirkung. Sie müssen also die Entscheidungen zunächst weiter so hinnehmen und beachten. Sie können aber gleichzeitig mit der Einlegung der (sofortigen) Beschwerde die Aussetzung der Vollziehung beantragen. Wird dem stattgegeben, so laufen die Fristen erst einmal – bis zur Entscheidung über die Beschwerde – nicht weiter.

Verkauf der Erbschaft

Sie können die Erbschaft auch im Ganzen verkaufen – wenn Sie dafür einen Käufer finden, denn der haftet dann auch für die Nachlassverbindlichkeiten.

Der Vertrag muss in notarieller Form abgeschlossen werden.

Wenn Sie die Erbschaft, so wie sie steht und liegt, verkaufen wollen, lassen Sie den Notar den Vertrag entwerfen und sich über Bedeutung und Rechtsfolgen des Verkaufs aufklären:

- Wie Sie die Erbschaft übergeben müssen.
- Wofür Sie haften.
- Wer welche Nutzungen und Kosten trägt.
- Was aus den Nachlassverbindlichkeiten wird.

Erbengemeinschaft

163 Gesamthandsgemeinschaft
164 Ausnahmen von der gesamten Hand
165 Gemeinsame Verwaltung des Nachlasses
168 Haftung für Nachlassverbindlichkeiten
172 Auseinandersetzung

Hat der Erblasser mehrere Erben, werden sie gemeinsam Gesamtrechtsnachfolger des Erblassers. Jeder Erbe hat aber für sich die Entscheidungsmöglichkeit, ob er Erbe werden will – durch Annahme – oder nicht – dann durch Ausschlagen der Erbschaft (→ Seite 134 ff.). Hat er sie angenommen, ist er zwangsläufig Mitglied der Erbengemeinschaft. Diese muss den Nachlass gemeinschaftlich verwalten und – nachdem die Nachlassverbindlichkeiten ausgeglichen worden sind – unter sich aufteilen.

Gesamthandsgemeinschaft

Gesamthandsgemeinschaft heißt, dass der Nachlass ungeteilt auf die Miterben übergeht. Sie werden gemeinschaftliche Eigentümer. Ihnen steht dabei nicht das Eigentum an bestimmten Bruchteilen zu, sondern alle Gegenstände des Nachlasses gehören ihnen gemeinschaftlich, jeweils zur gesamten Hand.

Sind drei Miterben vorhanden, die jeweils zu einem Drittel Erben sind, und fallen in den Nachlass sechs Kaffeetassen, dann wird nicht jeder Miterbe Eigentümer von jeweils zwei Kaffeetassen, sondern alle sechs Tassen stehen im gemeinschaftlichen ungeteilten Eigentum der drei Miterben. Über die sechs Kaffeetassen können sie nur gemeinschaftlich verfügen, eben zur gesamten Hand.

Dieses Prinzip gilt sowohl für alle zur Erbschaft gehörenden Gegenstände als auch für die Nachlassverbindlichkeiten (→ Seite 168 ff.).

Grundstücke

Gehören zum Nachlass Grundstücke, dann wird die Erbengemeinschaft Eigentümerin dieser Grundstücke. Sie muss als Erbengemeinschaft in das Grundbuch eingetragen werden. Dies geschieht unter Angabe der Namen der Miterben, aber ohne die Höhe ihrer Erbteile zu benennen: Dies deshalb nicht, weil – ohne Rücksicht auf die Höhe des Erbteils – die Erben gemeinschaftlich Eigentümer sind und nur gemeinschaftlich verfügen können.

Einzelhandelsgeschäft

Der Erblasser war Kaufmann und hatte ein eigenes Geschäft. Es fällt in den Nachlass und geht in das Gesamthandseigentum der Miterben über.

Wichtig

Soll ein Geschäft von den Miterben oder einem von ihnen weitergeführt werden, ist die Einholung von Rechtsrat unumgänglich. Dies gilt nicht nur in Bezug auf die Frage, wie und in welcher Rechtsform das Geschäft auf Dauer weitergeführt werden soll. Es ist auch die Frage der Haftung zu klären. Die Rechtslage wird noch komplizierter, wenn einer der Miterben noch minderjährig ist. Klar ist eigentlich nur die Erbfolge als solche: Mit dem Erbfall werden die Erben gemeinschaftlich Eigentümer.

Wichtig

Ebenso wie der Erblasser, der Gesellschafter ist, sich bei der Gestaltung seines Testaments beraten lassen sollte, müssen Sie dies auch als Erbe oder Erbin tun.

OHG, KG, GmbH

Der Erblasser war Gesellschafter einer OHG, KG oder GmbH. Die Nachfolge und die Ansprüche der Erben sind im Gesellschaftsvertrag geregelt.

Aktien

Gehören Aktien zum Nachlass, werden die Erben Gesamthandseigentümer. Die Erbengemeinschaft kann aber ihre Rechte, zum Beispiel auf einer Aktionärsversammlung, nur durch einen Vertreter, der auch Miterbe sein kann, ausüben; sie muss also durch eine Person sprechen und handeln.

Teilungsanordnung

Die Miterben werden auch dann Eigentümer zur gesamten Hand, wenn der Erblasser testamentarisch verfügt hat, wie sein Vermögen aufzuteilen ist. Diese Teilungsanordnung (→ Seite 173) verpflichtet die Erben zwar, die Teilung entsprechend durchzuführen, führt aber nicht von sich aus zu dieser Aufteilung. Von selbst erwerben die Erben nur gemeinschaftliches Eigentum.

Die verwitwete Sophie Lang hat ihre drei Kinder Bettina, Klaus und Sigrid zu je einem Drittel zu ihren Erben testamentarisch eingesetzt. Sie trifft eine Teilungsanordnung, nach der Bettina ihren Schmuck, Sigrid die Wohnungseinrichtung und Klaus ihr Bankguthaben erhält. Ihrer Freundin Sybille hat sie das Klavier vermacht.

Die drei Kinder werden gemeinschaftlich Eigentümer des Nachlasses. Schmuck, Wohnungseinrichtung, Bankguthaben und Klavier stehen in ihrem Gesamthandseigentum. Sie müssen zunächst das Vermächtnis erfüllen, indem sie der Freundin das Klavier übergeben. Dann müssen sie sich einig sein, dass sie – entsprechend der Teilungsanordnung – jeweils Eigentümer der einzelnen Gegenstände werden, und der Bank mitteilen, dass Klaus das Bankguthaben als alleiniger Kontoinhaber von seinen Schwestern übertragen bekommt.

Ausnahmen von der gesamten Hand

Das Gesamthandseigentum zwingt die Erben zu gemeinschaftlichem Handeln. Allerdings gibt es Ausnahmen:

Verfügung über den Erbanteil

Der Miterbe kann über seinen Anteil insgesamt verfügen. Er kann ihn verschenken oder veräußern. Der Übertragungsvertrag muss vor dem Notar abgeschlossen werden. Der Erwerber erhält alle Rechte des Miterben hinsichtlich Verwaltung, Verfügung, Schuldenhaftung und Auseinandersetzung. Erwerber kann einer der Miterben sein, es können alle Miterben oder es kann auch ein außenstehender Dritter sein. Immer muss sich aber die Übertragung auf den Erbteil als solchen beziehen. Über seinen Anteil an einzelnen Vermögensgegenständen kann der Miterbe nicht verfügen.

Zu dem Nachlass der Sophie Lang (→ Seite 164) gehört noch ein mit einem Mietshaus bebautes Grundstück. Dieses erben die drei Kinder jeweils zu einem Drittel. Bettina möchte ihren Anteil an dem Grundstück sofort verkaufen.

Bettina und ihre Geschwister sind Erben zu je einem Drittel und damit Gesamthandseigentümer. Das Grundstück ist nur einer von mehreren Vermögensgegenständen, die zum Nachlass gehören. Bettina kann nicht gesondert über das Grundstück verfügen, sie könnte auch nicht über einzelne Schmuckstücke, die sie aufgrund der Teilungsanordnung (→ Seite 173) bei Auseinandersetzung erhalten soll, verfügen. Sie kann nur ihren Erbteil von einem Drittel insgesamt veräußern.

Vorkaufsrecht der Miterben

Wenn ein Erbe seinen Erbanteil an einen Dritten verkauft, steht den Miterben ein gesetzliches Vorkaufsrecht zu. Es ist aber nur bei Verkauf gegeben. Verschenkt der Erbe seinen Anteil, müssen die Miterben dies hinnehmen. Vorkaufsberechtigt sind die übrigen Miterben gemeinschaftlich. Wollen einige Miterben das Recht ausüben, andere jedoch nicht, können die ausübungswilligen Miterben das Vorkaufsrecht geltend machen.

Das Vorkaufsrecht ist innerhalb von zwei Monaten auszuüben. Die Frist beginnt mit Erhalt der Mitteilung über den mit einem Dritten abgeschlossenen Vertrag. Zu dieser Benachrichtigung ist der verkaufende Miterbe verpflichtet. Sie wird durch die Mitteilung des Käufers ersetzt.

Das Vorkaufsrecht ist gegenüber dem verkaufenden Miterben zu erklären. Eine besondere Form ist nicht vorgeschrieben. Hat der Miterbe den Erbanteil bereits auf den Käufer übertragen, muss das Vorkaufsrecht gegenüber dem Käufer erklärt werden. Durch die Ausübung des Vorkaufsrechts hat der Miterbe Anspruch auf Übertragung des Erbanteils, mehrere Miterben wiederum gesamthänderisch, und zwar gegen Zahlung des Kaufpreises und der weiteren Kosten des Käufers.

Gemeinsame Verwaltung des Nachlasses

Grundsatz: gemeinsam, aber mit Mehrheit

Die Erben müssen den Nachlass gemeinsam verwalten. Das ist ihr Recht, gleichzeitig aber auch ihre Pflicht. Sie müssen die Maßnahmen und Entscheidungen, die zum Erhalt oder zur Sicherung der Nachlassgegenstände erforderlich sind, gemeinsam treffen. Welche Maßnahmen das sind, richtet sich nach den Nachlassgegenständen und auch nach den Forderungen, die in den Nachlass fallen.

Der Nachlass der Sophie Lang (→ Seite 164) besteht aus Schmuck, Bankkonten und der Wohnungseinrichtung in der von ihr allein bewohnten Parterrewohnung in dem ansonsten vermieteten Haus. Das Mietshaus nebst Grundstück fällt ebenfalls in den Nachlass. Das Treppenhaus ist renovierungsbedürftig. Das noch von Sophie Lang auf einem Termingeldkonto festgelegte Bankguthaben wird fällig. Klaus Lang will sich um alles kümmern.

Klaus Lang ist nicht Alleinerbe. Die Verwaltung steht ihm daher nicht allein, sondern gemeinsam mit seinen Geschwistern zu. Er muss für alle Handlungen die Zustimmung seiner Geschwister haben, und sie müssen alle drei auch gemeinsam handeln.

Die Entscheidung über die Renovierung des Treppenhauses ist nicht eilbedürftig. Die Geschwister müssen sie gemeinsam treffen. Klaus und Sigrid Lang wollen die Arbeiten in Auftrag geben, Bettina findet, dass das Zeit hat, bis fest steht, ob das Haus verkauft wird. Die Miterben sind sich also nicht einig. Wird keine Einigung erzielt, zählt die Stimmenmehrheit. Sie wird nach Erbteilen berechnet, nicht nach der Zahl der Miterben. Hier sind Klaus und Sigrid Lang für die Renovierung, sie haben damit aufgrund ihrer Zwei-Drittel-Beteiligung am Nachlassvermögen ihre Schwester überstimmt, die nur einen Anteil von einem Drittel hat.

Wichtig

Ein Mehrheitsbeschluss ist nur dann für die überstimmten Erben bindend, wenn die beschlossenen Maßnahmen zur ordnungsgemäßen Verwaltung gehören. Sinnlose und überflüssige Maßnahmen können auch bei einem Mehrheitsbeschluss nicht auf Kosten des Nachlasses ausgeführt werden.

Jeder Miterbe hat gegenüber den anderen Miterben die Verpflichtung, an der ordnungsgemäßen Verwaltung mitzuwirken. Kommt kein Mehrheitsbeschluss zustande, ist der Miterbe aber dennoch der Ansicht, dass die Maßnahme durchzuführen ist, muss er die übrigen Miterben auf Zustimmung verklagen. Dies ist allerdings zeitraubend und führt dazu, dass spätestens mit Klageerhebung die Erbengemeinschaft endgültig zerstritten ist.

Die Entscheidung darüber, wie – um im Beispiel zu bleiben – das fällige Termingeld neu anzulegen ist, ist ebenfalls eine Verwaltungsmaßnahme der Erben. Sie ist gemeinschaftlich zu treffen, notfalls per Mehrheitsbeschluss. Die Teilungsanordnung der Erblasserin ändert daran nichts. Zwar soll Klaus Lang das Bankguthaben bei Aufteilung des Nachlasses erhalten, aber bis zur Aufteilung ist auch dieses Guthaben gemeinschaftliches Vermögen der Erbengemeinschaft.

Vollmacht des Erblassers über den Tod hinaus

Hätte Sophie Lang ihrem Sohn Klaus eine Vollmacht erteilt, und zwar eine über ihren Tod hinaus wirksame (→ Seite 85), wäre die Lage für Klaus jedoch anders: Er könnte dann als Bevollmächtigter tätig werden und würde für die Erbengemeinschaft handeln.

Wird eine Vollmacht von allen Miterben widerrufen, kann der Bevollmächtigte nicht mehr handeln. Haben nur einzelne Erben widerrufen, kann der Bevollmächtigte für diese Erben nicht mehr handeln, er muss also jeweils eine gemeinsame Entscheidung mit ihnen herbeiführen.

Wichtig

Jeder Miterbe kann die vom Erblasser erteilte Vollmacht für sich widerrufen.

Beschränkte Nutzung

Jedem Miterben steht das Recht zu, die Nachlassgegenstände zu benutzen. Dieses Recht findet aber seine Grenze dort, wo die anderen Miterben an ihrer Nutzung gehindert werden (§ 2038 Abs. 2 in Verbindung mit § 743 Abs. 2 BGB). Allen Miterben soll ja dasselbe Recht zustehen.

> **Notmaßnahmen**
>
> Eine Ausnahme vom Grundsatz des gemeinsamen Handelns gibt es bei Eilbedürftigkeit, das heißt bei drohendem Schaden, etwa wenn im Beispiel von Seite 166 in der Wohnung eines Mieters ein Wasserrohrbruch vorläge.
>
> Unaufschiebbare Maßnahmen kann jeder Erbe allein mit Wirkung für alle Erben treffen. Die Reparatur des defekten Wasserrohrs in der Wohnung des Mieters ist eine solche Notmaßnahme. Hier muss der Miterbe Klaus Lang handeln, um weiteren Schaden von dem Nachlass abzuwenden.

Sigrid Lang möchte die Wohnung ihrer verstorbenen Mutter beziehen. Das bietet sich für sie an, da sie ohnehin die Wohnungseinrichtung nach der Auseinandersetzung erhalten soll. Miete will sie natürlich nicht zahlen, schließlich fällt das Mietshaus in den Nachlass. Bettina will den Brillantschmuck ihrer Mutter anlässlich eines großen Festes tragen. Klaus widerspricht den Wünschen beider Schwestern.

Die mietfreie Nutzung der Wohnung ist nicht zulässig, denn die anderen Erben wären damit von der ihnen zustehenden Nutzung ausgeschlossen. Eine solche Überlassung der Wohnung in einem Mietshaus fällt auch nicht unter die Grundsätze einer ordnungsgemäßen Verwaltung. Auch wenn Bettina und Sigrid sich über die mietfreie Überlassung einig sind, bindet dies Klaus Lang nicht. Möglich wäre aber eine Mehrheitsentscheidung über den Abschluss eines Mietvertrags zum ortsüblichen Mietzins. Bettina darf dagegen in Ausübung ihres Gebrauchsrechts den Schmuck tragen.

Verwendung der Erträge

Bei der gemeinsamen Verwaltung des Nachlasses bis zur Auseinandersetzung können Einnahmen erzielt werden – Mieten werden gezahlt, die Zinsen für ein Bankguthaben werden dem Konto gutgeschrieben. Diese laufenden Erträge werden grundsätzlich erst bei der Aufteilung des Nachlasses nach Erfüllung der Nachlassverbindlichkeiten auf die Erben verteilt, und zwar im Verhältnis der Erbquoten.

Nur wenn die Auseinandersetzung des Nachlasses für länger als ein Jahr nach dem Erbfall ausgeschlossen ist, kann jeder Erbe die Verteilung der Erträge, die sich nach Abzug der Kosten ergeben, zum Schluss eines jeden Kalenderjahres verlangen. Der Ausschluss der Auseinandersetzung kann auf einer testamentarischen Anordnung des Erblassers beruhen (→ Seite 78). Nur wenn alle Miterben sich einig sind – einstimmiger Beschluss! –, kann von diesen Vorschriften und auch von der Anordnung des Ausschlusses abgewichen werden.

Leistungen an alle Erben gemeinsam

Gehören Forderungen oder sonstige Ansprüche zum Nachlass, kann der Schuldner nur an alle Erben gemeinschaftlich leisten. Jeder der Miterben muss seinerseits zur Leistung an die Erbengemeinschaft auffordern.

Der Mieter Schnell ist bei Eintritt des Erbfalls bereits mit der Zahlung der Mieten für zwei Monate säumig. Klaus Lang will ihn zur Zahlung auffordern. Die Bank will nach Ablauf der Anlagezeit den Termingeldzins auszahlen.

Klaus Lang kann den Mieter zur Zahlung auffordern, darf aber nicht Zahlung an sich, sondern nur an die Erbengemeinschaft verlangen. Die Bank ist nicht berechtigt, die Zinsen an einen der drei Erben zu zahlen, sondern nur auf ein gemeinschaftliches Konto der Erbengemeinschaft.

Verfügungen über Nachlassgegenstände: nur gemeinsam
Verfügen dürfen die Erben nur gemeinschaftlich, hier ist, anders als bei der Verwaltung, kein Mehrheitsbeschluss möglich. Eine Verfügung über einen Nachlassgegenstand liegt zum Beispiel vor, wenn dieser verkauft oder verschenkt wird. Die Kündigung durch Dritte ist ebenfalls allen Erben gegenüber auszusprechen. Sie führt zur Beendigung des Vertrags. Will aber die Erbengemeinschaft eine Kündigung aussprechen, zum Beispiel die Kündigung eines Mietverhältnisses, handelt es sich um eine Verwaltungsmaßnahme im Rahmen der Nachlassabwicklung (→ Seite 165).

Der Mieter Junghans will das Mietverhältnis kündigen und übergibt Klaus Lang das Kündigungsschreiben.

Die Kündigung ist nicht wirksam, da sie nicht allen drei Miterben gegenüber erklärt worden ist.

Ende der Verwaltungs- und Verfügungsbefugnis

Ist Testamentsvollstreckung angeordnet oder wird ein Nachlassverwalter bestellt oder das Nachlassinsolvenzverfahren eröffnet, ist die Verwaltungs- und Verfügungsbefugnis der Miterben beendet.

Haftung für Nachlassverbindlichkeiten

Grundsätzlich haften die Erben gemeinschaftlich für alle Nachlassverbindlichkeiten. Ausnahme: Der Erblasser kann durch letztwillige Verfügung anordnen, dass einer seiner Erben ein Vermächtnis oder eine Auflage (etwa die Grabpflege) allein zu erfüllen hat. Der Erbe, der das Hausgrundstück erhält, soll nach dem Testament auch den Kredit zurückzahlen, mit dem der Hausbau finanziert worden ist. Dann belasten diese Nachlassverbindlichkeiten nur diesen einen Erben.

Es stellt sich die Frage, mit welchem Vermögen die Erben haften: nur mit dem Nachlass oder auch mit ihrem eigenen Vermögen? Haften sie beschränkt oder unbeschränkt? Dazu finden zunächst die allgemeinen Vorschriften gemäß §§ 1967 bis 2017 BGB Anwendung (→ Seite 150 ff.).

Weiter muss die Frage beantwortet werden, für welchen Anteil an den gemeinsamen Verbindlichkeiten der einzelne Miterbe haftet: für die volle Summe oder nur entsprechend seiner Erbquote? Für die Antwort sind zunächst die §§ 1967 bis 2017 BGB heranzuziehen. Daneben gibt es noch spezielle Vorschriften in den §§ 2058 bis 2063 BGB.

Wichtig

Gemeinsam haften die Erben nur für gemeinschaftliche Nachlassverbindlichkeiten.

Ganz wichtig: Jeder Miterbe kann die nachfolgenden Einreden allein geltend machen, wenn die ab Seite 156 ff. beschriebenen Voraussetzungen von ihm erfüllt werden:

- Dreimonatseinrede: § 2014 BGB
- Einrede des gerichtlichen Aufgebotsverfahrens: § 2015 BGB
- Einrede der Erschöpfung gegenüber ausgeschlossenen Gläubigern: § 1973 BGB
- Einrede der Erschöpfung gegenüber zu spät kommenden Gläubigern: § 1974 BGB
- Einrede der Erschöpfung des Nachlasses bei Nachlassinsolvenz: § 1989 BGB
- Einrede der Dürftigkeit des Nachlasses: § 1990 BGB.

Wichtig

Vor Annahme der Erbschaft können Sie nicht von einem Nachlassgläubiger verklagt werden.

Erfüllung von Nachlassverbindlichkeiten

Die Miterben sind verpflichtet, aus dem Nachlass zunächst die Nachlassgläubiger zu befriedigen. Halten Sie sich daran! Dieses Vorgehen ist sowohl für die Nachlassgläubiger als auch für Sie als Mitglied der Erbengemeinschaft vorteilhaft. Sind alle Gläubiger vor Nachlassteilung befriedigt, stellen sich die Probleme, womit und wofür Sie nach der Teilung haften, nicht mehr.

Belastet eine Nachlassverbindlichkeit nur einen der Erben, ist diese nur aus seinem Anteil zu begleichen.

Wichtig

Sie haben als Erbe das Recht, von Ihren Miterben zu verlangen, dass zunächst die gemeinschaftlichen Nachlassverbindlichkeiten beglichen werden. Sind dazu keine ausreichenden Geldmittel vorhanden, müssen Nachlassgegenstände veräußert werden. Dafür ist ein gemeinsamer einstimmiger Beschluss der Erbengemeinschaft erforderlich. Weigert sich einer der Erben, so muss er verklagt werden. Einen anderen Weg gibt es nicht, um einen Verkauf zur Begleichung der Schulden zu erreichen.

Beschränkung der Haftung

So wie Sie für die Zahlung der Nachlassverbindlichkeiten vor Teilung des Nachlasses gesorgt haben, müssen Sie auch die zur Beschränkung der Haftung notwendigen Maßnahmen vor der Teilung einleiten. Nachher ist es zu spät – Ihre Position hat sich mit der Teilung, was die Haftung angeht, verschlechtert.

Nachlassverwaltung

Die Anordnung der Nachlassverwaltung führt zur Beschränkung der Haftung auf den Nachlass. Ein Miterbe allein kann die Nachlassverwaltung nicht beantragen. Der Antrag muss vor der Teilung gestellt werden. Nach der Teilung ist er nicht mehr zulässig.

Inventarerrichtung und Aufgebotsverfahren

Die Inventarerrichtung dagegen kann jeder Erbe einleiten (→ Seite 152 ff.). Auf ein ordnungsgemäß errichtetes Inventar kann sich jeder der Miterben berufen. Dies gilt allerdings nicht für den, der den Nachlassgläubigern gegenüber bereits unbeschränkt haftet. Das ist der Fall, wenn er selbst ein unrichtiges Inventar eingereicht hat.

Für das gerichtliche Aufgebotsverfahren gemäß §§ 1970 ff. BGB gelten keine Besonderheiten (→ Seite 151 ff.), jeder Erbe kann es allein beantragen.

Wichtig

Auf die Einrede der Haftungsbeschränkung muss sich der Erbe in einem Rechtsstreit ausdrücklich berufen. Macht er sie nicht geltend, werden sie auch nicht berücksichtigt. Er muss dann in voller Höhe zahlen!

Besondere Einrede bis zur Teilung

Bis zur Teilung des Nachlasses kann jeder Erbe einen Nachlassgläubiger auf den Nachlass verweisen; er ist nicht verpflichtet, die Nachlassschuld aus seinem Privatvermögen zu bezahlen.

Haftet der Erbe bereits unbeschränkt, muss er auch aus seinem Privatvermögen Zahlung leisten, allerdings nur begrenzt auf die Höhe seiner Erbquote. Beträgt sein Erbanteil ein Drittel, muss er auch nur ein Drittel der Schuld aus seiner Tasche bezahlen.

Der Nachlass von Sophie Lang ist noch nicht unter ihren Kindern als Erben aufgeteilt. Udo Scholz verlangt von Klaus Lang die Rückzahlung eines Darlehens in Höhe von 20 000 €, das er Sophie Lang vor Jahren gewährt hat.

Klaus Lang muss das Darlehen nicht aus seinem Privatvermögen zahlen. Vor Teilung des Nachlasses hat er die Möglichkeit der Einrede und kann auf die Haftung der Erbengemeinschaft verweisen, die die Rückzahlung aus dem Nachlass vornehmen muss. Verlangt Udo Scholz die Rückzahlung unmittelbar nach dem Tod von Sophie Lang, kann Klaus Lang auch die Dreimonatseinrede geltend machen (→ Seite 156).

Privataufgebot und Haftung

Bei Erbengemeinschaften gibt es – anders als beim Einzelerben – neben dem gerichtlichen auch ein privates Aufgebotsverfahren: Jeder Miterbe kann die Nachlassgläubiger auffordern, ihre Forderungen bei ihm oder dem Nachlassgericht innerhalb von sechs Monaten anzumelden. Die Aufforderung muss vor der Teilung des Nachlasses erfolgen und im Bundesanzeiger veröffentlicht werden, der Erbe muss also die Anzeige aufgeben. Nach ihrem Erscheinen beginnt die Frist von sechs Monaten zu laufen.

Meldet der Gläubiger seine Forderung nicht rechtzeitig an, so haftet jeder der Erben nach Fristablauf und Teilung nur noch anteilig für die Schuld. Die Kosten des privaten Aufgebotsverfahrens hat der Erbe zu tragen, der es durchführt. Es entstehen Kosten für die Anzeige und, wenn die Gläubiger aufgefordert worden sind, ihre Forderungen beim Nachlassgericht anzumelden, weitere Kosten nach der Kostenordnung von einem Viertel der vollen Gebühr, berechnet nach dem Gesamtbetrag der angemeldeten Forderungen (→ Seite 232 ff.).

Haftung nach der Teilung

Wenn der Nachlass unter den Erben aufgeteilt worden ist, obwohl noch nicht alle Nachlassgläubiger befriedigt worden sind (das sollte zwar nicht vorkommen, geschieht aber in der Praxis dennoch), haftet jeder Erbe grundsätzlich für die gesamte Schuld in voller Höhe. Der Gläubiger erhält die Zahlung natürlich nur einmal.

Ausnahmen von der vollen Haftung

Die Haftung begrenzt sich auf eine Quote der Schuld entsprechend der Erbquote (zum Beispiel ein Drittel Erbanteil = ein Drittel der Schuld), wenn die folgenden Voraussetzungen vorliegen:

- Der Gläubiger ist im Aufgebotsverfahren ausgeschlossen worden. Auf diesen Ausschluss kann sich jeder Miterbe, auch der unbeschränkt haftende, beziehen. Das Ausschlussurteil muss vor Teilung ergangen sein.
- Der Gläubiger macht seine Ansprüche später als fünf Jahre nach dem Erbfall erstmals geltend, und der Erbe kannte sie vorher auch nicht.
- Das Nachlassinsolvenzverfahren ist durchgeführt und durch Verteilung der Masse beendet worden.

Liegt eine dieser Voraussetzungen vor, haftet der Erbe nur für einen Teil der Schuld. Mit welchem Vermögen er haftet (ob nur mit dem Anteil am Nachlass oder mit seinem Privatvermögen), bestimmt sich danach, ob die Haftung auf den Nachlassanteil beschränkt ist.

Das ist der Fall, wenn vor Teilung eine Nachlassverwaltung angeordnet oder ein Nachlassinsolvenzverfahren eröffnet worden ist. Haftet der Erbe unbeschränkt, kann der Gläubiger in Höhe des geschuldeten Teils Zahlung aus dem Privatvermögen des Erben verlangen.

Ferner haftet der Erbe nur mit den erhaltenen Nachlassgegenständen, wenn er sich auf die Erschöpfungseinrede, Dürftigkeitseinrede, den Ausschluss im Aufgebotsverfahren oder die Verschweigung berufen kann.

Sigrid, Bettina und Klaus haben den Nachlass entsprechend der Teilungsanordnung ihrer Mutter unter sich aufgeteilt. Jetzt meldet sich Udo Scholz bei Klaus Lang und will 20 000 € von ihm haben. Muss Klaus Lang, der ein Bankguthaben in Höhe von 100 000 € und einen Miteigentumsanteil an dem Mietshaus in Höhe von einem Drittel erhalten hat, zahlen?

Ja, Klaus Lang muss die gesamte Schuld in Höhe von 20 000 € zahlen, da sein Erbanteil von einem Drittel – allein das Bankguthaben hat einen Wert von 100 000 € (also keine Möglichkeit der Erschöpfungseinrede) – höher ist als die Schuld. Aber: Klaus kann von seinen Schwestern einen Ausgleich entsprechend ihren Erbquoten, jeweils also ein Drittel, verlangen, da auch die Schwestern mehr als die Darlehenshöhe aus dem Nachlass erhalten haben und alle drei jeweils nur ein Drittel erhalten sollen.

Wichtig

Erben sind untereinander ausgleichspflichtig, wenn ein Erbe einen Nachlassgläubiger befriedigt. Allerdings: Derjenige, der gezahlt hat, bekommt nicht stets einen anteiligen Ausgleich in Höhe des verauslagten Betrags.

Die Frage der internen Ausgleichspflicht richtet sich danach, wie und womit die einzelnen Miterben haften. Vorschnelle Befriedigung kann oftmals für Sie nachteilig sein. Klären Sie die Rechtslage, bevor Sie zahlen!

Auseinandersetzung

Die Erbengemeinschaft ist eine Zwangsgemeinschaft. Schon bei der Verwaltung können Probleme auftreten, die zu Streit unter den Miterben führen. Unterschiedliche Interessen der einzelnen Miterben erschweren gemeinsame Entscheidungen. Das BGB liefert zwar einige Vorschriften für die Auseinandersetzung unter den Miterben, doch einigen müssen sie sich allein. Andernfalls sind langwierige gerichtliche Auseinandersetzungen zur Abwicklung einer Erbengemeinschaft die Folge. Im Ergebnis zahlt dabei jeder Miterbe drauf!

Anspruch auf Auseinandersetzung

Weil die Erbengemeinschaft nicht auf Dauer bestehen soll, kann jeder Erbe von den anderen jederzeit verlangen, dass der Nachlass auseinander gesetzt, also nach Zahlung der Nachlassverbindlichkeiten verteilt wird. Von diesem Grundsatz gibt es jedoch einige Ausnahmen:

Aufschub

Steht ein möglicher Miterbe noch nicht fest, ist die Auseinandersetzung bis zur Klärung aufgeschoben. Dies kann der Fall sein, wenn die Geburt eines Miterben noch zu erwarten ist oder die vom Erblasser errichtete Stiftung noch genehmigt werden muss. Außerdem kann jeder Miterbe verlangen, dass die Auseinandersetzung bis zur Beendigung eines Aufgebotsverfahrens zur Ermittlung unbekannter Nachlassgläubiger aufgeschoben wird. Dieses Recht dient dem Grundsatz, dass die Nachlassverbindlichkeiten zunächst aus dem Nachlass zu befriedigen sind.

Ausschluss durch letztwillige Verfügung

Der Erblasser oder die Erblasserin können durch letztwillige Verfügung anordnen, dass die Teilung des Nachlasses ausgeschlossen ist. Dieser Ausschluss ist zulässig für höchstens 30 Jahre ab Eintritt des Erbfalls. Er kann aber auch an ein bestimmtes Ereignis – Volljährigkeit des als Erbe eingesetzten Abkömmlings – gebunden werden, dann gilt die zeitliche Beschränkung von 30 Jahren nicht. Die Ausschließung kann auch auf bestimmte Nachlassgegenstände beschränkt sein: Zum Beispiel wird die Auseinandersetzung für die Grundstücke der Erblasserin ausgesetzt, bis der jüngste Enkel 25 Jahre alt ist. Die Folge der testamentarischen Ausschließung der Auseinandersetzung für die Miterben ist, dass sie an diese Anordnung gebunden sind. Nur wenn sich alle Erben einig sind, können sie von der Anordnung abweichen. Es ist also Einstimmigkeit erforderlich. Kein Erbe hat Anspruch auf Zustimmung des anderen, keiner kann die Auseinandersetzung gegen den Willen der übrigen durchsetzen.

Wichtig

Liegt ein wichtiger Grund vor, kann die Teilung des Nachlasses verlangt werden, auch wenn sie im Testament ausgeschlossen wurde. Wann dieser vorliegt, bestimmt sich nach den Umständen des Einzelfalls. Ein wichtiger Grund kann sein, dass die Erben so zerstritten sind, dass eine gemeinsame Verwaltung unmöglich ist.

Testamentsvollstreckung und Auseinandersetzung

Hat der Erblasser Testamentsvollstreckung für alle Miterben angeordnet, dann hat der Testamentsvollstrecker die Auseinandersetzung vorzunehmen oder aber die entsprechenden letztwilligen Verfügungen über den Ausschluss der Auseinandersetzung zu beachten. Die Erben können nicht durch einen eigenen Auseinandersetzungsplan die Anordnungen des Erblassers durchkreuzen. Aber auch hier gilt: Sind sich Testamentsvollstrecker und alle Erben einig, können sie von dem Willen des Erblassers abweichen.

Auseinandersetzung nach Erbquoten

Nach Zahlung der Nachlassverbindlichkeiten wird grundsätzlich der verbleibende Nachlass nach Erbquoten auf die Erben verteilt. Wenn sich die Erben einig sind, können sie aber auch zunächst nur einen Teil der Nachlassgegenstände verteilen und die restliche Nachlassauseinandersetzung später vornehmen. So werden die Erben Geld und einfach zu bewertende Gegenstände unproblematisch unter sich aufteilen können, während sie für Grundstücke und andere wertvolle Gegenstände zunächst wohl Wertgutachten werden einholen wollen.

Teilungsanordnungen sind zu befolgen

Setzen sich die Erben über den Nachlass auseinander, sind als erstes die Anordnungen des Erblassers oder der Erblasserin zu beachten. Die Aufteilung ist entsprechend der Teilungsanordnung vorzunehmen. Von solchen Anordnungen können die Erben nur durch einstimmigen Beschluss abweichen.

Ausgleichsansprüche sind zu beachten

Sind Abkömmlinge als gesetzliche Erben untereinander ausgleichspflichtig, müssen die Ansprüche bei der Auseinandersetzung beachtet werden. Zu den Ausgleichspflichten → Seite 21 ff. Auch Ausgleichspflichten, die sich aus einem Testament oder einem Erbvertrag ergeben, sind zu berücksichtigen (→ Seite 79).

Auseinandersetzung durch Vereinbarung zwischen den Erben

Sind sich die Erben über die Aufteilung einig oder ergibt sich diese aus einer Teilungsanordnung, müssen die Gegenstände auf den jeweiligen Erben übertragen werden. Die Regelung sollte von den Erben schriftlich festgehalten werden, damit jeder Klarheit darüber hat, wie die Auseinandersetzung aussieht. Eine solche Vereinbarung ist grundsätzlich formlos möglich.

Ausnahme: Grundstücke

Diese Formlosigkeit gilt nicht, wenn zum Nachlass Grundstücke gehören. In diesem Fall müssen Auseinandersetzungsvereinbarungen insgesamt vor dem Notar abgeschlossen werden, sonst sind sie nicht wirksam. Das heißt, wenn sich die Erben streiten, können aus einer nur schriftlich abgeschlossenen Vereinbarung keine Ansprüche von den Erben abgeleitet werden. Die Auseinandersetzung beginnt von vorn!

Kosten

Wird die gesamte Auseinandersetzungsvereinbarung vor dem Notar abgeschlossen, entstehen für die notarielle Beurkundung Kosten in Höhe von zwei vollen Gebühren nach der Kostenordnung, berechnet nach dem Wert des zu verteilenden Nachlasses.

Wird dagegen nur die Auseinandersetzung über das Grundstück durch notariellen Vertrag beurkundet, richtet sich der Wert für die Berechnung der zwei vollen Gebühren nur nach dem (geringeren) Grundstückswert.

Um Notarkosten zu sparen, können die Erben eine formlose Teilauseinandersetzung ohne Grundstücksaufteilung vornehmen. Danach werden in einem zweiten Schritt das Grundstück oder die Grundstücke verteilt; dabei ist die notarielle Form zu beachten. Zur wirksamen Auseinandersetzung ist die Übertragung des Eigentums zu Bruchteilen auf die Erben oder des Alleineigentums auf einen Erben notwendig, da die Erbengemeinschaft an den zum Nachlass gehörenden Grundstücken insgesamt ungeteiltes Eigentum erworben hat. Dieser Vertrag muss vor einem Notar geschlossen werden.

Der Weg der „Zweiteilung" setzt aber voraus, dass alle Erben sich einig sind und davon ausgehen können, dass beide Auseinandersetzungsvereinbarungen auch abgeschlossen werden und jeder Miterbe sich daran hält.

Tipp

Wenn Sie Zweifel haben, dass Ihre Miterben sich an die Auseinandersetzungsvereinbarung halten, sollten Sie in jedem Fall darauf bestehen, dass für den gesamten Nachlass ein notarieller Auseinandersetzungsvertrag geschlossen wird!

Sophie Lang ist gestorben, ohne ein Testament verfasst zu haben. Der Nachlass besteht aus dem mit einem Mietshaus bebauten Grundstück sowie Schmuck, Hausrat und Bankguthaben im Wert von je 100 000 €. Gesetzliche Erben sind Sigrid, Bettina und Klaus zu je einem Drittel. Sie wollen den Nachlass teilen, den Schmuck soll Bettina, den Hausrat Sigrid und das Bankguthaben Klaus erhalten. An dem Grundstück wollen sie zu je einem Drittel beteiligt werden. Das Grundstück hat einen Wert von 600 000 €.

Die Geschwister Lang können über den gesamten Nachlass einen Erbauseinandersetzungsvertrag vor dem Notar schließen. Dabei entstehen Kosten, berechnet für einen Nachlasswert in Höhe von 900 000 €.

Verteilen die Geschwister Lang aber Schmuck, Hausrat und Bankguthaben und schließen einen notariellen Erbauseinandersetzungsvertrag nur über das Grundstück, vermindern sich die Notarkosten, da diese auf den Wert des Grundstücks in Höhe von 600 000 € berechnet werden.

Alternative

Die Erben haben aber auch die Möglichkeit, durch gemeinsame Vereinbarung – formlos – die Auseinandersetzung zum Beispiel in Bezug auf das Grundstück auf Dauer oder Zeit auszuschließen. Dann sind sie als Erbengemeinschaft weiterhin Grundstückseigentümer, und es entstehen gar keine Notarkosten. Dieser Weg bietet sich an, wenn die Erben entweder kurzfristig das Grundstück gemeinsam verkaufen oder auf Dauer gemeinsam im Eigentum behalten möchten.

Einigung durch Vermittlung des Nachlassgerichts

Einigen die Erben sich nicht, kann jeder der Miterben das Nachlassgericht mit der Bitte um Vermittlung anrufen. Das Gericht darf aber den Miterben keinen eigenen Auseinandersetzungsplan vorschlagen, es kann nur anhören und vermitteln – einigen müssen sich die Erben aufgrund eigener Entscheidung. Sie müssen also zu einem gemeinsamen Aufteilungsplan kommen.

Für das gerichtliche Vermittlungsverfahren entstehen Kosten nach der Kostenordnung in Höhe von zwei vollen Gebühren, berechnet nach dem Wert des zu verteilenden Nachlasses. Einigen sich die Erben und beurkundet das Gericht die Vereinbarung, entstehen zwei weitere volle Gebühren.

Sind sich die Erben über die Auseinandersetzung nicht einig, bringt auch ein gerichtlicher Vermittlungsversuch meist nichts (außer Kosten!). Es bleibt dann nur der Weg der gerichtlichen Auseinandersetzung.

Teilungsversteigerung bei Grundstücken

Tipp

Wenn Sie einen Antrag auf Einstellung des Zwangsversteigerungsverfahrens stellen, müssen Sie gute Gründe vortragen, die möglichst konkret eine bessere Verwertung aufzeigen!

Wenn sich die Erben bei der Auseinandersetzung über Nachlassgrundstücke nicht einigen können, hat jeder Erbe das Recht, die Teilungsversteigerung zu beantragen, das heißt, es wird die Zwangsversteigerung des Grundstücks angeordnet. Sie bezieht sich auf das gesamte Grundstück, nicht nur auf den Anteil desjenigen Erben, der die Versteigerung beantragt.

Jeder Erbe, aber auch jeder Dritte kann das Grundstück ersteigern. Die Zwangsversteigerung ist damit auch ein Mittel, um andere Miterben aus dem Grundstück herauszudrängen. Dabei werden meistens nicht die Verkehrswerte als Erlöse erreicht, und ein geschickt taktierender Erbe wird versuchen, das Grundstück selbst oder über einen Dritten günstig zu ersteigern. Verhindern können die anderen Erben dies nur, indem sie es selbst ersteigern, wenn sie dazu das notwendige Geld haben.

Auf Antrag eines der Erben kann das Gericht für die Dauer von sechs Monaten das Zwangsversteigerungsverfahren einstellen. Die Erben haben dann die Möglichkeit, noch einmal gemeinsam einen besseren Weg des Verkaufs zu suchen. Die einstweilige Einstellung darf das Gericht aber nur nach Abwägung der unterschiedlichen Interessen der beteiligten Erben bewilligen. Sind die sechs Monate abgelaufen, kann das Gericht auf Antrag die Einstellung für weitere sechs Monate bewilligen.

Ist die Zwangsversteigerung durchgeführt worden, tritt der Erlös an die Stelle des Grundstücks. Dies bedeutet, dass er in den Nachlass fällt und die Erben sich über die Verteilung einigen müssen.

Auseinandersetzungsklage

Tipp

Sind Sie mit Ihren Miterben ernsthaft zerstritten, ist die Auseinandersetzungsklage der einzige und letzte Weg zur Beendigung der Erbengemeinschaft.

Erreichen die zerstrittenen Erben keine Einigung über die Auseinandersetzung, kann nur der langwierige, zusätzliche Kosten verursachende Weg einer Auseinandersetzungsklage zur Aufteilung des Nachlasses führen. Diese Klage setzt voraus, dass der Nachlass teilungsreif ist. Das ist der Fall, wenn er in seinem Umfang fest steht. Die Nachlassverbindlichkeiten müssen

Wichtig

Mit Einreichung der Auseinandersetzungsklage müssen Sie einen Rechtsanwalt beauftragen, wenn der Wert Ihres Erbanteils höher als 5 112 € ist. (Vermutlich wird der Gesetzgeber diese Summe demnächst runden bzw. erhöhen.) Denn dann ist das Landgericht zuständig, und dort können Sie sich nicht selbst vertreten.

dagegen noch nicht beglichen worden sein, ihre vorrangige Bezahlung kann mit in die Klage einbezogen werden.

Die Klage ist gerichtet auf Zustimmung zu einem bestimmten Teilungsplan. Dies bedeutet, dass der klagende Erbe einen genauen Aufteilungsplan unter Berücksichtigung der Nachlassverbindlichkeiten und deren Befriedigung zu entwerfen hat. Er ist Gegenstand der Klage, die einiger Vorbereitung bedarf, denn gerade bei umfangreichen Nachlässen ist ein solcher Teilungsplan nicht einfach aufzustellen.

Hat das Gericht dem Teilungsplan zugestimmt, ist die Auseinandersetzung unter den Miterben danach durchzuführen.

Zuständig für die Klage ist das Amts- oder Landgericht, in dessen Bezirk der Erblasser seinen letzten Wohnsitz hatte. Mit der Einreichung muss der klagende Erbe die Gebühren nach dem Gerichtskostengesetz, berechnet nach dem Wert seines Erbanteils, einzahlen. Auch Rechtsanwaltsgebühren werden fällig, die der klagende Erbe zunächst verauslagen muss. Sie belaufen sich in der Regel auf zwei Gebühren nach der Bundesgebührenordnung für Rechtsanwälte, berechnet nach dem Wert des Erbanteils. Gewinnen Sie den Rechtsstreit, haben Sie einen Kostenerstattungsanspruch gegen die Miterben.

Steuerliche Folgen

Der Erwerb der Erbschaft führt zu Erbschaftsteuern. Die Miterbenauseinandersetzung kann zu zusätzlichen Einkommensteuern führen. Bevor Sie sich mit Ihren Miterben über die endgültige Auseinandersetzung einigen, müssen Sie sich über die steuerlichen Folgen im Klaren sein – lesen Sie dazu Seite 216 ff.

Tipps

Beachten Sie gemeinsam mit den anderen Erben bei der Nachlassabwicklung folgende Reihenfolge:

- Bestandsaufnahme: Was gehört zum Nachlass? → Seite 66 ff. Welche Ansprüche auf Herausgabe von Erbschaftsgegenständen müssen Sie geltend machen? → Seite 157 ff.
- Nachlassverbindlichkeiten: Welche Schulden des Erblassers müssen befriedigt werden, welche Verbindlichkeiten entstehen mit dem Erbfall und welche bei der Abwicklung des Nachlasses? Reicht die Erbschaft aus, um alles zu bezahlen und zu erfüllen?
- Haftung: Welche Maßnahmen zur Haftungsbeschränkung können/müssen Sie einleiten? → Seite 169 f.
- Pflichtteilsansprüche: Sind Pflichtteilsansprüche zu berechnen und zu erfüllen? Gibt es noch Pflichtteilsergänzungsansprüche oder Restpflichtteilsansprüche? → Seite 25 ff.
- Vermächtnisse: Welche Vermächtnisse sind wie zu erfüllen? Hat der Vermächtnisnehmer seine Ansprüche angemeldet?
- Auflagen: Welche Auflagen des Erblassers oder der Erblasserin sind zu erfüllen?
- Sonstige Anordnungen: Liegen eine Teilungsanordnung oder sonstige zu beachtende Anordnungen des Erblassers oder der Erblasserin vor?
- Ausgleichsansprüche: Sind Ausgleichsansprüche unter Abkömmlingen zu berücksichtigen? → Seite 173 f.
- Auseinandersetzung: Der restliche Nachlass ist unter den Miterben nach dem Verhältnis ihrer Erbquoten zu verteilen.
- Steuern: Erbschaftsteuern und eventuell durch die Auseinandersetzung anfallende Einkommensteuern sind zu bedenken; → Seite 196 ff.
- Streitigkeiten: Vermeiden Sie Streit über die Auseinandersetzung. Versuchen Sie in Gesprächen, Streitpunkte auszuräumen. Streitige Auseinandersetzungen kosten Zeit und Geld!

Können Sie sich mit Ihren Miterben über die Auseinandersetzung nicht einigen, müssen Sie gerichtliche Schritte einleiten; → Seite 175 f.

Testaments-vollstreckung

178 Berufung des Testamentsvollstreckers
180 Aufgaben und Befugnisse
183 Rechte der Erben
184 Haftung
185 Beginn, Ende und Entlassung
186 Vergütung
188 Alternative: Vollmacht auf den Todesfall

Wer in einem Testament oder Erbvertrag über sein Vermögen verfügt, möchte, dass sein letzter Wille auch wirklich vollzogen wird. Ein Mittel, die Ausführung der Verfügungen für den Todesfall sicherzustellen, ist die Einsetzung eines Testamentsvollstreckers. Er hat den Nachlass nach dem Tod des Erblassers oder der Erblasserin zu verteilen und muss ihn unter Umständen zumindest für einige Zeit auch verwalten.

Berufung des Testamentsvollstreckers

Die Berufung des Testamentsvollstreckers muss immer in einer letztwilligen Verfügung, also in einem Testament oder einem Erbvertrag, geschehen. Eine sonstige mündliche oder auch schriftliche Einsetzung ist unwirksam. Normalerweise wird eine bestimmte Person zum Testamentsvollstrecker berufen, es können aber auch mehrere Testamentsvollstrecker eingesetzt werden. Auch eine juristische Person, also eine Bank, ein Verein oder eine Vermögensverwaltungsgesellschaft kann dazu berufen werden.

Beispiel

Wilhelm Müller macht folgendes Testament:

Mein letzter Wille

Ich setze meine beiden Kinder Ina und Klaus zu meinen Erben ein. Mein Bruder Heinrich soll als Testamentsvollstrecker dafür sorgen, dass mein Vermögen unter ihnen gerecht verteilt wird.

Köln, den 2. März 2001
Wilhelm Müller

Auswahl durch Dritte

Es ist möglich, die Auswahl des Testamentsvollstreckers einem Dritten oder dem Nachlassgericht zu überlassen (§§ 2198, 2200 BGB). Überlegen Sie, ob Sie das wollen. Ein Testamentsvollstrecker hat sehr umfangreiche Befugnisse (→ Seite 180 ff.) und wenn Sie sich zur Anordnung der Testamentsvollstreckung entschließen, sollten Sie sehr gründlich prüfen, ob Sie der Person oder der Organisation, die Sie berufen, wirklich vertrauen können.

Im Testament oder Erbvertrag muss das Wort „Testamentsvollstrecker" nicht unbedingt vorkommen – allerdings ist es sinnvoll, es aus Gründen der Klarheit zu verwenden. Es kann sich auch aus der Formulierung der letztwilligen Verfügung ergeben, dass der oder die Testierende eine Testamentsvollstreckung gewollt hat.

Beispiel

Wilhelm Müller macht folgendes Testament:

Mein letzter Wille

Ich setze meine beiden Kinder Ina und Klaus zu meinen Erben ein. Mein Bruder Heinrich soll dafür sorgen, dass mein Vermögen unter ihnen gerecht verteilt wird.

Köln, den 2. März 2001
Wilhelm Müller

In dieser Verfügung kommt das Wort „Testamentsvollstrecker" nicht vor, dennoch ist klar, dass Herr Müller eine Testamentsvollstreckung angeordnet hat.

Problematisch: ein Miterbe als Testamentsvollstrecker

Es ist möglich, einen der Miterben zum Testamentsvollstrecker zu bestimmen. Ein Miterbe, der zugleich Testamentsvollstrecker ist, wird gegenüber anderen Erben deutlich herausgehoben. Das kann Vorteile haben. Es kann aber auch dazu führen, dass er seine eigenen Interessen stärker verfolgt als die der anderen Miterben.

Überlegen Sie auch hier, ob Sie das wirklich wollen. Besprechen Sie Ihr Testament oder Ihren Erbvertrag möglichst mit Ihren künftigen Erben, und holen Sie fachkundigen Rat ein.

Zum Testamentsvollstrecker kann nur berufen werden, wer voll geschäftsfähig ist. Minderjährige können nicht eingesetzt werden und ebenso wenig Personen, für die wegen körperlicher oder geistiger Behinderung eine Betreuung angeordnet wurde.

... beim gemeinschaftlichen Testament

Es kommt häufig vor, dass Eheleute sich im Testament oder Erbvertrag gegenseitig als Erben und zugleich einen Testamentsvollstrecker einsetzen. In diesem Fall fragt es sich, ob dies schon für den ersten Erbfall (also beim Tod des ersten Ehegatten) oder erst für den zweiten Erbfall (also nach dem Tod des zweiten Ehegatten) gelten soll.

Beispiel

Das Ehepaar Meier macht folgendes gemeinschaftliche Testament:

Unser Testament

Wir setzen uns gegenseitig zu Alleinerben ein. Nach dem Tod des zuletzt Verstorbenen sollen unsere beiden Kinder unsere Erben sein. Zu unserem Testamentsvollstrecker ernennen wir Herrn Rechtsanwalt Müller.

Köln, den 3. Februar 2002

Eva Meier, Stefan Meier

Angenommen, Herr Meier hat das gemeinsame Familienvermögen – auch das seiner Frau – während der Ehe allein verwaltet. Dann aber stirbt Frau Meier vor ihrem Mann.

Soll die Testamentsvollstreckung tatsächlich bereits nach ihrem Tod wirksam werden? Dann fände Herr Meier sich in einer Situation wieder, die ihn wohl überraschen würde. Er würde zwar Alleinerbe, könnte aber das Vermögen seiner Frau nicht mehr wie bisher verwalten.

Tipp

Überdenken Sie die Konsequenzen Ihrer Anordnung. Stellen Sie im Testament oder im Erbvertrag unmissverständlich klar, ob die Testamentsvollstreckung schon für den Tod des zuerst Versterbenden oder erst für den Fall gewollt ist, dass Ihre Kinder – oder wen immer Sie sonst benennen – Ihre Erben werden. Fachkundiger Rat ist dabei hilfreich.

Ehegatte als Testamentsvollstrecker

Häufig setzen sich Eheleute in einer letztwilligen Verfügung auch gegenseitig als Testamentsvollstrecker ein. Für den überlebenden Partner kann das eine Hilfe und eine sinnvolle Heraushebung gegenüber anderen Miterben sein. Bedenken Sie aber auch: Ihr Ehegatte kann als Testamentsvollstrecker sehr frei verfügen. Unter Umständen wird er das hinterlassene Vermögen über viele Jahre verwalten, vielleicht auch noch einmal einen neuen Partner oder eine neue Partnerin finden. Dann kann es schnell zu Konflikten mit den anderen Familienangehörigen kommen.

Aufgaben und Befugnisse

Der Name sagt es: Die Aufgabe besteht darin, das Testament zu „vollstrecken". Das heißt, die letztwillige Verfügung des oder der Verstorbenen auszuführen. Um sich gegenüber Dritten zu legitimieren, erhält der Testamentsvollstrecker auf Antrag vom Nachlassgericht ein Testamentsvollstreckerzeugnis. Die Testamentsvollstreckung ist auch im Erbschein zu vermerken (→ Seite 189 ff.).

Im konkreten Fall können die Aufgaben des Testamentsvollstreckers sehr unterschiedlich aussehen. Er kann lediglich die Aufgabe haben, den Nachlass an die berufenen Erben zu verteilen (Abwicklungsvollstreckung); er kann aber auch beauftragt sein, den Nachlass über längere Zeit zu verwalten (Dauervollstreckung).

Sie können diese Befugnisse einschränken und zum Beispiel die Testamentsvollstreckung auf einzelne Erben oder auch auf einzelne Gegenstände Ihres Nachlasses beschränken.

Beispiel

Herr Meier, mit zwei erwachsenen Töchtern und einem minderjährigen Sohn, macht folgendes Testament:

Mein letzter Wille

Ich setze meine drei Kinder Elisabeth, Kathrin und Dieter zu meinen Erben ein.

Für meinen Sohn Dieter setze ich Herrn Rechtsanwalt Müller als Testamentsvollstrecker ein, bis Dieter 25 Jahre alt geworden ist.

Dresden, den 3. März 2001
Hans Meier

Wenn Herr Meier stirbt, werden die beiden Töchter und der Sohn zu gleichen Teilen Erben seines Vermögens. Die Töchter bekommen ihren Erbteil sofort nach dem Tod des Vaters. Für Dieter besteht Testamentsvollstreckung bis zu seinem 25. Geburtstag. Bis zu diesem Zeitpunkt verwaltet Rechtsanwalt Müller Dieters Erbe und hat es dann an ihn herauszugeben.

Beispiel

Frau Hansen betreibt eine Arztpraxis und besitzt ein Vermögen von 300 000 €. Sie hat eine Tochter, die Medizin studiert und die Praxis gern übernehmen würde. Frau Hansen hinterlässt folgendes Testament:

Mein Testament

Meine Tochter Julia soll meine Alleinerbin sein. Bis zum Abschluss ihrer Facharztausbildung soll hinsichtlich meiner Praxis mein Bruder Hans Testamentsvollstrecker sein.

Lübeck, den 4. April 2001
Eva Hansen

Wenn Frau Hansen stirbt, bevor Julia ihre Facharztausbildung abgeschlossen hat, erbt die Tochter den Geldbetrag von 300 000 € sofort. Die Praxis verwaltet Julias Onkel, bis Julia ihre Ausbildung abgeschlossen hat. Danach kann Julia sie übernehmen.

Befugnisse im Einzelnen

Ein Testamentsvollstrecker hat die Verfügungen des oder der Verstorbenen auszuführen (§ 2203 BGB). Er ist berechtigt, den Nachlass in Besitz zu nehmen und über Nachlassgegenstände zu verfügen (§ 2205 BGB). Sind mehrere Erben vorhanden, muss er die Erbschaft entsprechend den Anteilen unter den Erben verteilen (§ 2204 BGB); bis zur Übergabe des hinterlassenen Vermögens an den oder die Erben muss er den Nachlass verwalten (§ 2205 BGB).

Ein Testamentsvollstrecker hat also sehr weitgehende Befugnisse. Er kann Schulden machen und bezahlen, Prozesse führen, Konten verwalten, Grundstücke kaufen und verkaufen, genauso wie der oder die Verstorbene selbst. Es gibt nur wenige Einschränkungen, die sich aus der Pflicht zur ordnungsgemäßen Verwaltung (→ Seite 182), aus dem Schenkungsverbot und dem Verbot von In-sich-Geschäften (→ Seite 182 ff.) oder aus dem Testament oder Erbvertrag ergeben. Gerade diese weitreichenden Befugnisse führen manchmal zu Konflikten mit den Erben, die zwar Eigentümer des ererbten Vermögens geworden sind, aber dennoch nicht darüber verfügen können.

Wichtig

Bedenken Sie: Ein echtes Mitentscheidungsrecht der Erben über die Verteilung des Nachlasses gibt es nicht. Letztlich entscheidet der Testamentsvollstrecker.

Der Teilungsplan muss auch nicht von den Erben genehmigt werden, und dies nicht einmal dann, wenn die Erben untereinander über die Verteilung einig sind.

Abwicklungsvollstreckung

In aller Regel geht es einem Erblasser oder einer Erblasserin bei einer Testamentsvollstreckung darum, einen geordneten Übergang des Vermögens auf den oder die Erben sicherzustellen. Der Testamentsvollstrecker soll Vermächtnisse und Auflagen erfüllen, Schulden bezahlen und danach den Nachlass verteilen. Juristen nennen das Abwicklungsvollstreckung.

Der Testamentsvollstrecker muss sich Klarheit über die Vermögensmasse verschaffen, den Erben einen Teilungsplan vorlegen, und er muss die Erben dazu anhören (§ 2204 BGB).

Wenn der Teilungsplan gegen ein Gesetz verstößt oder offensichtlich ungerecht ist, kann er von einzelnen Erben vor Gericht angefochten werden. Solche Prozesse können sehr langwierig und unerfreulich sein.

Beispiel

Herr Krause hinterlässt Frau und Tochter. Er hat folgendes Testament gemacht:

Mein Testament

Ich bestimme meine Tochter Sybille zur Alleinerbin meines Vermögens. Meine Ehefrau soll bis zu ihrem Tod zwei Drittel der Einkünfte aus meinem Vermögen erhalten. Meinen Neffen Frank setze ich zum Testamentsvollstrecker ein.

Berlin, den 12. Mai 1998

Henning Krause

Bei diesem Testament handelt es sich um die Anordnung einer Dauervollstreckung. Der Testamentsvollstrecker hat das Vermögen bis zum Tod von Frau Krause zu verwalten, er muss von den Einkünften ein Drittel an die Tochter, zwei Drittel an Frau Krause zahlen.

Dauervollstreckung

Es gibt für Erblasser auch die Möglichkeit, zu bestimmen, dass der Nachlass nach ihrem Tod über längere Zeit unter Testamentsvollstreckung steht.

Die Dauervollstreckung endet normalerweise spätestens 30 Jahre nach dem Tod des Erblassers (§ 2210 BGB). Der Erblasser oder die Erblasserin kann aber anordnen, dass sie bis zum Tod des Erben oder des Testamentsvollstreckers oder bis zum Eintritt eines bestimmten Ereignisses in der Person des einen oder anderen fortdauern soll. Dann kann die Dreißig-Jahres-Frist auch überschritten werden. Überlebt Frau Krause ihren Mann im nebenstehenden Beispiel um mehr als 30 Jahre, wird die Frist überschritten.

Wichtig

Die Dreißig-Jahres-Frist gilt nur für die Dauer-, nicht aber für die Abwicklungsvollstreckung. Streitigkeiten zwischen Erben und einem Testamentsvollstrecker bei einer „normalen" Abwicklungsvollstreckung können jedoch durchaus länger als 30 Jahre dauern. In diesem Fall gibt es keine zeitliche Grenze.

„Ordnungsgemäße" Verwaltung

Das Gesetz verpflichtet den Testamentsvollstrecker, den Nachlass bis zur Verteilung an die Erben ordnungsgemäß zu verwalten (§ 2216 BGB). Was aber heißt das? Wenn es zum Streit zwischen Erben und Testamentsvollstrecker kommt, stellt sich vor Gericht immer wieder die Frage, welche Maßnahmen des Testamentsvollstreckers ordnungsgemäß sind und welche nicht.

Die Gerichte haben den Begriff „ordnungsgemäß" im Laufe der Jahre näher definiert. Ein Testamentsvollstrecker muss sein Amt gewissenhaft und sorgfältig führen, er muss sich bemühen, das ihm anvertraute Vermögen zu erhalten und möglichst auch zu mehren. Er darf zwar Nachlassgegenstände verkaufen und Kredite aufnehmen, doch müssen diese Maßnahmen im Rahmen einer wirtschaftlich sinnvollen Vermögensverwaltung auch tatsächlich erforderlich sein. Probleme macht die Dauervollstreckung vor allem bei großen Vermögen, bei Handelsgesellschaften, Gesellschaftsanteilen an einer GmbH, einer OHG oder einer Aktiengesellschaft. Schwierig kann sie auch sein, wenn zum Nachlass ein landwirtschaftlicher Betrieb gehört.

Tipp

Bei großen Vermögen oder auch bei Gesellschaftsanteilen sollten Sie sich – sowohl als Erbe als auch als Testamentsvollstrecker – dringend über Ihre Rechte bei einer mit dem Erb- und Gesellschaftsrecht vertrauten Fachfrau oder einem Fachmann informieren. Die Rechtslage ist häufig deshalb unklar, weil manche Gesellschaftsverträge eine Testamentsvollstreckung eben wegen der starken Stellung des Testamentsvollstreckers überhaupt nicht zulassen.

Grenzen

Keine Schenkungen

Ein Testamentsvollstrecker darf aus dem Nachlass, den er verwaltet, keine Schenkungen machen, es sei denn, sie entsprechen einer sittlichen Pflicht oder werden aus Rücksicht auf den „Anstand" vorgenommen (§ 2205 BGB).

Anstandsschenkungen sind zum Beispiel Geburtstags-, Jubiläums- oder auch Hochzeitsgeschenke, so wie sie von dem oder der Verstorbenen vermutlich gemacht worden wären oder von dem oder der Beschenkten mit Recht erwartet werden konnten. Auch Spenden in dem für die Vermögensverhältnisse des oder der Verstorbenen üblichen Umfang gehören dazu. Über diesen vom Gesetz vorgegebenen Rahmen hinaus kann ein Testamentsvollstrecker nur dann Vermögenswerte verschenken, wenn alle Erben zustimmen.

Eine Schenkung ist ein unentgeltliches Rechtsgeschäft: Der eine schenkt, der andere bekommt etwas. Bei manchen Geschäften kann es zweifelhaft sein, ob nur ein „schlechtes

Geschäft" zu Lasten des Nachlasses abgeschlossen wurde oder nicht zugleich eine Schenkung vorliegt.

Ein Testamentsvollstrecker verkauft ein Grundstück, das zum Nachlass gehört, weit unter Wert an einen Freund. In einem solchen Fall handelt es sich zwar um einen Kauf, zugleich aber auch um eine Schenkung, die der Testamentsvollstrecker ohne Zustimmung der Erben nicht vornehmen durfte.

Solche Schenkungen sind unwirksam. Die Erben können also das zu billig verkaufte Grundstück vom Käufer zurückverlangen.

Keine Geschäfte mit sich selbst

Ein Testamentsvollstrecker als Verwalter des Nachlasses darf ferner keine Geschäfte mit sich selbst als Privatperson machen (§ 181 BGB), sofern ihm der oder die Verstorbene dies nicht ausdrücklich gestattet hat.

Ein Testamentsvollstrecker kauft aus dem Nachlass ein Haus. Er schließt also mit sich selbst einen Kaufvertrag, bei dem er in seiner Eigenschaft als Testamentsvollstrecker Verkäufer und in seiner Eigenschaft als Privatmann Käufer ist.

Ein solcher Vertrag ist – wenn der Erblasser nichts anderes verfügt hat – unwirksam. Die Erben können das Haus zurückverlangen. Dabei kommt es nicht darauf an, ob der Kaufpreis angemessen war oder nicht. Der Kaufvertrag ist allein deshalb unwirksam, weil es sich um ein so genanntes „In-sich-Geschäft" des Testamentsvollstreckers handelte. Es bleibt den Erben überlassen, ob sie den Rückgabeanspruch geltend machen.

Rechte der Erben

Nachlassverzeichnis

Zunächst muss der Testamentsvollstrecker den Erben unverzüglich – das heißt, sofort nach dem Erbfall und sobald er den Umfang des Vermögens übersieht – ein Verzeichnis der zum Nachlass gehörenden Vermögensgegenstände und der möglichen Schulden zukommen lassen (§ 2215 BGB). Das ist eine Pflicht, die das Gesetz ihm auferlegt, die also von den Erben nicht gesondert eingefordert werden muss.

Sie können aber, wenn der Testamentsvollstrecker nicht innerhalb einer angemessenen Zeit von selbst tätig wird, die Aufstellung eines solchen Nachlassverzeichnisses verlangen, notfalls gerichtlich. Jeder Erbe kann außerdem verlangen, dass er bei der Aufstellung des Nachlassverzeichnisses hinzugezogen wird. Auf diese Weise ist gleich nach dem Erbfall eine gewisse Kontrolle durch die Erben möglich.

Herausgabe von Nachlassgegenständen

Gegenstände, die zum Nachlass gehören und die der Testamentsvollstrecker zur Erfüllung seiner Aufgaben „offenbar" nicht benötigt, hat er dem oder den Erben herauszugeben (§ 2217 BGB).

Herr Schmidbauer ist Bauunternehmer und hat seinen einzigen Sohn Patrick zum Alleinerben eingesetzt und Testamentsvollstreckung angeordnet, bis dieser 26 Jahre alt ist. Zum Nachlass gehört das Baugeschäft sowie die Wohnungseinrichtung. Patrick möchte einige Möbel aus seinem Elternhaus, an denen er besonders hängt, selbst nutzen.

Sofern der Nachlass nicht überschuldet ist, der Testamentsvollstrecker also nicht darauf angewiesen ist, die Möbel zu verkaufen, um Schulden zu bezahlen, muss er die Möbel herausgeben. Notfalls kann Patrick dies vor Gericht erzwingen.

Tipp

Testamentsvollstrecker und Erben sollten sich über die Herausgabe von Nachlassgegenständen möglichst einigen. Wenn es zum Streit kommt, können solche Prozesse sehr langwierig und kostspielig sein.

Auskunft und Rechenschaft

Während der Testamentsvollstreckung ist der Testamentsvollstrecker dem oder den Erben gegenüber verpflichtet, Auskünfte über seine Tätigkeit zu geben und nach ihrem Ende Rechenschaft abzulegen (§§ 2218 und 666 BGB). Jeder Erbe kann sich also darüber informieren, ob der Testamentsvollstrecker sein Amt so führt, wie der oder die Verstorbene es gewollt hat. Diese Auskunftspflicht besteht auch gegenüber einzelnen Miterben.

Auf diesem Wege können Erben die Geschäftsführung des Testamentsvollstreckers verfolgen und in gewisser Weise kontrollieren. Ein Recht auf Zustimmung zu einzelnen Maßnahmen der Vermögensverwaltung gibt es hingegen nicht. Kein Erbe kann verlangen, dass der Testamentsvollstrecker bestimmte Maßnahmen ergreift oder unterlässt.

Ein Testamentsvollstrecker tut gut daran, bei größeren Geschäften die Zustimmung der Erben einzuholen. Am Ende seines Amtes ist er rechenschaftspflichtig und wenn er grobe Fehler macht, haftet er persönlich gegenüber den Erben.

Haftung

Verletzt ein Testamentsvollstrecker seine Pflichten, ist er dem oder den Erben zum Schadensersatz verpflichtet (§ 2219 BGB).

Ein Testamentsvollstrecker, der zum Beispiel leichtfertig Prozesse im Namen des Nachlasses führt, der unnötig riskante Geldanlagen verfügt oder Nachlassgegenstände zu Schleuderpreisen verkauft, muss den Erben den daraus entstehenden Schaden aus seinem Privatvermögen erstatten.

Er haftet jedoch nur, wenn er seine Pflichten schuldhaft verletzt hat. Das heißt: Die Schadensersatzpflicht gegenüber den Erben tritt nur ein, wenn der Testamentsvollstrecker vorsätzlich oder fahrlässig gehandelt hat.

Tipp

Wenn Sie als Testamentsvollstrecker eingesetzt worden sind, sollten Sie genau überlegen, ob Sie sich das Amt zutrauen. Sie können auch ablehnen (→ Seite 185).

Wenn Sie schuldhaft – vorsätzlich oder fahrlässig – Fehler machen, müssen Sie den Schaden aus Ihrem Privatvermögen ersetzen.

Es empfiehlt sich daher, engen Kontakt mit den Erben zu halten und riskante und einen großen Teil des Vermögens umfassende Verfügungen mit ihnen zu besprechen.

Ein Testamentsvollstrecker überträgt das Bankguthaben, das er verwaltet, auf eine Privatbank im Ausland, mit deren Inhaber er befreundet ist. Die Bank war schon bei Übertragung des Vermögens in wirtschaftlichen Schwierigkeiten und wird bald darauf zahlungsunfähig. Das Vermögen der Erben ist dadurch kräftig vermindert worden. Hier haftet der Testamentsvollstrecker aus eigenem Verschulden.

Ein Testamentsvollstrecker haftet nicht, wenn die Erben einer bestimmten Vermögensverfügung zugestimmt haben. Haben die Erben also im obigen Beispiel die Übertragung des Bankguthabens auf die etwas zweifelhafte Privatbank gebilligt, haftet der Testamentsvollstrecker nicht, wenn die Bank zahlungsunfähig wird.

Beginn, Ende und Entlassung

Die Anordnung einer Testamentsvollstreckung ist bedeutungslos, solange der Erblasser oder die Erblasserin noch lebt. Das Mandat des Testamentsvollstreckers beginnt aber auch nicht automatisch mit dem Tod des Erblassers oder der Erblasserin. Vielmehr muss er die Annahme des Amtes ausdrücklich gegenüber dem Nachlassgericht erklären (§ 2202 BGB).

Ablehnung

Wer zum Testamentsvollstrecker bestimmt ist, kann auch ablehnen. Die Ablehnung muss dem Nachlassgericht gegenüber erklärt werden. Besondere Gründe müssen nicht angegeben werden. Es reicht das einfache „Nein".

Beendigung

Das Amt des Testamentsvollstreckers endet mit seinem Tod, es ist also nicht vererbbar (§ 2225 BGB). Es endet auch, wenn der Benannte geschäftsunfähig wird oder einen Betreuer erhält, in Fällen also, in denen er gar nicht zum Testamentsvollstrecker ernannt werden könnte. Das Amt endet ferner, wenn im Testament eine Frist für die Dauer festgesetzt ist, und wenn der Testamentsvollstrecker seine Aufgaben erfüllt hat. Ein Testamentsvollstrecker kann sein Amt jederzeit kündigen (§ 2226 BGB). Die Kündigung ist gegenüber dem Nachlassgericht zu erklären und ist unwiderruflich.

Wegfall

Fällt ein Testamentsvollstrecker weg oder kündigt er, so erlischt sein Amt. Die Testamentsvollstreckung als solche erlischt allerdings nicht unbedingt, wenn zum Beispiel

- im Testament oder Erbvertrag für diesen Fall ein anderer Testamentsvollstrecker benannt ist (§ 2197 Abs. 2 BGB)
- der Testamentsvollstrecker ermächtigt ist, einen Nachfolger zu bestimmen (§ 2199 Abs. 2 BGB)

> **Tipp**
>
> Wenn Sie Testamentsvollstreckung anordnen, bedenken Sie, dass die ausgewählte Person das Amt ablehnen oder nach einiger Zeit kündigen kann. Wenn Sie auch für diesen Fall vorsorgen wollen, müssen Sie dies im Testament oder Erbvertrag berücksichtigen.

- die Auswahl des Testamentsvollstreckers dem Nachlassgericht überlassen wurde (§ 2200 BGB)
- mehrere Testamentsvollstrecker benannt worden sind (§ 2224 BGB).

Entlassung

Wenn ein Testamentsvollstrecker seine Pflichten grob verletzt oder zur ordnungsgemäßen Geschäftsführung unfähig ist, kann er vom Nachlassgericht auch gegen seinen Willen entlassen werden (§ 2227 BGB). Antragsberechtigt sind vor allem die Erben, auch Pflichtteilsberechtigte und jeder, zu dessen Gunsten im Testament ein Vermächtnis oder eine Auflage angeordnet wurde. Wenn es mehrere Testamentsvollstrecker gibt, ist auch der Mit-Testamentsvollstrecker antragsberechtigt. Über die Entlassung entscheidet das Nachlassgericht.

Mit der Entlassungsklage können sich Erben und andere Beteiligte zwar von einem unfähigen oder böswilligen Testamentsvollstrecker befreien. Die Testamentsvollstreckung selbst erlischt damit aber ebenso wenig wie in den Fällen der Ablehnung des Amtes oder der Kündigung durch den Testamentsvollstrecker.

Vergütung

Normalerweise wird ein Testamentsvollstrecker nicht vollkommen ohne Bezahlung tätig. Er oder sie kann eine „angemessene Vergütung" verlangen (§ 2221 BGB). Eine Ausnahme gilt dann, wenn im Testament oder Erbvertrag etwas anderes bestimmt wurde. Wer ausdrücklich anordnet, dass sein Testamentsvollstrecker ohne Gegenleistung tätig werden soll, muss sich klar darüber sein, welche Aufgaben er dem- oder derjenigen zumutet. Wenn größere Vermögen vererbt werden, können Sie nicht damit rechnen, dass ein Testamentsvollstrecker seine Arbeit gratis macht. Möglicherweise tritt er oder sie unter diesen Umständen das Amt gar nicht an.

Falls im Testament nur ein Testamentsvollstrecker benannt, über die Vergütung aber nichts bestimmt ist, steht dem Testamentsvollstrecker eine „angemessene" Vergütung zu (§ 2221 BGB). Dieser recht vage Begriff im Gesetz führt immer wieder zu Streitigkeiten zwischen Erben und Testamentsvollstrecker.

Leider ist es in den meisten Fällen so, dass der oder die Verstorbene zwar einen Testamentsvollstrecker benannt, die Höhe der Vergütung aber nicht festgelegt hat. Für diese

> **Tipp**
>
> Wenn Sie Testamentsvollstreckung anordnen, bestimmen Sie möglichst auch das Honorar. Sie schaffen damit Klarheit, auch für Ihre Erben.
>
> Sie können eine Pauschalsumme festsetzen, einen Prozentsatz des Nachlasses, oder Sie können dem Testamentsvollstrecker einen bestimmten Gegenstand als Vergütung für seine Arbeit zuwenden. Ihrer Phantasie sind keine Grenzen gesetzt. Achten Sie aber darauf, dass die Leistung, die Sie erwarten, einigermaßen angemessen honoriert wird.
>
> Wenn Sie eine Testamentsvollstreckung übernehmen und im Testament oder Erbvertrag nichts über die Vergütung gesagt ist, erörtern Sie diesen Punkt mit den Erben. Wie immer ist es besser, sich zu einigen, als später Prozesse zu führen.

Fälle gibt es eine recht umfangreiche Rechtsprechung, die gewisse Grenzen und Größenordnungen herausgearbeitet hat. Sie sehen folgendermaßen aus:

Bei Abwicklungsvollstreckung

Für die relativ kurze Abwicklungsvollstreckung bekommt der Testamentsvollstrecker eine Pauschalsumme. Sie richtet sich nach der Schwierigkeit der Verwaltung und Abwicklung und liegt bei relativ kleinen Vermögen von etwa 20 000 € bei 4 Prozent, bei größeren Vermögen von etwa 100 000 € bei 3 Prozent, bei Vermögen zwischen einer halben und einer Million Euro etwa bei 2 Prozent und bei Vermögen, die darüber liegen, bei 1 Prozent des Nachlasswertes. Wenn es um besonders schwierige Nachlässe geht, kann die Vergütung auch höher sein.

Bei Dauervollstreckung

Bei einer Dauervollstreckung kann der Testamentsvollstrecker zunächst eine Konstituierungsgebühr verlangen, mit der die Ermittlung des Nachlasses und Bewertung der Nachlassgegenstände honoriert wird. Sie richtet sich nach den eben genannten Regeln. Daneben kann er auch eine Verwaltungsgebühr verlangen, wenn er einen umfangreichen Nachlass über längere Zeit verwaltet. Sie beträgt etwa ⅓ Prozent bis ½ Prozent vom Wert des Nachlasses, kann aber auch 2 bis 4 Prozent der laufenden Einkünfte aus dem Nachlass betragen und muss dann jährlich gezahlt werden.

Vieles ist also offen. Welche Vergütung angemessen ist, hängt davon ab, was der Testamentsvollstrecker zu tun hat, wie groß das hinterlassene Vermögen und wie zeitraubend seine Aufgaben sind. Seine Tätigkeit kann in der Praxis geradezu aufopferungsvoll, bei größeren Vermögen aber auch ein einträgliches Geschäft sein.

Vergütung aus dem Nachlass

Der Testamentsvollstrecker kann seine Vergütung dem Nachlass selbst entnehmen. Das macht keine Schwierigkeiten, wenn der oder die Verstorbene die Vergütung festgesetzt hat. Wenn dies nicht der Fall ist, kommt es zwischen Erben und Testamentsvollstrecker nicht selten zu Streitigkeiten. Wer einerseits für andere ein Vermögen verwaltet und sich andererseits die Vergütung dafür selbst ausrechnet und auszahlt, gerät leicht in den Verdacht, sich zu bereichern. Das gilt ganz besonders, wenn der Testamentsvollstrecker zugleich Miterbe ist (Nähere Angaben vom Deutschen Notarverein finden Sie im Internet unter www.dnoti.de).

Bedenken Sie die Risiken!

Das Risiko, dass ein Testamentsvollstrecker seine Macht missbraucht oder jedenfalls nicht immer nur zum Nutzen des hinterlassenen Vermögens einsetzt, liegt auf der Hand. Gegen seinen Willen kann er nur in einem komplizierten Verfahren entlassen werden. Dennoch kann es sinnvoll sein, eine Testamentsvollstreckung anzuordnen, um unerfahrene Erben zu schützen und ihnen das vererbte Vermögen zu erhalten.

Alternative: Vollmacht auf den Todesfall

Wenn es nur darum geht, Ihren Erben möglichst bald die Verteilung des hinterlassenen Vermögens zu ermöglichen und ihnen auch für den Fall Ihres Todes die Verfügungsmacht über Ihre Bankkonten zu geben, genügt unter Umständen eine Vollmacht auf den Todesfall. Eine solche Vollmacht können Sie einem einzelnen Erben geben oder mehreren oder auch einer dritten Person (einem Anwalt, einem Notar oder sonst einer Person Ihres Vertrauens).

Der Vorteil: Die bevollmächtigte Person kann sogleich, ohne die oft zeitraubende Erteilung eines Erbscheins abzuwarten, nach Ihrem Tod über Ihr Vermögen verfügen.

Der Nachteil: Wer eine solche Vollmacht besitzt, ist an die Grenzen, die einem Testamentsvollstrecker gesetzt sind, nicht gebunden. Er kann verfügen, als wäre er der Erblasser selbst.

Allerdings können Ihre Erben sie jederzeit – also auch sofort nach Ihrem Tod – widerrufen. Eine unwiderruflich erteilte Generalvollmacht über den Tod hinaus ist in aller Regel unwirksam, weil sie den oder die Erben auf Dauer bei der Verfügung über das ererbte Vermögen einschränkt.

Herr Hartwig ist in zweiter Ehe verheiratet und setzt seine Kinder aus erster und zweiter Ehe als Erben ein. Seiner zweiten Ehefrau erteilt er eine Vollmacht für den Fall seines Todes und verfügt außerdem, dass diese Vollmacht nicht widerrufen werden kann.

Eine solche unwiderruflich erteilte Vollmacht ist sittenwidrig, weil sie die Kinder bei der Verwaltung des ererbten Vermögens einschränkt, solange die zweite Ehefrau lebt. Jedes Kind kann sie mit Wirkung für sich selbst widerrufen.

Erbschein

190 Der Erbschein als Beweismittel
190 Wie bekommt man einen Erbschein?
191 Notwendige Unterlagen
193 Wirkung
194 Kosten

Der Erbschein als Beweismittel

Aus vielerlei Gründen kann es Zweifel geben, ob jemand Erbe geworden ist oder nicht. Für Außenstehende und auch für mögliche Miterben ist ja nicht ohne weiteres erkennbar, ob die gesetzliche Erbfolge eintritt oder der oder die Verstorbene in einer letztwilligen Verfügung etwas anderes bestimmt hat. Ein Erbe muss und möchte in aller Regel möglichst bald über das ererbte Vermögen verfügen. Dritte – etwa eine Bank oder der Käufer eines Grundstücks – müssen sich darauf verlassen können, dass derjenige, der behauptet, Erbe zu sein, auch wirklich Erbe geworden ist.

Hier hilft ein Erbschein weiter. Er ist ein amtliches Zeugnis des Nachlassgerichts und soll den oder die Erben gegenüber Dritten als solche ausweisen. Er ermöglicht es den Erben, über das ererbte Vermögen zu verfügen.

Herr Müller ist gestorben. Er hinterlässt seine Ehefrau und zwei Kinder. Ein Testament gibt es nicht. Frau Müller möchte vom Bankkonto ihres Mannes 1 000 € abheben. Eine Bankvollmacht hat sie nicht.

Die Bank wird sich so lange weigern zu zahlen, bis Frau Müller nachweisen kann, dass sie (Mit)Erbin geworden ist. Das sicherste Beweismittel hierfür ist der Erbschein.

Manchmal geht es allerdings auch ohne Erbschein.

Herr und Frau Müller haben ein gemeinschaftliches Testament gemacht. Darin haben sie sich gegenseitig zu Alleinerben und nach dem Tod des zuletzt Versterbenden ihre beiden Kinder zu Erben eingesetzt.

Auch in diesem Fall wird Frau Müller nicht sofort vom Konto ihres verstorbenen Mannes Geld abheben können. Wenn sie aber mit einer beglaubigten Kopie des Testaments und dem gerichtlichen Eröffnungsprotokoll (→ Seite 129 ff.) bei der Bank erscheint, wird dies in aller Regel als Nachweis für ihr Erbrecht akzeptiert.

Tipp

Bei größeren Vermögen und wenn mehrere Miterben vorhanden sind, sollten Sie sich einen Erbschein ausstellen lassen. Das gibt Ihnen Sicherheit gegenüber Behörden, Geschäftspartnern und anderen Miterben.

Wie bekommt man einen Erbschein?

Ein Erbschein muss vom Erben beim Nachlassgericht (Amtsgericht) beantragt werden. Zuständig ist das Amtsgericht, in dem der oder die Verstorbene einen Wohnsitz hatte. Gab es keinen Wohnsitz, ist das Amtsgericht zuständig, in dessen Bezirk der oder die Verstorbene den letzten Aufenthalt hatte. Ist ein Deutscher oder eine Deutsche im Ausland gestorben und gab es keinen Wohnsitz im Inland, ist das Amtsgericht Berlin-Schöneberg zuständig.

Beispiel

Antrag auf einen Erbschein

Vor mir, dem Notar Karsten Noll in Dresden, erschien Frau Mechthild Peters, ausgewiesen durch ihren Personalausweis und erklärte:

Mein Ehemann Michael Peters ist am 3. Februar 2001 gestorben. Wir lebten im gesetzlichen Güterstand der Zugewinngemeinschaft. Wir haben zwei Kinder, Katrin und Hans.

Eine letztwillige Verfügung hat mein Mann nicht hinterlassen. Es tritt daher die gesetzliche Erbfolge ein. Gesetzliche Erben sind: ich, Mechthild Peters, als Ehefrau des Verstorbenen zur Hälfte, unsere Kinder, Katrin Peters und Hans Peters, zu je einem Viertel.

Ich versichere hiermit an Eides statt, dass mir nichts bekannt ist, was der Richtigkeit meiner Angaben entgegensteht. Auf die Bedeutung einer eidesstattlichen Versicherung, insbesondere die strafrechtlichen Folgen falscher Angaben bin ich hingewiesen worden.

Ich beantrage die Erteilung eines gemeinschaftlichen Erbscheins.

Der Wert des Nachlasses beträgt 120 000 €

Dresden, den 10. Februar 2001
Mechthild Peters

Karsten Noll, Notar
Notarsiegel

Verschiedene Arten

Es gibt verschiedene Arten von Erbscheinen. Ein Erbschein kann für den Alleinerben ausgestellt werden. Gibt es mehrere Erben und beantragen alle einen Erbschein, wird ein gemeinschaftlicher Erbschein ausgestellt, in dem die jeweiligen Anteile angegeben sind. Es kann aber auch jeder einzelne einen Teilerbschein beantragen, der nur seinen Anteil ausweist. Mehrere Teilerbscheine von Miterben können auch in einem Gruppenerbschein zusammengefasst werden.

Beispiel

Amtsgericht Dresden
Nachlassgericht 3. März 2001

Erbschein

Herr Albert Heinze, geboren am 1. Mai 1925, ist am 3. Februar 2001 in Dresden gestorben.

Er wird beerbt von seiner Ehefrau Herta Heinze, geb. Franz, zu ½ und von seinen ehelichen Kindern Heidi Heinze, geb. am 3. Juli 1945, und Roland Heinze, geb. am 5. August 1950, zu je ¼.

gez. Markus
Richterin am Amtsgericht
Ausgefertigt
gez. Thomas
Justizangestellte

Tipp

Bei größeren Erbschaften sollten Sie fachkundigen Rat einholen, schon bevor Sie den Erbschein beantragen. Sie können zwar einen Erbschein auch allein beantragen. Der Rat eines Anwalts oder Notars wird bei komplizierten Erbschaften aber ohnehin erforderlich und sinnvoll sein.

Notwendige Unterlagen

Wenn Sie einen Erbschein beantragen, müssen Sie dem Nachlassgericht diejenigen Tatsachen beweisen, die Ihr Erbrecht begründen. Je nachdem, ob Sie den Erbschein auf Ihr gesetzliches Erbrecht oder auf ein Testament oder einen Erbvertrag stützen, brauchen Sie unterschiedliche Unterlagen.

Für gesetzliche Erben

Wenn kein Testament oder Erbvertrag vorhanden ist, können Sie nur aufgrund der gesetzlichen Erbfolge Erbe oder Erbin werden (→ Seite 8 ff.). Das heißt, Sie müssen sich ausweisen können (Personalausweis) und Folgendes angeben (§ 2354 BGB):

- die Todeszeit. Dafür brauchen Sie die Sterbeurkunde.
- das Verhältnis, auf dem Ihr Erbrecht beruht. Das gesetzliche Erbrecht beruht entweder auf Ihrer Verwandtschaft mit dem oder der Verstorbenen oder auf einer Ehe mit ihm oder ihr oder auf einer eingetragenen gleichgeschlechtlichen Lebenspartnerschaft. Dafür brauchen Sie das Familienstammbuch.
- ob Personen vorhanden sind, die Sie von der Erbfolge ausschließen oder Ihr Erbrecht mindern. Dazu gehören zum Beispiel Kinder, auch nicht eheliche Kinder, und alle Personen, die neben oder außer Ihnen als gesetzliche Erben in Betracht kommen.
- ob der oder die Verstorbene Ihres Wissens ein Testament oder einen Erbvertrag hinterlassen hat. Dadurch könnte ja die gesetzliche Erbfolge verändert worden sein.
- ob ein Prozess über Ihr Erbrecht anhängig ist.
- den Güterstand, wenn Sie mit dem oder der Verstorbenen verheiratet waren oder den Vermögensstand, wenn Sie in einer eingetragenen Lebenspartnerschaft gelebt haben (→ Seite 117 ff.).

Bei Testament oder Erbvertrag

Wenn Sie in einem Testament oder Erbvertrag als Erbe oder Erbin eingesetzt sind, müssen Sie

- das Testament oder den Erbvertrag vorlegen
- Auskunft darüber geben, ob Ihres Wissens andere Verfügungen von Todes wegen gefunden wurden
- die Sterbeurkunde vorlegen
- Auskunft darüber geben, ob über das Erbrecht ein Prozess vor Gericht anhängig ist (§ 2355 BGB).

Überprüfen der Angaben

Das Gericht wird prüfen, ob die Angaben, die Sie gemacht haben, richtig sind. Vieles können Sie durch die Vorlage von Schriftstücken beweisen (Familienstammbuch, Sterbeurkunde, Testament oder Erbvertrag). Andere Angaben werden Sie vor Gericht oder einem Notar durch eine eidesstattliche Versicherung als richtig bezeugen müssen (§ 2356 BGB). Allerdings ist die Beurkundung durch einen Notar etwas teurer, weil er Ihnen zusätzlich die gesetzliche Mehrwertsteuer in Rechnung stellt.

Wenn das Gericht Zweifel daran hat, ob Ihr Erbrecht wirklich zu Recht besteht, ist auch eine öffentliche Aufforderung zur Anmeldung von Erbrechten anderer möglich (§ 2358 BGB).

Wichtig

Denken Sie daran, dass die Angaben, die Sie vor Gericht machen und möglicherweise durch eine eidesstattliche Erklärung absichern, korrekt sein müssen. Wenn Sie unrichtige Angaben machen, etwa ein Testament verschweigen oder Ihren Güterstand falsch angeben, machen Sie sich strafbar.

Wirkung

Der Erbschein weist Sie als legitimen Erben oder legitime Erbin aus. Was bedeutet das?

Es wird vermutet, dass demjenigen, der im Erbschein als Erbe bezeichnet ist, wirklich ein Erbrecht zusteht und dass andere als die dort angegebenen Beschränkungen nicht bestehen. Wer einen Erbschein vorlegen kann, gilt also bis zum Beweis des Gegenteils als rechtmäßiger Erbe.

Das ist wichtig für alle Rechtsgeschäfte, die der Erbe oder die Erbin mit Wirkung für das ererbte Vermögen vornehmen will: Für Käufe und Verkäufe, für die Umschreibung von Grundstücken im Grundbuch und für die Weiterführung eines geerbten Geschäfts.

Helene Franke war Inhaberin einer Massagepraxis. In ihrem Testament hat sie ihren Sohn zum Alleinerben eingesetzt und Testamentsvollstreckung angeordnet, bis der Sohn 28 Jahre alt geworden ist.

Mit dem Tod von Frau Franke wird der Sohn Erbe, im Erbschein ist die Testamentsvollstreckung zu vermerken. Von seinem 28. Geburtstag an kann der Sohn die Praxis übernehmen oder auch verkaufen, sofern er durch den Erbschein sein Erbrecht nachweist.

Richtigkeit bis zum Beweis des Gegenteils

Werden Tatsachen bekannt, die dafür sprechen, dass der Erbschein unrichtig ist, so wird das Nachlassgericht diese prüfen, gegebenenfalls einen falschen Erbschein einziehen und einen neuen, richtigen Erbschein ausstellen.

Nach Erteilung eines Erbscheins findet sich ein weiteres, späteres Testament, das die Erbfolge anders festlegt, als im Erbschein angegeben. Die im letzten Testament genannten Erben können dann durch Vorlage dieses Testaments Verfügungen des falschen Erben verhindern und die Einziehung des unrichtigen Erbscheins erwirken.

„Öffentlicher Glaube“

Ein Erbschein nützt aber nicht nur den Erben, er schützt auch Dritte, die von einer im Erbschein als Erbe bezeichneten Person etwas aus der Erbschaft erworben haben.

Frau Alt hinterlässt ihre Wohnungseinrichtung und ein Auto. Ihre einzige Tochter Bettina beantragt und erhält einen Erbschein, in dem sie als alleinige gesetzliche Erbin bezeichnet ist. Unter Vorlage des Erbscheins verkauft sie das Auto ihrer Mutter. Später wird bei der Wohnungsauflösung ein Testament von Frau Alt gefunden, in dem sie ihre Nichte als Alleinerbin bestimmt und ihre Tochter auf den Pflichtteil setzt.

Der Autoverkauf ist wirksam, obwohl der Erbschein unrichtig ist. Der Käufer kann sich auf den öffentlichen Glauben des Erbscheins berufen und das Auto behalten.

Etwas anderes gilt, wenn der Käufer die Unrichtigkeit des Erbscheins kannte (§ 2366 BGB). Hätte die Tochter das Auto günstig an einen Freund verkauft, der von dem Testament wusste, müsste er das Auto zurückgeben, bekäme allerdings auch den Kaufpreis zurück.

Wenn ein Erbschein unrichtig ist

Wenn sich herausstellt, dass ein Erbschein unrichtig ist, muss ihn das Nachlassgericht einziehen und jeder, der im Besitz eines unrichtigen Erbscheins ist, muss ihn dem Gericht zurückgeben. Damit sind die Wirkungen des Erbscheins beseitigt. Es kann dann ein neuer, richtiger Erbschein erteilt werden. Ist der falsche Erbschein nicht sofort verfügbar, kann er auch für „kraftlos" erklärt werden.

Tochter Bettina geht nach dem Tod ihrer Mutter mit dem Erbschein und dem Erlös aus dem verkauften Auto auf eine längere Südostasien-Reise. Die im Testament als Alleinerbin eingesetzte Nichte kann den Erbschein für kraftlos erklären lassen und für sich selbst unter Vorlage des Testaments einen Erbschein beantragen.

Kosten

Die Kosten für einen Erbschein richten sich nach der Höhe des vererbten Vermögens (nach Abzug der Schulden) und werden berechnet nach der Kostenordnung (→ Seite 232 ff.).

Für die Erteilung des Erbscheins allein entsteht eine Gebühr. Nebenstehend einige Anhaltspunkte:

Erbscheinkosten

Wert der Erbschaft	Gebühr
2 000 €	18 €
50 000 €	132 €
100 000 €	207 €
500 000 €	807 €
1 000 000 €	1 557 €
2 000 000 €	3 057 €

Mit der einfachen Gebühr ist es aber meistens nicht getan. Hinzu kommen Gebühren für die notwendigen eidesstattlichen Versicherungen und die Kosten und Auslagen des Notars. Die Kosten können dann deutlich höher werden, als in der Tabelle nebenstehend angegeben ist (→ Übersicht, Seite 232 ff.).

Tipp

Wenn es nur darum geht, Grundvermögen, das zum Nachlass gehört, im Grundbuch auf den oder die Erben umzuschreiben, genügt bei den Grundbuchämtern auch die Vorlage eines notariellen Testaments (→ Seite 53). Ist ein solches Testament vorhanden, können Sie für die Grundbuchberichtigung die Kosten für den Erbschein sparen.

Erbschaft- und Schenkungsteuer

197 I. Erbschaftsteuer
198 Vermögensbewertung
204 Abzug von Nachlassverbindlichkeiten
205 Steuerfreier Erwerb
205 Steuerklassen und persönliche Freibeträge
208 Versorgungsfreibeträge für Ehepartner und Kinder
209 Steuerfreier Zugewinnausgleich
211 Steuersätze und ihre Folgen
212 Unbeschränkte oder beschränkte Steuerpflicht
213 Anzeigepflichten
215 Besonderheiten bei Vor- und Nacherbschaft
216 Besonderheiten bei der Erbengemeinschaft
217 Spekulationsfristen

218 II. Schenkungsteuer
218 Gelegenheitsgeschenke
218 Unbenannte ehebedingte Zuwendungen
219 Gemischte Schenkung und Schenkung unter Auflagen
219 Kettenschenkung
220 Geld nur für ein bestimmtes Grundstück
220 Lebensversicherung

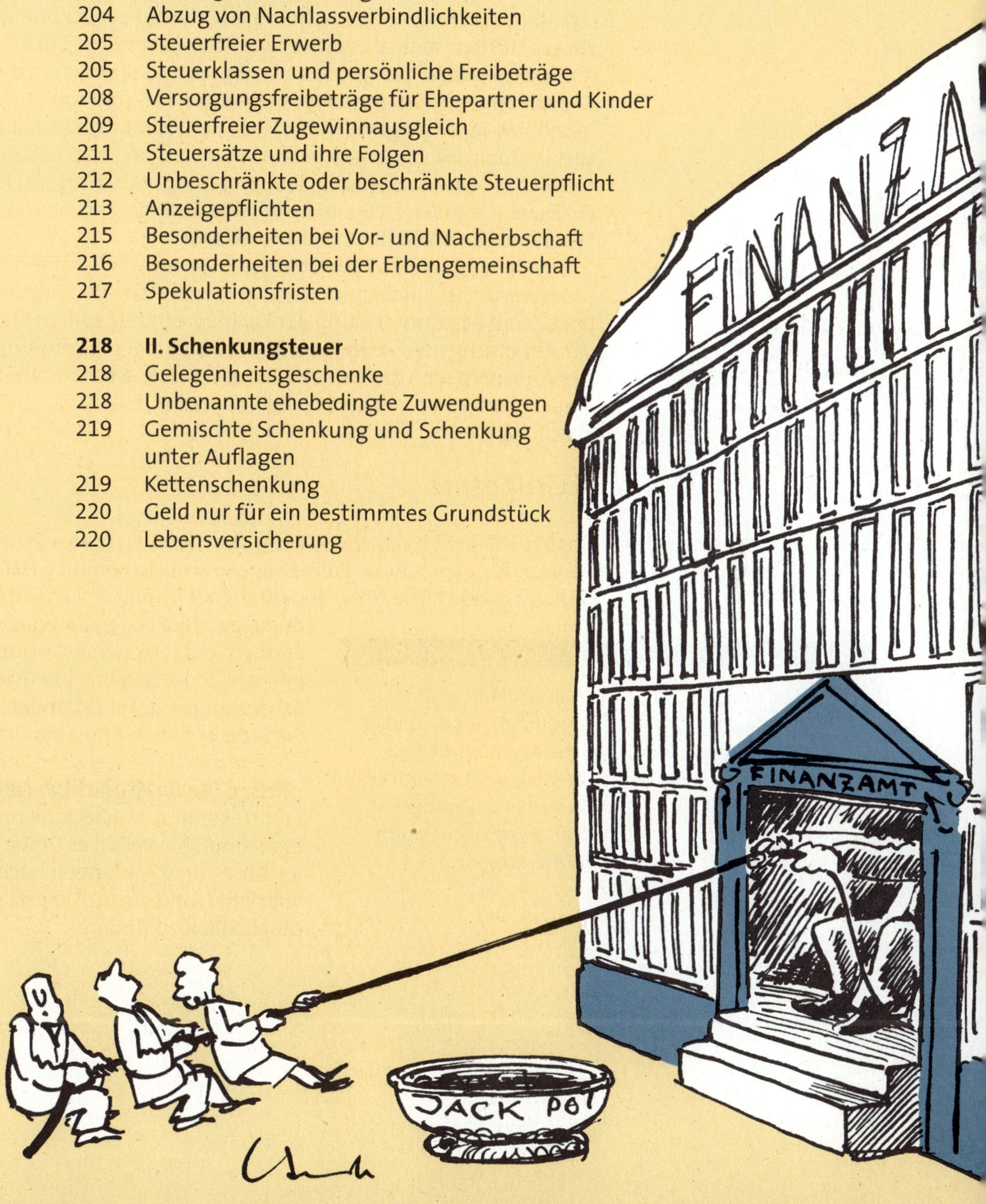

Über Erbschaften und Schenkungen müssen Sie das Finanzamt informieren: Der Erwerb ist grundsätzlich steuerpflichtig. Das heißt, es muss Erbschaft- oder Schenkungsteuer gezahlt werden. Welche Steuer erhoben wird, ist im Erbschaftsteuer- und Schenkungsteuergesetz (ErbStG) geregelt.

Dieses Gesetz erfährt häufig Änderungen: Grundlegend neu geregelt wurde es zum 1. Januar 1996. Die Umstellung auf den Euro zum 1. Januar 2002 hat wieder zu Änderungen geführt, zum Beispiel in den Freibeträgen.

Dagegen sind die Pläne zu einer nochmaligen Anhebung der Grundstückswerte, die zu höheren Erbschaft- bzw. Schenkungsteuern führen würden, zurzeit vom Tisch. Aber es ist ein Verfahren beim Bundesfinanzhof anhängig, das unter anderem die Überprüfung der Bewertungsvorschriften für Immobilien zum Inhalt hat. Es ist möglich, dass dieses Verfahren dem Bundesverfassungsgericht vorgelegt wird. Der Ausgang ist ungewiss – möglich ist eine Aufhebung der Bewertungsvorschriften. Die Finanzämter erlassen Steuerbescheide für Erbschaften und Schenkungen deshalb nur noch vorläufig.

Sie sehen, gerade im Steuerrecht gilt: Da es ständig Änderungen unterworfen ist, auch durch Erlasse, Wechsel der Verwaltungspraxis und Fortentwicklung der Rechtsprechung, sollten Sie bei der Abfassung oder Änderung Ihrer letztwilligen Verfügung stets den aktuellen Rat eines im Erbschaftsteuerrecht erfahrenen Steuerberaters oder einer Steuerberaterin einholen.

Grundsatz

Das ErbStG geht nach wie vor von dem Grundsatz aus: Je näher verwandt, desto höhere Freibeträge und desto weniger Steuern und umgekehrt. Die Höhe der anfallenden Steuern lässt sich durch geschickte Regelungen, sei es durch entsprechende Verfügungen von Todes wegen oder durch Schenkungen unter Lebenden (→ Seite 95 f.) beeinflussen. Um entsprechend planen zu können, müssen Sie die Grundzüge des ErbStG kennen. Musterfälle mit Berechnungen sollen es Ihnen erleichtern, die Regelungen nachzuvollziehen und die für Sie passende Möglichkeit zu finden.

Wichtig

Wählen Sie nie nur aus steuerlichen Gründen eine Lösung, die Ihren Vorstellungen über die Verteilung Ihres Vermögens nicht voll entspricht.

Überlegen Sie zunächst, was Sie erreichen wollen.

Dann erst prüfen Sie die steuerlichen Folgen. Gibt es unter den Möglichkeiten, die Ihnen zusagen, auch eine, die steuerlich günstiger ist, dann entscheiden Sie sich für diese Lösung.

I.
Erbschaftsteuer

Zeitpunkt ihres Entstehens

Erbschaftsteuerpflichtig ist der Erwerb von Todes wegen. Die Steuer entsteht im Zeitpunkt des Erwerbs. Dieser Zeitpunkt kann je nach Erwerbsgrund unterschiedlich sein (→ Tabelle).

Wird ohne Vereinbarung einer Abfindung auf das Pflichtteilsrecht oder das Vermächtnis verzichtet oder die Erbschaft ausgeschlagen, tritt keine Steuerpflicht ein.

Welcher Erwerb ist wann erbschaftsteuerpflichtig?

Erwerb von Todes wegen	Zeitpunkt des Erwerbs
Anfall der Erbschaft aufgrund gesetzlicher oder testamentarischer Erbfolge	Tod des Erblassers
Pflichtteilsanspruch	bei Geltendmachung
Vermächtnis	Tod des Erblassers
Erbvertrag	Tod des Erblassers
Schenkung auf den Todesfall	Tod des Erblassers
Auflage	wenn der durch die Auflage Begünstigte die Leistung erhält
Abfindungen für den Verzicht auf Pflichtteilsanspruch, Vermächtnis und für die Ausschlagung der Erbschaft	Erklärung des Verzichts oder der Ausschlagung

Hat der Erblasser eine aufschiebende Bedingung oder Befristung angeordnet, findet der Erwerb erst bei Eintritt der Bedingung oder Befristung statt.

Ulrike Vrieth hat ihrer Enkelin Anke ein Geldvermächtnis von 25 000 € zu ihrem 18. Geburtstag in ihrem Testament ausgesetzt. Als Ulrike Vrieth stirbt, ist die Enkelin zwölf Jahre alt.

Das Geldvermächtnis erhält Anke erst zu ihrem 18. Geburtstag: An diesem Tage hat sie Anspruch auf Auszahlung, das Vermächtnis ist jetzt angefallen und bei ihr zu versteuern. Bis zum Eintritt der Bedingung oder Befristung war der Erwerb bei dem Erben angefallen und ist von ihm versteuert worden.

Steht dagegen eine letztwillige Verfügung unter einer auflösenden Bedingung, ist dies erst einmal – bis zu ihrem Eintritt – steuerlich unbeachtlich.

Gudrun Koch hat ihren Ehemann testamentarisch zu ihrem Alleinerben eingesetzt, aber nur für den Fall, dass er nicht mehr heiratet.

Nach dem Tod von Gudrun Koch wird der Ehemann Alleinerbe und ist erbschaftsteuerpflichtig. Heiratet er wieder, fällt die Erbschaft an die nächst berufenen Erben, die ihrerseits steuerpflichtig sind. Herr Koch muss nun seinerseits innerhalb eines Jahres nach seiner Heirat einen Antrag auf Berichtigung des Erbschaftsteuerbescheids stellen.

Wichtig

Der Erbe muss nach Eintritt der Bedingung eine Berichtigung der Erbschaftsteuerveranlagung beantragen, da sein Erwerb gemindert ist. Die Korrektur zu seinen Gunsten nimmt das Finanzamt nicht von selbst vor. Der Antrag ist innerhalb eines Jahres ab Eintritt der Bedingung zu stellen.

Vermögensbewertung

Die Erbschaftsteuer wird nach dem Wert des Vermögens berechnet, das Sie erworben haben. Auch hier gilt wieder der Grundsatz, dass zunächst die Nachlassverbindlichkeiten abgesetzt werden. Die Erbschaftsteuern berechnen sich nach den Werten, die Ihnen aus dem Nachlass tatsächlich verblieben sind – das ist Ihre „Bereicherung" –, und nur sie ist Bemessungsgrundlage für die Erbschaftsteuer. Für die Bewertung gibt es besondere Vorschriften im ErbStG in Verbindung mit dem Bewertungsgesetz (BewG). Der Stichtag für die Bewertung ist der Zeitpunkt des Erwerbs, was zum Beispiel bei Aktien erhebliche Auswirkungen haben kann, denn der Kurs kann sich von Tag zu Tag verändern.

Verkehrswert

Grundsätzlich wird allen Vermögensgegenständen ihr „gemeiner Wert" zugrunde gelegt. Das ist der Wert, der bei einer ordnungsgemäßen Veräußerung des Gegenstands zu erzielen ist (Verkehrswert). Wenn Sie keine Anhaltspunkte für die Bewertung haben und es auch keine allgemeine Wertermittlung wie zum Beispiel bei Autos (Schwacke-Liste) gibt, müssen Sie die Bewertung einem Sachverständigen übertragen. Die entstehenden Kosten sind als Nachlassverbindlichkeit absetzbar (§ 10 Abs. 5 Nr. 3 ErbStG).

Bewertung von Grundstücken

Für die Bewertung von unbebauten und bebauten Grundstücken gelten seit dem 1. Januar 1996 neue Vorschriften. Es erfolgt nur noch eine Bewertung des Grundvermögens im Bedarfsfall (Schenkung oder Erbfall). Die alten Einheitswerte sind für die Berechnung der Steuerwerte keine Grundlage mehr. Das neue Verfahren zur Wertermittlung geht für unbebaute Grundstücke von den Bodenrichtwerten und für bebaute Grundstücke von den erzielbaren Mieteinnahmen (vereinfachtes Ertragswertverfahren) aus. Im Einzelnen gilt Folgendes:

Unbebaute Grundstücke

Ihre Bewertung richtet sich nach § 145 BewG. Unbebaut sind nicht nur die Grundstücke, auf denen keine Gebäude stehen, sondern auch solche, auf denen sich zwar Gebäude befinden, deren Nutzung aber nicht zumutbar ist, zum Beispiel zerstörte oder verfallene Bauten. Wird das Grundstück gerade bebaut, gilt es weder als unbebaut noch als bebaut, und die Bewertung richtet sich nach speziellen Vorschriften.

Die Bewertung unbebauter Grundstücke erfolgt anhand der Quadratmeterzahl und der Bodenrichtwerte. Diese müssen für alle in der Bundesrepublik gelegenen Grundstücke per 1. Januar 1996 von den Gutachterausschüssen, die in den Gemeinden eingerichtet wurden, festgelegt werden. Auf der Grundlage der in dem jeweiligen Gemeindegebiet erfolgten Verkäufe von Grund und Boden werden die durchschnittlichen Werte für erschlossenes und nicht erschlossenes Bauland ermittelt. Sind die Grundstücke bereits bebaut, so ist der unbebaute Wert zu ermitteln. Die so gefundenen Preise sind der Bodenrichtwert.

Für die erbschaftsteuerliche Wertermittlung werden 20 Prozent vom Bodenrichtwert abgezogen, der berichtigte Wert ist mit der Quadratmeterzahl zu multiplizieren – das Ergebnis ist der Besteuerungswert.

Hans Bunt ist Eigentümer eines 1100 Quadratmeter großen unbebauten Grundstücks in Potsdam. Der Bodenrichtwert beträgt 100 € pro Quadratmeter.

Von diesem Quadratmeterpreis werden 20 Prozent, also 20 €, abgezogen; der reduzierte Bodenrichtwert wird mit der Quadratmeterzahl des Grundstücks multipliziert. Das ergibt einen Grundstückswert für die Erbschaftsteuer von 88 000 €.

Liegt der tatsächliche Grundstückswert höher, ist das für die Besteuerung nicht maßgeblich. Weist der Steuerpflichtige aber nach – etwa anhand eines Gutachtens –, dass der Verkehrswert niedriger ist, ist der abweichende niedrigere Wert der Besteuerung zugrunde zu legen.

Unbebaute Grundstücke werden also seit Januar 1996 nach einem reduzierten Bodenrichtwert bewertet, der für den Stichtag 1. Januar 1996 zu ermitteln ist. Er galt zunächst nur bis zum 31. Dezember 2001. Nach Änderung des Gesetzes bleibt er nunmehr bis zum 31. Dezember 2006 in Kraft.

Bebaute Grundstücke

Die Bewertung bebauter Grundstücke wird anhand der durchschnittlichen Jahresmiete der dem Besteuerungszeitpunkt (zum Beispiel dem Anfall der Erbschaft) vorausgehenden letzten drei Jahre vorgenommen. Betriebskosten sind abzuziehen. Der aus diesen drei Jahren errechnete Durchschnittswert ist mit 12,5 zu multiplizieren.

Von dem so errechneten Wert kann ein Altersabschlag abgezogen werden. Dieser beträgt 0,5 Prozent für jedes vollendete Jahr, in der Regel berechnet ab Bezugsfertigkeit des Gebäudes. Der Abschlag ist aber begrenzt auf maximal 25 Prozent des oben errechneten Wertes.

Der Gesetzgeber sieht auch eine Wertuntergrenze vor: Der oben berechnete Wert eines bebauten Grundstücks darf nicht geringer sein als der Wert, den das Grundstück hätte, wenn es unbebaut wäre. Die Wertuntergrenze ist also immer der um 20 Prozent verringerte Bodenrichtwert multipliziert mit der Quadratmeterzahl des Grundstücks.

In den Nachlass des am 1. Februar 2002 verstorbenen Hans Bunt fällt ein im Januar 1960 fertiggestelltes Mietshaus in Köln. Das Grundstück ist 400 Quadratmeter groß. Der Bodenrichtwert ist mit 350 € pro Quadratmeter ermittelt worden. Die Jahresdurchschnittsmiete der letzten drei Jahre betrug (ohne Betriebskosten) 92 000 €.

Beispiel

Für die Erbschaftsteuer ergibt sich folgender Grundbesitzwert:

12,5 × 92 000 € =	1 150 000 €
– Wertminderung für Alter:	
42 × 0,5 = 21 % =	241 500 €
Wert	**908 500 €**

Der Grundbesitzwert für die Erbschaftsteuer ergibt sich aus der nebenstehenden Berechnung. Er wird – bei bebauten wie bei unbebauten Grundstücken gleichermaßen – auf volle tausend Euro nach unten abgerundet. Der der Besteuerung unterliegende Wert beläuft sich damit auf 908 000 €, denn auch die

Kontrollrechnung

Bodenrichtwert 350 € – 70 € (20 % von 350 €)
= 280 € × 400 m² = 112 000 € Bodenwert.

Kontrollrechnung (→ links) mit dem um 20 Prozent verminderten Bodenrichtwert ergibt keinen höheren Betrag.

Bei Gebäuden, die aus einer oder zwei Wohnungen bestehen und ausschließlich Wohnzwecken dienen, ist der nach vorstehenden Regeln ermittelte Wert um 20 Prozent zu erhöhen.

Bewertung eines Einfamilienhauses mit Einliegerwohnung zum 1. März 2002. Fertiggestellt wurde das Gebäude im Januar 1925. Das Grundstück ist 1 000 Quadratmeter groß. Der Bodenrichtwert beträgt 200 € pro Quadratmeter. Das Grundstück wird von dem Erblasser Klaus Dietrich selbst genutzt, die Einliegerwohnung ist dem Enkel Jan unentgeltlich vom Erblasser zur Verfügung gestellt worden.

Berechnung des Steuerwerts: Eine Mietzahlung ist nicht vereinbart, kann also der Berechnung nicht zugrunde gelegt werden. Bei eigener Nutzung und bei Überlassung von Gebäuden, Gebäudeteilen oder Wohnungen an Angehörige oder Arbeitnehmer des Eigentümers – sei es unentgeltlich oder entgeltlich – ist für die Berechnung die übliche Miete zu ermitteln. Das ist nach der Definition des Gesetzgebers die Miete, die für vergleichbare Objekte am Markt zu erzielen ist. Soweit Mietspiegel Vergleichsobjekte bewerten, wird dies eine Grundlage sein. In anderen Fällen sind Sachverständigengutachten heranzuziehen. Für das Beispiel ist von nebenstehenden Zahlen auszugehen.

Für eine Eigentumswohnung gilt: Liegt diese in einem Zweifamilienhaus, bleibt es beim Zuschlag von 20 Prozent. Er entfällt dagegen in einer Wohnanlage mit mehr als zwei Wohnungen.

Auch bei bebauten Grundstücken gilt: Kann der Steuerpflichtige nachweisen, dass der Verkehrswert tatsächlich geringer ist, ist dieser geringere Wert der Besteuerung zugrunde zu legen.

Festzuhalten bleibt, dass die Grundbesitzwerte für bebaute und unbebaute Grundstücke gegenüber den vor 1996 geltenden niedrigen Einheitswerten erheblich gestiegen sind. Kritiker der Regelung gehen davon aus, dass die Werte im Durchschnitt auf etwa 40 bis 60 Prozent des Verkehrswerts gestiegen sind. Die nach wie vor bestehende steuerliche Bevorzugung von Grundbesitz gegenüber anderen Vermögenswerten (→ Seite 196) wird auch vom Bundesfinanzhof in einem dort anhängigen Verfahren kritisch gesehen. Ob die Bewertungsvorschriften Bestand haben werden, lässt sich zurzeit nicht absehen.

Beispiel

170 Quadratmeter Wohnfläche × 10 € = 1 700 €
40 Quadratmeter Wohnfläche × 7 € = 280 €
Durchschnittliche Jahresmiete der letzten drei Jahre:
12 × 1 980 € = 23 760 €

Dies ergibt 12,5 × 23 760 € =	297 000 €
– Wertminderung für Alter: 77 × 0,5 % = 38,5 %, reduziert auf die zulässige Höchstgrenze von 25 %	74 250 €
=	222 750 €
+ Zuschlag für Zweifamilienhaus 20 %	44 550 €
=	267 300 €
abgerundet auf volle Tausend €	267 000 €
Die Kontrollrechnung mit dem verminderten Bodenrichtwert ergibt einen niedrigeren Wert: 1 000 m² × (200 € – 20 %) =	160 000 €

Sonderfälle

Für Sonderfälle – zum Beispiel im Bau befindliche Gebäude, Umbauten oder wenn eine übliche Miete sich wegen der auf den Einzelfall ausgerichteten besonderen Nutzung nicht ermitteln lässt – gelten spezielle Ermittlungsverfahren gemäß §§ 147 und 149 BewG.

Grundstücke im Ausland

In diesen Fällen wird der Berechnung der deutschen Erbschaftsteuer immer der Verkehrswert zugrunde gelegt, unabhängig davon, ob der Erbfall vor oder nach dem 31. Dezember 1995 eingetreten ist.

Ob bei Auslandsvermögen Erbschaftsteuern nach deutschem Recht anfallen, richtet sich nach der beschränkten oder unbeschränkten persönlichen Steuerpflicht (→ Seite 212).

Bewertung von ...

Beteiligungen

Für die Bewertung von gesellschaftsrechtlichen Beteiligungen gibt es spezielle Vorschriften in § 12 ErbStG in Verbindung mit dem BewG. In diesen Fällen müssen Sie sich beraten lassen.

Wertpapieren

Börsennotierte Wertpapiere (zum Beispiel: Aktien) werden nach dem Kurswert zum Stichtag berechnet.

Immobilienfonds-Anteilen

Anteile an einem geschlossenen Immobilienfonds werden nach dem anteiligen Grundbesitzwert berechnet. Anteile an offenen Immobilenfonds sind mit dem Rücknahmepreis anzusetzen.

Bewertung von Nutzungsrechten

Bei der Zuwendung einer Rente, eines Nießbrauchs oder eines Wohnrechts gelten für die Ermittlung des zu versteuernden Wertes wiederum besondere Vorschriften, und zwar die §§ 23 ff. ErbStG in Verbindung mit §§ 12 bis 14 BewG.

Jahreswert

Zunächst ist der Jahreswert der zugewandten Nutzung, also der Rente, des Nießbrauchs am Vermögen oder des Wohnrechts zu ermitteln.

Bei der Rente ist dies einfach: Der Jahreswert ist der in einem Kalenderjahr bezogene Geldbetrag.

Bei der Zuwendung eines Nießbrauchs am gesamten Nachlass oder an Teilen ist ebenso wie bei der Einräumung eines Wohnrechts der Jahreswert konkret je nach eingeräumter Nutzungsmöglichkeit zu ermitteln. So ist zum Beispiel der ortsübliche Mietzins für die Bewertung des Wohnrechts maßgeblich. Für den Nießbrauch an einem vermieteten Haus sind es die Mieteinnahmen abzüglich der Kosten.

Für die Festlegung des Jahreswerts gibt es eine Obergrenze gemäß § 16 BewG: Der Jahreswert darf nicht mehr betragen als

Gesetzliche Rente

Renten, die aufgrund gesetzlicher Vorschriften auf die Hinterbliebenen übergehen, sind nicht erbschaftsteuerpflichtig. Nur die von dem Erblasser oder der Erblasserin durch letztwillige Verfügung zugewandten Renten werden von der Erbschaftsteuer erfasst.

der nach dem BewG ermittelte und durch 18,6 geteilte Wert des zugewandten Gegenstands.

Gudrun Koch hat ihrem Ehemann Ulf nur den Nießbrauch an ihrem Mietshaus vermacht. Die maßgebliche Nettojahresmiete beläuft sich auf 89 280 €. Das Mietshaus ist nach den seit 1. Januar 1996 geltenden Vorschriften mit 1 116 000 € zu bewerten.

Der Jahreswert des Nießbrauchs bestimmt sich zunächst nach der Nettojahresmiete, das sind 89 280 €. Wird zur Überprüfung der Bewertungsobergrenze aber der Wert des Mietshauses von 1 116 000 € durch 18,6 geteilt, ergibt dies einen Jahreswert der Nutzung von 60 000 €. Dieser ermäßigte Wert und nicht der tatsächliche Nettoertrag ist für die weitere Berechnung der Erbschaftsteuern zugrunde zu legen.

Kapitalwert

Steht der Jahreswert fest, muss der Kapitalwert ermittelt werden, der die Bemessungsgrundlage für die Erbschaftsteuer ist. Der Kapitalwert ist der Jahreswert multipliziert mit einem Vervielfältiger, der sich aus dem BewG nebst Anlagen ergibt:

Erfolgt die Zuwendung bis zum Tod des Begünstigten, ist der Vervielfältiger der Anlage 9 zu § 14 BewG zu entnehmen. Er ist abhängig vom Lebensalter und Geschlecht des Begünstigten.

Ist Ulf Koch im obigen Beispiel beim Tod seiner Frau 58 Jahre alt, ergibt sich nach der Tabelle ein Vervielfältiger von 10,987. Daraus errechnet sich ein Kapitalwert von 60 000 € multipliziert mit 10,987, also 659 220 €. Dieser Wert ist die Bemessungsgrundlage für die Erbschaftsteuer.

Ist die Zuwendung der Nutzung zwar lebenslänglich gewährt, jedoch mit einer Wiederverheiratungsklausel verbunden, ändert dies nichts an der Berechnung. Ist die Zuwendung auf eine bestimmte Zeit begrenzt, ist der Vervielfältiger der Anlage 9a zu § 13 BewG zu entnehmen.

Hat Herr Koch im Beispiel den Nießbrauch an dem Mietshaus nur für die Dauer von zehn Jahren erhalten, ist der Vervielfältiger 7,745. Der zu versteuernde Kapitalwert beträgt 60 000 € multipliziert mit 7,745, also 464 700 €.

Ist der Begünstigte nicht der Ehepartner des Erblassers, hat er zwei Möglichkeiten, den Erwerb zu versteuern: Entweder er versteuert den gesamten Kapitalwert auf einmal oder er entrichtet die Steuern jährlich nach dem Jahreswert. Der Steuersatz (→ Seite 211) bleibt derselbe, nur die Steuerlast wird bei der zweiten Möglichkeit auf die Jahre der Nutzung verteilt. Der mit dem Nießbrauch belastete Erbe setzt den Kapitalwert als Nachlassverbindlichkeit vom Nachlasswert ab.

Ist der Begünstigte dagegen der Ehepartner des Erblassers, gilt Folgendes: Der Erbe versteuert den Nachlass so, als sei dieser nicht mit einem Nutzungsrecht zugunsten des Ehepartners belastet. Der Teil der Erbschaftsteuern aber, der auf den Kapitalwert der Zuwendung an den Ehepartner entfällt, wird dem Erben zinslos gestundet, und zwar für die Zeit bis zur Beendigung des Nutzungsrechts. Der Erbe hat jederzeit die Möglichkeit, den gestundeten Betrag vorzeitig durch Barzahlung abzulösen, wobei sich der Betrag dann um die Abzinsung ermäßigt, das heißt, es muss weniger gezahlt werden. Der begünstigte Ehepartner versteuert darüber hinaus den Kapitalwert der Zuwendung.

Die Zuwendung des Nießbrauchs am Nachlass statt der Erbeinsetzung des Ehepartners kann zu erheblicher Steuerersparnis führen, wenn man die im zweiten Erbfall anfallende Erbschaftsteuer berücksichtigt.

Beispiel für die Erbeinsetzung: Gudrun Koch setzt ihren Ehemann Ulf als Vorerben und ihren Sohn Jörg als Nacherben ein. Sie stirbt am 15. Februar 2002 und hinterlässt ein Vermögen, das mit 1 400 000 € zu bewerten ist. Herr Koch stirbt zehn Jahre später. Nun erbt Jörg den Nachlass im unveränderten Wert.

Unter Berücksichtigung lediglich der persönlichen Freibeträge und ohne Beachtung von Versorgungsfreibeträgen, Zugewinnausgleich und Härtefallregelung (→ Seite 211 ff.) ergeben sich nach den seit 1. Januar 1996 geltenden Steuersätzen (→ Seite 211) und den Änderungen durch die Einführung des Euro nebenstehende Erbschaftsteuern. Die von Vater und Sohn insgesamt zu entrichtenden Erbschaftsteuern belaufen sich somit auf 207 670 € + 227 050 € = 434 720 €.

Beispiel Erbeinsetzung

1. Erbfall (Tod von Gudrun Koch)	
Nachlasswert	1 400 000 €
– Freibetrag Ehemann	307 000 €
zu versteuern	1 093 000 €
19 % Steuern	**207 670 €**
2. Erbfall (Tod von Ulf Koch)	
Nachlasswert	1 400 000 €
– Freibetrag Sohn	205 000 €
zu versteuern	1 195 000 €
19 % Steuern	**227 050 €**

Beispiel für den Nießbrauch: Gudrun Koch setzt ihren Sohn zu ihrem Alleinerben ein. Ihrem Ehemann Ulf vermacht sie den lebenslangen Nießbrauch an ihrem gesamten Vermögen. Beim Tod von Frau Koch ist ihr Mann 61 Jahre alt.

Ulf Koch hat den Kapitalwert des Nießbrauchs zu versteuern. Der Jahreswert des Nießbrauchs beläuft sich auf den nach dem BewG ermittelten Wert, geteilt durch 18,6. Der Wert von 1 400 000 €, geteilt durch 18,6, ergibt einen Jahreswert von 75 268 €. Der Vervielfältiger nach der Tabelle zu § 14 BewG beträgt beim Alter von 61 Jahren 10,171. Der Kapitalwert ist mit 765 550 € anzusetzen. Zur Berechnung der Erbschaftsteuer → unten. Die Differenz zwischen den insgesamt vom Sohn zu tragenden Erbschaft-

Beispiel Nießbrauch

1. Erbschaftsteuer Ehemann		**2. Erbschaftsteuer Sohn**		**sofort zu versteuern:**	
Kapitalwert	765 550 €	Nachlasswert	1 400 000 €		1 195 000 €
– Freibetrag	307 000 €	– Freibetrag	205 000 €	– Kapitalwert	765 550 €
zu versteuern	458 550 €	zu versteuern	1 195 000 €	zu versteuern	429 450 €
abgerundet auf	458 500 €	**19 % Steuern**	**227 050 €**	abgerundet auf	429 400 €
15 % Steuern	**68 775 €**			**15 % Steuern**	**64 410 €**

> **Tipp**
>
> Wägen Sie ab, ob Sie, um Ihren Erben Erbschaftsteuer zu ersparen, Ihrem Ehepartner, den Sie sichern wollen, nur einen Nießbrauch übertragen wollen, oder ob es nicht eher dem gemeinsamen Willen und den finanziellen Notwendigkeiten entspricht, ihn als Vollerben einzusetzen.

steuern in Höhe von 227 050 € und den sofort zu entrichtenden von 64 410 €, also 162 640 €, wird zinslos gestundet.

Im ersten Beispiel müssen Vater und Sohn zusammen 434 720 € Erbschaftsteuer zahlen. Im zweiten Beispiel reduziert sich die Steuerlast aufgrund des Nießbrauchs und des sofortigen Anfalls der Erbschaft beim Sohn auf 295 825 €. Davon muss der Sohn 64 410 € sofort entrichten, 162 640 € sind zinslos bis zum Tod des Vaters gestundet. Will der Sohn diesen gestundeten Betrag auch sofort ablösen, verringert sich dieser aufgrund der Abzinsung. Diese ist nach der durchschnittlichen Lebenserwartung und der Tabelle 1 zu § 12 Abs. 3 BewG zu berechnen. Ist der Vater 61 Jahre alt, ergibt sich ein Vervielfältiger von 0,402. Der abgezinste Betrag beläuft sich auf 65 381 €. Das bedeutet, dass weitere 97 259 € an Erbschaftsteuern gespart werden.

Abzug von Nachlassverbindlichkeiten

Wenn Nachlassverbindlichkeiten vorhanden sind, müssen diese abgezogen werden. Sie verringern das Nachlassvermögen, sodass sich auch die steuerliche Bemessungsgrundlage ändert.

Die abziehbaren Nachlassverbindlichkeiten gemäß § 10 Abs. 5 ErbStG sind:

- Schulden des Erblassers oder der Erblasserin
- Verbindlichkeiten aus Vermächtnissen, Auflagen und geltend gemachten Pflichtteilsansprüchen
- Kosten für die Bestattung, für eine angemessene Grabstätte und für die Grabpflege sowie die Kosten, die durch die Abwicklung, Regelung oder Verteilung des Nachlasses unmittelbar entstehen. Ebenso die Kosten der Testamentseröffnung, des Erbscheins, Sachverständigenkosten zur Ermittlung des Verkehrswerts des Nachlasses und die Steuerberatungskosten, die bei Beauftragung eines Steuerberaters zur Erstellung der Erbschaftsteuererklärung entstehen (alle diese eben genannten Kosten werden in dem Erbschaftsteuerformular unter dem Begriff „Erbfallkosten“ zusammengefasst). Für diese Erbfallkosten ist insgesamt ein pauschaler Abzug ohne Einzelnachweis von 10 300 € möglich. Wollen Sie höhere Beträge absetzen, müssen Sie sie insgesamt durch Einzelbelege nachweisen. Laufende Kosten für die Verwaltung des Nachlasses bis zu seiner Verteilung auf die Miterben können Sie nicht abziehen. Nunmehr können Sie endgültig berechnen, was als Nachlass im Sinne des Steuerrechts gilt: Sie ermitteln die Steuerwerte des Nachlasses, ziehen die abzugsfähigen Schulden ab und erhalten die „Bereicherung“ im Erbfall.

> **Tipp**
>
> Bei komplizierten Vermögensverhältnissen sollten Sie den Rat eines Steuerberaters oder einer Steuerberaterin einholen. Gerade die Auslegung des Steuerrechts ändert sich durch Erlasse der Finanzverwaltung und Urteile der Finanzgerichte ständig, sodass die aktuelle Lage nur durch fachliche Beratung im Einzelfall geklärt werden kann.
>
> Gehört Betriebsvermögen oder ein Anteil davon zum Nachlass, müssen Sie ebenfalls Rechtsrat einholen. Diese Bereiche werden hier nicht behandelt.

Steuerfreier Erwerb

Bestimmte Vermögensgegenstände aus dem Nachlass, zum Teil gestaffelt nach den persönlichen Steuerklassen, sind steuerfrei. Dafür gelten unter Berücksichtigung der seit 1996 neu eingeteilten Steuerklassen (→ Seite 206) und nach Einführung des Euro seit 1. Januar 2002 folgende Wertobergrenzen:

- Für diejenigen, die in Steuerklasse I fallen, liegt die Wertobergrenze für Hausrat einschließlich Wäsche und Kleidung bei 41 000 €. Zusätzlich können andere bewegliche körperliche Gegenstände (zum Beispiel Auto, Schmuck, Kunstgegenstände) bis zu einem Wert von 10 300 € steuerfrei erworben werden.
- Beim Erwerb durch Personen der Steuerklassen II und III sind dagegen für Hausrat einschließlich Wäsche und Kleidungsstücke und andere bewegliche körperliche Gegenstände insgesamt nur 10 300 € steuerfrei.
- Für Bargeld, Wertpapiere, Münzen, ungefasste Edelsteine und Perlen, Edelmetalle (zum Beispiel Goldbarren) gelten keine Befreiungen. Auch Gegenstände, die zu einem Betrieb gehören, sind von der Befreiung ausgeschlossen.
- Befreit ist auch der Dreißigste gemäß § 1969 BGB.
- Erhält derjenige, der den Erblasser oder die Erblasserin unentgeltlich oder ohne angemessene Bezahlung gepflegt hat, aus dem Nachlass eine Zuwendung, ist diese bis zu 5 200 € erbschaftsteuerfrei, vorausgesetzt die Pflege war auch 5 200 € „wert".
- Zuwendungen an Kirchen, gemeinnützige Vereine und politische Parteien sind unbegrenzt steuerfrei. Dasselbe gilt für Zuwendungen zu ausschließlich kirchlichen, gemeinnützigen oder mildtätigen Zwecken, was im Einzelfall dem Finanzamt nachzuweisen ist.
- Die Befreiung von Betriebsvermögen bis zu 256 000 € ist in § 13 a ErbStG geregelt. Gehört Betriebsvermögen zum Nachlass, müssen Sie steuerrechtlichen Rat einholen.
- § 13 ErbStG führt noch eine Reihe weiterer Steuerbefreiungen auf, die aber nur vereinzelt infrage kommen.

Wichtig

Für alle Fälle gilt: Wird die Obergrenze für die Steuerbefreiung überschritten, ist der darüber hinausgehende Vermögenserwerb der Erbschaftsteuer unterworfen.

Steuerklassen und persönliche Freibeträge

Seit dem 1. Januar 1996 gibt es nur noch drei Steuerklassen. Den in die verschiedenen Steuerklassen einzuordnenden Personen kommen jeweils Freibeträge in unterschiedlicher Höhe zu. Prüfen Sie, in welche Steuerklasse Sie fallen und welchen Freibetrag Sie in Anspruch nehmen können (→ Tabelle, Seite 206).

Der Ehepartner fällt nicht nur in die Steuerklasse I, sondern kann auch den größten Freibetrag in Anspruch nehmen. Für Kinder vermindert er sich. Nicht eheliche Kinder sind auch steuerlich ehelichen gleichgestellt. Im Verhältnis zum Vater gilt dies jedoch nur dann, wenn die Vaterschaft festgestellt oder anerkannt wurde.

Bei Eltern und Großeltern variieren die Steuerklassen und die Freibeträge danach, ob es sich um einen Erwerb von Todes

Steuerklassen und Freibeträge

Steuerklasse	Personen	Freibetrag
I	• Ehepartner	307 000 €
	• Kinder und Stiefkinder	205 000 €
	• Enkelkinder nur, wenn der Elternteil (Kind/Stiefkind des Erblassers) verstorben ist	205 000 €
	• alle anderen Enkel, Stiefenkel, Urenkel	51 200 €
	• Eltern und Großeltern bei Erwerb von Todes wegen	51 200 €
II	• Eltern und Großeltern bei Zuwendung unter Lebenden • Geschwister • Nichten und Neffen • Stiefeltern • Schwiegerkinder, Schwiegereltern • geschiedener Ehepartner	10 300 €
III	• alle übrigen Erben und Beschenkten	5 200 €

wegen oder eine Schenkung unter Lebenden handelt, die steuerlich weniger günstig ist. Die Enkel rücken im Verhältnis zu ihren Großeltern (= Erblasser) in die Position ihres Elternteils, wenn dieser (also das Kind des Erblassers) verstorben ist. Stiefkinder und deren Abkömmlinge werden steuerlich wie gemeinsame Kinder behandelt.

Fallen Sie in die Steuerklasse I, verschafft Ihnen das nicht nur die höchsten Freibeträge, sondern auch den besten Steuersatz (→ Tabelle, Seite 211). Der Steuersatz wird höher mit ansteigender Steuerklasse.

Persönliche Freibeträge und Zehnjahresrhythmus

Die persönlichen Freibeträge können im Erbfall nur einmal in Anspruch genommen werden. Haben Sie also schon vor dem Erbfall etwas von dem Erblasser oder der Erblasserin als Geschenk erhalten, könnte der Freibetrag bereits verbraucht sein. Dies ist der Fall, wenn die Schenkung innerhalb von zehn Jahren vor dem Erbfall stattfand und Sie den gesamten Freibetrag seinerzeit geltend gemacht haben. Lag die Schenkung dagegen mehr als zehn Jahre vor dem Erbfall, spielt sie keine Rolle mehr.

Wichtig

Der persönliche Freibetrag kann alle zehn Jahre neu in Anspruch genommen werden. Mehrere Zuwendungen innerhalb von zehn Jahren werden zusammengerechnet.

Fallen Schenkung und Erbfall in diesem Zehnjahreszeitraum zusammen, wird die Steuer nach dem Gesamterwerb neu berechnet:

Frank Klein schenkt seiner Ehefrau Helga im Januar 1995 Aktien im Wert von 600 000 DM. Im Februar 2002 stirbt er und hinterlässt seiner Frau ein Vermögen von 600 000 €. Die Eheleute lebten im Güterstand der Gütertrennung.

Nach Abzug des Ehegattenfreibetrags von 250 000 DM hatte Frau Klein nach dem vor 1996 geltenden Recht für die geschenkten Aktien im Wert von 600 000 DM noch 350 000 DM zu versteuern. In der Steuerklasse I betrug die Schenkungsteuer 7 Prozent, also 24 500 DM. Mit dem Erbfall erhält sie weitere 600 000 €. Da die Schenkung sieben Jahre davor stattfand, also im Zehnjahreszeitraum, werden die Erwerbe zusammengerechnet und die Steuer neu berechnet.

Frau Klein hat innerhalb von zehn Jahren 600 000 DM (ca. 306 000 €) und 600 000 €, also zu versteuernde 906 000 €

erhalten. Davon werden nach neuem Recht der persönliche Freibetrag mit 307 000 € und der Versorgungsfreibetrag (→ Seite 208) mit 256 000 € abgesetzt, das heißt, Frau Klein hat 343 000 € in der Steuerklasse I mit einem Steuersatz von 15 Prozent zu versteuern. Dies ergibt einen Betrag von 51 450 €.

Davon ist die anzurechnende Steuer aus dem Vorerwerb abzuziehen. Diese ist wegen der Änderung der Steuersätze und -klassen neu zu berechnen, denn der Gesetzgeber sieht in § 14 ErbStG vor, dass für die abzuziehende Steuer die persönlichen Verhältnisse des Erwerbers zum Zeitpunkt des letzten Erwerbs und die dann geltenden Vorschriften Anwendung finden.

Hätte Frau Klein die Aktien im Wert von 600 000 DM im Jahre 1996 geschenkt bekommen, als das neue Recht bereits galt, dann wäre wegen des auf 600 000 DM erhöhten Freibetrags von Ehepartnern der Erwerb schenkungsteuerfrei gewesen. Damit ergibt sich nach der Neuberechnung keine anzurechnende Steuer, obwohl Frau Klein 24 500 DM im Jahre 1995 an Steuern für die geschenkten Aktien entrichtet hat. Dieses Ergebnis korrigiert der Gesetzgeber: Ist die seinerzeit gezahlte Steuer höher als der nach der Neuregelung ermittelte Betrag, so wird die tatsächlich gezahlte Steuer abgezogen. Frau Klein zahlt im obigen Beispiel also 51 450 € Erbschaftsteuer abzüglich bereits gezahlter 24 500 DM (12 526 €), also nur 38 924 €.

Wichtig

Weil die vor dem 1. Januar 1996 erhobene Steuer wegen der Neuregelung von Steuerklassen, -sätzen und Freibeträgen höher sein kann als die sich nach der Neuregelung ergebende anzurechnende Steuer, gilt: Abgezogen wird die früher gezahlte Steuer, wenn diese höher war.

Luise Berg schenkt ihrem Lebensgefährten Bernd Seibt 1995 ein Grundstück. Der Verkehrswert beträgt 450 000 DM, der erhöhte Einheitswert 110 000 DM. Im Jahre 2002 stirbt sie und hinterlässt ihrem Partner ein Vermögen von 125 000 €.

Das geschenkte Grundstück ist 1995 nach dem erhöhten Einheitswert von 110 000 DM zu versteuern. Herr Seibt fällt in die Steuerklasse IV und kann einen persönlichen Freibetrag von 3 000 DM absetzen. Den Erwerb von 107 000 DM versteuert er mit 26 Prozent und zahlt an das Finanzamt 27 820 DM.

2002 hat sich das geändert: Herr Seibt fällt jetzt in die Steuerklasse III und hat einen persönlichen Freibetrag von 5 200 €. Für das geschenkte Grundstück gilt bei der Zusammenrechnung des geschenkten und geerbten Vermögens weiter der erhöhte Einheitswert.

Wichtig

Die frühere Bewertung gilt unverändert weiter. Wertänderungen, egal worauf sie beruhen, bleiben unberücksichtigt.

Der Gesamtwert beläuft sich damit auf 181 242 € – der Einheitswert des Grundstücks wird hier auf 56 242 € abgerundet. Nach Abzug des Freibetrags von 5 200 € sind 176 042 €, abgerundet 176 000 €, in der Steuerklasse III mit 23 Prozent zu versteuern. Das sind 40 480 €. Die anzurechnende Steuer nach neuem Recht beläuft sich auf 56 242 € abzüglich Freibetrag von 5 200 € = 51 042 €, abgerundet auf 51 000 €, mal 17 Prozent. Anzurechnen wären also 8 670 €. Gezahlt hat Herr Seibt 1995 aber 27 820 DM = 14 224 €, und dieser höhere Betrag wird von der Erbschaftsteuer von 40 480 € abgezogen. Er zahlt 2002 noch 26 256 € an Steuern.

Haben Luise Berg und Bernd Seibt dagegen 2001 geheiratet, so ergibt sich folgende Berechnung:

Von dem Gesamtwert von 181 242 € wird der Ehegattenfreibetrag von 307 000 € anteilig abgezogen. Es fällt keine Erbschaftsteuer an. Die vorher gezahlte Schenkungsteuer erhält er allerdings nicht zurück – so die Meinung der Finanzämter.

Versorgungsfreibeträge für Ehepartner und Kinder

Dem Ehepartner steht gemäß § 17 ErbStG ebenso wie den Kindern ein besonderer Versorgungsfreibetrag zu.

Der Versorgungsfreibetrag beträgt beim Ehepartner seit dem 1. Januar 2002 256 000 €. Erhält der Ehepartner aufgrund einer letztwilligen Verfügung des Erblassers oder der Erblasserin eine Rente oder sonstige Leistungen, die seiner Versorgung dienen und erbschaftsteuerpflichtig sind, ändert das an dem Freibetrag nichts.

Eine Kürzung des Versorgungsfreibetrags wird aber dann vorgenommen, wenn der Ehepartner nach dem Tod des Erblassers oder der Erblasserin Versorgungsbezüge bezieht, die nicht der Erbschaftsteuer unterliegen, wie zum Beispiel eine Hinterbliebenenrente. Die Kürzung erfolgt in Höhe des Kapitalwerts dieser Bezüge, der gemäß § 14 BewG zu ermitteln ist. Zur Berechnung müssen Sie wissen, wie hoch die Hinterbliebenenversorgung ist, die Sie im Jahr erhalten. Dann multiplizieren Sie den Betrag mit dem Vervielfältiger aus der Anlage 9 zum BewG und kommen so auf den Kapitalbetrag, um den der Versorgungsfreibetrag zu kürzen ist.

Ulf Koch, beim Tod seiner Frau 58 Jahre alt, erhält eine Hinterbliebenenversorgung von 7 200 € pro Jahr. Er will wissen, inwieweit er den Versorgungsfreibetrag in Anspruch nehmen kann.

Beim Alter von 58 Jahren beträgt der Vervielfältiger bei Männern 10,987. Damit ist der Jahreswert zu multiplizieren, es ergibt sich ein Kapitalwert von 79 106 €. Das heißt, es sind von dem Versorgungsfreibetrag 79 106 € verbraucht, es bleibt also noch ein Betrag von 176 894 €. Diese Summe kann dann von dem Nachlasswert abgesetzt werden.

Bei Kindern ist der Versorgungsfreibetrag je nach Alter unterschiedlich hoch. Bekommt das Kind nach dem Tod des Elternteils eine Hinterbliebenenversorgung, wird der Freibetrag nach denselben Regeln gekürzt wie beim Ehepartner.

Versorgungsfreibeträge seit dem 1. Januar 2002

Alter	Freibetrag
bis zu 5 Jahren	52 000 €
von mehr als 5 bis zu 10 Jahren	41 000 €
von mehr als 10 bis zu 15 Jahren	30 700 €
von mehr als 15 bis zu 20 Jahren	20 500 €
von mehr als 20 Jahren bis zur Vollendung des 27. Lebensjahres	10 300 €

Steuerfreier Zugewinnausgleich

Lebten Eheleute im Güterstand der Zugewinngemeinschaft (→ Seite 14 ff.), bestehen bei Beendigung der Ehe Zugewinnausgleichsansprüche. Die Zugewinnausgleichsforderung ist nicht steuerpflichtig, unabhängig davon, ob die Ehe durch Scheidung oder Tod beendet wurde (§ 5 ErbStG). Im Erbfall ist damit für den Ehepartner, der den Anspruch geltend macht (→ Seite 29 ff.), ein zusätzlicher Freibetrag gegeben.

Wenn Sie den kleinen Pflichtteil und die Zugewinnausgleichsforderung wählen, ist die Zugewinnausgleichsforderung nicht der Steuerpflicht unterworfen, sondern bleibt vielmehr gemäß § 5 Abs. 2 ErbStG in voller Höhe steuerfrei, weil sie dann kein Erwerb von Todes wegen ist und auch nicht als Schenkung gilt.

Wählen Sie zur pauschalen Abgeltung der Zugewinnausgleichsforderung dagegen die erbrechtliche Lösung, also die Erhöhung der gesetzlichen Erbquote um ein Viertel, können Sie den besonderen Freibetrag in Anspruch nehmen. Dies gilt auch, wenn Sie testamentarisch als Erbe eingesetzt worden sind, sei es als Alleinerbe oder zu einem Bruchteil.

Der besondere Freibetrag muss berechnet werden. Dazu ist konkret die Zugewinnausgleichsforderung zu ermitteln (→ Seite 29 ff.). Dieser Betrag ist dann die Summe, die vom Nachlasswert abzuziehen ist.

Gudrun Koch lebt mit ihrem Ehemann im Güterstand der Zugewinngemeinschaft. Bei Heirat brachte sie ein Vermögen von 600 000 € mit, Herr Koch war mittellos. Bei ihrem Tod 2002 hinterlässt sie ihrem immer noch mittellosen Ehemann als Alleinerben ein Vermögen von 1 200 000 €.

Herr Koch kann zunächst einmal den persönlichen Freibetrag und den Versorgungsfreibetrag in Anspruch nehmen. Für den Freibetrag hinsichtlich der Zugewinnausgleichsforderung ist der Zugewinn zu berechnen. Herr Koch selbst hat keinen erzielt. Seine Frau hat bei einem Anfangsvermögen von 600 000 € und einem Endvermögen von 1 200 000 € einen Zugewinn von 600 000 € erwirtschaftet, von dem Herrn Koch bei Durchführung des Zugewinnausgleichsverfahrens die Hälfte, also 300 000 €, zustünde. In Höhe dieser Forderung kann er den besonderen Freibetrag in Anspruch nehmen. Wie die nebenstehende Rechnung zeigt, muss Herr Koch 337 000 € versteuern. In der Steuerklasse I fallen Steuern in Höhe von 15 Prozent an, mithin 50 550 €.

Beispiel

Nachlasswert	1 200 000 €
– persönl. Freibetrag	307 000 €
– Versorgungsfreibetrag	256 000 €
– Zugewinnausgleich	300 000 €
zu versteuern	**337 000 €**

Hätten die Eheleute im Güterstand der Gütertrennung gelebt, wäre der besondere Freibetrag des Zugewinnausgleichs entfallen. Dann hätte Herr Koch einen Erwerb von 637 000 € mit 19 Prozent versteuern müssen, es wären 121 030 € an Erbschaftsteuer zu zahlen gewesen. Der besondere Freibetrag wegen des Zugewinns spart also 70 480 € an Erbschaftsteuern. Bleibt nach Abzug der persönlichen und sachlichen Freibeträge noch ein zu versteuernder Nachlass übrig, müssen Sie prüfen, ob Ihnen ein

Zugewinnausgleichsanspruch zusteht, den Sie steuerlich als besonderen Freibetrag geltend machen können.

Im obigen Beispiel sind der Verkehrswert des Nachlasses und der zu versteuernde Wert gleich hoch. Dies ist nicht der Fall, wenn die Bewertung nicht nach dem Verkehrswert, sondern – wie bei Grundstücken – nach den Grundbesitzwerten vorgenommen wird. Ist danach ein niedrigerer Wert als der Verkehrswert maßgebend, ist auch die Zugewinnausgleichsforderung nicht mit ihrem tatsächlichen Wert, sondern mit einem verhältnismäßig gekürzten Betrag anzusetzen:

Der Nachlass von Frau Hase, die am 30. Januar 2002 verstorben ist, besteht aus Wertpapieren in Höhe von 300 000 € und Grundstücken. Die Grundstücke haben einen Verkehrswert von 700 000 € und einen Grundbesitzwert von 350 000 €. Ihr Ehemann Ulrich Hase erhält eine Hinterbliebenenversorgung, deren Kapitalwert höher ist als der Versorgungsfreibetrag. Er setzt von dem der Erbschaftsteuer unterworfenen Vermögen von 650 000 € (Grundbesitzwert der Grundstücke und Wertpapiere) den persönlichen Freibetrag von 307 000 € ab und will außerdem die Zugewinnausgleichsforderung von – hier – 360 000 € absetzen. Somit wäre nichts mehr zu versteuern.

Diese Rechnung macht das Finanzamt nicht mit. Der Verkehrswert des Nachlasses und der der Besteuerung zugrunde liegende Wert weichen voneinander ab, also muss auch die Höhe der Zugewinnausgleichsforderung angeglichen werden. Dazu gibt es folgende Formel:

$$\text{Zugewinnausgleichsanspruch} \times \frac{\text{Steuerwert des Nachlasses}}{\text{Verkehrswert des Nachlasses}}$$

Zugewinnausgleichsforderung

$$360\,000\,€ \times \frac{650\,000\,€}{1\,000\,000\,€} = 234\,000\,€$$

Im Beispiel führt das zu der nebenstehenden steuerlich anerkannten Zugewinnausgleichsforderung.

Berechnung

Nachlasswert	650 000 €
– Freibetrag	307 000 €
– Zugewinn	234 000 €
zu versteuern	**109 000 €**

Es ergibt sich nebenstehende Berechnung:

Der ermittelte Betrag von 109 000 € ist mit 11 Prozent zu versteuern. Herr Hase zahlt also 11 990 € Erbschaftsteuer.

Steuersätze und ihre Folgen

§ 19 ErbStG regelt die Steuersätze mit Wirkung ab 1. Januar 1996 neu: Statt 25 Tarifstufen gibt es nur noch 7. In der Steuerklasse I beträgt der Eingangssteuersatz 7 Prozent und steigt bis auf 30 Prozent. Der niedrigste Steuersatz in der Steuerklasse III beträgt 17, der höchste 50 Prozent. Kombiniert mit den erhöhten Freibeträgen führt dies zu steuerlichen Entlastungen beim Erwerb kleinerer und mittlerer Vermögen.

Zum 1. Januar 2002 sind die Tarifstufen auf den Euro umgestellt worden. Dies führt in den meisten Fällen zu einer geringfügigen Erhöhung zugunsten der steuerpflichtigen Erben. Wenn Sie die für Sie geltende Steuerklasse herausgefunden und alle möglichen Freibeträge von dem auf Sie entfallenden Nachlassanteil abgesetzt haben, können Sie den Steuersatz, mit dem der Erwerb zu versteuern ist, aus der Tabelle ablesen und die Erbschaftsteuern berechnen. Es gilt: Je höher die Steuerklasse und je höher der Nachlasswert, desto ungünstiger ist der Steuersatz.

Erbschaftsteuersätze seit dem 1. Januar 2002

Steuerpflichtiger Erwerb*) bis €	Vomhundertsatz in der Steuerklasse I	II	III
52 000	7	12	17
256 000	11	17	23
512 000	15	22	29
5 113 000	19	27	35
12 783 000	23	32	41
25 565 000	27	37	47
über 25 565 000	30	40	50

*) § 10 ErbStG

Wichtig

Partner nicht ehelicher Lebensgemeinschaften fallen – auch nach der Neuordnung – in die ungünstigste Steuerklasse und zahlen den höchsten Steuersatz. Das lässt sich nach wie vor nur durch eine Heirat ändern!

Für gleichgeschlechtliche Lebenspartner gilt ebenfalls: sie fallen nach wie vor in die Steuerklasse III.

Tipp

Schwiegersohn oder Schwiegertochter steht in Steuerklasse II zwar ein Freibetrag von 10 300 € zu, Kinder aber erhalten immerhin bis zu 205 000 € steuerfrei.

Schenken Sie daher Vermögen Ihren Kindern, und nicht deren Ehepartnern. Verteilen Sie entsprechend der Freibeträge.

Härtefallregelung

Wie Sie aus der Tabelle oben ersehen, gibt es starre Grenzen für den Beginn des jeweils höheren Steuersatzes. Schon die Überschreitung des steuerpflichtigen Erwerbs um nur 1 € führt zu einem anderen Steuersatz, und der Mehrerwerb könnte durch diesen höheren Steuersatz völlig aufgezehrt werden, wäre da nicht § 19 Abs. 3 ErbStG, der für diese Fälle einen Härteausgleich vorsieht:

Anke hat 2002 als Vermächtnis von ihrer Großmutter Wertpapiere im Wert von 308 200 € erhalten. Da ihre Eltern noch leben, hat Anke in der Steuerklasse I einen Freibetrag von 51 200 €. 257 000 € sind zu versteuern.

Für einen steuerpflichtigen Erwerb von über 256 000 € beträgt der Steuersatz in Steuerklasse I 15 Prozent, die Steuer somit 38 550 €. Hätte Anke nur 256 000 € zu versteuern, beliefe sich der Steuersatz auf 11 Prozent, es fielen an Erbschaftsteuern nur 28 160 € an. Für einen Mehrerwerb von 1 000 € würden bei strikter Anwendung der Tabelle 10 390 € an Steuern anfallen. Hier greift der Härteausgleich ein. Die Mehrsteuern werden reduziert auf die Hälfte des Mehrerwerbs, mithin auf 500 €. Anke zahlt 28 160 € zuzüglich 500 €, das heißt insgesamt 28 660 € statt 38 550 €.

Der Härteausgleich ist je nach Steuersatz gestaffelt (§ 19 Abs. 3 ErbStG).

Unbeschränkte oder beschränkte Steuerpflicht

Der gesamte Nachlass ist der deutschen Erbschaftsteuer unterworfen, wenn entweder der Erblasser oder der Erwerber (Erbe, Vermächtnisnehmer) Inländer gemäß § 2 ErbStG ist.

Inländer sind Personen, die in der Bundesrepublik Deutschland ihren Wohnsitz oder ihren gewöhnlichen Aufenthalt haben. Diese Inländereigenschaft ist unabhängig von der Staatsbürgerschaft. Die unbeschränkte Steuerpflicht nach deutschem Erbschaftsteuerrecht trifft damit auch Ausländer, die in der Bundesrepublik Deutschland ihren Wohnsitz oder ständigen Aufenthalt haben.

Aber auch deutsche Staatsangehörige, die sich vor dem Todesfall nicht länger als fünf Jahre im Ausland aufgehalten haben, bleiben Inländer, auch wenn sie keinen inländischen Wohnsitz haben.

Inländer sind unbeschränkt steuerpflichtig. Dies bedeutet, dass auch das ererbte Vermögen, das sich im Ausland befindet, der deutschen Erbschaftsteuer unterworfen wird. Daneben kann, zum Beispiel bei ausländischen Grundstücken, je nach Landesrecht der Erwerb auch dort noch einmal steuerpflichtig sein. Der Erbe läuft damit unter Umständen Gefahr, zweimal zur Kasse gebeten zu werden.

Zwischen einigen Ländern existieren Doppelbesteuerungsabkommen, es gibt aber auch die Möglichkeit, dass die im Ausland gezahlte Steuer auf die deutsche Erbschaftsteuer gemäß § 21 ErbStG angerechnet wird.

Ist weder der Erblasser noch der Erwerber Inländer, unterliegt nur das in der Bundesrepublik Deutschland befindliche Vermögen der deutschen Erbschaftsteuer und auch dies nur mit den sich aus § 121 BewG ergebenden Einschränkungen (beschränkte Steuerpflicht). Auch in diesen speziellen Fällen müssen Sie fachlichen Rat einholen.

> **Wichtig**
>
> Fällt im Ausland gelegenes Vermögen in die Erbschaft, ist eine frühzeitige Beratung auch im Hinblick auf die steuerlichen Folgen notwendig.
>
> Nur die konkrete Prüfung unter Berücksichtigung des ausländischen Steuerrechts und eventuell bestehender Doppelbesteuerungsabkommen kann mögliche finanzielle Probleme aufdecken.

Schuldner der Erbschaftsteuer

Die Pflicht, Erbschaftsteuer zu zahlen, trifft den Erwerber. Das sind der oder die Erben, der Vermächtnisnehmer, der Pflicht-

Wer muss die Erklärung abgeben?

Das Finanzamt kann jeden, der an einem Erbfall beteiligt ist, auffordern, eine Erbschaftsteuererklärung abzugeben. Mehrere Erben können gemeinsam erklären.

Es ist das amtliche Formular zu verwenden. Die vom Finanzamt gesetzte Frist beträgt mindestens einen Monat. Ist Testamentsvollstreckung, Nachlassverwaltung oder Nachlasspflegschaft angeordnet, ist der Testamentsvollstrecker, der Nachlassverwalter oder Nachlasspfleger zur Abgabe der Erbschaftsteuererklärung verpflichtet.

teilsberechtigte, wenn er seine Ansprüche geltend macht. Jeder hat das, was er erhält, zu versteuern. Anders kann dies allerdings bei der Erbengemeinschaft sein (→ Seite 216 f.). Bis zur Teilung des Nachlasses haftet der gesamte Nachlass für alle Erbschaftsteuerverbindlichkeiten.

Anzeigepflichten

Im Erbfall kommt so manches ans Licht. Damit das Finanzamt die Erbschaftsteuer richtig ermitteln kann, bestehen umfangreiche Anzeigepflichten nicht nur für die Beteiligten, sondern auch für Banken und Versicherungen.

... des Erwerbers
Jeder, der aufgrund eines Erbfalls aus dem Nachlass eine Zuwendung erhält, die der Erbschaftsteuer unterliegt, hat die Pflicht, dies innerhalb von drei Monaten nach Anfall dem Finanzamt anzuzeigen. Die Anzeige ist nur dann entbehrlich, wenn ein Testament eröffnet worden ist und sich daraus das Verhältnis zwischen Erwerber und Erblasser (zum Beispiel das Verwandtschaftsverhältnis) eindeutig ergibt.

... von Behörden, Gerichten und Notaren
Standesämter haben jeden Sterbefall dem Finanzamt zu melden. Die Nachlassgerichte und Notare sind ebenfalls anzeigepflichtig für alles, was mit einem Erbfall zusammenhängt:
- Eröffnung einer Verfügung von Todes wegen
- Abwicklung eines Erbauseinandersetzungsvertrags
- Erteilung eines Erbscheins
- Erteilung eines Testamentsvollstreckerzeugnisses
- Anordnung von Nachlasspflegschaften und Nachlassverwaltungen.

... von Banken
Alle Kreditinstitute (Banken, Sparkassen) sind verpflichtet, dem Finanzamt innerhalb eines Monats nach Kenntnis des Sterbefalls anzuzeigen, welche Vermögenswerte für den Erblasser verwahrt werden und welche Forderungen er gegen das Kreditinstitut hat. Diese Mitteilungspflicht gilt bei Werten von über 1 200 €. Im Einzelnen geht es dabei um:

- Kontenstände mit den Werten vom Morgen des Todestages
- Schließfächer – gemeldet wird nur, wo und welche Schließfächer vom Erblasser unterhalten werden. Den Inhalt kennt das Kreditinstitut dagegen nicht.
- Wertpapierdepots.

Auf diese Weise ist das Finanzamt schon bestens informiert. Hat der Erblasser jetzt gemeldete Vermögenswerte bislang verschwiegen, hat dies Konsequenzen und führt zu entsprechenden Nachbelastungen (→ unten).

... von Versicherungsgesellschaften

Vor Auszahlung einer Versicherungssumme oder einer Leibrente von mehr als 1 200 € an einen anderen als den Versicherungsnehmer hat die Versicherungsgesellschaft darüber Anzeige zu erstatten. War also der Erblasser nicht der Versicherungsnehmer, ist auch keine Anzeige notwendig (→ Seite 66).

Verschweigen von Einkünften

Das Erbschaftsteuerfinanzamt informiert das für den Erblasser zuständige Finanzamt über die Vermögenswerte des Erblassers, und zwar dann, wenn ein Kapitalvermögen, etwa Wertpapiere, von mehr als 50 000 €, vorhanden ist oder der Nachlass einen Wert von mehr als 250 000 € hat. Das Einkommensteuerfinanzamt wird nun prüfen, ob die Vermögenswerte einschließlich der Zinsen in den letzten zehn Jahren vor dem Erbfall auch ordnungsgemäß versteuert worden sind. Ist dies nicht der Fall, sind die hinterzogenen Beträge vom Erben nachzuzahlen. Zusätzlich werden Hinterziehungszinsen in Höhe von 0,5 Prozent für jeden Monat der Hinterziehung erhoben. Beides zusammen kann sich zu erheblichen Beträgen summieren, die nachgezahlt werden müssen.

Der Erblasser hat sich durch die Hinterziehung von Einkünften strafbar gemacht. Die Konsequenzen treffen aber nicht seine Erben.

Wichtig

Wenn Sie mehr als 50 000 € an Kapitalvermögen erben oder der Nachlass mehr als 250 000 € wert ist, wird das für Sie zuständige Finanzamt darüber informiert und wird in Zukunft prüfen, wie Sie das geerbte Vermögen versteuern.

Mehrfacher Erwerb desselben Nachlassvermögens

Wird dasselbe Vermögen innerhalb von zehn Jahren von verschiedenen zur Steuerklasse I gehörenden Personen nacheinander erworben, kann im zweiten Erbfall eine Steuerermäßigung beantragt werden, die aber höchstens die Hälfte der im ersten Erwerbsfall gezahlten Erbschaft- oder Schenkungsteuer ausmachen wird. Damit soll eine übermäßige Besteuerung eines Familienvermögens innerhalb von zehn Jahren vermieden werden. Die Berechnung müssen Sie von einem Steuerberater oder einer Steuerberaterin vornehmen lassen.

Besonderheiten bei Vor- und Nacherbschaft

Erbrechtlich ist der Nacherbe bei Eintritt des Nacherbfalls Erbe des Erblassers (→ Seite 80). Für die Erbschaftsteuer hingegen gilt nur der Vorerbe als Erbe des Erblassers (§ 6 ErbStG). Der Nacherbe wird als Erbe des Vorerben eingestuft. Er kann aber beantragen, dass der Versteuerung das Verhältnis zum Erblasser zugrunde gelegt wird, was für die Steuerklasse und für den Steuersatz des Nacherben günstiger sein kann.

Lisa Bunt setzt ihren kinderlosen Sohn Klaus zum Vorerben und ihre Tochter Katharina zur Nacherbin ein. 2002 tritt der Nacherbfall mit dem Tod von Klaus ein. Zu versteuern ist ein Nachlass von 250 000 €.

Katharina wird steuerlich erst einmal so behandelt, als erbe sie das Vermögen ihrer Mutter von ihrem Bruder Klaus. Damit fällt sie in die Steuerklasse II: Nach Abzug des Freibetrags von 10 300 € hätte sie dann bei einem Steuersatz von 17 Prozent 40 749 € zu zahlen. Katharina beantragt, der Besteuerung das Verwandtschaftsverhältnis zur Erblasserin – also ihrer Mutter – zugrunde zu legen. Nun fällt Katharina in die Steuerklasse I mit einem Freibetrag von 205 000 €. Bei einem Steuersatz von 7 Prozent zahlt sie nur noch 3 150 € Erbschaftsteuer, spart also 37 599 €.

Ist Katharina auch die Erbin ihres Bruders, kann sie aber nicht noch einmal den Freibetrag nach Steuerklasse II im Verhältnis zu ihrem Bruder in Anspruch nehmen.

Ist für den Erwerb vom Vorerben eine andere Steuerklasse als für den Erwerb vom Erblasser maßgeblich, wird für jeden Erbfall die Steuer nach den Steuerklassen getrennt berechnet. Die Höhe des Steuersatzes bestimmt sich aber nach dem Gesamtwert beider Nachlässe. Den Steuerfreibetrag gibt es dagegen – wie erwähnt – nur einmal.

Katharina erbt zusätzlich zum Vermögen ihrer Mutter von ihrem Bruder Klaus weitere 20 000 €.

Die Erbschaftsteuer, die Katharina für den Erwerb des Vermögens der Mutter zahlen muss, wird jetzt mit 11 Prozent berechnet, da der Gesamterwerb nach Abzug des Freibetrags von 205 000 € 65 000 € beträgt und damit der nächst höhere Steuersatz gilt. Katharina versteuert die von der Mutter geerbten 45 000 € mit 4 950 €. In Steuerklasse II zahlt Katharina zusätzliche Erbschaftsteuern für 20 000 €, aber nach dem Steuersatz, der für den Gesamtwert, nämlich 65 000 € gilt. Dieser Steuersatz beträgt 17 Prozent, somit werden 3 400 € an zusätzlicher Erbschaftsteuer fällig. Einen Freibetrag kann sie nicht mehr in Anspruch nehmen, da sie ihren Freibetrag von 205 000 € bereits mit dem Erwerb des Vermögens der Mutter verbraucht hat.

Tritt der Nacherbfall nicht durch den Tod des Vorerben, sondern aufgrund anderer Umstände ein, gilt für die Besteuerung Folgendes: Zunächst versteuert der Vorerbe den Erwerb. Tritt der Nacherbfall ein und hat der Vorerbe die Erbschaft an den Nacherben herauszugeben, wird der Erwerb beim Nacherben ebenfalls voll besteuert, die vom Vorerben gezahlte Steuer aber

Wichtig

Der Nacherbe kann den persönlichen Freibetrag nur einmal beanspruchen. Wird das Verhältnis zum Erblasser zugrunde gelegt, ist auch der entsprechende Freibetrag nur einmal anzusetzen.

Ist aufgrund des Nachlasswertes der Freibetrag noch nicht verbraucht, wird der restliche Freibetrag auf den vom Vorerben erworbenen Nachlass angerechnet.

Wichtig

Aus steuerlichen Gründen ist die Anordnung von Vor- und Nacherbschaft nicht zu empfehlen, da ein Freibetrag nur einmal gewährt wird.

Dies fällt insbesondere ungünstig ins Gewicht, wenn Ehepartner sich gegenseitig zu Vorerben einsetzen und ihre Kinder zu Nacherben und Erben des Längstlebenden. Jedem Kind steht der Freibetrag von 205 000 € nur einmal zu. Das Vermögen wird zweimal versteuert – einmal vom Vorerben, einmal vom Nacherben.

anteilig angerechnet. Wie hoch der anzurechnende Anteil ist, muss im Einzelfall anhand der dem Vorerben verbliebenen Bereicherung berechnet werden. Dazu brauchen Sie fachlichen Rat.

Besonderheiten bei der Erbengemeinschaft

Gibt es mehrere Erben, wird der Erwerb jeweils nach der Höhe der Erbquote besteuert, also nach dem Bruchteil – einhalb, ein Drittel –, mit dem der Erbe am Nachlass beteiligt ist. Eine Teilungsanordnung des Erblassers oder der Erblasserin ist zwar nach dem Erbrecht für die Erben erst einmal bindend, für die Erbschaftsteuer wird sie jedoch nicht beachtet.

Der Witwer Wolf Leicht setzt seine drei Kinder zu Erben zu je einem Drittel ein. Er trifft eine Teilungsanordnung, nach der Ursula das Privathaus (Grundbesitzwert 160 000 €, Verkehrswert 320 000 €), Bodo das Wertpapierdepot (250 000 €) und Elke sein sonstiges Vermögen (Steuerwert 250 000 €) erhält. Er stirbt im Jahr 2002.

Der Wert des Nachlasses beträgt für die Berechnung der Erbschaftsteuer 660 000 €. Jedes Kind hat nach seiner Erbquote ein Drittel zu versteuern und zahlt damit Erbschaftsteuern in derselben Höhe. Für 220 000 € abzüglich des Freibetrags von 205 000 € nach Steuerklasse I und einem Steuersatz von 7 Prozent sind von jedem Kind 1 050 € zu zahlen. Die niedrigere Bewertung eines einem Erben zugeordneten Nachlassgegenstands – hier zum Beispiel das Grundstück – hat auf die Erbschaftsteuerbelastung aller Miterben entsprechend ihrer Quoten Auswirkungen. Der niedrige Steuerwert kommt damit allen Miterben zugute. Die Teilungsanordnung ist erbschaftsteuerlich neutral.

Ist dagegen die Teilungsanordnung mit einem Vorausvermächtnis zugunsten eines der Erben verbunden, um eine Ausgleichspflicht bei der Auseinandersetzung zu vermeiden (→ Seite 79), hat der begünstigte Erbe diesen zusätzlich erhaltenen Nachlasswert allein zu versteuern, nur der Rest wird nach den Erbquoten aufgeteilt.

Erbauseinandersetzung

Nehmen die Erben eine Teilung des Nachlasses vor, indem sie entsprechend der Erbquoten einzelne Nachlassgegenstände unter sich aufteilen, fallen dadurch keine weiteren Steuern an.

Abfindungen

Wenn ein Erbe eine Abfindung an einen anderen Erben als Wertausgleich zahlt, weil er einen höheren Anteil am Nachlass erhalten hat, kann dies in bestimmten Fällen zu zusätzlichen Steuern führen. Die Abfindung ist für den Erben, der sie erhält, dann einkommensteuerpflichtig, wenn sie sich auf den Ausgleich von Betriebsvermögen bezieht. Der Erbe, der sie auszuzahlen hat, hat dagegen steuerliche Vorteile durch erhöhte

Abschreibungsmöglichkeiten. Bei Abfindungszahlungen im privaten Bereich entstehen grundsätzlich keine zusätzlichen Einkommensteuern.

Tipp

Erbauseinandersetzungen mit Abfindungszahlungen können unvorhersehbare steuerliche Folgen haben. Sie müssen sich vor der Durchführung steuerlich beraten lassen.

Einkommensteuerliche Auswirkungen der Erbauseinandersetzung sollten schon bei der Gestaltung des Testaments berücksichtigt werden. Vermeiden Sie Erbengemeinschaften und Ausgleichspflichten.

Keine Grunderwerbsteuer

Gehören zum Nachlass Grundstücke, fällt für die Erben neben der Erbschaftsteuer keine Grunderwerbsteuer an. Auch die Übertragung im Wege der Erbauseinandersetzung auf einen der Miterben ist grunderwerbsteuerfrei.

Spekulationsfristen

Grundsätzlich sind Veräußerungsgewinne im privaten Vermögensbereich steuerfrei. Allerdings: Zwischen Erwerb und Wiederveräußerung müssen bestimmte Fristen liegen. Diese betragen für Grundstücke zehn Jahre und für andere Vermögensgegenstände, insbesondere Wertpapiere, ein Jahr. Ist diese Spekulationsfrist bereits für den Erblasser abgelaufen, kann der Erbe ohne Gefahr veräußern. Mit Anfall der Erbschaft beginnt also für den Erben keine neue Spekulationsfrist.

Hans Schnell erbt von seinem Vater am 5. März 1997 ein Grundstück. Der Vater hat dieses am 1. Februar 1996 für einen Kaufpreis von umgerechnet 200 000 € erworben. Hans Schnell möchte das Grundstück im April 2003 für 300 000 € veräußern.

Die Spekulationsfrist läuft erst nach dem 1. Februar 2006 ab. Will Hans Schnell keine Einkommensteuer auf den Veräußerungsgewinn von 100 000 € zahlen, muss er sich mit dem Verkauf noch bis dahin gedulden. So nach der gesetzlichen Regelung, aber ob die rückwirkende Verlängerung der Spekulationsfrist von zwei auf zehn Jahre verfassungsrechtlich Bestand haben wird, ist nach einem beim Bundesfinanzhof anhängigen Verfahren ungewiss. Bevor Sie ein Grundstück veräußern, sollten Sie sich bei Ihrem Steuerberater nach der aktuellen Rechtslage erkundigen.

Gegen Erbschaftsteuer versichern?

Die anfallenden Erbschaftsteuern können, wenn der Nachlass aus Grundstücken und anderen nicht so einfach zu veräußernden Sachwerten besteht und vielleicht noch zusätzlich Nachlassverbindlichkeiten oder Pflichtteilsansprüche zu begleichen sind, zu finanziellen Engpässen beim Erben führen. Die Möglichkeit, sich gegen diese Risiken zu versichern, besteht nicht.

Einen Ausweg gibt es nur, wenn der künftige Erbe eine Lebensversicherung auf das Leben des Erblassers abschließt. Versicherungsnehmer und Bezugsberechtigter muss der Erbe sein, damit die Lebensversicherungssumme im Erbfall nicht in den Nachlass fällt und weder für die Berechnung von Erbschaftsteuern, noch von Pflichtteilsansprüchen herangezogen werden kann. Es muss also eine eigene Versicherung des Erben sein.

II. Schenkungsteuer

Die Schenkungsteuer ist ebenfalls im ErbStG geregelt. Es gelten dieselben Grundsätze wie für die Erbschaftsteuer und die Vorschriften für Steuerklassen, Steuersätze, Bewertungen, Steuerfreibeträge und Steuerpflicht sind ebenfalls dieselben.

Was eine Schenkung ist, ist im Kapitel: Schenken statt vererben, → Seite 95 ff. erläutert. Steuerpflichtig ist die „Bereicherung" des Beschenkten. Die Steuer wird fällig, wenn die Schenkung vollzogen ist.

Gelegenheitsgeschenke

Gelegenheitsgeschenke sind steuerfrei (§ 13 Abs. 1 Nr. 14 ErbStG). Geschenke zu Weihnachten, zum Geburtstag, zum Jubiläum, zur Hochzeit und zu ähnlichen Anlässen sind also grundsätzlich nicht zu versteuern. Dies gilt aber nur dann, wenn der Wert der Gelegenheitsgeschenke das Übliche nicht überschreitet – und bei eben dieser Auslegung fangen bereits die Schwierigkeiten an.

Was üblich ist, lässt sich aus Gründen der Steuergerechtigkeit kaum nach den individuellen Verhältnissen des Schenkers, sondern nur nach dem Bevölkerungsdurchschnitt beurteilen. Ein Geldgeschenk von wenigen tausend Euro oder ein Kleinwagen zum bestandenen Examen dürften noch üblich sein, die Schenkung von Wertpapieren im Wert von 50 000 € und mehr dagegen nicht. Die Grenzen sind fließend. Zum Teil wird versucht, die Beträge für Steuerbefreiungen bei Hausrat und anderen beweglichen Gegenständen (→ Seite 205) als Obergrenze heranzuziehen.

Die Frage, ob steuerbefreite Gelegenheitsgeschenke vorliegen oder nicht, kann wegen der Zusammenrechnung aller Geschenke innerhalb des Zehnjahresrhythmus für die Höhe der Schenkung- bzw. Erbschaftsteuer durchaus von Belang sein.

Unbenannte ehebedingte Zuwendungen

Sie haben bereits auf Seite 209 gelesen, dass der Zugewinnausgleich nicht der Erbschaftsteuer unterworfen ist. Dasselbe gilt für die Durchführung des Zugewinnausgleichs unter Lebenden, etwa im Fall der Scheidung, oder bei Vereinbarung der Gütertrennung während der Ehe. Es gibt aber auch im Verlauf einer Ehe – unabhängig vom Güterstand – Gründe, seinem Ehepartner Zuwendungen zukommen zu lassen, etwa zum Ausgleich unbezahlter Mitarbeit im Betrieb, der nur einem Ehepartner gehört.

Steuerlich gelten unbenannte Zuwendungen, wenn sie unentgeltlich erfolgen, als Schenkung mit einer – wichtigen – Ausnahme: Die Zuwendung eines im Inland gelegenen Hauses oder einer Eigentumswohnung an den Ehepartner ist dann steuerfrei, wenn es sich dabei um die selbst genutzte Familienwohnung handelt. Dies gilt entsprechend für die Übertragung von Miteigentumsanteilen.

Dieser Fall ist durch den Gesetzgeber in § 13 Abs. 1 Nr. 4a ErbStG klar geregelt. In anderen Fällen ehebedingter Zuwendungen müssen Sie sich vorher über die steuerlichen Gestaltungsmöglichkeiten beraten lassen.

Gemischte Schenkung und Schenkung unter Auflagen

Sie schenken zwar, aber der Beschenkte muss seinerseits entweder eine Gegenleistung erbringen und/oder zum Beispiel dulden, dass die geschenkten Gegenstände weiter von Ihnen genutzt werden (Nießbrauch).

Wenn Sie eine solche Schenkung vorhaben, müssen Sie sich beraten lassen, um die für die Schenkungsteuer günstigste Gestaltung zu wählen.

Zehnjahresfrist nutzen!

Wollen und können Sie schon zu Lebzeiten Vermögensgegenstände übertragen, dann tun Sie dies gestaffelt nach den Freibeträgen und im Zehnjahresrhythmus. Wenn Sie rechtzeitig beginnen, können Sie im Lauf der Zeit auf Ihre Kinder erhebliche Beträge steuerfrei übertragen.

Kettenschenkungen

Der Freibetrag von 205 000 € steht einem Kind gegenüber jedem Elternteil gesondert zu. Beide Elternteile können daher seit dem 1. Januar 2002 unter Ausnutzung des Freibetrags jedem Kind jeweils 205 000 € steuerfrei schenken und dies nach Ablauf von zehn Jahren wiederholen. Die Schenkung setzt aber voraus, dass beide Elternteile nachweisbar auch jeweils eigenes Vermögen besitzen, über das sie frei zugunsten ihrer Kinder verfügen können.

Eine steuerlich dagegen nicht anerkannte Ausnutzung der doppelten Freibeträge stellt folgende Variante dar:

Herr Peters will seinem Sohn 410 000 € schenken. Er schenkt ihm 205 000 €. Damit ist der Freibetrag verbraucht. Am selben Tag schenkt er seiner Frau weitere 350 000 € und bestimmt dabei, dass sie ihrerseits 205 000 € an den Sohn weiterverschenkt.

Dem Sohn steht ein zweiter Freibetrag in diesem Fall nicht zu. Die so genannte Kettenschenkung wird steuerlich nicht anerkannt, der Sohn muss für die Schenkung seiner Mutter Schenkungsteuer zahlen.

Wichtig

Eine Kettenschenkung liegt vor, wenn der Schenker den zunächst Beschenkten verpflichtet, das Geschenk sogleich weiterzuschenken. Aus dieser Bestimmung und dem zeitlichen Zusammenhang wird auf die steuerlich nicht zulässige Umgehung geschlossen.

Geld nur für ein bestimmtes Grundstück

Die Vorschriften zur Wertermittlung von Grundstücken werden zu einer Bewertung führen, die zwischen 40 und 60 Prozent des Verkehrswerts liegt. Damit wird Grundvermögen auch bei der Schenkungsteuer nach wie vor privilegiert (→ Seite 196).

Auch wenn Sie Geld zum Erwerb eines Grundstücks oder zum Bau eines Hauses schenken, kann dies unter Umständen als steuergünstige Schenkung eines Grundstücks angesehen werden. Wenn Sie wollen, dass der Beschenkte den Steuervorteil hat, müssen Sie Folgendes unterscheiden:

Schenken Sie das Geld bereits, weil Ihr Kind ein Grundstück sucht, aber noch kein konkretes Objekt gefunden hat, ist dies eine reine, nicht steuerbegünstigte Geldschenkung. Wenn Sie das Geld erst dann schenken, wenn Ihr Kind bereits ein bestimmtes Grundstück gefunden hat und der Kauf fest steht, wird dies als steuerbegünstigte Grundstücksschenkung behandelt. Entsprechendes gilt, wenn Sie Geld für den Bau eines Gebäudes schenken. Das heißt, Sie dürfen nicht zu früh schenken.

Auch die teilweise Finanzierung eines Grundstücks ist möglich. Dann muss der Steuerwert des Geldgeschenks verhältnismäßig errechnet werden. Wenn Sie nur bis zu 10 Prozent des Kaufpreises schenken, laufen Sie Gefahr, dass das Finanzamt von einer reinen Geldschenkung ausgeht.

Tipp

Legen Sie die Bedingungen für das Geldgeschenk zum Erwerb einer Immobilie eindeutig fest und schenken Sie nicht zu früh.

Wichtig

Die mittelbare Grundstücksschenkung führt zu geringeren Schenkungsteuern, weil sie nur nach dem Steuerwert des Grundstücks, nicht aber nach dem Verkehrswert berechnet werden. Dies kann zu Nachteilen beim Beschenkten führen, wenn dieser bei der Einkommensteuer Vorteile aus einer Eigenheimförderung verliert. Was günstiger ist, muss im Einzelfall konkret berechnet werden.

Lebensversicherung

Hat der Erblasser eine Lebensversicherung abgeschlossen, ist unter steuerlichen Gesichtspunkten zu unterscheiden:

- Die Versicherungsleistung fällt dann in den Nachlass, wenn der Erblasser keinen Bezugsberechtigten für den Fall seines Todes benannt hat. Die Erben zahlen dafür Erbschaftsteuern.
- Hat der Erblasser der Versicherungsgesellschaft einen Bezugsberechtigten benannt oder ihn, soweit dies nach den Versicherungsbestimmungen zulässig ist, anderweitig bezeichnet, fällt die Versicherungsleistung beim Tod des Erblassers nicht in den Nachlass. Der Bezugsberechtigte erwirbt im Erbfall direkt einen Anspruch gegen die Versicherungsgesellschaft auf Auszahlung der Versicherungsleistung. Es handelt sich um einen Vertrag zugunsten Dritter. Der Bezugsberechtigte zahlt auf die Versicherungsleistung Erbschaftsteuern.

Schenkung einer Versicherung zu Lebzeiten

Will der Erblasser einem Dritten die Lebensversicherung vorzeitig zuwenden, muss er ihm seine Rechte und Ansprüche aus dem Versicherungsvertrag schenken (→ Seite 105 f.). Mit Vollzug der Schenkung fällt Schenkungsteuer an, berechnet nach dem Rückkaufswert der Lebensversicherung zum Zeitpunkt der Schenkung oder auf der Grundlage von zwei Dritteln der vom Erblasser gezahlten Prämien.

Damit ist der Erwerb zu einem frühen Zeitpunkt nicht mit so hohen Steuern belastet, aber der Erblasser ist die Versicherung mit der Übertragung auch endgültig los und der Beschenkte ist verpflichtet, die zukünftig fällig werdenden Prämien zu zahlen.

Tipps

- Sie können durch rechtzeitige Schenkungen Steuern sparen, indem Sie Freibeträge und die Zehnjahresfrist ausnutzen.
- Was Sie verschenkt haben, ist weg. Verschenken Sie Vermögen also nur dann, wenn Sie es sich leisten können und für Ihre Lebensgestaltung darauf nicht – auch später nicht – angewiesen sind.
- Vermeiden Sie Erbengemeinschaften, aber verteilen Sie Ihr Vermögen durch Anordnung von Vermächtnissen unter Ausnutzung der steuerlichen Freibeträge auf mehrere Personen.
- Die Nachteile eines Berliner Testaments können Sie mindern, wenn Sie für den ersten Erbfall bereits Vermächtnisse zugunsten der Schlusserben anordnen und so auch die Freibeträge im ersten Erbfall nutzen.
- Prüfen Sie, ob Sie statt Vor- und Nacherbschaft nicht die steuerlich günstigere Variante des Nießbrauchs für Ihren „Vorerben" und die direkte Erbeinsetzung Ihrer „Nacherben" wählen können.
- Nutzen Sie den Güterstand der Zugewinngemeinschaft für den Erbfall aus. Sie können ja für den Fall der Scheidung den Zugewinnausgleich durch Vertrag ausschließen.

Vermögen von Ausländern

223 Grundsatz
223 Ausnahme: Grundstücke in Deutschland
223 Wenn ausländisches Recht auf deutsches Recht verweist
224 Unterschiede für bewegliches und unbewegliches Vermögen

Immer häufiger leben Ausländer auf Dauer in Deutschland. Die Zahlen werden in den nächsten Jahren sicherlich weiter steigen. Wenn nun ein Ausländer in Deutschland stirbt und Vermögen hinterlässt, stellt sich die Frage, nach welchem Recht dieses Vermögen vererbt wird.

Grundsatz

Nach deutschem Recht gilt das Staatsangehörigkeitsprinzip. Maßgebend ist das Recht des Staates, dem der oder die Verstorbene im Zeitpunkt des Todes angehört hat. Das bedeutet: Unser Recht verweist Ausländer auf ihr Heimatrecht, also auf das Recht des Staates, dessen Staatsangehörigkeit sie bei ihrem Tod hatten (Art. 25 Abs. 1 EGBGB). Wenn es zum Streit unter den Erben kommt, müssen deutsche Gerichte ausländisches Recht anwenden.

Ausnahme: Grundstücke in Deutschland

Das ist aber lediglich ein Grundsatz. Es gibt Ausnahmen. Jeder Ausländer kann für Immobilien (Häuser, Grundstücke), die in Deutschland liegen, durch eine Verfügung von Todes wegen anordnen, dass für die Vererbung deutsches Recht gelten soll (Art. 25 Abs. 2 EGBGB). Dann wird das Haus oder Grundstück nach deutschem Recht vererbt, so wie es in diesem Ratgeber dargestellt ist; für das übrige Vermögen gilt ausländisches Recht.

Wenn ausländisches Recht auf deutsches Recht verweist

Wenn das deutsche Recht Erben von Ausländern grundsätzlich auf das Recht des Staates verweist, dessen Staatsangehörigkeit der oder die Verstorbene besaß, ist damit noch nicht gesagt, dass er oder sie wirklich nach ausländischem Recht beerbt wird.

Der Grund: Viele ausländische Rechtsordnungen knüpfen nicht an die Staatsangehörigkeit an, sondern an den letzten Wohnsitz. In diesen Fällen gilt: Hatte der Ausländer oder die Ausländerin einen Wohnsitz in Deutschland und verweist das ausländische Recht auf deutsches Recht zurück, gilt auch für Erbfälle von und mit Ausländern deutsches Recht.

Ein Schweizer Geschäftsmann lebt in Frankfurt und stirbt dort. Nach deutschem Recht wäre für den Erbfall schweizerisches Recht anzuwenden (Staatsangehörigkeitsprinzip). In der Schweiz gilt aber, dass der Erbgang sich nach dem Recht des Staates richtet, in dem der oder die Verstorbene den letzten Wohnsitz hatte. Das schweizerische Recht verweist hier auf deutsches Recht zurück. In diesem Fall ist deshalb deutsches Recht anzuwenden.

Die Italienerin Lucia Triulci lebt mit ihrer Familie in München. Sie hat dort ein Delikatessengeschäft aufgebaut. Nach ihrem Tod ist für die Erbschaft italienisches Recht maßgebend. Denn: Das deutsche Recht verweist auf italienisches Recht, und in Italien gilt – wie in Deutschland – das Staatsangehörigkeitsprinzip. Es gibt also keine Rückverweisung.

Unterschiede für bewegliches und unbewegliches Vermögen

Das Wohnsitzprinzip gilt uneingeschränkt in Dänemark, Norwegen und in der Schweiz. In vielen anderen Ländern wird zwischen unbeweglichem Vermögen (Häuser, Grundstücke, Eigentumswohnungen) und beweglichem Vermögen unterschieden. Für bewegliches Vermögen gilt das Wohnsitzprinzip, für Immobilien das Recht des Staates, in dem sie liegen (Belgien, Frankreich, Großbritannien, Luxemburg, USA; → Seite 228).

Wenn Sie von einem Ausländer oder einer Ausländerin mit Wohnsitz in Deutschland erben, wird deshalb in manchen Fällen ausländisches Recht, in anderen deutsches Recht anzuwenden sein. Es kann auch zu einer so genannten Nachlassspaltung kommen: Für unbewegliches Vermögen gilt dann ausländisches, für bewegliches Vermögen deutsches Recht oder umgekehrt.

Tipp

Wenn Sie als Ausländer auf Dauer in Deutschland leben, erkundigen Sie sich bei Ihrem Konsulat, Ihrer Botschaft oder einem Rechtsanwalt oder Notar Ihres Heimatlands, wie die Erbfolge dort geregelt ist. Sie sollten sich insbesondere darüber informieren lassen, ob in Ihrem Heimatstaat die Staatsangehörigkeit oder Ihr letzter Wohnsitz für die Erbfolge maßgebend ist.

Vermögen im Ausland

226 Anerkennung von Testamenten und Erbverträgen
226 Geltungsbereich deutschen Rechts
227 Wenn Deutsche im Ausland sterben

Wichtig

Das deutsche Erbrecht – so wie es in diesem Ratgeber dargestellt ist – gilt uneingeschränkt nur, wenn Sie
- die deutsche Staatsangehörigkeit besitzen
- in Deutschland Ihren Wohnsitz haben
- Ihr gesamtes Vermögen in Deutschland liegt
- in Deutschland sterben.

Wenn eine oder mehrere dieser Bedingungen nicht erfüllt sind, kann es nach Ihrem Tod zu unangenehmen Überraschungen für Ihre Erben kommen.

Nicht selten erwerben Deutsche Vermögen im Ausland. Das kann ein Ferienhaus sein oder eine Ferienwohnung, ein Mietshaus oder ein Grundstück, ein Wertpapierdepot oder einfach nur ein Bankkonto im Ausland. Von „schwarzen Konten" und Steuerflucht ist hier nicht die Rede; wohl aber von ganz normalen Vermögenswerten im Ausland, wie sie im internationalen Wirtschafts- und Reiseverkehr immer häufiger vorkommen.

Oft gehen deutsche Staatsbürger davon aus, dass solche Vermögenswerte genauso vererbt werden wie in Deutschland. Das stimmt aber häufig nicht. Andere Länder haben andere Gesetze – auch im Erbrecht.

Anerkennung von Testamenten und Erbverträgen

Nicht jede letztwillige Verfügung, die Sie nach den Regeln des deutschen Rechts getroffen haben, gilt auch im Ausland. Die Formvorschriften für Testamente sind in den verschiedenen Staaten sehr unterschiedlich. Ein deutscher Erbvertrag oder ein deutsches gemeinschaftliches Testament mag hierzulande gültig und wirksam sein – kaum ein ausländisches Recht kennt aber den Erbvertrag, viele auch nicht das gemeinschaftliche Testament.

Ein Ehepaar mit zwei Kindern kauft ein Ferienhaus an der Côte d'Azur. Ehemann und Ehefrau haben sich in einem Erbvertrag gegenseitig zu Alleinerben eingesetzt. Der Mann stirbt.

Erben werden die Kinder. Denn: Das französische Recht kennt keinen Erbvertrag. Die Witwe erhält nur einen Nießbrauch (ein Nutzungsrecht) am Ferienhaus.

Tipp

Wenn Sie einen Erbvertrag geschlossen oder ein gemeinschaftliches Testament gemacht haben und Vermögen im Ausland besitzen, erkundigen Sie sich bei einem Notar oder Anwalt in dem Staat, in dem Ihr Vermögen sich befindet, ob Ihre letztwillige Verfügung dort auch anerkannt wird. Auch wenn Sie ein privatschriftliches oder notarielles Testament gemacht haben, ist dies zu empfehlen.

Geltungsbereich des deutschen Rechts

Wenn ein Deutscher Vermögen im Ausland hat, kann es zu schwierigen Rechtsfragen kommen. Nach deutschem Recht gilt für die Erbfolge das Recht des Staates, dem der Erblasser oder die Erblasserin angehörte (Art. 25 Abs. 1 EGBGB). Es gilt – wie Juristen sagen – das Staatsangehörigkeitsprinzip. Das heißt: Für deutsche Staatsangehörige soll einheitlich deutsches Recht gelten. Juristen sprechen deshalb auch vom Prinzip der Nachlasseinheit. Der Grund: Die Erbschaft sollte möglichst nach einem Recht (bei deutschen Erblassern nach dem deutschen Recht) behandelt werden.

Es gibt aber eine Einschränkung: Wenn sich Gegenstände, die zur Erbschaft gehören, nicht in Deutschland befinden und nach dem ausländischen Recht besonderen Vorschriften unterliegen, gilt ausländisches Recht (Art. 3 Abs. 3 EGBGB).

Für das Vermögen Deutscher im Ausland gilt ausländisches Recht immer dann, wenn der betreffende Staat besondere Vorschriften für dieses Vermögen aufgestellt hat, das sich innerhalb seiner Staatsgrenzen befindet. Das gilt vor allem für Grundstücke im Ausland, aber oftmals auch für andere Vermögensgegenstände.

Wenn das ausländische Recht andere Bestimmungen vorsieht als das deutsche Recht, kann es zu unterschiedlichen erbrechtlichen Folgen für einzelne Nachlassgegenstände kommen.

Im Falle des deutschen Ehepaares wird das Ferienhaus an der Côte d'Azur nach französischem Recht, das in Deutschland liegende Vermögen nach deutschem Recht vererbt. Juristen sprechen in diesen Fällen von einer Nachlassspaltung, weil für verschiedene Vermögenswerte jeweils anderes Recht angewendet wird.

Wichtig

Soweit ausländisches Recht vom Wohnsitz des Erblassers oder der Erblasserin spricht, wird auch die Frage, was genau ein Wohnsitz ist, unterschiedlich behandelt. Sie sollten sich auch darüber im Ausland fachkundig beraten lassen.

Die rechtlichen Regelungen, die andere Staaten für die Vererbung von Vermögen vorsehen, sind außerordentlich unterschiedlich. Einige lassen – wie das deutsche Recht – die Staatsangehörigkeit des oder der Verstorbenen maßgebend sein (Staatsangehörigkeitsprinzip), andere den letzten Wohnsitz (Wohnsitzprinzip). Viele unterscheiden zwischen Grundstücken, die auf ihrem Staatsgebiet liegen, und anderen Vermögenswerten wie Geld oder Wertpapiere (→ Übersicht, Seite 228).

Wenn Deutsche im Ausland sterben

Häufig ziehen deutsche Staatsangehörige im Alter ins Ausland – besonders gern in den Süden. Wenn ein deutscher Erblasser oder eine Erblasserin im Ausland stirbt und dort auch den letzten Wohnsitz hatte, kann es ebenfalls zu erbrechtlichen Schwierigkeiten kommen, wenn das ausländische Recht an den letzten Wohnsitz anknüpft (→ Seite 228). Das deutsche Erbrecht gilt im Prinzip für Deutsche in Deutschland. Nach deutschem Recht wäre also die Staatsangehörigkeit entscheidend dafür, welches Recht gilt. Wenn das ausländische Recht dies anders ordnet, beispielsweise – wie viele Länder – den letzten Wohnsitz maßgebend sein lässt, kommt es darauf an, wo ein Erbe sein Erbrecht geltend macht.

Eva Sommer ist im Alter in ihr Ferienhaus am Genfer See gezogen. Sie besitzt zwar weiterhin die deutsche Staatsangehörigkeit, hat in ihren letzten Lebensjahren aber ihren Wohnsitz in der Schweiz und nicht mehr in Deutschland.

Tipp

In allen Fällen, in denen das Vermögen des Erblassers oder der Erblasserin sich zumindest teilweise im Ausland befindet und der Erblasser oder die Erblasserin mit letztem Wohnsitz im Ausland gestorben ist, sollten Sie sich von einem im internationalen Privatrecht erfahrenen Fachmann beraten lassen.

Wenn Eva Sommer nun in der Schweiz stirbt, gilt nach schweizerischem Recht das Wohnsitzprinzip, also schweizerisches Recht. Nach deutschem Recht gilt das Staatsangehörigkeitsprinzip, also deutsches Recht. Je nachdem, wo Eva Sommers Erben ihr Erbrecht geltend machen, kann die Entscheidung darüber, welches Recht anzuwenden ist, also unterschiedlich ausfallen. Einzelheiten regelt das deutsch-schweizerische Doppelbesteuerungsabkommen.

Welches Erbrecht gilt wo?

Ist die Staatsangehörigkeit oder der letzte Wohnsitz des oder der Verstorbenen maßgebend? Die folgende Übersicht stellt dar, wie diese Frage von den wichtigsten europäischen Nachbarstaaten und den USA beantwortet wird.

Belgien: Immobilien in Belgien werden nach belgischem Recht vererbt. Für das sonstige Vermögen gilt das Recht des letzten Wohnsitzes.

Dänemark: Für das gesamte Vermögen ist das Recht des letzten Wohnsitzes maßgebend.

Frankreich: Immobilien in Frankreich werden nach französischem Recht vererbt. Für sonstiges Vermögen gilt das Recht des letzten Wohnsitzes.

Griechenland: Maßgebend ist die Staatsangehörigkeit.

Großbritannien und Nord-Irland: Immobilien werden nach britischem Recht vererbt, für das übrige Vermögen gilt das Recht des letzten Wohnsitzes.

Italien: Maßgebend ist die Staatsangehörigkeit.

Luxemburg: Immobilien werden nach luxemburgischen Recht vererbt, für das übrige Vermögen gilt das Recht des letzten Wohnsitzes.

Niederlande: Maßgebend ist die Staatsangehörigkeit.

Österreich: Maßgebend ist die Staatsangehörigkeit.

Portugal: Maßgebend ist die Staatsangehörigkeit.

Schweiz: Maßgebend ist der letzte Wohnsitz. Befand sich dieser Wohnsitz nicht in der Schweiz, so ist das Recht anzuwenden, auf das das Recht des Wohnsitzstaates verweist.

Spanien: In den einzelnen Provinzen gilt unterschiedliches Erbrecht. Im Prinzip ist die Staatsangehörigkeit maßgebend.

USA: In den verschiedenen US-Bundesstaaten gilt unterschiedliches Erbrecht. In aller Regel ist für Immobilien das Recht des US-Bundesstaates maßgebend, in dem sich das Grundstück befindet. Für das übrige Vermögen gilt meistens das Recht des letzten Wohnsitzes.

Anhang

Checkliste zur Aufstellung von Vermögenswerten und Schulden

Um eine Übersicht über vorhandene Vermögenswerte und noch offene Verpflichtungen zu gewinnen, sollten Sie sich eine Checkliste machen, die die folgenden Punkte berücksichtigt:

Vermögenswerte
- Grundstücke (bebaute und unbebaute) und Eigentumswohnungen
- Anteile an geschlossenen und offenen Immobilienfonds
- Betriebe und Beteiligungen an Gesellschaften
- Aktien und sonstige Wertpapiere
- Guthaben auf Konten
- Versicherungen
- Bausparverträge
- Gegenstände, wie Kunstobjekte, Antiquitäten, Schmuck, Hausrat, Bücher, Musikinstrumente, Autos, Boote, und sonstiges
- Forderungen, zum Beispiel aus Darlehen oder Rückgabe verliehener Gegenstände
- Sterbekassen

Die Aufzählung allein bringt aber noch nicht die notwendige Übersicht! Ergänzen Sie deshalb für jeden Vermögensgegenstand, wo er sich befindet, wo und welche Unterlagen es dazu gibt und welche Schätzungen über ihren Wert Ihnen dazu vorliegen. Sammeln Sie so viele konkrete Angaben wie möglich, damit die Zusammensetzung des Vermögens nachvollziehbar und bezifferbar wird.

Wo ist was zu finden?

Erleichtern Sie die Übersicht, indem Sie eine Aufstellung machen, wo sich zum Beispiel folgende Unterlagen befinden:

- Testament oder Erbvertrag
- Bankunterlagen
- Anordnung für die Bestattung
- Banksafe/Schlüssel
- Bankvollmacht
- sonstige Vollmachten
- Unterlagen über Versicherungen
- Mietverträge
- Mitgliedschaften in Vereinen

Schulden
Nach demselben Prinzip fertigen Sie dann eine Aufstellung über die Schulden an, wie zum Beispiel:
- Verbindlichkeiten auf Girokonten
- langfristige Bankschulden
- Verbindlichkeiten aus Kaufverträgen
- Rückständige Prämien aus Versicherungsverträgen
- Mietschulden
- Steuerschulden
- sonstige Verbindlichkeiten

Erbfallschulden
Jetzt ermitteln Sie die mit dem Erbfall entstehenden Verbindlichkeiten (Erbfallschulden) und notieren Sie sich jeweils, wo sich dazu die entsprechenden Unterlagen befinden und wer die oder der Berechtigte ist:
- Dreißigster
- Voraus
- Ausbildungsanspruch von Stiefkindern
- Unterhaltsanspruch geschiedener Ehegatten
- Unterhaltsanspruch der werdenden Mutter
- Pflichtteilsansprüche

- Restpflichtteilsansprüche und Pflichtteilsergänzungsansprüche
- Ausgleichsansprüche
- Vermächtnisse
- Auflagen
- Kosten der Bestattung
- Kosten der Testamentseröffnung, Nachlasssicherung, Verwaltung
- Testamentsvollstreckerhonorar
- Erbschaftsteuer

Nettonachlasswert
Von der Summe der Nachlasswerte ziehen Sie die Schulden des Erblassers und die Erbfallschulden ab. Was übrig bleibt, ergibt den voraussichtlichen Nettonachlasswert.

Gebühren und Kosten

Höhere Anwaltsgebühren

Derzeit ist eine Reform der Rechtsanwaltsgebührenordnung in Planung. Zum Zeitpunkt der Drucklegung stand aber noch nicht fest, wann die Reform kommt und wie sie genau aussieht. Die vielen verschiedenen Gebühren sollen gebündelt werden. Berechnet werden dann zwar weniger unterschiedliche Gebühren, die aber deutlich höher ausfallen dürften. Von Fachleuten wird mit einer Erhöhung der Anwaltskosten um zirka 20 Prozent gerechnet.

In diesem Ratgeber wird immer wieder darauf hingewiesen, dass Rechtsanwälte, Notare und auch Gerichte Kosten berechnen. Rechtsanwälte rechnen derzeit nach der Rechtsanwaltsgebührenordnung ab, Gerichte und Notare nach der Kostenordnung. Die Höhe dieser Kosten können Sie anhand der Tabellen auf den folgenden Seiten schätzen, wenn Sie wissen, wie hoch Ihr Erbteil ist, und welche Gebühren für die einzelnen Tätigkeiten anfallen. Die nachstehende Übersicht soll Ihnen dabei helfen.

Übersicht über anfallende Gebühren

Beurkundung eines notariellen Einzeltestaments	1/1 Gebühr
Beurkundung eines Erbvertrags	2/1 Gebühr
Beurkundung eines gemeinschaftlichen Testaments	2/1 Gebühr
Widerruf eines gemeinschaftlichen Testaments	1/2 Gebühr
Aufhebung eines Erbvertrags durch den Erblasser	1/2 Gebühr
Anfechtung eines Erbvertrags	1/2 Gebühr
Rücktritt vom Erbvertrag	1/2 Gebühr
Beurkundung eines Erbverzichts	2/1 Gebühr
Ausschlagung der Erbschaft	1/4 Gebühr
Anfechtung der Annahme der Erbschaft	1/4 Gebühr
Nachlasssicherung	1/1 Gebühr
Inventarerrichtung	1/2 Gebühr
Aufgebotsverfahren	1/2 Gebühr
Mitteilung des Nacherbfalls	1/4 Gebühr
Auseinandersetzung der Nacherben	2/1 Gebühr
Erbschein	1/1 Gebühr
Testamentseröffnung	1/2 Gebühr
Testamentsvollstreckerzeugnis	1/1 Gebühr
Genehmigung einer Familienstiftung	1/1 Gebühr

Tipp

Bedenken Sie auch, dass Rechtsanwälte und Notare zusätzlich Kostenpauschalen berechnen und auf die Gebühren die gesetzliche Mehrwertsteuer erheben. Gerichte tun das nicht. So kann es zum Beispiel günstiger sein, einen Erbschein direkt beim Nachlassgericht zu beantragen.

Beratung durch einen Anwalt oder einen Notar
Beim Anwalt richten sich die Kosten nach der Rechtsanwaltsgebührenordnung, beim Notar nach der Kostenordnung. Bei Anwälten ist die schriftliche Vereinbarung eines besonderen Honorars möglich.

Für die neuen Bundesländer gibt es Kostenermäßigungen. Sie betragen derzeit 10 Prozent. Die genauen Sätze sind den Tabellen für die neuen Bundesländer zu entnehmen.

Kostenordnung (KostO) – alte Bundesländer*)

Die Gebühren für die Tätigkeit des Nachlassgerichts und der Notare berechnen sich nach der im Folgenden auszugsweise abgedruckten Tabelle (Stand: Januar 2002).

Wert bis ... €	10/10	20/10	15/10	5/10	1/4	1/10
1 000,00	10,00	20,00	15,00	10,00	10,00	10,00
2 000,00	18,00	36,00	27,00	10,00	10,00	10,00
3 000,00	26,00	52,00	39,00	13,00	10,00	10,00
4 000,00	34,00	68,00	51,00	17,00	10,00	10,00
5 000,00	42,00	84,00	63,00	21,00	10,50	10,00
8 000,00	48,00	96,00	72,00	24,00	12,00	10,00
11 000,00	54,00	108,00	81,00	27,00	13,50	10,00
14 000,00	60,00	120,00	90,00	30,00	15,00	10,00
17 000,00	66,00	132,00	99,00	33,00	16,50	10,00
20 000,00	72,00	144,00	108,00	36,00	18,00	10,00
23 000,00	78,00	156,00	117,00	39,00	19,50	10,00
26 000,00	84,00	168,00	126,00	42,00	21,00	10,00
29 000,00	90,00	180,00	135,00	45,00	22,50	10,00
32 000,00	96,00	192,00	144,00	48,00	24,00	10,00
35 000,00	102,00	204,00	153,00	51,00	25,50	10,20
38 000,00	108,00	216,00	162,00	54,00	27,00	10,80
41 000,00	114,00	228,00	171,00	57,00	28,50	11,40
44 000,00	120,00	240,00	180,00	60,00	30,00	12,00
47 000,00	126,00	252,00	189,00	63,00	31,50	12,60
50 000,00	132,00	264,00	198,00	66,00	33,00	13,20
60 000,00	147,00	294,00	220,50	73,50	36,75	14,70
70 000,00	162,00	324,00	243,00	81,00	40,50	16,20
80 000,00	177,00	354,00	265,50	88,50	44,25	17,70
90 000,00	192,00	384,00	288,00	96,00	48,00	19,20
100 000,00	207,00	414,00	310,50	103,50	51,75	20,70
110 000,00	222,00	444,00	333,00	111,00	55,50	22,20
120 000,00	237,00	474,00	355,50	118,50	59,25	23,70
130 000,00	252,00	504,00	378,00	126,00	63,00	25,20

Kostenordnung (KostO) – alte Bundesländer*) Fortsetzung

Wert bis ... €	10/10	20/10	15/10	5/10	1/4	1/10
140 000,00	267,00	534,00	400,50	133,50	66,75	26,70
150 000,00	282,00	564,00	423,00	141,00	70,50	28,20
160 000,00	297,00	594,00	445,50	148,50	74,25	29,70
170 000,00	312,00	624,00	468,00	156,00	78,00	31,20
180 000,00	327,00	654,00	490,50	163,50	81,75	32,70
190 000,00	342,00	684,00	513,00	171,00	85,50	34,20
200 000,00	357,00	714,00	535,50	178,50	89,25	35,70
210 000,00	372,00	744,00	558,00	186,00	93,00	37,20
220 000,00	387,00	774,00	580,50	193,50	96,75	38,70
230 000,00	402,00	804,00	603,00	201,00	100,50	40,20
240 000,00	417,00	834,00	625,50	208,50	104,25	41,70
250 000,00	432,00	864,00	648,00	216,00	108,00	43,20
260 000,00	447,00	894,00	670,50	223,50	111,75	44,70
270 000,00	462,00	924,00	693,00	231,00	115,50	46,20
280 000,00	477,00	954,00	715,50	238,50	119,25	47,70
290 000,00	492,00	984,00	738,00	246,00	123,00	49,20
300 000,00	507,00	1 014,00	760,50	253,50	126,75	50,70
310 000,00	522,00	1 044,00	783,00	261,00	130,50	52,20
320 000,00	537,00	1 074,00	805,50	268,50	134,25	53,70
330 000,00	552,00	1 104,00	828,00	276,00	138,00	55,20
340 000,00	567,00	1 134,00	850,50	283,50	141,75	56,70
350 000,00	582,00	1 164,00	873,00	291,00	145,50	58,20
360 000,00	597,00	1 194,00	895,50	298,50	149,25	59,70
370 000,00	612,00	1 224,00	918,00	306,00	153,00	61,20
380 000,00	627,00	1 254,00	940,50	313,50	156,75	62,70
390 000,00	642,00	1 284,00	963,00	321,00	160,50	64,20
400 000,00	657,00	1 314,00	985,50	328,50	164,25	65,70
410 000,00	672,00	1 344,00	1 008,00	336,00	168,00	67,20
420 000,00	687,00	1 374,00	1 030,50	343,50	171,75	68,70
430 000,00	702,00	1 404,00	1 053,00	351,00	175,50	70,20
440 000,00	717,00	1 434,00	1 075,50	358,50	179,25	71,70
450 000,00	732,00	1 464,00	1 098,00	366,00	183,00	73,20
460 000,00	747,00	1 494,00	1 120,50	373,50	186,75	74,70
470 000,00	762,00	1 524,00	1 143,00	381,00	190,50	76,20
480 000,00	777,00	1 554,00	1 165,50	388,50	194,25	77,70
490 000,00	792,00	1 584,00	1 188,00	396,00	198,00	79,20
500 000,00	807,00	1 614,00	1 210,50	403,50	201,75	80,70

*) Quelle: Otto, Gebührentabellen für Rechtsanwälte, Notare, Gerichte und Gerichtsvollzieher, 21. Auflage 2001, Luchterhand Verlag, Neuwied, Kriftel, Berlin. (Für die Richtigkeit der Angaben übernimmt der Verlag keine Gewähr.)

Kostenordnung (KostO) – neue Bundesländer*)

Die Gebühren für die Tätigkeit des Nachlassgerichts und der Notare berechnen sich nach der im Folgenden auszugsweise abgedruckten Tabelle (Stand: Januar 2002).

Wert bis ... €	10/10	20/10	15/10	5/10	1/4	1/10
1 000,00	10,00	18,00	13,50	10,00	10,00	10,00
2 000,00	16,20	32,40	24,30	10,00	10,00	10,00
3 000,00	23,40	46,80	35,10	11,70	10,00	10,00
4 000,00	30,60	61,20	45,90	15,30	10,00	10,00
5 000,00	37,80	75,60	56,70	18,90	10,00	10,00
8 000,00	43,20	86,40	64,80	21,60	10,80	10,00
11 000,00	48,60	97,20	72,90	24,30	12,15	10,00
14 000,00	54,00	108,00	81,00	27,00	13,50	10,00
17 000,00	59,40	118,80	89,10	29,70	14,85	10,00
20 000,00	64,80	129,60	97,20	32,40	16,20	10,00
23 000,00	70,20	140,40	105,30	35,10	17,55	10,00
26 000,00	75,60	151,20	113,40	37,80	18,90	10,00
29 000,00	81,00	162,00	121,50	40,50	20,25	10,00
32 000,00	86,40	172,80	129,60	43,20	21,60	10,00
35 000,00	91,80	183,60	137,70	45,90	22,95	10,00
38 000,00	97,20	194,40	145,80	48,60	24,30	10,00
41 000,00	102,60	205,20	153,90	51,30	25,65	10,26
44 000,00	108,00	216,00	162,00	54,00	27,00	10,80
47 000,00	113,40	226,80	170,10	56,70	28,35	11,34
50 000,00	118,80	237,60	178,20	59,40	29,70	11,88
60 000,00	132,30	264,60	198,45	66,15	33,08	13,23
70 000,00	145,80	291,60	218,70	72,90	36,45	14,58
80 000,00	159,30	318,60	238,95	79,65	39,83	15,93
90 000,00	172,80	345,60	259,20	86,40	43,20	17,28
100 000,00	186,30	372,60	279,45	93,15	46,58	18,63
110 000,00	199,80	399,60	299,70	99,90	49,95	19,98
120 000,00	213,30	426,60	319,95	106,65	53,33	21,33
130 000,00	226,80	453,60	340,20	113,40	56,70	22,68
140 000,00	240,30	480,60	360,45	120,15	60,08	24,03
150 000,00	253,80	507,60	380,70	126,90	63,45	25,38
160 000,00	267,30	534,60	400,95	133,65	66,83	26,73
170 000,00	280,80	561,60	421,20	140,40	70,20	28,08
180 000,00	294,30	588,60	441,45	147,15	73,58	29,43
190 000,00	307,80	615,60	461,70	153,90	76,95	30,78
200 000,00	321,30	642,60	481,95	160,65	80,33	32,13
210 000,00	334,80	669,60	502,20	167,40	83,70	33,48
220 000,00	348,30	696,60	522,45	174,15	87,08	34,83

Kostenordnung (KostO) – neue Bundesländer*) Fortsetzung

Wert bis ... €	10/10	20/10	15/10	5/10	1/4	1/10
230 000,00	361,80	723,60	542,70	180,90	90,45	36,18
240 000,00	375,30	750,60	562,95	187,65	93,83	37,53
250 000,00	388,80	777,60	583,20	194,40	97,20	38,88
260 000,00	402,30	804,60	603,45	201,15	100,58	40,23
270 000,00	415,80	831,60	623,70	207,90	103,95	41,58
280 000,00	429,30	858,60	643,95	214,65	107,33	42,93
290 000,00	442,80	885,60	664,20	221,40	110,70	44,28
300 000,00	456,30	912,60	684,45	228,15	114,08	45,63
310 000,00	469,80	939,60	704,70	234,90	117,45	46,98
320 000,00	483,30	966,60	724,95	241,65	120,83	48,33
330 000,00	496,80	993,60	745,20	248,40	124,20	49,68
340 000,00	510,30	1 020,60	765,45	255,15	127,58	51,03
350 000,00	523,80	1 047,60	785,70	261,90	130,95	52,38
360 000,00	537,30	1 074,60	805,95	268,65	134,33	53,73
370 000,00	550,80	1 101,60	826,20	275,40	137,70	55,08
380 000,00	564,30	1 128,60	846,45	282,15	141,08	56,43
390 000,00	577,80	1 155,60	866,70	288,90	144,45	57,78
400 000,00	591,30	1 182,60	886,95	295,65	147,83	59,13
410 000,00	604,80	1 209,60	907,20	302,40	151,20	60,48
420 000,00	618,30	1 236,60	927,45	309,15	154,58	61,83
430 000,00	631,80	1 263,60	947,70	315,90	157,95	63,18
440 000,00	645,30	1 290,60	967,95	322,65	161,33	64,53
450 000,00	658,80	1 317,60	988,20	329,40	164,70	65,88
460 000,00	672,30	1 344,60	1 008,45	336,15	168,08	67,23
470 000,00	685,80	1 371,60	1 028,70	342,90	171,45	68,58
480 000,00	699,30	1 398,60	1 048,95	349,65	174,83	69,93
490 000,00	712,80	1 425,60	1 069,20	356,40	178,20	71,28
500 000,00	726,30	1 452,60	1 089,45	363,15	181,58	72,63

*) Quelle: Otto, Gebührentabellen für Rechtsanwälte, Notare, Gerichte und Gerichtsvollzieher, 21. Auflage 2001, Luchterhand Verlag, Neuwied, Kriftel, Berlin. (Für die Richtigkeit der Angaben übernimmt der Verlag keine Gewähr.)

Rechtsanwaltsgebühren (BRAGO) – alte Bundesländer*)

Die Rechtsanwaltsgebührenordnung berechnet sich nach der im Folgenden auszugsweise abgedruckten Tabelle (Stand: Januar 2002).

Wert bis ... €	10/10	7,5/10	5/10	3/10
300,00	25,00	18,75	12,50	10,00
600,00	45,00	33,75	22,50	13,50
900,00	65,00	48,75	32,50	19,50
1 200,00	85,00	63,75	42,50	25,50
1 500,00	105,00	78,75	52,50	31,50
2 000,00	133,00	99,75	66,50	39,90
2 500,00	161,00	120,75	80,50	48,30
3 000,00	189,00	141,75	94,50	56,70
3 500,00	217,00	162,75	108,50	65,10
4 000,00	245,00	183,75	122,50	73,50
4 500,00	273,00	204,75	136,50	81,90
5 000,00	301,00	225,75	150,50	90,30
6 000,00	338,00	253,50	169,00	101,40
7 000,00	375,00	281,25	187,50	112,50
8 000,00	412,00	309,00	206,00	123,60
9 000,00	449,00	336,75	224,50	134,70
10 000,00	486,00	364,50	243,00	145,80
13 000,00	526,00	394,50	263,00	157,80
16 000,00	566,00	424,50	283,00	169,80
19 000,00	606,00	454,50	303,00	181,80
22 000,00	646,00	484,50	323,00	193,80
25 000,00	686,00	514,50	343,00	205,80
30 000,00	758,00	568,50	379,00	227,40
35 000,00	830,00	622,50	415,00	249,00
40 000,00	902,00	676,50	451,00	270,60
45 000,00	974,00	730,50	487,00	292,20
50 000,00	1 046,00	784,50	523,00	313,80
65 000,00	1 123,00	842,25	561,50	336,90
80 000,00	1 200,00	900,00	600,00	360,00
95 000,00	1 277,00	957,75	638,50	383,10
110 000,00	1 354,00	1 015,50	677,00	406,20
125 000,00	1 431,00	1 073,25	715,50	429,30
140 000,00	1 508,00	1 131,00	754,00	452,40
155 000,00	1 585,00	1 188,75	792,50	475,50
170 000,00	1 662,00	1 246,50	831,00	498,60
185 000,00	1 739,00	1 304,25	869,50	521,70
200 000,00	1 816,00	1 362,00	908,00	544,80

Rechtsanwaltsgebühren (BRAGO) – alte Bundesländer*) Fortsetzung

Wert bis ... €	10/10	7,5/10	5/10	3/10
230 000,00	1 934,00	1 450,50	967,00	580,20
260 000,00	2 052,00	1 539,00	1 026,00	615,60
290 000,00	2 170,00	1 627,50	1 085,00	651,00
320 000,00	2 288,00	1 716,00	1 144,00	686,40
350 000,00	2 406,00	1 804,50	1 203,00	721,80
380 000,00	2 524,00	1 893,00	1 262,00	757,20
410 000,00	2 642,00	1 981,50	1 321,00	792,60
440 000,00	2 760,00	2 070,00	1 380,00	828,00
470 000,00	2 878,00	2 158,50	1 439,00	863,40
500 000,00	2 996,00	2 247,00	1 498,00	898,80
550 000,00	3 146,00	2 359,50	1 573,00	943,80
600 000,00	3 296,00	2 472,00	1 648,00	988,80
650 000,00	3 446,00	2 584,50	1 723,00	1 033,80
700 000,00	3 596,00	2 697,00	1 798,00	1 078,80
750 000,00	3 746,00	2 809,50	1 873,00	1 123,80
800 000,00	3 896,00	2 922,00	1 948,00	1 168,80
850 000,00	4 046,00	3 034,50	2 023,00	1 213,80
900 000,00	4 196,00	3 147,00	2 098,00	1 258,80
950 000,00	4 346,00	3 259,50	2 173,00	1 303,80
1 000 000,00	4 496,00	3 372,00	2 248,00	1 348,80

*) Quelle: Otto, Gebührentabellen für Rechtsanwälte, Notare, Gerichte und Gerichtsvollzieher, 21. Auflage 2001, Luchterhand Verlag, Neuwied, Kriftel, Berlin. (Für die Richtigkeit der Angaben übernimmt der Verlag keine Gewähr.)

Rechtsanwaltsgebühren (BRAGO) – neue Bundesländer*)

Die Rechtsanwaltsgebührenordnung berechnet sich nach der im Folgenden auszugsweise abgedruckten Tabelle (Stand: Januar 2002).

Wert bis ... €	10/10	7,5/10	5/10	3/10
300,00	22,50	16,88	11,25	10,00
600,00	40,50	30,38	20,25	12,15
900,00	58,50	43,88	29,25	17,55
1 200,00	76,50	57,38	38,25	22,95
1 500,00	94,50	70,88	47,25	28,35
2 000,00	119,70	89,78	59,85	35,91
2 500,00	144,90	108,68	72,45	43,47
3 000,00	170,10	127,58	85,05	51,03
3 500,00	195,30	146,48	97,65	58,59
4 000,00	220,50	165,38	110,25	66,15
4 500,00	245,70	184,28	122,85	73,71
5 000,00	270,90	203,18	135,45	81,27
6 000,00	304,20	228,15	152,10	91,26
7 000,00	337,50	253,13	168,75	101,25
8 000,00	370,80	278,10	185,40	111,24
9 000,00	404,10	303,08	202,05	121,23
10 000,00	437,40	328,05	218,70	131,22
13 000,00	473,40	355,05	236,70	142,02
16 000,00	509,40	382,05	254,70	152,82
19 000,00	545,40	409,05	272,70	163,62
22 000,00	581,40	436,05	290,70	174,42
25 000,00	617,40	463,05	308,70	185,22
30 000,00	682,20	511,65	341,10	204,66
35 000,00	747,00	560,25	373,50	224,10
40 000,00	811,80	608,85	405,90	243,54
45 000,00	876,60	657,45	438,30	262,98
50 000,00	941,40	706,05	470,70	282,42
65 000,00	1 010,70	758,03	505,35	303,21
80 000,00	1 080,00	810,00	540,00	324,00
95 000,00	1 149,30	861,98	574,65	344,79
110 000,00	1 218,60	913,95	609,30	365,58
125 000,00	1 287,90	965,93	643,95	386,37
140 000,00	1 357,20	1 017,90	678,60	407,16
155 000,00	1 426,50	1 069,88	713,25	427,95
170 000,00	1 495,80	1 121,85	747,90	448,74
185 000,00	1 565,10	1 173,83	782,55	469,53
200 000,00	1 634,40	1 225,80	817,20	490,32

Rechtsanwaltsgebühren (BRAGO) – neue Bundesländer*) Fortsetzung

Wert bis ... €	10/10	7,5/10	5/10	3/10
230 000,00	1 740,60	1 305,45	870,30	522,18
260 000,00	1 846,80	1 385,10	923,40	554,04
290 000,00	1 953,00	1 464,75	976,50	585,90
320 000,00	2 059,20	1 544,40	1 029,60	617,76
350 000,00	2 165,40	1 624,05	1 082,70	649,62
380 000,00	2 271,60	1 703,70	1 135,80	681,48
410 000,00	2 377,80	1 783,35	1 188,90	713,34
440 000,00	2 484,00	1 863,00	1 242,00	745,20
470 000,00	2 590,20	1 942,65	1 295,10	777,06
500 000,00	2 696,40	2 022,30	1 348,20	808,92
550 000,00	2 831,40	2 123,55	1 415,70	849,42
600 000,00	2 966,40	2 224,80	1 483,20	889,92
650 000,00	3 101,40	2 326,05	1 550,70	930,42
700 000,00	3 236,40	2 427,30	1 618,20	970,92
750 000,00	3 371,40	2 528,55	1 685,70	1 011,42
800 000,00	3 506,40	2 629,80	1 753,20	1 051,92
850 000,00	3 641,40	2 731,05	1 820,70	1 092,42
900 000,00	3 776,40	2 832,30	1 888,20	1 132,92
950 000,00	3 911,40	2 933,55	1 955,70	1 173,42
1 000 000,00	4 046,40	3 034,80	2 023,20	1 213,92

*) Quelle: Otto, Gebührentabellen für Rechtsanwälte, Notare, Gerichte und Gerichtsvollzieher, 21. Auflage 2001, Luchterhand Verlag, Neuwied, Kriftel, Berlin. (Für die Richtigkeit der Angaben übernimmt der Verlag keine Gewähr.)

Adressen

Anwaltssuche

Alle Anwältinnen und Anwälte in Deutschland sind Mitglieder einer regionalen Rechtsanwaltskammer. Viele dieser Kammern nutzen den vorhandenen Datenbestand und benennen Anwälte. Für regional eingegrenzte Suchen („ein Anwalt in meiner Stadt...") ist dieser Suchweg mitunter ergiebiger als etwa ein Anruf bei bundesweiten Suchdiensten (→ Kasten, Seite 242).

In der Tabelle auf den folgenden Seiten sind die einzelnen Rechtsanwaltskammern in alphabetischer Reihenfolge mit Adresse und Telefonnummer dargestellt. Dazu finden Sie Informationen über den Umfang der Auskunftserteilung und den geografischen Einzugsbereich der Kammern. Diese Rubrik ist wichtig, denn die Namen der einzelnen Kammern orientieren sich häufig an den jeweiligen Oberlandesgerichtsbezirken, deren Ausdehnung kaum bekannt ist.

Anwaltssuche über die regionalen Rechtsanwaltskammern

Rechtsanwalts-kammer	Adresse	Telefon	Anwaltssuche	Einzugsbereich
Bamberg	Friedrichstraße 7 96047 Bamberg	09 51/ 98 62 00	Benannt werden Fachanwälte, sonst Verweis auf bundes-weite Dienste	Regierungsbezirke Ober- und Unter-franken
Berlin	Littenstraße 9 10179 Berlin	0 30/ 3 06 93 10	Verweis auf bundesweite Dienste und Anwaltverein	Berlin
Brandenburg	Grillendamm 2 14776 Brandenburg	0 33 81/ 2 53 30	Benennung nach Arbeits-schwerpunkten und Kanzlei-lage	Brandenburg
Braunschweig	Bruchtorwall 12 38100 Braunschweig	05 31/ 12 33 50	Benennung nach Arbeits-schwerpunkten und Kanzlei-lage	Braunschweig, Göttingen, Salzgitter, Harz
Bremen	Knochenhauer-straße 36/37, 28195 Bremen	04 21/ 16 89 70	Benannt werden Fachanwälte, sonst Verweis auf örtlichen Anwaltsverein	Bremen
Celle	Bahnhofstraße 5 29221 Celle	0 51 41/ 9 28 20	Benennung nach Arbeits-schwerpunkten, Kanzleilage, Sprachen, ausl. Recht	Cuxhaven bis Holz-minden, Gifhorn bis Diepholz
Düsseldorf	Scheibenstraße 17 40479 Düsseldorf	02 11/ 49 50 20	Verweis auf bundesweite Dienste und Anwaltvereine	Gerichtsbezirke Düsseldorf, Duisburg, Kleve, Krefeld, Mönchengladbach, Wuppertal
Hamburg	Bleichenbrücke 9 20354 Hamburg	0 40/ 34 53 98	Benennung nach Arbeits-schwerpunkten und Kanzlei-lage	Hamburg
Hamm	Ostenallee 18 59063 Hamm	0 23 81/ 98 50 55	Benennung nach Arbeits-schwerpunkten und Kanzlei-lage	Rheine bis Siegen, Essen bis Höxter
Frankfurt am Main	Bockenheimer Anlage 36 60322 Frankfurt	0 69/ 17 00 98 01	Benennung nach Arbeits-schwerpunkten und Kanzlei-lage	Landgerichtsbezirke Frankfurt, Wiesbaden, Darmstadt, Giessen, Limburg, Hanau
Freiburg	Gartenstraße 21 79098 Freiburg	07 61/ 3 91 73	Benennung nach Arbeits-schwerpunkten, Kanzleilage, Sprachen, ausl. Recht	Rastatt bis Lörrach, Konstanz bis V.-Schwenningen
Karlsruhe	Reinhold-Frank-Straße 72 76133 Karlsruhe	07 21/ 2 53 40	Benannt werden Fachanwälte, sonst Verweis auf bundes-weite Dienste und örtliche Anwaltsvereine	Nordbaden
Kassel	Karthäuser Straße 5a 34117 Kassel	05 61/ 1 20 21	Eingeschränkte Suche nach Fachgebieten, Verweis auf bundesweite Anbieter	Landgerichtsbezirke Marburg, Fulda, Kassel

Anwaltssuche über die regionalen Rechtsanwaltskammern Fortsetzung

Rechtsanwalts-kammer	Adresse	Telefon	Anwaltssuche	Einzugsbereich
Koblenz	Rheinstraße 24 56068 Koblenz	02 61/ 3 03 35 55	Benennung nach Arbeits-schwerpunkten, Kanzleilage, Sprachkenntnissen	Luxemburgische Grenze bis Siegen, Bonn bis Grenze Ludwigshafen
Köln	Riehler Straße 30 50668 Köln	02 21/ 9 73 01 00	Kein eigener Suchdienst, Verweis auf bundesweite Dienste	Landgerichtsbezirke Aachen, Bonn und Köln
Mecklenburg-Vorpommern	Bornhövedstraße 12 19055 Schwerin	03 85/ 5 57 43 85	Benennung von Anwälten nach deren Schwerpunkten und Kanzleilage	Mecklenburg-Vorpommern
München	Landwehrstraße 61 80336 München	0 89/ 5 32 94 40	Benannt werden nur die Fach-anwälte des Kammerbezirks	Südliche Hälfte Bayerns
Nürnberg	Fürther Straße 115 90429 Nürnberg	09 11/ 92 63 30	Benennung nach Arbeits-schwerpunkten, Kanzleilage, Sprachen, ausl. Recht	Gerichtsbezirke Ansbach, Amberg, Nürnberg, Weiden, Regensburg
Oldenburg	Staugraben 5 26122 Oldenburg	04 41/ 92 54 30	Benannt werden Fachanwälte, sonst Verweis auf bundes-weite Suchdienste	Gerichtsbezirke Oldenburg, Osna-brück, Aurich
Saarland	Am Schlossberg 5 66119 Saarbrücken	06 81/ 58 82 80	Benannt werden Fachanwälte, sonst Verweis auf örtlichen Anwaltsverein	Saarland
Sachsen	Glacisstraße 6 01277 Dresden	03 51/ 31 85 90	Benennung nach Arbeits-schwerpunkten, Kanzleilage, Sprachen, ausl. Recht	Sachsen
Sachsen-Anhalt	Gerhart-Haupt-mann-Straße 5 39108 Magdeburg	03 91/ 2 52 72 10	Benennung von Anwälten nach deren Schwerpunkten und Kanzleilage	Sachsen-Anhalt
Schleswig-Holstein	Gottorfstraße 13 24837 Schleswig	0 46 21/ 9 39 10	Benennung nach Arbeits-schwerpunkten, Kanzleilage, Sprachen, ausl. Recht	Schleswig-Holstein
Stuttgart	Werastraße 23 70182 Stuttgart	07 11/ 24 64 66	Benennung nach Arbeits-schwerpunkten, Kanzleilage, Sprachen, ausl. Recht	Regierungsbezirk Nordwürttemberg
Thüringen	Bahnhofstraße 27 99084 Erfurt	03 61/ 65 48 80	Benannt werden Fachanwälte, sonst Verweis auf bundes-weite Suchdienste	Thüringen
Tübingen	Pfrondorfer Straße 2/1 72074 Tübingen	0 70 71/ 98 01 66	Benennung nach Arbeits-schwerpunkten, Kanzleilage	Süd-Württemberg
Zweibrücken	Landauer Straße 17 66482 Zweibrücken	0 63 32/ 8 00 30	Benannt werden Fachanwälte, sonst Verweis auf bundes-weite Dienste	Raum Pfalz

Telefonische Suchdienste

Es gibt zahlreiche kommerzielle telefonische Suchdienste wie etwa die Deutsche Anwaltauskunft (Telefon 0180 5/18 18 05) oder den Anwalt-Suchservice (Telefon 0180 5/25 45 55), die bundesweit arbeiten. Weitere Suchdienste stehen in den Gelben Seiten, meist bei der Rubrik „Rechtsanwalt/Rechtsanwältin".

Wichtig: Mehr als eine geringe Minutengebühr sollte der Service nicht kosten. Teuere 0190-Dienste versprechen im Zweifel keinen Mehrwert.

Hilfreiche Internetadressen

Anwaltssuche

Im Internet werden zahlreiche kostenlose Anwalt-Suchmaschinen angeboten. Per Mausklick kann nach Kanzlei-Lage und Rechtsgebiet gestöbert werden, über Namenseingaben lassen sich auch bestimmte Anwälte finden. Hat die gefundene Kanzlei eine Homepage, können sich Interessenten einen ersten Eindruck vom möglichen Rechtsbeistand verschaffen.

Wichtiges Gütezeichen für eine Suchmaschinen ist, dass möglichst viele Anwälte eingetragen sind. Manche „Datenbank" bietet nur ein müdes Dutzend Kanzleien. Vorsicht ist auch bei solchen Angeboten geboten, die vorgeben, nur überprüfte oder gar besonders gute Kanzleien aufzuführen.

Den größten Adressbestand bieten:

- www.Anwaltsauskunft.de
  Die Deutsche Anwaltauskunft, also das Mitgliederverzeichnis des Deutschen Anwaltvereins, wird monatlich aktualisiert und bietet Ihnen vielfältige Suchmöglichkeiten.
- www.anwalt-suchservice.de
  Suchdienst des Kölner Otto-Schmidt-Verlages mit 8 500 eingetragenen Anwältinnen und Anwälten, die für ihren Eintrag eine Gebühr bezahlt haben.

Weitere Internetadressen

- www.Deutsche-Notarauskunft.de
  Homepage der Bundesnotarkammer
  Hier wählen Sie unter der Rubrik „Adressen" je nach Bedarf aus zwischen der Deutschen Notarauskunft (der Online-Suche im Deutschen Notarverzeichnis der Bundesnotarkammer) und den regional bezogenen Notarverzeichnissen der einzelnen Notarkammern. Die Deutsche Notarauskunft ermöglicht eine bundesweite Suche nach Notaren. Die einzelnen Notarkammerverzeichnisse bieten ergänzende Informationen.
- www.Amtsgericht.de
  Wenn Sie eine Klage einreichen und nicht wissen, welches Amtsgericht zuständig ist, werden Sie hier fündig. Unter dieser Adresse lassen sich sämtliche deutschen Amtsgerichte, sortiert nach Postleitzahlen und mit allen wichtigen Adressen, Telefonnummern usw. recherchieren. Weitere nützliche Links werden dort ferner angeboten.
- www.DNotI.de
  Hompage des Deutschen Notarinstituts
  Hier lassen sich Informationen zur aktuellen Rechtsprechung abrufen.
- www.brak.de
  Homepage der Bundesrechtsanwaltkammer
- www.dav.de
  Hompage des Deutschen Anwaltvereins

Verbraucher-Zentralen

Verbraucher-Zentrale Baden-Württemberg e.V.
Paulinenstraße 47
70178 Stuttgart
Tel.: 07 11/66 91 10
Fax: 07 11/66 91 50
info@verbraucherzentrale-bawue.de

Verbraucher-Zentrale Bayern e.V.
Mozartstraße 9
80336 München
Tel.: 0 89/53 98 70
Fax: 0 89/53 75 53
info@verbraucherzentrale-bayern.de

Verbraucher-Zentrale Berlin e.V.
Bayreuther Straße 40
10787 Berlin
Tel.: 0 30/21 48 50
Fax: 0 30/2 11 72 01
mail@verbraucherzentrale-berlin.de

Verbraucher-Zentrale Brandenburg e.V.
Templiner Straße 21
14473 Potsdam
Tel.: 03 31/29 87 10
Fax: 03 31/2 98 71 77
vz.brb@t-online.de

Verbraucher-Zentrale des Landes Bremen e.V.
Altenweg 4
28195 Bremen
Tel.: 04 21/16 07 77
Fax: 04 21/1 60 77 80
info@verbraucherzentrale-bremen.de

Verbraucher-Zentrale Hamburg e.V.
Kirchenallee 22
20099 Hamburg
Tel.: 0 40/2 48 32-0
Fax: 0 40/2 48 32-2 90
info@vzhh.de

Verbraucher-Zentrale Hessen e.V.
Große Friedberger Straße 13–17
60313 Frankfurt am Main
Tel.: 0 69/9 72 01 00
Fax: 0 69/97 20 10 50
vzh@verbraucher.de

Verbraucher-Zentrale Mecklenburg-Vorpommern e.V.
Strandstraße 98
18055 Rostock
Tel.: 03 81/49 39 80
Fax: 03 81/4 93 98 30
info@verbraucherzentrale-mv.de

Verbraucher-Zentrale Niedersachsen e.V.
Herrenstraße 14
30159 Hannover
Tel.: 05 11/9 11 96 01
Fax: 05 11/9 11 96 10
info@vzniedersachsen.de

Verbraucher-Zentrale Nordrhein-Westfalen e.V.
Mintropstraße 27
40215 Düsseldorf
Tel.: 02 11/3 80 90
Fax: 02 11/3 80 91 72
vz.nrw@vz-nrw.de

Verbraucher-Zentrale Rheinland-Pfalz e.V.
Ludwigstraße 6
55116 Mainz
Tel.: 0 61 31/2 84 80
Fax: 0 61 31/28 48 66
verbraucherzentrale-rlp@verbraucherzentrale-rlp.de

Verbraucher-Zentrale des Saarlandes e.V.
Hohenzollernstraße 11
66117 Saarbrücken
Tel.: 06 81/50 08 90
Fax: 06 81/5 00 89 22
vz-saar@vz-saar.de

Verbraucher-Zentrale Sachsen e.V.
Bernhardstraße 7
04315 Leipzig
Tel.: 03 41/6 88 80 80
Fax: 03 41/6 89 28 26
vzs@vzs.de

Verbraucher-Zentrale Sachsen-Anhalt e.V.
Steinbockgasse 1
06108 Halle
Tel.: 03 45/2 98 03 29
Fax: 03 45/2 98 03 26
info@vzsa.de

Verbraucher-Zentrale Schleswig-Holstein e.V.
Bergstraße 24
24103 Kiel
Tel.: 04 31/59 09 90
Fax: 04 31/5 90 99 77
info@verbraucherzentrale-sh.de

Verbraucher-Zentrale Thüringen e.V.
Eugen-Richter-Straße 44
99085 Erfurt
Tel.: 03 61/55 51 40
Fax: 03 61/5 55 14 40
info@vzth.de

Stichwortverzeichnis

A

Abfindung 28, 126, 197, 216
Abkömmling 9
Ablieferungspflicht für Testamente 130, 143
Abwicklungsvollstreckung 181, 187
Adoptivkind 19
Amtliche Verwahrung von letztwilligen Verfügungen 54, 130
Anfechtung
- der Annahme oder Ausschlagung einer Erbschaft 137 ff.
- einer letztwilligen Verfügung 61, 125, 132

Annahme der Erbschaft 134
Anrechnung von Geschenken 38, 43, 45
Anwachsung 71
Aufbewahrung von Testamenten 53 ff.
Aufgebotsverfahren 151, 156, 170
Aufhebung des Erbvertrags 60
Auflage 27, 30, 34, 76 ff., 150, 161, 197, 204, 219
Aufstockungsanspruch 31
Ausbildungsanspruch 15, 31, 150
Auseinandersetzung der Erbengemeinschaft 78, 130, 172 ff.
Auseinandersetzungsklage 175
Ausgleichung
- von Geschenken 44, 45
- von Vorausempfängen 21, 44, 79

Ausgleichungspflicht 21
Auskunftspflicht 45
Ausländisches Recht 64, 212, 223 ff., 226
Auslegung von letztwilligen Verfügungen 68, 109
Ausschlagung der Erbschaft 12, 13, 27 f., 37, 134, 135
Ausschluss eines Erben 72
Ausstattung 22, 44

B

Bankvollmacht → Vollmacht auf den Todesfall
Behinderte 89, 179
Beisetzungskosten 143
Berliner Testament 83, 92, 221
Berufsausbildung → Ausbildungsanspruch
Beschränkte Geschäftsfähigkeit → Minderjährigkeit
Beschränkte Steuerpflicht 212
Bestattung 84, 140, 142, 150
Betreuung 23, 44, 51, 101, 179
Bewertung
- von Aktien 33, 201
- von gesellschaftsrechtlichen Beteiligungen 33, 201
- von Grundstücken 32, 198
- von Lebensversicherungen 33
- des Nachlasses 32, 198
- von Nutzungsrechten 201

Bodenrichtwert 201
Böswillige Schenkung 99

D

Dauervollstreckung 181, 187
Dreimonatseinrede 156
Dreißigster 8, 34, 107, 118, 150, 205

E

Ehegattenerbrecht 11 ff.
Ehescheidung → Scheidung
Eigentums- und Vermögensgemeinschaft 14, 18
Eingetragene Lebenspartnerschaft → Gleichgeschlechtliche Lebenspartnerschaft
Einkommensteuer 14, 18, 98
Enterbung 26, 28, 122 ff.
Entziehung des Pflichtteils 46
Erbausschlagung → Ausschlagung der Erbschaft
Erbengemeinschaft 19, 130, 162 ff., 216
Erbersatzanspruch 19
Erbfallkosten 34, 204
Erbfallschulden 150
Erbfolge, gesetzliche 8
Erbschaftsteuer 34, 128, 131, 147, 176, 195 ff.
Erbschein 64 132, 189 ff.
Erbunwürdigkeit 28, 124
Erbvertrag 52 ff., 58 ff., 99, 109, 111 ff., 144, 226
Erbverzicht 28, 126
Eröffnung des Testaments 130
Ersatzerbe 71, 80
Erschöpfungseinrede 152, 156

F

Familienstiftung 105
Fortgesetzte Gütergemeinschaft 17
Freibeträge bei der Erbschaft- und Schenkungsteuer 97 ff., 205 ff.

G

Geldschulden 33
Gemeinschaftliches Testament 56 ff., 92, 99, 109, 131, 179, 226
Gemeinschaftskonto 66, 114
Gemischte Schenkung 219
Gesamtgut 17
Gesamthandsgemeinschaft 163
Gesamtrechtsnachfolge 130
Gesellschaftsvertrag 130
Gesetzliche Erbfolge 8 ff.
Gleichgeschlechtliche Lebenspartnerschaft 8, 18, 25, 56, 116 ff., 211
Großer Pflichtteil → Pflichtteil, großer
Gütergemeinschaft 17
Güterstand → Eigentums- und Vermögensgemeinschaft, Zugewinngemeinschaft
Gütertrennung 17

H

Haftung
- der Erben 168
- des Testamentsvollstreckers 184

Handelsgeschäft 151
Hausrat 205
Höferecht 21
Homosexuelle Lebensgemeinschaft 108 → Gleichgeschlechtliche Lebenspartnerschaft

I
Inventar 152, 155, 160, 170

J
Jahreswert von Nutzungsrechten 201

K
Kapitalwert von Nutzungsrechten 202
Kettenschenkung 98, 219
Kinder
- gesetzliches Erbrecht 9
- Pflichtteil 25 ff.
Kleiner Pflichtteil → Pflichtteil, kleiner
Konto, gemeinsames → Gemeinschaftskonto

L
Landwirtschaftliche Grundstücke → Höferecht
Lebensgemeinschaft, nicht eheliche → Nicht eheliche Lebensgemeinschaft
Lebensversicherung 33, 42, 66, 87, 103, 113, 144, 220
Lebzeitiges Eigeninteresse 99, 101

M
Minderjährigkeit 51, 58, 84, 134, 179
Mietwohnung 8, 107, 118, 144 ff.
Mitarbeit in Beruf und Pflege 23

N
Nacherbe → Vor- und Nacherbschaft
Nachlasserbenschulden 151
Nachlassinsolvenz 148, 154, 155
Nachlasspfleger 147, 160
Nachlassverbindlichkeiten 150 f., 168 ff., 204
Nachlassverwaltung 154, 160, 169, 182
Nachlassverzeichnis 45, 183
Nachlasswert → Bewertung des Nachlasses
Nachvermächtnis 75
Nicht eheliche
- Lebensgemeinschaft 8, 25, 56, 107 ff., 144
- Kinder 15, 19
- Väter 19
Nießbrauch 40, 83, 93, 94, 201, 219, 221
Notarielles Testament 54, 64

O
Oder-Konto 114
Öffentlicher Glaube des Erbscheins 113

P
Persönlicher Freibetrag 206 ff.
Pflegekind 8
Pflichtteil 25 ff., 123, 150, 197, 204
- , großer 29, 37
- , kleiner 16, 29, 30, 38
Pflichtteilsentziehung 46
Pflichtteilsergänzung 38 ff., 150
Pflichtteilsverzicht 28, 48

R
Restpflichtteil 36, 150
Rückforderung einer Schenkung 42, 97
Rücktritt vom Erbvertrag 61, 110, 111

S
Scheidung 12, 26, 40, 62, 89
Schenkung 17, 38 ff., 60, 99 ff., 112, 182
- auf den Todesfall 102, 116
Schenkungsteuer 95 ff., 113, 128, 195 ff., 218
Schenkungsverbot 182
Schenkungsversprechen 102
Schulden 67, 130, 204
Sicherung des Nachlasses 140, 146, 150
Sittenwidrigkeit
- von Schenkungen 108
- von Testament und Erbvertrag 108
Sondergut 17
Sorgerecht für Kinder 114
Spekulationsfristen 217
Sterbegeld 140
Sterbeurkunde 141
Stiefeltern 9, 20, 25, 31
Stiefkinder 8, 9, 15, 20, 25, 31
Stiftung 70, 105
Steuer → Einkommensteuer, Erbschaftsteuer, Schenkungsteuer
Steuerklassen 205 ff.
Stundung des Pflichtteilsanspruchs 35

T
Teilungsanordnung 27, 77, 91, 164, 216
Teilungsversteigerung 175
Testament 8, 51 ff.
Testamentseröffnung 130, 151
Testamentsvollstreckung 151, 178 ff.
Testierfreiheit 51
Testierunfähigkeit 51
Totenfürsorge 142
Totenschein 141

U
Unbenannte Zuwendungen 39, 218
Unbeschränkte Steuerpflicht 212

V
Vaterschaftsfeststellung 19
Verjährung des Pflichtteilsanspruchs 46
Verkauf der Erbschaft 161
Vermächtnis 27, 72, 102, 141, 150, 197, 204
Vermögen
- von Ausländern 222
- im Ausland 225
Verschaffungsvermächtnis 73
Versicherungen 144
Versorgungsfreibetrag 208
Vertrag zugunsten Dritter 103

Verzicht auf den Pflichtteil → Pflichtteilsverzicht
Vollmacht
- auf den Todesfall 64, 166, 188
- für den Betreuungsfall 84
Voraus 11, 34, 150
Vorausvermächtnis 74, 82, 216
Vorbehaltsgut 17
Vorerbe → Vor- und Nacherbschaft
Vorkaufsrecht der Miterben 165
Vorläufiger Erbe 134, 140
Vormund 84, 114
Vor- und Nacherbschaft 27, 30, 48, 79 ff., 83, 89, 155, 221
Vorsorgevollmacht 84
Vorzeitiger Erbausgleich 19, 20, 29

W

Wahlvermächtnis 73
Wechselbezügliche Verfügungen 57
Widerruf eines Testaments 54
Wiederverheiratungsklausel 92
Wohngemeinschaft 108
Wohnrecht 94, 111, 201

Z

Zehnjahresfrist 30 ff., 206, 219
Zugewinnausgleich 29 ff., 33, 37, 123, 127, 209, 218
Zugewinngemeinschaft 14 ff., 29, 30, 123, 221
Zweckvermächtnis 73

Impressum

Herausgeber und Verlag
Stiftung Warentest
Lützowplatz 11–13
10785 Berlin
Telefon: 0 30/26 31-0
Telefax: 0 30/26 31-25 25
www.stiftung-warentest.de

Vorstand
Dr. jur. Werner Brinkmann

Weitere Mitglieder der Geschäftsleitung
Hubertus Primus (Publikationen)
Prof. Dr. Carl-Heinz Moritz (Dienstleistungen, Planung, Marketing)
Dr.-Ing. Peter Sieber (Warentests)

Autorinnen
RA'in Dr. jur. Beate Backhaus, Hamburg
Dr. jur. Eva Marie v. Münch, Hamburg

Lektorat
Uwe Meilahn (Leitung)
Ursula Rieth

Lektoratsassistenz
Heike Plank

Layout und Produktion
Punkt 8, Berlin

Titel
Karin Siemoneit

Titelfoto
Andreas Batke, Klein-Schauen

Litho
C.R.I.S, Berlin

Illustrationen
Philipp Heinisch, Berlin

Verlagsherstellung
Rita Brosius

Druck
westermann druck GmbH, Braunschweig

Vertrieb
Zenit-Pressevertrieb, Stuttgart

Einzelbestellung
Stiftung Warentest
Vertrieb, Postfach 81 06 60
70523 Stuttgart
Telefon: 0 180 5/00 24 67 (12 Cent pro Minute)
Telefax: 0 180 5/00 24 68 (12 Cent pro Minute)
www.stiftung-warentest.de

Redaktionsschluss
Januar 2002